Direito Penal da Concorrência

Direito Penal da Concorrência

A TUTELA DA LIBERDADE CONCORRENCIAL E A CRIMINALIZAÇÃO DO CARTEL

2017

Flávia Noversa Loureiro

ALMEDINA

DIREITO PENAL DA CONCORRÊNCIA: A TUTELA DA LIBERDADE CONCORRENCIAL E A CRIMINALIZAÇÃO DO CARTEL

AUTOR
Flávia Noversa Loureiro

EDITOR
EDIÇÕES ALMEDINA, S.A.
Rua Fernandes Tomás, nºs 76, 78 e 80
3000-167 Coimbra
Tel.: 239 851 904 · Fax: 239 851 901
www.almedina.net · editora@almedina.net

DESIGN DE CAPA
FBA.

PRÉ-IMPRESSÃO
EDIÇÕES ALMEDINA, S.A.

IMPRESSÃO E ACABAMENTO
ARTIPOL - ARTES TIPOGRÁFICAS, LDA.

Outubro, 2017

DEPÓSITO LEGAL
433432/17

ALMEDINA | GRUPOALMEDINA

Biblioteca Nacional de Portugal – Catalogação na Publicação

LOUREIRO, Flávia Noversa

Direito penal da concorrência. - (Teses de doutoramento)
ISBN 978-972-40-7148-0

CDU 346

ÍNDICE

Aos meus Pais,

A quem devo tudo.

Ao André,

"Depois, os dois deram-se os braços
Como há muito tempo não se usava dar
E cheios de ternura e graça
Foram para a praça e começaram a se abraçar"

NOTA PRÉVIA E AGRADECIMENTOS

O trabalho que agora se publica corresponde, com pequenas alterações, à tese de doutoramento em ciências jurídicas (vertente de ciências jurídicas públicas) entregue na Escola de Direito da Universidade do Minho em outubro de 2014 e realizada sob a orientação dos Senhores Professores Doutores Jorge de Figueiredo Dias e Mário Ferreira Monte. A tese foi apreciada em provas públicas em abril do ano seguinte, tendo obtido a mais elevada classificação regulamentarmente prevista.

Devo começar, portanto, por agradecer àqueles que, fazendo parte do júri das referidas provas, contribuíram, não apenas com a sua avaliação, mas sobretudo com as suas apreciações e reflexões, para que esta obra seja o que é. Aos Senhores Professores Doutores Graciete Dias, Cláudia Cruz Santos, Pedro Froufe e, em particular, Frederico de Lacerda da Costa Pinto e Fernando Conde Monteiro, que aceitaram o encargo de arguição do trabalho, o meu cumprimento grato. Aos meus orientadores, Senhores Professores Doutores Jorge de Figueiredo Dias e Mário Ferreira Monte, o sentido reconhecimento de quem não deve apenas o arrimo sobre o qual se erigiu esta obra, mas é antes tributária de uma profunda admiração e amizade.

Permita-se-me também uma palavra de agradecimento à Escola de Direito da Universidade do Minho, casa a que pertenço e que tudo fez para me auxiliar ao longo da realização deste trabalho. Neste cumprimento vai um abraço apertado a todos quantos, das mais variadas formas, me apoiaram neste percurso, em especial aos Colegas que comigo partilham o estudo das ciências jurídico-criminais.

A expressão da minha gratidão, ainda, ao Max-Planck-Institut für ausländisches und internationales Strafrecht, *por me ter permitido aí desenvolver um parte significativa da pesquisa que está na base deste trabalho.*

À minha família e amigos, em particular à minha irmã Catarina, que reúne os dois predicados, um abraço apertado que, espero, dispense as palavras que não sei dizer.

LISTA DE ABREVIATURAS E ACRÓNIMOS

AAFDL	Associação Académica da Faculdade de Direito da Universidade de Lisboa
AdC	Autoridade da Concorrência
al.	alínea
ANC	Autoridades Nacionais da Concorrência
art.	artigo
arts.	artigos
ASAE	Autoridade de Segurança Alimentar e Económica
BFDUC	*Boletim da Faculdade de Direito da Universidade de Coimbra*
BGH	*Bundesgerichtshof*
BKartA	*Bundeskartellamt*
c.	contra
CDFUE	Carta dos Direitos Fundamentais da União Europeia
CE	Comunidade Europeia
CECA	Comunidade Económica do Carvão e do Aço
CEDH	Convenção Europeia dos Direitos do Homem
CEE	Comunidade Económica Europeia
CEEA	Comunidade Europeia de Energia Atómica
cf.	conferir
CMVM	Comissão do Mercado de Valores Mobiliários
CP	Código Penal
CPI	Código da Propriedade Industrial

CPP	Código de Processo Penal
CRP	Constituição da República Portuguesa
DoJ	*Department of Justice (of the United States of America)*
ECN	*European Competition Network* (em português, REC: Rede Europeia de Concorrência)
ECLR	*European Competition Law Review*
et al.	e outros (*et alia*)
etc.	entre outro (*et caetera*)
EUA	Estados Unidos da América
EuCLR	*European Criminal Law Review*
EuR	*Zeitschrift Europarecht*
EuZW	*Europäische Zeitschrift für Wirtschaftsrecht*
FTC	*Federal Trade Comission*
GewO	*Gewerbeordnung für den Norddeutschen Bund*
GWB	*Gesetz gegen Wettbewerbsbechränkungen*
ICN	*International Competition Network* (em português, RIC: Rede Internacional de Concorrência)
JO	Jornal Oficial (da União Europeia)
KartVO	*Kartellverordnung (Verordnung gegen Mißbrauch wirtschatlicher Machstellungen)*
LdC	Lei da concorrência portuguesa (lei n.º 19/2012, de 8 de maio)
loc. cit.	local citado (*loco citato*)
MP	Ministério Público
n.º	número
n.ºs	números
OFT	*Office of Fair Trade*
op. cit.	obra citada (*opus citatum*)
op. ult. cit.	última obra citada
p.	página
pp.	páginas
RPCC	*Revista Portuguesa de Ciência Criminal*
RTDeur	*Revue Trimestrielle de Droit Européen*
s.	seguinte

SIEC	*Significant Impediment to Effective Competition (test)*
SLC	*Sunbstancial Lessening of Competition (test)*
ss.	seguintes
StGB	*Strafgesetzbuch*
TEDH	Tribunal Europeu dos Direitos do Homem
TFUE	Tratado sobre o Funcionamento da União Europeia
TJ	Tribunal de Justiça da União Europeia
TJCE	Tribunal de Justiça da Comunidade Europeia (que, com o Tratado de Nice, passou a TJ)
TPICE	Tribunal de Primeira Instância das Comunidades Europeias
TUE	Tratado da União Europeia
UE	União Europeia
UNCTAD	*United Nations Conference on Trade and Development* (Conferência das Nações Unidas para o Comércio e o Desenvolvimento)
UWG	*Gesetz gegen den unlauteren Wettbewerb*
v.g.	por exemplo (*verbi gratia*)
WTO	*World Trade Organization* (em português, OMC: Organização Mundial do Comércio)

Introdução

"Sócrates — Mas, no interior da própria cidade, como os homens irão permutar os produtos do seu trabalho? Já que foi com esse propósito que nos associámos ao fundarmos uma cidade.
Adimanto — Evidentemente que será através da venda e da compra.
Sócrates — Neste caso, necessitaríamos de um mercado e de moeda, símbolo do valor das mercadorias permutadas".

Platão

O objeto

Mercado. Liberdade de concorrência. Direito penal. Assenta sobre estes três eixos fundamentais a reflexão que levamos a cabo ao longo destas páginas e que, uma vez mais, surge da perturbação e da incerteza com que enfrentamos o problema das fronteiras do direito penal. Temos por seguro que, enquanto corpo vivo que é, o direito penal não se move entre raias fixas e imutáveis, mas antes respira, expande e retrai, de acordo com o pulsar da comunidade que lhe subjaz[1]. Os seus limites são, por isso, simultaneamente flexíveis e indefinidos, a exigir de nós um particular esforço de concretização em cada tempo e lugar, que permita a indispensável referenciação entre os bens jurídico-penais e os valores constitucionais fundantes.

Partindo destes postulados axiais, não podemos deixar de questionar-nos – num mundo em que o económico parece ter sido erigido a matriz ordenadora

[1] Como impressivamente cunhou Carlos Martínez-Buján Pérez, em "Algunas reflexiones sobre la moderna teoria del Big Crunch en la selección de bienes jurídico-penales (especial referencia al ámbito económico)", in *La Ciencia del Derecho Penal ante el Nuevo Siglo. Libro Homenaje al Professor Doctor Don José Cerezo Mir*, Madrid: Tecnos, 2002, pp. 395-431.

de toda a existência[2], e onde o mercado e a sua indispensável liberdade de concorrência nos surgem quase personificados – acerca do papel que o direito penal deve aí desempenhar, enquanto tutela última dos valores comunitários fundamentais. Não desconhecemos, naturalmente, o pensamento económico dominante de tendencial autossuficiência do mercado, através do estabelecimento de uma concorrência sã e livre entre operadores económicos, e da correspondente defesa da intervenção mínima do Estado, a quem compete apenas a tarefa de garantir as condições necessárias para que o mercado opere em efetiva concorrência, assegurando, nomeadamente, a prevenção e a repressão das práticas limitadoras da liberdade concorrencial.

Será, todavia, que tais axiomas mantêm hoje a mesma validade que lhes emprestou o liberalismo económico? Afirmamos rotineiramente que a sociedade contemporânea se pode caraterizar por dois vetores essenciais: de um lado, a globalização (que foi, sobretudo e primeiro, globalização económica), de outro, o risco[3]. Uma e outro reconfiguraram o equilíbrio entre os cidadãos, e entre estes e o Estado, e exigiram um reequacionamento de distintos direitos, impondo mesmo, por diversas vezes, o alargamento da intervenção criminal a áreas até aí tuteladas por outros ramos do jurídico, *maxime* pelo direito de mera ordenação social. Não teremos, pois, nessa exata medida, que interpelar os dogmas estabelecidos de modo a aferir da sua legitimidade face a um mundo substancialmente diferente daquele que os viu nascer?

[2] Cf. ANNE-MARIE VAN DEN BOSSCHE, "Liberalization, Globalization, and Competition Law and Policy", *Yearbook of European Law*, 18, 1998, pp. 67-123; SUSAN S. SILBEY, "'Let Them Eat Cake': Globalization, Postmodern Colonialism, and the Possibilities of Justice", *Law & Society Review*, 31, 1997, pp. 207-35; e o nosso FLÁVIA LOUREIRO, "Os problemas económico-finaceiros transnacionais e o encurtamento dos direitos humanos - que papel para o direito penal?", in *Direitos humanos e sua efetivação na era da transnacionalidade: debate luso-brasileiro*, Curitiba: Juruá, 2012, pp. 195-205.

[3] ULRICH SIEBER, "Limites do Direito Penal. Princípios e Desafios do Novo Programa de Pesquisa em Direito Penal no Instituto Max-Planck de Direito Penal Estrangeiro e Internacional", *Cadernos Direito GV*, 5, 2008, reflete especificamente sobre os limites do direito penal na moderna sociedade global e de risco, apontando caminhos para a investigação e para o tratamento dos problemas penais na sociedade dos nossos dias. O texto, que consubstancia uma reflexão aprofundada sobre os novos desafios da ciência criminal, analisa consequências das alterações económicas, sociais e políticas vorazes que se têm feito sentir um pouco por todo o mundo, mas sobretudo na Europa. O Autor chama a atenção para aqueles que considera os dois grandes vetores desta transformação – o processo de globalização e o desenvolvimento da «sociedade de informação» e da «sociedade do risco» –, constantes que, como se verá, perpassam igualmente esta dissertação. Cf. também KLAUS TIEDEMANN, *Poder Económico y Delito (Introducción al derecho penal económico y de la empresa)*, Barcelona: Editorial Ariel, S.A., 1985, e *Derecho Penal y nuevas formas de criminalidad*, 2.ª ed., Lima: Grijley, 2007, *passim*.

O mercado é hoje realidade profundamente diferente daquela que Adam Smith procurou racionalizar, tendo-se dilatado espacialmente ao ponto de estarmos porventura perante um grande mercado global. A desmaterialização de muitas das suas operações e o livre fluxo de capitais vieram permitir uma expansão empresarial sem paralelo, tornando o agente económico verdadeiramente independente do território e possibilitando, assim, a deslocalização constante de empresas e indústrias. Os Estados, impelidos para fora da economia, vêem-se agora na necessidade diária de ceder ou comprometer com os interesses económicos de modo a garantir a sua presença dentro de portas. Inverteu-se, pois, também esse paradigma. Não podemos falar já de uma subordinação, legal e constitucionalmente exigida na maior parte das latitudes, do económico ao político, mas, antes, de uma submissão do poder político ao poder económico.

Realidade que, podendo ser defendida em termos ideológicos, contraria frontalmente as demandas de um Estado de Direito, onde a liberdade económica não pode senão ser encarada como mais uma dimensão do desenvolvimento pleno da pessoa, sujeita, por isso, às regras de concatenação e equilíbrio com os direitos de todos os outros cidadãos. Uma tal harmonização tem vindo a ser feita, na generalidade das sociedades ocidentais, através da figura da regulação, forma lassa de interferência estatal sobre a economia, em que se atribui a uma entidade administrativa independente a competência para regulamentar a atividade económica, supervisionar a atuação dos seus agentes e sancionar os comportamentos ilícitos que afetem o livre e regular desenvolvimento do mercado.

A proteção e a defesa da concorrência converteram-se, pois, no desiderato capital da atividade regulatória, com vista a permitir o equilíbrio de forças no mercado e o seu adequado funcionamento. E, de entre as suas tarefas, tem vindo a assumir papel de destaque aquela que está relacionada com o controlo das práticas ofensivas de uma tal concorrência e respetiva repressão, nomeadamente através da aplicação de sanções às empresas nelas envolvidas, de modo a fazer cessar o comportamento violador, reestabelecer a integridade do mercado e produzir um efeito dissuasor sobre todos os agentes económicos.

Começaram aqui, na verdade, as nossas interrogações – que acabaram por dar origem ao trabalho que agora se dá a conhecer. Será que, tendo em conta a importância e a centralidade hoje reconhecidas ao mercado e aos seus instrumentos, a utilização de um sistema repressivo contraordenacional como é o nosso (em Portugal e na União Europeia) responde suficiente e adequadamente às exigências de proteção dos valores em causa? E, se assim é, porque razão escolhem outros países – conhecidos, aliás, pela seu desenvolvimento económico e pela ampla liberdade concorrencial – soluções tão diferentes desta, recorrendo mesmo à intervenção do Direito Penal? Não deveríamos, também nós, avançar para a proteção penal? A formulação destas questões conduz-nos inexoravelmente à discussão que apontávamos a respeito dos limiares do direito penal, das razões que justificam a sua tutela e dos bens jurídicos que ele tem por função proteger.

Debruçamo-nos, pois, neste trabalho sobre o direito da concorrência, na tentativa de fazer luz sobre os problemas que identificámos, procurando descobrir se haverá ou não necessidade de interferência penal para a sua proteção. Quando falamos em direito da concorrência, todavia, uma primeira precisão terminológica há de ser feita, pois que este se desdobra, em termos latos, em dois aspetos substanciais distintos: a proteção da lealdade, por um lado, e a defesa da liberdade, por outro. Muito embora uma e outra sejam as duas faces da mesma realidade, podendo portanto falar-se, em sentido amplíssimo, de um direito da concorrência que as abarque a ambas, a verdade é que, entre nós[4], quando falamos em direito da concorrência estamos especificamente a referir-nos à liberdade da concorrência – aquilo que também é conhecido como direito da liberdade de concorrência, direito *antitrust* ou direito das práticas restritivas[5].

Considerada esta autonomia entre liberdade e lealdade, assente historicamente na diferença dos bens que uma e outra visam proteger, louvamo-nos aqui dessa noção restrita de direito concorrencial e trabalhamos apenas a liberdade de concorrência[6], pois que é esta que lida com a realidade que atrás identificámos de proteção do próprio modelo sociopolítico de mercado[7] e com as suas restrições. Este direito da (liberdade de) concorrência, muito embora seja identificado muitas vezes, como dissemos, por direito das práticas restritivas, conhece três grandes núcleos temáticos: as práticas restritivas, propriamente ditas; as concentrações de empresas e os auxílios

[4] Já não assim, por exemplo, na Alemanha, onde a expressão *Wettbewerbsrecht* é usualmente utilizada para significar o direito da lealdade da concorrência (a matéria respeitante à concorrência desleal – *unlauteren Wettbewerbsrecht*), deixando para a liberdade de concorrência a designação *Kartellrecht* (impressivamente, direito dos cartéis).

[5] Chamando a atenção para este aspeto, José de Oliveira Ascensão, *Concorrência Desleal*, Coimbra: Almedina, 2002, p. 16.

[6] Sem prejuízo de, sempre que se mostrar necessário ou adequado à análise do tema, fazermos pequenas incursões sobre o campo da lealdade da concorrência, quase sempre com intuitos de delimitação negativa ou por exclusão.

[7] Veremos adiante que, para nós, o mercado não cumpre apenas a sua dimensão económica, mas se repercute, antes, numa específica compreensão dos fins sociais e políticos que lhe subjazem.

estatais[8]. Importa-nos especificamente, como deixámos entrevisto, a matéria das práticas restritivas da concorrência, como campo privilegiado de atuação do direito sancionatório face à ilicitude dos comportamentos e à colocação em causa do bem liberdade concorrencial.

De facto, muito embora quer as concentrações de empresas, quer os auxílios estatais, constituam, *lato sensu*, uma afetação da liberdade concorrencial – entendida, pois, no sentido de plena autonomia de iniciativa económica –, a verdade é que não transportam em si, geneticamente, qualquer identificador de desvalor jurídico que nos permita, só por si, equacionar a sua proibição e correspondente repressão. Se e quando tais atos afetarem a concorrência, deverão naturalmente ser impedidos e, porventura mesmo, sancionados, mas não se nos afigura que quadrem a esta discussão prévia acerca da possibilidade de intervenção da tutela penal.

Assim estreitado o nosso âmbito de análise, são as práticas restritivas da concorrência aquelas que nos ocuparão ao longo destas páginas. Porque apenas nelas se nos afigura que vá ínsita uma específica antijuridicidade, suscetível de questionar a sua relevância criminal em face dos intransponíveis princípios da dignidade e da necessidade penais. Queremos, pois, com a análise que aqui empreendemos, constatar se existe um bem jurídico-penal subjacente a estes comportamentos que importe proteger através de uma incriminação, por não se ver adequadamente tutelado pelos demais ramos do direito (em especial, no caso, pelo direito contraordenacional). Conscientes, porém, desta qualidade de *ultima ratio* do direito penal, não podemos senão, logo à partida, focar a nossa atenção sobre aquela que é, pacificamente, a mais grave das práticas restritivas: o cartel.

A metodologia

Eleger como tema de trabalho uma matéria que tão ostensivamente cruza distintas áreas de saber, coloca-nos necessariamente face a uma dificuldade, que se constitui igualmente como desafio – se não o central, pelo menos um dos mais importantes de toda a dissertação. Questionar as fronteiras do direito penal e equacionar a necessidade de que estas se estendam até à matéria da

[8] Nestes termos, SERAFIM PEDRO MADEIRA FROUFE, *A Reforma do Direito Comunitário da Concorrência: o sentido descentralizador e/ou re-centralizador do Regulamento (CE) n.º 1/2003 (dissertação de doutoramento)*, Braga: http://repositorium.sdum.uminho.pt/bitstream/1822/11261/1/TESE.pdf, 2009, pp. 1 e ss., e, em moldes semelhantes, JOSÉ DE OLIVEIRA ASCENSÃO, *Concorrência Desleal*, Coimbra: Almedina, 2002, pp. 15-16.

proteção da concorrência implica necessariamente trazer para a discussão jurídica a realidade económico-financeira e discuti-la, ainda que dentro de parâmetros delimitados.

Não nos absteremos, portanto, das indispensáveis considerações de ordem económica ou da reflexão a respeito do sistema capitalista que possam impor-se à medida que vamos apresentando o nosso estudo, sobretudo em termos de enquadramento do problema. Deve, todavia, advertir-se desde já que a única posição possível para a autora é a de jurista e é, portanto, partindo desta perspetiva que sempre se enfocarão os diversos conteúdos, ainda quando nos aventuremos por matérias da área económica. E porque se busca com este trabalho a análise de um específico ramo do direito, a do direito penal, não deve causar estranheza que se opte, ainda quando seja necessário trazer à colação postulados de ordem económica, por fazê-lo da forma mais sucinta e direcionada possível.

Partindo dessas considerações iniciais a respeito da noção e da substância de concorrência, dedicamo-nos, em seguida, à compreensão das condicionantes do seu surgimento enquanto problema jurídico, fazendo uma viagem, doutrinária e jurisprudencial, pelos palcos em que tal matéria despontou. Analisamos, portanto, a emergência no direito norte-americano da concorrência e a importância fundante do seu *Sherman Act* e partimos, depois, à descoberta do problema na Europa, avaliando quer o seu advento e desenvolvimento no direito germânico, quer o papel fundamental desempenhado pela União Europeia na disseminação de uma política e de um direito concorrencial.

Esta influência mostrou-se decisiva na configuração do sistema português, cujo ordenamento jurídico revemos historicamente, com o objetivo de detetar o aparecimento da preocupação concorrencial e de compreender, criticamente, a evolução do nosso regime. Hodiernamente assente num paradigma administrativo, paralelo àquele que vigora no direito europeu, o tratamento da proteção da concorrência tem vindo a complexificar-se, sobretudo face à crescente compreensão das práticas restritivas como atos delituosos graves. Demonstram-no, no nosso direito como no de tantos outros países que partilham o nosso modelo, a ampliação dos poderes das autoridades concorrenciais bem como o agravamento das sanções aplicadas a tais práticas.

De tudo isto trataremos, portanto, na primeira parte deste trabalho, deixando para a segunda a perspetivação do problema a partir dos postulados jurídico-criminais. Buscaremos, aí, a fundamentação de uma eventual intervenção penal, primeiro a partir da análise criminológica da *white collar criminality* e das suas refrações em matéria de delitos concorrenciais. Poder-se-á afirmar que o participante num acordo limitativo da concorrência, o «cartelista», é um criminoso económico, no sentido e com as caraterísticas desenvolvidas por estas teorias? Analisaremos o problema sobretudo à luz da crescente reprovação internacional do comportamento em causa e da consequente elevação do nível de consciência comunitária quanto ao desvalor imanente ao ato.

Com base nas conclusões retiradas neste capítulo, lançamo-nos para a análise dos pressupostos jurídico-dogmáticos de um direito penal da concorrência. Além da definição do bem jurídico em causa, concretizando o que deva entender-se por liberdade de concorrência, desde logo de acordo com os parâmetros fornecidos pela nossa Constituição, caraterizamos a atual insuficiência do direito administrativo para responder às exigências colocadas pelas práticas restritivas, justificando a necessidade de tutela penal.

Assumida claramente a nossa opção pela via criminalizadora, tentamos, em seguida, delinear os seus específicos contornos, sobretudo face a um conjunto específico de obstáculos que a construção de um tipo penal viria suscitar. Não podemos, pois, fugir à questão da responsabilidade das pessoas coletivas, não sob a perspetiva da sua análise teórico-dogmática (que, naturalmente, não cabe no âmbito destes trabalho), mas na da sua incontornável importância para a solução do problema causado pela ofensa ao bem jurídico. O que nos conduz, inexoravelmente, à necessidade de equacionar as consequências jurídico-penais assacáveis aos comportamentos restritivos da concorrência, tanto para o indivíduo como para a empresa.

Em fecho, porque se trata, afinal, de uma proposta de criminalização do cartel «*hard core*», deixamos alguns traços acerca do que poderá vir a ser o respetivo tipo de ilícito, traduzindo tudo quanto fomos analisando ao longo do trabalho. Trata-se, porém, de uma abordagem nova ao problema, ao menos entre nós, pelo que não podemos deixar de colocar, olhando para o futuro, algumas dúvidas sobre o caminho a seguir, sobretudo no âmbito da União Europeia.

Parece-nos certo é que, seja qual for a concreta configuração do modelo a adoptar, caminhamos rapidamente para uma mudança de sentido quanto à proteção da liberdade de concorrência. Mudança que, uma vez mais, convocará o direito penal a proteger valores fundamentais da comunidade e exigir-lhe-á – e a todos nós, cultores das ciências jurídico-criminais – o esforço de se adequar a mais esta realidade.

Primeira Parte

A concorrência – de realidade económica a realidade jurídico-penal

"If we will not endure a King as a political power we should not endure a King over the production, transportation, and sale of the necessities of life."
John Sherman

Capítulo I: Economia de mercado e concorrência

1. A concorrência e a economia de mercado ou a concorrência e a democracia?

Se é certo que o termo concorrência possui, naturalmente, uma pluralidade de significados, que variam de acordo com o contexto em que empregamos o substantivo, não será menos correto afirmar que o entendimento preferencial que hoje lhe assiste está relacionado com a sua compreensão económica. A alusão a concorrência convoca, pois, imediatamente, um conjunto de outros vocábulos a que usualmente aquele anda associado: liberdade, mercado, oferta e procura.

Será no interior desta constelação de significantes que surge, em primeira linha, o sentido que habitualmente atribuímos a concorrência: o ato pelo qual, em sede de uma economia de mercado, os produtores e os vendedores de um bem ou os prestadores de um serviço disputam entre si de modo a fazer chegar um mesmo bem homogéneo ao melhor preço possível ao maior número de consumidores[9]. A concorrência aparece-nos, deste modo, indissociavelmente ligada à estrutura de mercado própria do sistema capitalista:

[9] De acordo com ADAM SMITH, *The Wealth of Nations*, Harmondsworth: Penguin Books, 1977, p. 157 e ss., *"[t]he market price of every particular commodity is regulated by the proportion between the quantity which is actually brought to market, and the demand of those who are willing to pay the natural price of the commodity, or the whole value of the rent, labour, and profit, which must be paid in order to bring it thither"* (pp. 158-159). Havendo, todavia, uma falta ou um excesso de oferta em relação à procura, iniciar-se-á um processo de concorrência, que fará ajustar o preço consoante o valor que os consumidores estejam dispostos a pagar para obter o bem em causa. A escassez é, pois, regra primeira de toda a economia e base sobre a qual a concorrência assenta. Cf., igualmente, entre tantos outros, PAUL A. SAMUELSON e WILLIAM D. NORDHAUS, *Economics*, 18.ª ed., New York: McGraw-Hill, 2005, pp. 3-5 e pp. 147 e ss.; F. M. SCHERER e DAVID ROSS, *Industrial Market Structure and Economic Performance*, 3.ª ed., Boston: Houghton Mifflin Company, 1990, pp. 15 e ss.

a livre concorrência, sem interferência estatal, assente no funcionamento automático do mercado que a cada momento permite o equilíbrio entre a oferta e a procura, de acordo com a «teoria da mão invisível», de Adam Smith[10].

Esta livre concorrência constitui, assim, um princípio geral da ciência económica, essencial numa estrutura de mercado, tendo-se guindado rapidamente a matriz fundamental da política económica de um grande número de países (sobretudo depois de superada a conceção dirigista e planeada da economia própria dos Estados socialistas[11]), que, partidários de uma conceção de não intervenção direta do Estado sobre a economia, reservam ao poder público o desenho dos traços fundamentais do modelo económico e o controlo do seu correto funcionamento[12]. De entre as tarefas que a tais Estados cumpre assegurar encontramos, generalizadamente, em lugar de destaque a garantia da liberdade de concorrência, enquanto requisito imprescindível para o adequado funcionamento da economia de mercado[13].

[10] Já ninguém defende, nos dias de hoje, a «teoria da mão invisível», que ADAM SMITH, *The Wealth of Nations*, Harmondsworth: Penguin Books, 1977, *passim*, expôs na pureza dos seus termos. A concorrência perfeita que aí se pressupunha foi rapidamente desmistificada, compreendendo-se as limitações próprias de um modelo que conduz, na generalidade dos casos, à concorrência imperfeita. Dois dos seus mais importantes detratores fora, BRUCE C. GREENWALD e JOSEPH E. STIGLITZ, "Externalities in Economies with Imperfect Information and Incomplete Markets", *The Quarterly Journal of Economics*, 101, 1986, pp. 229-264. Cf. igualmente, ALFRED D. CHANDLER JR., *The Visible Hand. The Managerial Revolution in American Business*, Cambridge: Harvard University Press, 1977, *passim*, e, do mesmo Autor, *Scale and Scope: The Dinamics of Industrial Capitalism*, Cambridge: Harvard University Press, 1994, pp. 13 e ss. Ver, igualmente, para uma reflexão acerca da economia no atual mundo globalizado, JOSEPH E. STIGLITZ, *Making Globalization Work*, New York: W. W. Norton & Company, 2006, *passim*.

[11] Sobre as relações entre economia, socialismo, capitalismo e democracia, cf. a obra incontornável de JOSEPH A. SCHUMPETER, *Capitalism, Socialism and Democracy*, New York: Harper Torchbooks, 1976.

[12] Sobre a forma como os Estados exercem, atualmente, este controlo, cf. *infra* pp. 46 e ss. Ver também, a este propósito, o interessantíssimo trabalho de BERNARD E. HARCOURT, "Neoliberal Penalty: the birth of natural order, the illusion of free markets", *John M. Olin Program in Law & Economics Working Paper Series*, 2008, que tenta pôr em relevo quer a complementaridade entre os conceitos de regulação e de mercado livre, quer as limitações atuais de um tal modelo.

[13] Veja-se o que sucede, por exemplo, com a Constituição brasileira, que estabelece estes princípios no seu art. 170.º, ou com o art. 38.º da Constituição espanhola. Cf., a este propósito, *v.g.*, JOCEMA BITTENCOURT DA CRUZ, "A Defesa da Livre Concorrência no Estado Democrático de Direito: Análise da Legislação Brasileira", *Revista de Ciências Jurídicas*, 4, 2012, pp. 35-47; e ENRIQUE BACIGALUPO, *Teoría e Práctica del Derecho Penal, Tomo II*, Madrid: Marcial Pons, 2009, pp. 1323 e ss. Assim é também entre nós, como veremos mais detidamente adiante, onde a própria CRP impõe como tarefa prioritária do Estado "assegurar o funcionamento eficiente dos mercados, de modo a garantir a equilibrada concorrência entre empresas, a contrariar as formas de organização

Muito embora esta seja a compreensão típica de concorrência – e, aliás, aquela a que, em termos operativos, recorreremos habitualmente ao longo deste estudo – não podemos deixar de questionar-nos, neste primeiro ponto da nossa reflexão, se não será, na verdade, a concorrência muito mais do que um postulado económico, antes verdadeira e previamente um princípio cívico e político. Sendo certo que foram os pensadores da ciência económica quem aprofundou e detalhou o estudo a respeito da concorrência, não será esta, na verdade, no seu sentido primeiro, um princípio com uma outra dimensão, prévia a esta compreensão económica e que há de, mesmo, enformá-la?

Com efeito, se bem vemos, o princípio concorrencial é pré-existente à sua perceção e utilização económica, constituindo um *topos* essencial da própria definição de democracia.

1.1. A concorrência como princípio inerente ao sistema democrático pluralista

Na verdade, e ao contrário do que parecem pretender determinadas formulações político-económicas que sustentam dever ser a economia de um Estado democrático um terreno completamente avesso a qualquer tipo de interferência política, concorrência e democracia não são conceitos excêntricos, não dizem respeito a áreas necessariamente independentes e incomunicáveis (ou de «baixa comunicabilidade preferencial» diríamos[14]). A concorrência será, antes, um pressuposto essencial para a existência da democracia[15]. Com

monopolistas e a reprimir os abusos de posição dominante e outras práticas lesivas do interesse geral" (al. f) do art. 81.º). Analisaremos este aspeto mais detidamente *infra*, pp. 170 e ss.

[14] Pretendendo com isto significar que, numa formulação pura de concorrência – que, como referimos, já foi ultrapassada há muito, ao menos nos seus postulados radicais – o mercado geraria, por si só, a plena eficiência (o «ótimo de Pareto»), não devendo ser contaminado pela interferência estatal, que viria apenas introduzir entorses no sistema. Nesta perspetiva, a concorrência – porque realidade do mundo económico – e a democracia – enquanto categoria do universo político – não deveriam tocar-se. Nas palavras de Jean-Paul Fitoussi, *A Democracia e o Mercado*, Lisboa: Terramar, 2005, p. 15, "[n]a Europa, considera-se que o mercado é demasiado sério para se submeter ao império político".

[15] Acompanhamos, quanto a este aspeto, Mercedes Galán Juárez, "Incidencia del principio de libre competencia en la evolución histórica del derecho comunitario de la competencia", in *La Armonización Legislativa de la Unión Europea (III)*, Madrid: Dykinson, 2000, p. 381 e ss., que sublinha mesmo que "*la competencia es uno de los elementos nucleares que definem el contenido de la democracia*". Ver, igualmente, Richard E. Wagner, "Competition as a rivalrous process: Attilio da Empoli and the years of high theory that might have been", *Journal of Economic Studies*, 28, 2001, pp. 337-45; e o interessante Viktor J. Vanberg, "The 'science- as-market' analogy: a constitutional economics perspective", *Constitutional Political Economy*, 21, 2010, pp. 28-49.

efeito, como sublinha Mercedes Gálan Juárez[16], todo o sistema democrático gira em torno de uma figura que é matricialmente concorrencial: a eleição. As eleições não são mais do que um processo competitivo entre diferentes candidatos onde o cidadão deve realizar uma escolha entre as distintas opções em concorrência.

Quando apontamos, portanto, a concorrência como um elemento inerente ao mercado, ao «mercado livre», estamos a esquecer-nos que o seu radical é na verdade muito mais profundo, pois que a existência de um sistema democrático pluralista assenta na aceitação de uma dinâmica concorrencial, erigida sobre o respeito pelas diversas posições concorrentes e a rejeição de qualquer conceção unilateral, absolutista ou monopolizadora de poderes. A concorrência aparece-nos, portanto, como linha estruturante fundamental da própria sociedade e da sua forma de organização política, tendo possuído, ao longo dos tempos, matizes variáveis, e evoluindo até à sua configuração contemporânea, de vocação marcadamente económica.

Esta ideia, na verdade, não é nova, apenas chama a atenção para um facto que já havia sido posto em relevo, mesmo por economistas, reorganizando, se quisermos, a ordem e a precedência dos conceitos. Efetivamente, Joseph Shumpeter, por exemplo, um dos mais relevantes economistas do século XX, havia já assentado a sua teoria de democracia sobre a processo concorrencial, defendendo que, através dele, os indivíduos adquiriam o poder de decisão política[17]. Essencial à democracia seria, pois, o «mercado político», terreno onde os políticos disputariam as preferências dos eleitores, expressas através do voto[18], através de um modelo concorrencial[19].

Independentemente da análise que se faça a respeito da conceção de democracia de Schumpeter – sobretudo quanto à sua negação da importância do conceito clássico de soberania popular –, o que pretendemos aqui sublinhar,

[16] *Op. et loc. ult. cit.*

[17] Cf. a proposta de Joseph A. Schumpeter, *Capitalism, Socialism and Democracy*, New York: Harper Torchbooks, 1976, pp. 269 e ss., para uma nova teoria da democracia entendida como processo e alicerçada na concorrência organizada pelo voto: "*the democratic method is that institutional arrangement for arriving at political decisions in which individuals acquire the power to decide by means of a competittive struggle for the people's vote*" (p. 269).

[18] Curiosamente, esta compreensão da concorrência como democracia foi depois recuperada também por Norberto Bobbio, *Il futuro della democrazia*, Torino: Einaudi Tascabili, 1995, p . 15 e ss., e por Claus Offe, *Problemas Estrututrais do Estado Capitalista*, Rio de Janeiro: Tempo Brasileiro, 1984, pp. 356 e ss.

[19] E que, aliás, tal como na teoria económica, não corresponderia a uma concorrência perfeita, mas imperfeita, tendencialmente oligopolista, pois que dominada por certas elites políticas – Joseph A. Schumpeter, *Capitalism, Socialism and Democracy*, New York: Harper Torchbooks, 1976, pp. 271-272.

dada a importância que julgamos ter para a compreensão exata de concorrência, é que esta não é uma concetualização exclusivamente económica, antes possuindo um conjunto de outras dimensões que se nos afiguram de enorme relevância.

1.2. O monopólio e a concorrência

Aliás, de uma perspetiva histórica, o longo percurso para a democracia fez-se através de um conjunto de movimentos temporal, espacial e materialmente muito distintos, mas que partilharam entre si um denominador comum: a luta contra a concentração de poder – contra o monopólio – fosse ele político, religioso ou económico. E muito embora hoje a palavra monopólio tenha (também ela) uma conotação primacialmente económica, essa é apenas uma das suas aceções, aquela que permaneceu atual face quer à superação do Estado absolutista, quer à conquista da liberdade de pluralismo religioso.

Na verdade, a luta contra o monopólio teve, por um lado, uma dimensão política, assente na tentativa de desconcentração dos poderes legislativo, executivo e judicial que, no período absolutista, estavam reunidos sob a égide do monarca. A centralização destes poderes e competências numa única pessoa, sem possibilidade de escrutínio ou controlo ou com uma capacidade muito limitada para tal, foi posta em causa através da progressiva difusão de um pensamento assente na compreensão do homem enquanto ser intrinsecamente digno e igual, dotado de um conjunto de direitos fundamentais que deveria poder expressar e fazer cumprir[20].

Esta nova conceção de homem que se foi impondo, conduziu necessariamente à colocação em causa dos princípios absolutistas, sustentando-se a necessidade de o cidadão ter um papel ativo na construção da sociedade a que pertencia e de a moldar através das suas opções. O poder político, até aí uno e indivisível, convergindo todo em uma única pessoa, passou a estar sujeito

[20] Recorrendo à formulação lapidar de Montesquieu, *O Espírito das Leis*, São Paulo: Martins Fontes, 2005, "[q]uando na mesma pessoa ou no mesmo corpo de magistratura, o poder legislativo está reunido ao poder executivo, não existe liberdade; porque se pode temer que o mesmo monarca ou o mesmo senado crie leis tirânicas para executá-las tiranicamente. Tampouco existe liberdade se o poder de julgar não for separado do poder legislativo e do executivo. Se estivesse unido ao poder legislativo, o poder sobre a vida e a liberdade dos cidadãos seria arbitrário, pois o juiz seria legislador. Se estivesse unido ao poder executivo, o juiz poderia ter a força de um opressor. Tudo estaria perdido se o mesmo homem, ou o mesmo corpo dos principais, ou dos nobres, ou do povo exercesse os três poderes: o de fazer as leis, o de executar as resoluções públicas e o de julgar os crimes ou as querelas entre os particulares" (p. 168).

a escrutínio, dividindo-se por várias entidades, que exerciam entre si mútuo controlo institucional[21]. Este movimento de fragmentação do poder político constituiu, pois, intrinsecamente, um específico momento de superação do ideário próprio do monopólio.

Mas se não deve existir monopólio político, mas antes a distribuição de poderes autónomos e concorrentes, de modo a assegurar a possibilidade de vigilância e controlo interinstitucional[22], a verdade é que a implantação deste pensamento teve atrás de si, como pressuposto até, a luta contra um outro tipo de monopólio, o monopólio religioso[23]. Efetivamente, a luta pela liberdade de crenças e pela tolerância religiosa, abriu caminho ao enraizamento de uma consciência de respeito pelo pluralismo, que se impôs transversalmente, acabando por influenciar o pensamento político e económico.

A fechar este círculo, temos um último elemento que simultaneamente influenciou e recebeu influxos dos dois movimentos anteriores: a luta contra o monopólio económico. Com o declínio do feudalismo e a progressiva ascensão de uma classe burguesa assente nas trocas comerciais que se haviam começado a realizar, também a conceção de centralização económica foi colocada em causa, compreendendo-se que um sistema de monopólio económico não afetava apenas negativamente o mercado como condicionava decisivamente o sistema político[24].

[21] Estribando-se nos ensinamento do referido filósofo iluminista, a *Declàration des Droits de l'Homme et du Citoyen*, de 26 de agosto de 1789, afirmava solentamente no seu art. 16.º: *"[t]oute société dans laquelle la garantie des droits n'est pas assurée, ni la séparation des pouvoirs determinée, n'a point de constitution"*.

[22] Como se veio a compreender rapidamente, o que estava em questão não era tanto a separação de poderes como, especificamente, a sua interdependência ou combinação. Cf., a este propósito, a aproximação ao problema que é feita por J. J. Gomes Canotilho, *Direito Constitucional e Teoria da Constituição*, 7.ª ed., Coimbra: Almedina, 2003, pp. 114-115, e depois profusamente desenvolvido no resto da obra.

[23] Cf. Mercedes Galán Juárez, "Incidencia del principio de libre competencia en la evolución histórica del derecho comunitario de la competencia", in *La Armonización Legislativa de la Unión Europea (III)*, Madrid: Dykinson, 2000, p. 381 e ss.

[24] Como sustenta, uma vez mais, Mercedes Galán Juárez, "Incidencia del principio de libre competencia en la evolución histórica del derecho comunitario de la competencia", in *La Armonización Legislativa de la Unión Europea (III)*, Madrid: Dykinson, 2000, p. 383, fazendo referência ao movimentos dos *levellers* ingleses do séc. XVII, um dos primeiros movimentos políticos democráticos, que tinha já consciência deste problema e das interações que se estabeleciam entre as diversas formas de concentração de poderes. Também a este propósito – e com igual referência à Inglaterra de setecentos –, Bruce Yandle, "Sir Edward Coke and the struggle for a new constitutional order", *Constitutional Political Economy*, 4, 1993, pp. 263-85, parte da figura de Edward Coke e do seu papel na limitação do poder da Coroa britânica, nomeadamente no que respeitou aos monopólios económicos, para refletir sobre as transformações nas ordens constitucionais.

A concorrência económica não surgiu, pois, como um legado do funcionamento do mercado livre, como tantas vezes se pretende fazer crer, antes decorreu de um específica conceção de Estado e de poder público, que, ao acolher os princípios do liberalismo político, erige a organização económica num dos seus objetivos. Não pretendendo, como até aí, intervir diretamente na atividade económica, o Estado não abdica, todavia, de a regular nas suas matrizes essenciais, estabelecendo como seu princípio basilar a concorrência.

Ora, se bem vemos, não surgiu a livre concorrência, nestes termos, de um qualquer poder demiúrgico que assista ao mercado e ao seu funcionamento perfeito, mas antes foi imposta pelo Estado e pelas suas instituições (com destaque para os tribunais), com base numa premissa política e não económica. Este princípio competitivo foi, aliás, transportado da doutrina política para o pensamento jurídico, impregnando, por exemplo, o trabalho de Edward Coke[25], que – um século antes de Adam Smith e da sua «Mão Invisível» – elaborou uma teoria da regulação e lutou contra os monopólios, considerando-os contrários à *Magna Carta* por afetarem a liberdade individual e o direito da comunidade.

Afigura-se-nos, assim, que as raízes do princípio da concorrência não devem buscar-se junto da ciência económica (onde certamente desempenha uma função central), mas antes, como refere Mercedes Galán Juaréz, nos argumentos e valores cívicos, políticos e jurídicos que conformam o quadro do pensamento democrático, recusando a moderna narrativa que apela a razões de eficiência e lançando mão do argumentário que Coke usou, invocando diretamente os direitos fundamentais, a liberdade e a supremacia da Lei[26].

[25] Jurista inglês de renome do séc. XVII, Sir Edward Coke desempenhou as mais altas funções judiciais do reino britânico, tendo sido *Solicitor General, Attorney General, Chief Justice of tne Common Pleas* e *Chief Justice of King's Bench*. As suas decisões nem sempre foram do agrado da Coroa – nomeadamente quando nos *Case of Proclamations* e *Dr. Bonham's Case* declarou o rei sujeito à lei e considerou que as leis do Parlamento podiam ser anuladas por violação da razão e do direito comum – e acabaria por ser afastado, regressando ao Parlamento. Aí, enquanto figura de destaque da oposição, apresentou e defendeu o *Statute of Monopolies*, que restringiu substancialmente o poder do rei de conceder patentes, e foi o autor da *Petition of Right*. Cf., a propósito, a análise de Bruce Yandle, "Sir Edward Coke and the struggle for a new constitutional order", *Constitutional Political Economy*, 4, 1993, pp. 263-285, que sublinha o papel de Edward Coke na construção de um nono modelo constitucional.

[26] Aquilo a que a Autora chama um argumento constitucional. Cf. Mercedes Galán Juárez, "Incidencia del principio de libre competencia en la evolución histórica del derecho comunitario de la competencia", in *La Armonización Legislativa de la Unión Europea (III)*, Madrid: Dykinson, 2000, p. 384.

2. A importância da concorrência no modelo de economia de mercado

Muito embora a concorrência, como dissemos já, não seja uma realidade exclusiva ou sequer primariamente económica, a verdade é que o seu sentido atual mais comum está ligado, de modo indiscutível, à denominada economia de mercado. Se a produção e alocação de recursos deve ser deixada, por regra, à livre iniciativa privada, que encontrará, através do funcionamento dos mecanismos de oferta e de procura, o ponto ótimo para o inter-relacionamento comercial dos cidadãos, a competição entre os vários indivíduos representa aí um ponto axial, quer na perspetiva de quem compra, quer na de quem vende.

2.1. Liberdade de concorrência e concorrência perfeita

Só a livre concorrência entre sujeitos pode assegurar o ideal funcionamento do mercado, sem intervenção estatal ou com a mínima intervenção possível[27], permitindo o desenvolvimento criativo e o progresso científico e económico e garantindo a melhor escolha para os consumidores. Pois que só em concorrência os diferentes agentes económicos não conseguem manipular os equilíbrios de mercado, considerando-se que cada uma das empresas é, em si própria, demasiado pequena para exercer influência sobre o preço ou as quantidades totais transacionadas no mercado[28].

[27] Em boa verdade, nenhuma teoria económica defende a total não interferência do Estado na economia, pois que mesmo o liberalismo económico defensor de um mercado em livre concorrência, regido pela «mão invisível» compreende a existência de bens não concorrenciais, para o fornecimento dos quais, aliás, os seus defensores sustentam ser essencial a intervenção do Estado. Cf., por exemplo, o que a este propósito referem GORDON TULLOCK, "The Welfare Costs of Tariffs, Monopolies, and Theft", *Western Economic Journal*, 5, 1967, pp. 224-232; SAM PELTZMAN, "Toward a More General Theory of Regulation", *Journal of Law and Economics*, 19, 1976, pp. 221--240; DAVID L. KASERMAN e JOHN W. MAYO, *Government and Business: The Economics of Antitrust and Regulation*, Forth Worth: The Dryden Press, 1995, pp. 8 e ss.; STEVEN K. VOGEL, *Freer Markets, More Rules. Regulatory Reform in Advanced Industrial Countries*, Ithaca and London: Cornell University Press, 1996, *passim*; PAUL A. SAMUELSON e WILLIAM D. NORDHAUS, *Economics*, 18.ª ed., New York: McGraw-Hill, 2005, pp. 25 e ss., numa análise do problema ao longo das últimas décadas. Ver também, entre nós, as considerações a respeito da democracia, da economia de mercado e da concorrência tecidas por ABEL M. MATEUS, "Sobre os Fundamentos do Direito e Economia da Concorrência", in *Seminário para Juízes de Direito, sobre Direito Comunitário e Nacional da Concorrência, Tomar, 13 de janeiro de 2006, http://www.concorrencia.pt/SiteCollectionDocuments/Noticias_e_Eventos/Intervencoes_Publicas/Fundamentos_do_Direito_e_Economia_da_Concorrencia.pdf.*

[28] Como explica JOSÉ MATA, *Economia da Empresa*, 7.ª ed., Lisboa: Fundação Calouste Gulbenkian, 2011, p. 177, para que um mercado seja plenamente concorrencial, "os produtos de cada empresa devem ser aproximadamente homogéneos e os consumidores relativamente indiferentes a

Para o modelo teórico que ficou conhecido como economia de mercado, a concorrência é, então, um fator fundamental. Sustentando-se que a compra e venda de bens e serviços deve realizar-se através do encontro de vontades entre aqueles que pretendem vender tais bens e os que desejam comprar, num mercado gerido pela autonomia e livre iniciativa individual e não disciplinado pelo Estado, a possibilidade de competição entre os diversos interessados (tanto em comprar como em vender) é essencial para a determinação das duas variáveis nucleares do modelo: a quantidade e o preço.

Ultrapassada a concepção de economia dirigida ou planeada, o individualismo próprio da Modernidade reflete-se na afirmação do liberalismo económico, onde a liberdade de realização pessoal do indivíduo se sobrepõe agora, num equilíbrio cada vez mais difícil, ao interesse comunitário. Partindo de uma renovada compreensão de sociedade política, o Estado moderno vê erigir-se a seu lado uma sociedade civil progressivamente mais forte, que se afirma como essencial à vida política comunitária e que vai fazendo regredir o campo de atuação tradicionalmente estatal[29].

O advento do capitalismo, forjado no cadinho da revolução industrial, assenta na implementação do processo coletivo de produção, na divisão interna de trabalho, no aumento da produtividade, na multiplicação da produção efetiva de bens, mas é igualmente acompanhado da consciência destas transformações. Nas palavras de Avelãs Nunes, "[o] processo económico ganha então a sua autonomia não apenas em relação ao discurso metafísico, teleológico ou ético, mas também relativamente ao discurso político e à lógica do poder político"[30].

A ciência económica passa então a dedicar-se a um objeto próprio: a sociedade económica. E, como é característico desse tempo, leva-o a cabo através de uma metodologia específica, já não tributária da filosofia, da moral ou da política, mas das ciências exatas[31]. A preocupação económica centra-se agora

comprar a uma ou outra empresa". Só nestas circunstâncias o mercado funcionará em equilíbrio concorrencial e os consumidores comprarão à empresa que vender mais barato.

29 A este respeito fala Vítor Bento, *Os Estados Nacionais e a Economia Global*, Coimbra: Almedina, 2004, p. 73 e ss., do confronto entre duas moralidades que caracterizou a Modernidade: a moralidade da individualidade e a moralidade do coletivismo. As novas classes emergentes das distintas formas de organização económica resultantes da revolução industrial redefinem a estrutura social das comunidades nacionais e projetam o indivíduo para "o centro da realidade, da acção moral e da acção política" (p.74).

30 António José Avelãs Nunes, *Uma volta ao mundo das ideias económicas: será a economia uma ciência?*, Coimbra: Almedina, 2008, p. 13.

31 De facto, é sintomático notar que a economia enquanto ciência surgiu, na verdade, ligada ao estudo da Filosofia e da Moral. A obra que inaugurou o estudo sistemático e integrado desta

na sociedade civil, que é encarada como um sistema, um feixe de conexões sociais regidas por leis particulares, autónomas da vontade do poder político e que podem ser descortinadas através da investigação. O político é, pois, excluído da ciência económica «pura»[32].

Ora, num sistema assente nas ideias assim sucintamente descritas, o mercado torna-se rapidamente o campo de atuação preferencial de cidadãos livres e racionais, conscientes dos seus direitos individuais que vão sendo instituídos e desejosos de obter realização pessoal, também do ponto de vista económico-financeiro. Baseando-se na propriedade e na livre iniciativa privada, os indivíduos – equivalentemente informados[33] – passam agora a contratar voluntariamente entre si as transações de bens e serviços que entendem convenientes, assegurando uma regulação autónoma da economia e delimitando negativamente a esfera de intervenção do poder público. O Estado deverá circunscrever a sua atuação à definição das regras do jogo, àquele mínimo indispensável para proteger a liberdade contratual dos indivíduos, bem como ao provimento dos bens públicos e indivisíveis.

A concorrência é, neste modelo, essencial ao correto e eficaz funcionamento do mercado, pois que só em liberdade concorrencial poderão os agentes económicos afetar os seus recursos escassos às preferências manifestadas pelos consumidores, ajustando com tal comportamento quer as disponibilidades, quer os preços. Só a possibilidade de competição entre os diferentes

matéria (Adam Smith, *The Wealth of Nations*, Harmondsworth: Penguin Books, 1977) corresponde, na verdade, ao segundo volume das lições de Moral daquele Autor, Professor de Filosofia Moral na Universidade de Glasgow. Analisando aquela obra e o respetivo contexto histórico-científico, João César das Neves, *Economia*, Lisboa: Difusão Cultural, 1994, pp. 24 e ss.

[32] Como explica António José Avelãs Nunes, *Uma volta ao mundo das ideias económicas: será a economia uma ciência?*, Coimbra: Almedina, 2008, pp. 9-10, a expressão «Economia Política» («*Political Economics*») que foi cunhada por Antoine de Montchrestien em 1615, no seu *Traité d'Economie Politique*, foi amplamente utilizada até 1890, data da 1.ª edição dos *Principles of Economics* de Alfred Marshall. A partir daí cresce a preocupação em apresentar esta disciplina como uma «teoria pura», entendendo-se que a referência a Economia Política afastaria o acento tónico da essencialidade do indivíduo (substituído pelos grupos, pela sociedade ou pelo Estado) ou implicaria mesmo uma «economia ideológica ou normativa» por oposição à desejada «economia científica ou positiva».

[33] A informação plena e equitativa é igualmente um elemento fundamental do sistema, pois que só ela permite a adequada tomada de decisão, pressuposto de um sistema de concorrência livre. Foi, aliás, a consciência de que a informação não é plena nem chega de igual modo a todos os intervenientes económicos um dos mais importantes elementos que permitiram afastar a teoria da concorrência perfeita, compreendendo que ela é, na esmagadora maioria dos casos, imperfeita – ou, como hoje parece preferir-se, possível ou *workable*. Cf. Bruce C. Greenwald e Joseph E. Stiglitz, "Externalities in Economies with Imperfect Information and Incomplete Markets", *The Quarterly Journal of Economics*, 101, 1986, pp. 229-264.

indivíduos, corretamente informados, permitirá a flexibilidade própria de uma economia que se pretende autorregulada, sustentada por um mercado suficientemente elástico para acomodar as variações próprias do movimento de ajustamento referido.

2.2. O mercado concorrencial e a redução do Estado

O funcionamento deste mecanismo de autorregulação próprio das economias de mercado gera, como sabemos todos, uma distribuição de rendimentos notoriamente desigual[34], pois que a maximização da eficiência económica não implica a equidade na distribuição dos proveitos gerados. Verifica-se, por isso, concomitantemente com esta tendência liberal e individualista, uma outra de sentido oposto, que apela à compreensão da responsabilidade social de cada um e não aceita a imposição irrestrita e insensível desta nova conceção económica. Antes reclama a intervenção do Estado enquanto instrumento de mediação[35] entre estes dois polos, assumindo um papel de redistribuidor de rendimentos, num imperativo solidário exigido pela sociedade.

A economia de mercado, assente na livre iniciativa privada e na concorrência, acaba pois por conduzir a um efeito porventura contraditório: o da exigência de um alargamento da esfera de interferência estatal na economia, já não enquanto agente produtor, mas enquanto entidade que leva a cabo uma redistribuição de rendimentos. Esta reivindicação de justiça distributiva encontra o seu fundamento ético na natureza social do homem e faz eco das necessidades próprias das classes menos favorecidas que começam a ver o seu poder político dilatado com o alargamento dos direitos de voto[36].

Configura-se, assim, um conflito entre eficiência e equidade que, em diferentes moldes, se perpetua até aos dias de hoje. A ingerência pública no processo distributivo automático que o mercado gera pode conduzir a uma não tão eficiente afetação de recursos aos bens desejados pelos consumidores,

[34] Como salientam alguns Autores, esta distribuição do rendimento primário própria da economia de mercado, sendo porventura desigual, não é, em si própria, justa ou injusta, pois que não é o resultado de uma determinada vontade individual ou individualizável, e que, por isso, possa ser responsabilizada, mas antes decorre de um encontro de vontades e decisões tomadas por diferentes indivíduos. Cf., a este propósito F. A. Hayek, *The Road of Serfdom*, London: George Routledge & Sons, Ltd., 1946, *passim*.

[35] Acompanhamos aqui Vítor Bento, *Os Estados Nacionais e a Economia Global*, Coimbra: Almedina, 2004, p. 88, que, nesta obra, traça sintética mas certeiramente o papel desempenhado pela economia nas opções políticas dos Estados, que acabaram por fazê-los desembocar na denominada «globalização económica».

[36] *Idem*.

resultando numa diminuição do produto final, ou seja, do total de bens a distribuir. Essa intervenção deve, pois, ser limitada, sendo necessário encontrar um compromisso sempre difícil e mutável entre os dois valores em tensão.

Não são, todavia, as razões de justiça distributiva as únicas que justificam a intervenção estatal numa economia capitalista, pois que também ao poder público se assaca a responsabilidade pela correção das «imperfeições do mercado», que diminuem a eficiência do sistema e são suscetíveis de comprometer, por isso, o almejado bem estar geral. Circunstâncias como a existência de economias de escala, que favorecem a concentração empresarial e a criação de monopólios; a existência de externalidades – custos de produção que as empresas fazem repercutir na sociedade (*v.g.* a poluição) e que por isso não se refletem no preço, distorcendo-o enquanto mecanismo regulador do mercado –; ou as desigualdades de acesso à informação, que comprometem a paridade contratual e permitem vantagens indevidas a um dos participantes, acabam por impor ao Estado uma intervenção regulatória e de controlo, de modo a garantir que o mercado funciona eficientemente (mesmo não sendo capaz de o fazer autonomamente).

Por outro lado, a inadequação da lógica de mercado à produção de certos bens públicos (como o ambiente ou a segurança), que por não terem uma utilização concorrente[37] não são atrativos para os agentes económicos, exige igualmente a interferência do Estado, desta feita na veste de produtor, pois que é preciso assegurar o acesso a tais bens ou serviços, independentemente do facto de eles não serem concorrencialmente apetecíveis[38]. O Estado acaba, portanto, por tornar-se um Estado regulador e, simultaneamente, embora em muito menor medida, produtor de bens públicos.

Sucede, todavia, que o equilíbrio automático do mercado, conseguido através do ajustamento dos recursos produtivos às preferências dos consumidores, não é instantâneo. Assim se explica a evolução cíclica da economia, onde se sucedem períodos de sub e sobredimensionamento da capacidade produtiva,

[37] Quanto às caraterísticas particulares dos denominados bens coletivos ou supra-individuais (que, apesar da utilização comum, não se entendem como sinónimos), cf. Flávia Loureiro, *A legitimação do direito penal do ambiente enquanto tutela de bens jurídicos colectivos - subsídio para o estudo da figura da acumulação*, Coimbra: dissertação de mestrado, 2007, pp. 124 e ss. Muitas dos traços definidores que aí lhes assacámos correspodem, com naturalidade, àqueles que a teoria económica tem vindo a apontar aos bens públicos.

[38] A respeito dos bens públicos e das suas qualidades de não rivalidade do consumo e de impossibilidade de exclusão dos outros nesse consumo, cf., *v.g.*, David L. Kaserman e John W. Mayo, *Government and Business: The Economics of Antitrust and Regulation*, Forth Worth: The Dryden Press, 1995, p. 9; e Paul A. Samuelson e William D. Nordhaus, *Economics*, 18.ª ed., New York: McGraw-Hill, 2005, pp. 37-38.

por vezes retardados ainda através de acordos diversos entre os diferentes agentes, o que acaba inapelavelmente por gerar fases de grave desemprego e crise económica.

Foi face a esta realidade, sobretudo decorrente da profunda crise dos anos trinta do século passado, que se começou a sustentar a necessidade, com arrimo no pensamento teórico de Keynes[39], da intervenção do Estado enquanto estabilizador e condutor da economia. A «mão do Estado»[40] viria assim complementar a «mão invisível» do mercado, atenuando os efeitos dos referidos ciclos económicos, sobretudo evitando a acumulação de desemprego nos períodos recessivos.

Esta tendência acabou por aprofundar-se um pouco por toda a Europa[41] nas décadas seguintes, dilatando a intervenção pública sobre a economia e concomitantemente estreitando o espaço destinado ao mercado e à livre iniciativa privada. A regulação automática da economia perdeu a necessária elasticidade face à recessão económica e às sucessivas necessidades de ajustamento do tecido produtivo colocadas pelas duas grandes guerras e pelo período do pós-guerra que se seguiu, acabando por originar os elevados níveis de desemprego estrutural que se pretendiam evitar.

A aproximação do final do milénio trouxe consigo uma inversão da tendência assinalada. De facto, a inflexibilidade introduzida no modelo pela alargada intervenção estatal, com a consequente redução do espaço de mercado livre para realização das aspirações privadas, aliadas à queda dos regimes comunistas europeus, acabaram por gerar uma nova alteração de paradigma, sobretudo a partir da década de 90 do século passado. O retrocesso da intervenção do Estado na economia fez-se, sobretudo, a expensas dos processos de

[39] Cf. John Maynard Keynes, *The General Theory of Employment, Interest and Money*, New York: Harcourt, Brace and Company, 1936.

[40] A respeito da intervenção estatal contemporânea na economia, falam Maria Manuel Leitão Marques e Vital Moreira, *A mão visível - mercado e regulação*, Coimbra: Almedina, 2003, *passim*, de uma mão visível, por oposição à conceção liberal de Adam Smith. Esta intervenção faz-se hoje sobretudo (e sobre isso se centram os Autores) através da regulação do mercado, aspeto sobre o qual nos debruçaremos *infra*. Cf. também, a respeito da regulação da atividade empresarial pelo Direito, suas vantagens e inconvenientes, Diego Corapi, "Mandatory and Non Mandatory Rules in Corporate Law", in *Convergence of legal systems in the 21st century - General Reports delivered at the XVIth International Congress of Comparative Law*, Bruxelles: Bruylant, 2006, pp. 655-668.

[41] Mesmo os países europeus com economias capitalistas acabaram por aproximar-se da experiência dos países socialistas, assumindo um Estado produtor, para lá de condutor da política económica e responsável pela redistribuição de rendimentos. Cf. Vítor Bento, *Os Estados Nacionais e a Economia Global*, Coimbra: Almedina, 2004, pp. 90-91.

privatização – através dos quais foram transferidas para o setor privado a maioria das unidades de produção – e da diminuição da sua atividade distributiva.

3. A globalização económica e os desafios colocados à concorrência

O fim do século passado assistiu igualmente à consolidação de um processo de globalização económica[42], que não só elevou o modelo de mercado concorrencial a uma escala planetária como redefiniu – está ainda a redefinir – o próprio Estado[43]. A progressiva eliminação de obstáculos ao comércio e à movimentação de capitais, que vem sucedendo um pouco por todo o mundo, produziu uma assimilação entre as diversas economias nacionais, que estão não só cada vez mais integradas como, consequentemente, mais interdependentes.

Verificou-se, por um lado, a referida substituição das economias dirigistas e planificadas da Europa de Leste por economias de mercado, ao mesmo tempo que a China, embora nominalmente comunista, adotava instrumentos próprios dos mercados regulados de recorte capitalista. A adesão destes países a um tal sistema económico fez com que, por arrastamento, um conjunto de nações subdesenvolvidas perdesse quer o esteio ideológico, quer o suporte financeiro para manter as suas economias centralmente dirigidas e fechadas ao comércio internacional, como até aí sucedia por influência daqueles regimes[44].

Assistimos, por outro lado, sobretudo nas últimas décadas do século XX, a um progresso tecnológico porventura sem precedentes, especialmente centrado nas áreas dos transportes, das comunicações e do tratamento da

[42] Em boa verdade, é usual marcar-se o início desta globalização por volta de 1870, altura em que se firma o sistema capitalista na sequência dos processos de industrialização dos países europeus e da generalização do padrão-ouro. Esta «primeira onda» da globalização (entre 1870 e 1914) foi, todavia, interrompida pelas duas guerras mundiais que assolaram a Europa. Só depois de 1980, ultrapassada a fase do pós-guerra, se retoma o processo de globalização, agora mais vincado – este período ficou assim conhecido como a «segunda onda» de globalização, embora o World Bank o considere como terceiro, identificando um período intermédio entre 1945 e 1980. Cf. World Bank, *Globalization, Growth and Poverty: Building an Inclusive World Economy*, New York: World Bank/ Oxford University Press, 2002, pp. 24 e ss.

[43] Ver, a propósito desta imagem de (des)construção do próprio Estado, a reflexão de Francis Fukuyama, *A Construção de Estados - Governação e Ordem Mundial no Século XXI*, Lisboa: Gradiva, 2006.

[44] Chamando também a atenção para este aspeto, Vítor Bento, *Os Estados Nacionais e a Economia Global*, Coimbra: Almedina, 2004, pp. 93-94.

informação[45], que permitiu ultrapassar os derradeiros obstáculos naturais[46] à livre circulação de pessoas, mercadorias e capitais. E que, aliado a uma transformação de sentido liberalizante nas políticas públicas relativas à economia, produziu igualmente a eliminação das barreiras artificiais ao comércio transnacional, com a supressão das tarifas alfandegárias que até aí o limitavam em maior ou menor medida.

Na verdade, a vulgarização do transporte aéreo de mercadorias, o desenvolvimento do transporte marítimo, nomeadamente através da utilização de contentores estandardizados em navios transatlânticos de grande dimensão, e o crescimento e a integração de extensas redes de comunicação rodoviária e ferroviária acabaram por relativizar muitíssimo a noção de espaço[47], desvalorizando a distância entre a produção e o mercado e franqueando quer o comércio de mercadorias, quer a escolha da localização geográfica das unidades produtivas.

Juntou-se-lhe, de uma outra perspetiva, o abaixamento muito considerável dos custos das comunicações, tanto de voz como de dados, que veio revolucionar o mundo dos serviços, ao viabilizar que um conjunto alargado

[45] Acerca da globalização e das suas caraterísticas principais, em termos de ordem económica, cf, Flávia Loureiro, "Os problemas económico-finaceiros transnacionais e o encurtamento dos direitos humanos - que papel para o direito penal?", in *Direitos humanos e sua efetivação na era da transnacionalidade: debate luso-brasileiro*, Curitiba: Juruá, 2012, pp. 195-205. Para uma análise dos seus reflexos na criminalidade económica, ver Peter Grabosky, "Globalization and White-Collar Crime", in *The Criminology of White-Collar Crime*, New York: Springer, 2009, pp. 129-151; e, entre nós, José de Faria Costa, "O fenómeno da globalização e o direito penal económico", *Estudos em Homenagem ao Professor Doutor Rogério Soares - BFDUC Studia Iuridica*, 61, 2001, pp. 531-50. Cf. ainda, numa visão não estritamente jurídica mas iguamente relevante, Anselmo Borges, "O Crime Económico na Perspectiva Filosófico-teológica", *Revista Portuguesa de Ciência Criminal*, 10, 2000, pp. 7-35.

[46] Estes obstáculos ou custos naturais correspondem aos custos de transporte e/ou aos custos de obtenção e tratamento de informação sobre a disponibilidade de produtos e respetivos preços e acabam por gerar a fragmentação por diversas economias nacionais daquilo que poderia constituir um único mercado. A estas barreiras naturais somam-se, por outro lado, um conjunto de entraves artificiais, criados pelos diferentes Estados ao introduzirem tarifas e quotas sobre as importações, ao imporem proibições ou ao levarem a cabo outras políticas públicas intervencionistas.

[47] E, em certa medida, também a de tempo, uma vez que se encurtaram quase até à irrelevância os períodos de espera entre a produção de um bem e a sua disponibilização no mercado. A respeito do fim do tempo e do espaço próprio das sociedades contemporâneas, cf., entre nós, José de Faria Costa, *Linhas de Direito Penal e de Filosofia: alguns cruzamentos reflexivos*, Coimbra: Coimbra Editora, 2005, pp. 194 e ss.

de serviços até aí tido por não transacionáveis internacionalmente pudesse agora ser fornecido de modo eficiente a partir de quase qualquer latitude[48].

Alavancado por estas transformações, o comércio internacional tem vindo a ganhar preponderância nas diversas economias nacionais, acabando por mover consigo quer os fluxos de investimento, quer os de pessoas, e produzindo uma progressiva integração numa grande economia global[49]. Mas além de ter aumentado significativamente, o comércio internacional sofreu, ao mesmo tempo, um reajustamento profundo: por um lado, os produtos primários têm vindo a perder terreno para os bens manufaturados; por outro, os bens de capital têm ganho importância crescente na exportação de manufaturas; por fim, os países em vias de desenvolvimento estão a afirmar-se como exportadores de manufaturas e não já somente de produtos primários[50].

Os movimentos de capitais, por seu turno, aumentaram significativamente a partir da década de noventa do século passado, à medida que os limites à sua circulação – impostos sobretudo no pós-guerra, na sequência do *Acordo de Bretton Woods* – foram desaparecendo. A uma primeira fase de investimentos de médio e longo prazo, sucederam-se, sobretudo, movimentos especulativos de curto prazo, assentes na facilidade de comunicação e processamento de informação, que favoreceu a veloz movimentação de ativos muito líquidos[51].

Esta tendência para o incremento de circulação ao redor do globo ocorreu igualmente ao nível da circulação de pessoas, que buscando a melhoria das suas condições remuneratórias e o aumento do seu bem estar económico migraram dos países em desenvolvimento para os desenvolvidos, criando nestes uma franja significativa de população imigrante[52]. Apesar das limitações à imi-

[48] Foi o que sucedeu, por exemplo, com os serviços informáticos, de centrais de atendimento telefónico ou de impressão e expedição de correspondência de várias empresas de grande dimensão, que foram deslocalizados em função de mão de obra mais barata, desconsiderando quer a localização da empresa, quer a dos seus consumidores.

[49] É claro que nem sempre esta integração foi puramente espontânea, promovida pelas alterações tecnológicas e pelas políticas públicas apontadas, mas ficou antes a dever-se a um esforço ponderado de um conjunto de Estados que estabeleceram entre si tratados, bilaterais ou multilaterais, ou que criaram mesmo organizações supranacionais com vista a provocar esta integração. Além da União Europeia, pense-se na EFTA (Associação Europeia de Comércio Livre), na NAFTA (Associação Norte Americana de Comércio Livre) ou no Mercosul (Associação de Comércio Livre dos países da América do Sul), por exemplo.

[50] Cf. os dados concretos que a este respeito são apresentados por Vítor Bento, *Os Estados Nacionais e a Economia Global*, Coimbra: Almedina, 2004, pp. 97-98.

[51] *Idem, ibidem.*

[52] De acordo com as estimativas do Banco Mundial, ascenderá a cerca de 6% o peso da população imigrante nos países considerados ricos – World Bank, *Globalization, Growth and Poverty: Building an Inclusive World Economy*, New York: World Bank/ Oxford University Press, 2002, pp. 43-44.

gração existentes na maior parte dos países desenvolvidos[53], estas migrações económicas sucederam-se, sobretudo entre trabalhadores indiferenciados[54], operando como um limitador de salários nos países de destino e diminuindo o excesso de oferta nos países de origem[55].

Ora, face a este conjunto de modificações do panorama económico mundial, as empresas rapidamente ensaiaram a transformação das suas próprias estruturas, de modo a poderem usufruir deste novo mercado global que se lhes apresentou. Procuraram, por isso, adquirir dimensão suficiente para poder atuar num número cada vez mais alargado de mercados, beneficiando de economias de escala, apostando nas cadeias de valor ou diversificando as suas atividades produtivas.

O nosso tempo assiste, pois, à eclosão de um fenómeno de concentração empresarial, que gera empresas progressivamente maiores e de estrutura mais complexa, cada vez mais de dimensão multinacional e cujo valor acrescentado anual é superior ao de muitos países[56]. Por todas esses motivos, estas organizações detêm um poder crescente, que advém não só dessa estatura internacional, mas sobretudo da possibilidade que daí resulta de escolherem a localização das suas atividades produtivas em função das condições disponibilizadas pelos diversos países.

Sobre um aspeto muitas vezes esquecido desta globalização nos fala Mireille Delmas-Marty, *Globalisation économique et universalisme des droits de l'homme (7e Conférence Albert-Mayrand)*, Montréal: Éditions Thémis, 2004, *passim*; e igualmente, se bem que noutro tom e com outras preocupações, Nicolás García Rivas, "Globalización y justicia penal universal: Paralelismos", in *Estudios Penales en Homenaje a Enrique Gimbernat, tomo I*, Madrid: Edisofer, 2008, pp. 291-308.

53 Limitações essas que tendem a agravar-se hoje, como temos vindo a assistir, fruto da atual crise económica que afeta a maioria dos países ditos desenvolvidos e que tem nos altíssimos números de desemprego uma das suas mais significativas manifestações. Veja-se o que tem sucedido em França (mas não só) com as populações de países de leste.

54 A esta imigração de trabalhadores indiferenciados soma-se (tende mesmo, em boa verdade, a substituir-se hoje) a de trabalhadores altamente qualificados, verificando-se a chamada «fuga de quadros» para países mais ricos, dispostos a oferecer-lhes condições que estes não encontram nos seus países de origem. Esta tendência conduz a que os países mais ricos acabem por ficar com a «inteligência» dos menos desenvolvidos, o que contribui naturalmente para aumentar o fosso entre eles.

55 Ao mesmo tempo que, obviamente, constitui uma importante fonte de rendimento para os países subdesenvolvidos de origem, na medida em que esses trabalhadores realizam habitualmente remessas para as suas famílias.

56 Como recorda Vítor Bento, *Os Estados Nacionais e a Economia Global*, Coimbra: Almedina, 2004, pp. 100-101, segundo o relatório da UNCTAD de 2002, que enumerava as cem maiores «economias» mundiais (considerado países e empresas), de acordo com o valor do produto gerado anualmente, 29 delas correspondem a empresas multinacionais, estando a maior delas em 25.º lugar.

A influência que, nessa medida, tais empresas podem impor sobre Estados e organizações, às vezes mesmo sobre regiões inteiras do globo, dada a dependência económico-financeira gerada, por exemplo, pela instalação de uma grande indústria que emprega um número muito significativo de habitantes locais e faz mover toda a economia daquela área geográfica, faz com que se erijam especiais dificuldades no momento de regular, controlar e porventura sancionar as respetivas atividades. A pressão que esses agentes económicos conseguem desempenhar sobre o poder político pode pôr em causa – põe tantas vezes – todo o modelo de atuação de um Estado sobre a economia, comprometendo quer a competitividade das empresas locais, quer, no que nos interessa particularmente, a própria liberdade de concorrência do mercado em causa.

Pense-se, a título de exemplo, num cartel formado por um conjunto de empresas multinacionais de grandes dimensões que, em um específico setor de atividade (*v.g.*, material informático), se implantam num certo país ou região e fixam entre si o preço de venda de um determinado produto ou conjunto de produtos, repartindo o mercado existente. A prática restritiva enunciada afeta necessariamente a liberdade de concorrência no mercado em causa, prejudicando quer outros concorrentes (sobretudo as empresas locais de pequena ou média dimensão), quer os consumidores (que terão de comprar os bens a um preço superior àquele de que usufruiriam se aquelas empresas concorressem efetivamente).

4. A emergência do paradigma regulatório e a tarefa de garantia da concorrência

As últimas décadas têm, portanto, na sequência do percurso económico que ligeiramente traçámos, apontado um novo modelo de relação entre Estado e economia. Novo não no sentido de nunca antes ter sido pensado ou experimentado (como vimos, a evolução deste relacionamento tem-se feito por sucessão alternada de vias, ora tendendo mais à interferência, ora ao *laissez faire*), mas no de assumir agora específicos contornos, suficientemente vincados e desenvolvidos para podermos afirmar estar-se perante a emergência de um novo paradigma.

4.1. Liberalização, privatização e desregulação: a implementação da regulação

De facto, o movimento de liberalização da economia que se iniciou na Europa nos anos oitenta do século passado assentou, sobretudo, como deixámos já adivinhado, em dois grandes pilares, que em boa medida são mutuamente implicativos: a privatização a e desregulação[57]. A este grande eixo dúplice associam-se ainda as caraterísticas de desestatização e de abertura de mercados[58], que ajudam a formar a imagem global do modelo económico atual e da (não) intervenção que o Estado exerce sobre ele. Configura-se, pois, um afastamento entre Estado e economia, concretizado quer na entrega alargada da atividade de produção de bens e prestação de serviços à iniciativa privada, quer num movimento de «desintervenção» estatal sobre a economia, ou de desregulamentação, na medida em que aquele prescinde de intuitos dirigistas ou intervencionistas e se retira da disciplina normativa da atividade económica, que é em grande medida substituída por um novo tipo de regulação, proveniente de entidades autónomas ou mesmo privadas.

Ultrapassado, pois, o dirigismo estatal – ou, ao menos o forte intervencionismo – que caraterizou o continente europeu durante grande parte do

[57] Cf., entre nós, Luís Cabral de Moncada, *Manual Elementar de Direito Público da Economia e da Regulação: Uma Perspetiva Luso-Brasileira*, Coimbra: Almedina, 2012, pp. 241 e ss., com uma análise dos principais aspetos da regulação em Portugal, na União Europeia e no Brasil, bem como com uma especial reflexão acerca da regulação no âmbito da concorrência. Neste sentido, cf. ainda Maria Manuel Leitão Marques, João Paulo Simões de Almeida e André Matos Forte, *Concorrência e Regulação (A relação entre a Autoridade da Concorrência e as Autoridades de Regulação Sectorial)*, Coimbra: Coimbra Editora, 2005, pp. 9 a 17, com uma introdução ao problema da liberalização económica e correspondente regulação; António Gageiro, "Modelos de direito estrangeiro na perspectiva do *enforcement* (E.U.A/ R.U/ Europa Continental)", in *Direito Sancionatório das Autoridades Reguladoras*, Coimbra: Coimbra Editora, 2009, pp. 41-72; Rui Chancerelle de Machete, "A nova ciência do Direito Administrativo e a Regulação", *Scientia Iuridica*, LX , 2011, 277-91; e António Menezes Cordeiro, "A crise planetária de 2007/2009 e o governo das sociedades", in *Direito Sancionatório das Autoridades Reguladoras*, Coimbra: Coimbra Editora, 2009, pp. 13-39. Ver, igualmente, na doutrina internacional, Martin Ricketts, "Economic Regulation: principles, history and methods", in *International Handbook on Economic Regulation*, Cheltenham: Edward Elgar, 2006, pp. 34-62; Michael A. Crew e David Parker, "Development in the theory and practice of regulatory economics", in *International Handbook on Economic Regulation*, Cheltenham: Edward Elgar, 2006, pp. 1-33; e M. E. Beesley e S.C. Littlechild, "Privatization: principles, problems and priorities", in *Privatization, Regulation and Deregulation*, 2.ª ed., London: Routledge, 1995, pp. 26-42.

[58] Já sobre este aspeto refletimos em Flávia Loureiro, "Os problemas económico-finaceiros transnacionais e o encurtamento dos direitos humanos - que papel para o direito penal?", in *Direitos humanos e sua efetivação na era da transnacionalidade: debate luso-brasileiro*, Curitiba: Juruá, 2012, pp. 195-205.

século XX (em larga medida causado pela falência dos pressupostos teóricos do modelo económico de autorregulação do mercado e pelas guerras que assolaram a velha Europa), começou a impor-se uma racionalidade assente na livre iniciativa e na necessidade de uma economia substancialmente privada, com a consequente retração do Estado. Esta desregulação, obtida através do afastamento da disciplina normativa pública sobre a economia, não correspondeu, contudo, a um retorno sem mais ao referido *laissez faire*.

Na verdade, a desregulação trouxe consigo, de modo que pode parecer contraditório, a regulação, na medida em que, muito embora se defenda que o Estado não deve intervir sobre a economia, não passa a entender-se que que a atividade privada deva funcionar de modo espontâneo e «desnormativizado», com base nos mecanismos de alocação naturais do mercado[59]. A regulamentação pública é, antes, substituída pela regulação feita por entidades independentes, uma vez que o mercado não pode operar entregue a si próprio, já que acabaria por gerar distorções e injustiças não compatíveis com os fins públicos que permanecem válidos e com o interesse geral que a economia de mercado tem também de assegurar[60].

Desregulação e regulação não nos aparecem, assim, neste âmbito, como conceitos antagónicos, mas complementares e até, em certa medida, interdependentes ou implicativos, pois que é a desregulação da economia, com o afastamento da intervenção estatal direta e indireta sobre a atividade económica, que faz surgir a necessidade de uma re-regulamentação da matéria, entregue agora a diferentes sujeitos. A regulação, que acabou mesmo por se impor nos nossos dias como um novo paradigma relacional no complexo binómio Estado/ economia, vem assim ao encontro de necessidades que são de sempre, mas que apresentam distintas roupagens, criando outras regras e diferentes formas de atuação e interação entre os agentes económicos, o mercado, em si mesmo considerado, e os novos sujeitos que emergem do final do milénio passado: as entidades reguladoras.

[59] A este propósito ver STEVEN K. VOGEL, *Freer Markets, More Rules. Regulatory Reform in Advanced Industrial Countries*, Ithaca and London: Cornell University Press, 1996, sobretudo pp. 1-42, onde o Autor explica como a desregulação acabou por produzir uma re-regulamentação, grande parte dela de sentido pró-competitivo. A expressão utilizada no título da obra é, por isso, particularmente feliz: *"freer markets, more rules"*.

[60] Nestes mesmo sentido, LUÍS CABRAL DE MONCADA, *Manual Elementar de Direito Público da Economia e da Regulação: Uma Perspetiva Luso-Brasileira*, Coimbra: Almedina, 2012, pp. 242-243, sublinhando que *"privatization brings regulation"*, na medida em que o mercado é encarado como produto, ao menos parcial, da construção da ordem jurídica da economia, não se opondo, por isso, "à prossecução de certos fins estatais de interesse público e outros" (p. 243).

4.2. As entidades reguladoras independentes

Este novel paradigma que se instalou na Europa e trouxe consigo modificações profundas na compreensão quer das liberdades económicas, quer do controlo da atividade económica, foi em grande medida importado do outro lado do Atlântico, transportando consigo uma conceção assente no reconhecimento das limitações do mercado livre como forma de atingir uma sociedade equilibrada[61]. A regulação baseia-se, pois, no princípio de que é necessário corrigir os excessos a que a iniciativa privada pode conduzir num sistema económico liberal e capitalista, em nome da proteção de certos interesses públicos e da coesão social, mas sem desejar uma tutela do Estado sobre a atividade económica[62].

Naturalmente, a regulação na Europa não foi – não é – um decalque do seu modelo inspirador norte-americano, antes ganhando contornos específicos, moldados quer pela idiossincrasia europeia, como um todo, quer, em particular, pela conjuntura económico-social em que surgiu. A regulação impõe-se, portanto, num contexto de liberalização da economia e de redução do intervencionismo estatal, exigindo a criação de mecanismos que permitam controlar o mercado por forma a garantir o interesse público.

Uma tal regulação foi construída a partir da figura das entidades reguladoras independentes, também elas originárias dos Estados Unidos da América. Aí, surgiram da necessidade de, em nome da separação de poderes, obstar à acumulação de autoridade nas mãos do Presidente, pelo que é o Congresso a diretamente definir as suas atribuições e poderes, cabendo àquele Presidente a nomeação dos titulares dos respetivos órgãos, mediante a aprovação do Senado[63]. Na Europa, foram introduzidas primeiro no Reino Unido, daí

[61] Como ressalta João Sérgio Ribeiro, "Entidades Reguladoras Independentes, uma forma de regulação ou de tributação?", *Scientia Iuridica*, LX, 2011, pp. 235-257, "[c]uriosamente, nos Estados Unidos da América, país que nós, europeus, vemos muitas vezes como o expoente máximo da economia concorrencial, o fundamento da regulação, que aí tem uma forte tradição, não se reconduz à protecção do mercado, mas à defesa do interesse público" (p. 236), o que, aliás, é conforme, como relembra, com os ideais iluministas que inspiraram a Constituição norte-americana.

[62] Cf. Luís Cabral de Moncada, *Manual Elementar de Direito Público da Economia e da Regulação: Uma Perspetiva Luso-Brasileira*, Coimbra: Almedina, 2012, p. 244. Ver também World Bank, *Reforming Infrastructure: Privatization, Regulation, and Competition*, Washington: World Bank/ Oxford University Press, 2004, pp. 29 e ss.

[63] Para uma análise da figura das entidades reguladoras independentes, com referência às suas caraterísticas no modelo norte-americano, e reflexão acerca da sua introdução no ordenamento jurídico português, cf. Vital Moreira e Fernanda Maçãs, *Autoridades Reguladoras Independentes: Estudo e Projecto de Lei-Quadro*, Coimbra: Coimbra Editora, 2003, *passim*.

se difundido um pouco por todo o continente, com vista a garantir a divisão clara entre o domínio político e o económico, uma vez que o Estado mantinha ainda intervenção em alguns setores económicos, nomeadamente como acionista, e era importante garantir uma regulação independente daquela atividade, por forma a garantir a confiança e a igualdade. Em Portugal, por seu lado, excetuada a situação particular do Banco de Portugal, a regulação independente inaugurou-se em 1991, com a criação da Comissão dos Mercados de Valores Mobiliários e foi depois multiplicada pelos mais diversos setores (eletricidade, telecomunicações, gás natural, seguros, saúde, *etc.*).

O Estado assume, pois, no referido contexto histórico-político europeu, uma (mera) função de preservação de determinados interesses públicos (a concorrência ou a proteção dos consumidores, por exemplo) que leva a cabo não já através da sua participação na atividade económica (cada vez mais reduzida), mas antes pela regulamentação adequada do desenvolvimento daquela atividade. Para esse efeito, como explica Cabral de Moncada, "procede à *publicatio* de certas entidades autónomas e privadas dotando-as de poderes que limitam certos direitos dos empresários, tais como atos permissivos, cláusulas acessórias e aplicações de sanções, de modo a acautelar determinados interesses públicos, ao mesmo tempo que fornece o quadro legislativo da regulação"[64].

Estas entidades são independentes na exata medida em que se torna necessária desvinculá-las, do ponto de vista do controlo e da influência, quer do poder político, quer do poder e capacidade de pressão dos seus próprios regulados. Elas são, por isso, dotadas de poderes de autodireção e autogoverno, não estando sujeitas a controlo de mérito por parte do Governo e contando, por regra, com um elemento democrático-participativo que tem em conta os interesses dos respetivos regulados (através, por exemplo, de associações representativas dos diferentes setores económicos ou profissionais).

Esta independência – conceito-chave da regulação em causa – tem, pois, como classificam alguns[65], três grandes vetores: a independência orgânica, a independência funcional e a independência relativamente aos interesses envolvidos. Na vertente orgânica, que se reflete no modo de designação dos titulares dos órgãos, regras respeitantes ao mandato e regime de incompatibilidades, a

[64] Luís Cabral de Moncada, *Manual Elementar de Direito Público da Economia e da Regulação: Uma Perspetiva Luso-Brasileira*, Coimbra: Almedina, 2012, p. 245.

[65] Cf. João Sérgio Ribeiro, "Entidades Reguladoras Independentes, uma forma de regulação ou de tributação?", *Scientia Iuridica*, LX, 2011, pp. 235-257; Maria Manuel Leitão Marques e Vital Moreira, *A mão visível - mercado e regulação*, Coimbra: Almedina, 2003; pp. 29-32 e pp. 195-198; e Vital Moreira e Fernanda Maçãs, *Autoridades Reguladoras Independentes: Estudo e Projecto de Lei-Quadro*, Coimbra: Coimbra Editora, 2003, pp. 25 e ss.

independência impõe, sobretudo, que aqueles titulares não possam ser destituídos pelo Governo antes de terminado o seu mandato, de modo a evitar que haja uma alternância ou sucessão de titulares que coincida com as alterações políticas. A perspetiva funcional, por sua vez, corresponde à ausência de ordens ou instruções, bem como à impossibilidade de controlo de mérito e à não obrigatoriedade de prestar contas ao Governo quanto às opções seguidas. A independência técnica ou relativamente aos interesses envolvidos – que, se desrespeitada, pode dar origem aos denominados «riscos de captura» da entidade reguladora por um ou alguns dos regulados que deveria controlar – implica, desde logo, uma neutralidade que resulta de as decisões se basearem em critérios técnicos e não políticos, e a correspondente imparcialidade em relação aos diferentes interesses em jogo[66].

Ou, como assinala o Banco Mundial, a atividade reguladora destas entidades têm de possuir os seguintes requisitos: coerência (quer interna, nas decisões concretas que toma quotidianamente, quer sistémica, na sua relação com os demais setores e respetivas entidades reguladoras), independência (nos diversos sentidos que acabámos de elencar), responsabilidade (na medida em que o regulador tem um poder muito significativo sobre o setor e sobre as empresas reguladas, tornam-se necessárias especiais exigências de responsabilidade, que vão desde a obrigatoriedade de produção de relatórios anuais até à revisão das suas decisões pelos tribunais), transparência (uma vez que exercem funções eminentemente públicas, estas entidades têm de estar sujeitas aos deveres de publicidade, informação e de acesso a documentos, de modo a garantir a possibilidade de os cidadãos verificarem a sua atuação), previsibilidade (estas autoridades estão sujeitas à lei e devem, tanto quanto possível, tornar públicas orientações e regras de conduta, de modo a assegurar a confiança e a previsibilidade das suas decisões) e capacidade (quer com isto significar-se a necessidade de existência de recursos financeiros e humanos que permitam o cabal exercício das competências atribuídas)[67].

[66] Ver, a propósito destes riscos, Barry R. Weingast e Mark J. Moran, "Bureaucratic Discretion or Congressional Control? Regulatory Policymaking by the Federal Trade Comission", *Journal of Political Economy*, 91, 1983, pp. 765-800; Joseph P. Kalt e Mark A. Zupan, "Capture and Ideology in the Economic Theory of Politics", *American Economic Review*, 74, 1984, pp. 279-300; e Matthew D. McCubbins, Roger G. Noll e Barry R. Weingast, "Structure and Process, Politics and Policy: Administrative Arrangements and the Political Control of Agencies", *Virginia Law Review*, 75, 1989, pp. 431-482.

[67] World Bank, *Reforming Infrastructure: Privatization, Regulation, and Competition*, Washington: World Bank/ Oxford University Press, 2004, pp. 83 e ss.

Nem sempre, todavia, como sabemos, estas exigências de especial independência e transparência são efetivamente cumpridas, sucedendo-se com relativa frequência episódios de desvios em relação àqueles referentes. Desde logo, ao nível da autonomia económica e financeira que, não sendo assegurada, põe imediatamente em causa a independência das entidades reguladoras[68]; depois, no plano orgânico, uma vez que não é anormal vermos a nomeação dos titulares dos órgãos das entidades reguladoras ser feita através de resolução do Conselho de Ministros, podendo, em alguns casos, tais membros ser exonerados pelo Governo[69]; quanta à independência funcional, esta é colocada em causa sempre se que prevê, como sucede quanto a diversas autoridades reguladoras portuguesas, a tutela do Governo sobre a aprovação de planos de atividades e relatórios de contas[70].

4.3. A regulação da concorrência

A regulação económica tem, pois, por objetivo a garantia de certos interesses económicos, designadamente a defesa da concorrência, evitando as «falhas de mercado» e atendendo hoje também a considerações ambientais e de proteção dos consumidores. Assumindo que o mercado nem sempre funciona de modo satisfatório, nomeadamente ao permitir ou promover mesmo graves desigualdades na distribuição da riqueza, com a consequente tensão social, ao dar origem a crises económicas globais, com reflexos profundos em termos de desemprego e inflação, ou ao consentir concentrações de estruturas produtivas e tecnológicas, torna-se necessário garantir a coesão económico-social e evitar e reprimir práticas restritivas da concorrência e concentrações excessivas[71].

Estas finalidades são, afinal, interesses públicos que as entidades reguladores independentes, tendo natureza administrativa, devem perseguir em nome da comunidade, exercendo o controlo da atividade dos operadores

[68] Atente-se na chamada de atenção quanto a este aspeto feita por JOÃO SÉRGIO RIBEIRO, "Entidades Reguladoras Independentes, uma forma de regulação ou de tributação?", *Scientia Iuridica*, LX, 2011, pp. 242-243, que sublinha que, entre nós, apenas a Autoridade Nacional das Comunicações (ANACOM), a Entidade Reguladora dos Serviços Energéticos (ERSE) e a AdC têm efetiva autonomia económica, sendo que o Banco de Portugal, a CMVM e o Instituto de Seguros de Portugal têm autonomia financeira.

[69] *Idem.*

[70] *Ibidem.*

[71] Acompanhamos LUÍS CABRAL DE MONCADA, *Manual Elementar de Direito Público da Economia e da Regulação: Uma Perspetiva Luso-Brasileira*, Coimbra: Almedina, 2012, p. 250.

económicos, públicos ou privados, através do uso dos seus poderes de regulação, de supervisão e sancionatórios. Tais fins redundam, afinal, numa verdadeira regulação da concorrência, que se repercute hoje em níveis muito distintos e que, em grande medida, analisaremos criticamente ao longo das páginas deste trabalho.

De forma curiosa e particularmente significativa, a regulação da concorrência surge com o desenvolvimento e a implementação do sistema económico capitalista, quer nos Estados Unidos da América, quer, depois, na Europa, através da Alemanha. A disseminação da economia de mercado conduz, pois, a uma verificação que é, simultaneamente, a sua antítese e a sua concretização: a necessidade de regulação do mercado – e, portanto, da concorrência, como caraterística essencial dele –, sob pena de ele se negar a si próprio, comprometendo a liberdade que afirma, e pondo em risco o equilíbrio social que o sustenta.

Capítulo II: A afetação da concorrência e o surgimento da legislação *antitrust*

1. A compreensão de concorrência e a posição do Direito

O entendimento lato e pré-económico de concorrência que apresentámos na capítulo anterior auxilia-nos, se bem vemos, na compreensão quer do que foram as origens históricas da concorrência e da sua tutela – nos Estados Unidos da América e, depois, na Europa –, quer da sua configuração moderna.

Historicamente, a generalidade dos países europeus partilhou uma tradição secular de monopólio religioso[72] que se traduziu, de modo necessário, numa cultura jurídica de uniformização, pois que uma e outra realidade se misturaram durante tanto tempo. Ao contrário do que viria a suceder do outro lado do Atlântico, onde a multiplicidade religiosa terá sido fundante na criação de um sistema político pluralista de cariz federativo, os países europeus foram durante muito tempo propensos a um raciocínio monopolista, que se estendeu do aspeto religioso ao político, ao jurídico e ao económico[73].

Muito embora não se possa falar numa completa uniformização e recusa da pluralidade, a verdade é que o Absolutismo que caraterizou durante longo período os Estados europeus assentou em – e, simultaneamente, fez desenvolver – modelos de concentração de poder (de todos os poderes) que só muito

[72] Afirmamos propositadamente: a generalidade. Bem sabemos, que essa característica não é comum a toda a Europa, sobretudo quando começamos a caminhar para oriente.

[73] De acordo com MERCEDES GALÁN JUÁREZ, "Incidencia del principio de libre competencia en la evolución histórica del derecho comunitario de la competencia", in *La Armonización Legislativa de la Unión Europea (III)*, Madrid: Dykinson, 2000, pp. 384-385, a propensão cultural europeia para o monopólio – assente, portanto, numa tendencial uniformização religiosa – levou a que, durante muito tempo, a concorrência fosse encarada com suspeição, sendo vista como individualista e selvagem.

lentamente foram sendo ultrapassados. A existência de um conjunto vasto de países que estabeleceram entre si diversas formas de competição fez com que grande parte do desenvolvimento histórico dos sistemas legais europeus se tenha ficado a dever à concorrência estabelecida entre eles, dado que nenhum detinha um poder monopolista.

Até mesmo, aliás, o direito canónico, que a partir de meados do século X a Igreja Católica pretendeu implementar por toda a Europa como sistema jurídico uniformizado e de vocação universal, não conseguiu cumprir a sua tendência totalitária, por sofrer, em alguns domínios, a concorrência de outros modelos. Não será de pouco relevo o facto de terem sido exatamente os comerciantes – os mercadores – um dos grupos que resistiu a este intento universalista do modelo canónico, recusando regular as suas relações comerciais pelo ordenamento canónico substantivo e submeter as respetivas questões ao tribunais próprios da Igreja. Foi, pois, esta concorrência que acabou por estabelecer-se entre jurisdições e mesmo entre diferentes tribunais dentro de um grande modelo de inclinação uniformizadora que permitiu à Europa fazer um caminho singular em termos de desenvolvimento jurídico e das respetivas instituições, acabando por justificar, aliás, uma sistematização do Direito sem paralelo[74].

De modo substancialmente distinto, do outro lado do Atlântico, a construção federativa dos Estados Unidos da América deriva de uma realidade sociológica completamente diferente, assente no *melting pot* cultural decorrente das diversas proveniências dos seus cidadãos. A coexistência de uma pluralidade de religiões, nenhuma delas com capacidade de domínio sobre as restantes, acabaria não só por dar origem a um princípio de liberdade religiosa como igualmente por influenciar a compreensão acerca dos outros direitos fundamentais.

Na verdade, como defendeu, aliás, James Madison[75], se a liberdade religiosa assentava na coexistência de um pluralidade de crenças, tornava-se essencial garantir o mesmo princípio pluralista no sistema jurídico-constitucional, para assegurar os direitos políticos. Reconhecia-se, afinal, que um sistema verdadeiramente democrático se estribava necessariamente numa compreensão pluralista da sociedade, particularmente marcada na cultura própria do período colonialista americano e que acabaria por forjar o seu modelo federativo.

Neste grande quadro, o reconhecimento de ser a concorrência económica uma matéria sobre a qual devesse debruçar-se o direito fez-se lentamente e

[74] Acompanhamos, ainda, Mercedes Galán Juárez, *op. et loc. cit.*

[75] Cf. James Madison, *Selected Writings*, Indianapolis: Hackett Publishing Company, 2006, pp. 1 e ss.

através de vários movimentos distintos, permitindo-nos traçar um quadro que, em pinceladas muito largas, terá três grandes momentos.

Numa primeira fase, própria da Idade Média e mesmo de parte da Era Moderna, não pode propriamente afirmar-se existir concorrência. A pormenorizada regulação do mercado e das atividades económicas refletia a compreensão dirigista própria destas épocas. O exercício de uma atividade comercial ou industrial dependia da inscrição prévia nas Corporações de Artes e Ofícios, que controlavam, através de um rígido modelo hierárquico[76], todos quantos participavam num determinado mercado e determinavam quantidade, qualidade e preço dos produtos. O seu objetivo era, exatamente, o de anular a concorrência entre os diferentes artesãos, não permitindo a diferenciação de produtos ou de preços e estabelecendo quotas de mercado.

Alguns dos mais poderosos comerciantes deste período[77] celebraram mesmo contratos entre si ou com o Rei ou o Papa, de modo a garantir um determinado mercado, excluindo todos os competidores. Estes monopólios favoreciam, naturalmente, o poder estabelecido, que encontrou neles fonte de financiamento para os gastos públicos, sobretudo os relacionados com operações bélicas.

Esta monopolização da economia própria da Idade Média e do Absolutismo esteve, todavia, longe de ser pacífica e foi gerando crescente desconfiança e desagrado, principalmente face aos abusos que iam sendo praticados. O monopólio foi sofrendo cada vez maior contestação, especialmente por uma classe burguesa que tinha vindo a acumular capital e se via impedida de desenvolver atividades comerciais que lhe permitissem expandir a sua importância económica e política. Este movimento antimonopólio acabaria por conhecer o seu ponto alto em Inglaterra, durante o reinado de Jaime I, com a aprovação do *Satute of Monopolies*, a que fizemos já referência *supra*.

A afirmação da liberdade de indústria e de comércio, que começou a proclamar-se no final do século XVIII, inaugura a etapa seguinte, onde passa a exigir-se ao direito uma tomada de posição a respeito da concorrência. A Revolução Francesa de 1789 representa aqui, naturalmente, um marco fundamental, sustentando não só a liberalização política como igualmente a económica e exigindo o reconhecimento de uma igualdade imanente em todos os homens. A *Déclaration des Droits de l'Homme et du Citoyen* afirma, pois, em conformidade, que o exercício dos direitos naturais de cada homem tem

[76] Uma hierarquia que identificava e organizava, em sequência mestres, oficiais e aprendizes.

[77] Foi o caso dos *Fugger* na Alemanha ou dos *Medici* em Itália.

apenas como limite idêntico exercício dos demais membros da comunidade[78], proclamando a plena igualdade entre cidadãos e a liberdade para agir no estrito limite da lei (também, portanto, a liberdade industrial e de comércio).

Em Portugal, sublinhe-se já agora, a Constituição de 1822 vem afirmar, em moldes muito semelhantes que são espelho visível de como este texto foi inspirado por aquele movimento gaulês, que a "liberdade consiste em não serem obrigados a fazer o que a lei não manda, nem a deixar de fazer o que ela não proíbe. A conservação desta liberdade depende da exacta observância das leis"[79]. E, pouco tempo depois, a Carta Constitucional da Monarquia Portuguesa de 1826, outorgada por Dom Pedro IV, passou a estabelecer mesmo que "nenhum género de trabalho, cultura, indústria ou comércio pode ser proibido, uma vez que não se oponha aos costumes públicos, à segurança e saúde dos Cidadãos"[80].

A tomada de posição do Direito a respeito da concorrência económica, se bem que feita de modo indireto, deu-se, pois a partir deste momento. Ao afirmar-se o direito de todos os cidadãos a acederem a uma profissão ou comércio, estava naturalmente a preconizar-se a ideia de concorrência, recusando o dirigismo e as práticas monopolistas. A liberdade de atuação do homem também em matéria de atividade económica, a «liberdade de empreender», é a pedra de toque daquele que virá a ser o modelo concorrencial.

No final do século XIX, todavia, a revolução industrial e a concomitante importância social crescente das classes trabalhadoras começam a pôr em causa o excessivo liberalismo capitalista e a aniquilação da concorrência autorizada pelo abuso da liberdade que até esse momento se reclamara. Inaugura-se, então, uma terceira fase, exigindo-se o regresso do Estado à economia, intervindo para garantir a concorrência, que se percebe não poder funcionar apenas com base na autorregulação do mercado[81].

[78] Nos termos do art. 4.º da Declaração, a liberdade consiste em poder fazer tudo aquilo que não prejudique outrem: assim, o exercício dos direitos naturais de cada homem não tem por limites senão os que asseguram aos outros membros da sociedade o gozo dos mesmos direitos. Estes limites apenas podem ser determinados pela Lei.

[79] Artigo 2.º da Constituição de 1822.

[80] Assim dispunha a § 23.º do art. 145.º da Carta Constitucional de 1826.

[81] Cf. o que a este propósito dissemos noutro lugar, sublinhando a relação oscilante que existe entre a economia e a regulação, entendida em sentido amplo, Flávia Loureiro, "Os problemas económico-finaceiros transnacionais e o encurtamento dos direitos humanos - que papel para o direito penal?", in *Direitos humanos e sua efetivação na era da transnacionalidade: debate luso-brasileiro*, Curitiba: Juruá, 2012, pp. 197 e ss. As premissas modernas de desestatização, privatização, abertura dos mercados e desregulamentação não produziram o propalado desígnio de uma economia efetiva

Surgem as primeiras leis que visam regular a concorrência, reprimindo práticas restritivas e pretendendo corrigir as falhas de mercado, entretanto assumidas[82]. O Estado, que havia sido afastado de toda (ou quase toda[83]) a intervenção económica, por entender-se, por um lado, que essa tarefa não lhe pertence, mas deve antes depositar-se nas mãos dos privados, e, por outro, por se acreditar que o mercado livre tendia de facto ao equilíbrio perfeito, vê agora aumentarem de tom as vozes daqueles que exigem um controlo público sobre a atuação dos particulares. Sobretudo porque se vinha assistindo, curiosamente, a um fenómeno convergente com aquele que havia sucedido durante a época medieval e absolutista: a concentração da atividade económica nas mãos de um pequeno grupo de operadores económicos[84].

Ora, muito embora a primeira legislação anticoncorrencial (de nível nacional[85]) pareça ter surgido no Canadá, em 1889 – o *Act for the Prevention*

e verdadeiramente competitiva. Ver também as considerações tecidas por TULLIO ASCARELLI, *Teoria della Concorrenza e dei Beni Immateriali*, Milano: Doot. A. Giuffrè Eitore, 1960, pp. 3 e ss.

[82] Para uma primeira aproximação histórica a esta evolução, que a seguir detalharemos, com dados relativos a distintos países, cf. MANUEL ABANTO VÁSQUEZ, "Introducción al Derecho penal de la competencia. Análisis histórico y comparativo del decreto legislativo 701", *Derecho*, 1994, pp. 253-91.

[83] Como vimos, o Estado nunca foi completamente arredado da economia, pois que se entendia que lhe cabia garantir um conjunto de bens pouco atrativos para a iniciativa privada, mas que deveriam ser oferecidos à comunidade (os bens públicos).

[84] Não deixa, de facto, de ser significativo atentar nesta conclusão que pode, a uma primeira vista, ser contraditória: tanto a fase dirigista, em que verdadeiramente não existia concorrência, como a liberal, em que esta foi alcandorada a bem maior, acabaram por desaguar num abuso de poder económico e na concentração das respetivas atividades. Cf. o que nos narra TONY FREYER, *Regulating Big Business: antitrust in Great Britain and America, 1880-1990*, Cambridge: Cambridge University Press, 1992, pp. 20 e ss., acerca desta tensão entre autorregulação e intervenção do Estado face ao crescimento exponencial das práticas restritivas, sobretudo nos EUA, nos últimos trinta anos do século XIX.

[85] Na verdade, durante as últimas décadas do século XIX e face à pressão crescente das grandes empresas, muitas vezes coligadas, foram aprovadas em vários estados norte-americanos leis *antitrust*, na tentativa de proteger pequenos produtores e empresários. De acordo com MANUEL COUCEIRO NOGUEIRA SERENS, *A Monopolização da Concorrência a a (Re-)Emergência da Tutela da Marca*, Coimbra: Almedina, 2007, pp. 27 e ss., maxime nota 67, e pp. 319 e ss., no início da década de 80 do século XIX, existia já legislação *antitrust* em cinco estados norte-americanos: Maryland (1867), Tenesse (1870), Arkansas (1876), Texas (1876) e Georgia (1877). No ano imediatamente anterior à aprovação do *Sherman Act*, vários outros estados se lhes seguiram. Naturalmente, a sua eficácia foi muito limitada, uma vez que os grandes problemas concorrenciais ultrapassavam largamente as fronteiras de um estado e radicavam, exatamente, no grande mercado único em que os EUA se estavam a transformar. Cf., para uma análise deste período de emergência das legislações concorrenciais, MASSIMO MOTA, *Competition Policy: theory and practice*, Cambridge: Cambridge University Press, 2004, pp. 1 e ss.; e ALFRED D. CHANDLER JR., *Scale and Scope: The Dinamics of Industrial Capitalism*, Cambridge: Harvard University Press, 1994, pp. 47 e ss. Ver igualmente, como exemplo, aquilo

and Supression of Combinations Formed in Restraint of Trade[86] –, foi nos Estados Unidos da América que brotaram as preocupações com o abuso da liberdade de empresa[87]. Na verdade, o período liberal de cerca de um século havia conduzido a uma concentração económica alarmante, proliferando os *trusts*, que iam já controlando a pujante economia norte-americana. Nasce, assim, no ano seguinte, aquele que é o marco histórico do início da tutela jurídica das práticas concorrenciais, o *Sherman Antitrust Act*[88].

2. A legislação *antitrust* norte-americana

2.1. O surgimento da legislação *antitrust*: o *Sherman Act*

Durante a segunda parte do século XIX, os Estados Unidos da América experimentaram uma transformação profunda na sua indústria, causada por um conjunto de fatores de onde se podem destacar o significativo avanço em termos de redes de transportes e comunicações. A expansão veloz dos

que Joseph D. Sayers, "Anti-Trust Legislation", *The North American Review*, 169, 1899, pp. 210-217, explica a respeito da legislação *antitrust* do Texas.

86 Que, em boa verdade, visava proteger a indústria nacional canadiana em relação à vigorosa economia norte-americana. O diploma não teve, todavia, o sucesso almejado. Para uma análise do direito penal da concorrência no Canadá, quer quanto ao seu surgimento, quer, depois, no que respeita aos desenvolvimentos posteriores, cf. D. Martin Low QC e Casey W. Halladay, "Redesigning a Criminal Cartel Regime: The Canadian Conversion", in *Criminalising Cartels. Critical Studies of an International Regulatory Movement*, Oxford: Hart Publishing, 2011, pp. 77-104.

87 Na verdade, já em 1887 havia sido promulgado nos EUA o *Interstate Commerce Act*, primeira legislação federal relevante no que à defesa da liberdade de concorrência respeita. Este diploma proibia as companhias de caminhos de ferro de concederem vantagens especiais a alguns empresários e a repartição dos lucros assim conseguidos. Cf. Manuel Couceiro Nogueira Serens, *A Monopolização da Concorrência a a (Re-)Emergência da Tutela da Marca*, Coimbra: Almedina, 2007, pp. 27-28, e Alfred D. Chander Jr., *The Visible Hand. The Managerial Revolution in American Business*, Cambridge: Harvard University Press, 1977, pp. 89 e ss.

88 Apresentada pelo senador John Sherman em 1890, a lei que ficou conhecida com o seu nome pretendia impedir a concentração do comércio e as práticas abusivas que vinham sendo praticadas pelas empresas norte-americanas, limitando a concorrência. Ficaram muito conhecidos os casos dos *trusts* da *Standard Oil*, da *U.S. Steel*, da *American Tobacco Company* e da *International Mercantile Marine Company*. Para uma análise do *Sherman Antitrust Act*, cf. T. Walter D. Duke, "Federal Anti-Trust Laws", *The Virginia Law Register. New Series*, 8, 1923, 881-96, onde se abordam as causas, a estrutura, o processo e os principais casos submetidos a julgamento até à data, bem como Victor Morawetz, "The Sherman Anti-trust Act", *American Economic Association Quarterly*, Vol. 11, 1909, pp. 321-327, e David McCord Wright, "Toward Coherent Anti-Trust", *Virginia Law Review*, 35, 1949, pp. 665-699, aqui já numa tentativa de balanço, 50 anos volvidos sobre a aprovação da lei em causa.

caminhos de ferro por todo o território, bem como o progressivo alargamento dos serviços de telefone e telégrafo, facilitaram o contacto entre os diferentes pontos do país e transfiguraram a atividade económica americana, ao substituir a plêiade de pequenos mercados regionais ou locais por um grande mercado único, de dimensão tendencialmente nacional. Este novo mercado veio, naturalmente, gerar a possibilidade de as empresas apostarem em economias de escala, aumentando significativamente a respetiva produção[89].

Se lhe juntarmos um conjunto de inovações tecnológicas que se fizeram sentir nas mais diversas áreas (energia, metalurgia, *etc.*), bem como um número considerável de alterações legislativas que vieram permitir a criação de grandes empresas, nomeadamente através de aquisições e fusões, podemos compreender a razão pela qual as últimas décadas de oitocentos foram palco, nos Estados Unidos, para um desenvolvimento ímpar de concentrações empresariais[90].

Por outro lado, as crises económicas recorrentes, geradas por fatores macroeconómicos, e a queda nos custos de transporte e comunicação – que, ao criar a oportunidade de um só grande mercado, levou simultaneamente a uma aumento da concorrência, uma vez que todas as empresas competiam, agora, pelo mesmo mercado, independentemente da sua inserção geográfica – conduziram a uma queda e instabilidade dos preços, que caracterizou o último quartel do século XIX. As empresas, agora organizadas de modo a aproveitar as economias de escala, conseguiam, de um lado, diminuir os custos de produção e, consequentemente, descer os preços, ao mesmo tempo que, do outro, sentiam a necessidade de os baixar de modo a garantirem que trabalhavam no máximo da sua capacidade e, desse modo, cobriam os grandes custos fixos decorrentes dos vultuosos investimentos que tinham tido a necessidade de fazer para entrar em novos mercados.

Geraram-se, assim, guerras de preços entre empresas, que estas tentaram ultrapassar através de acordos, que lhes permitiam mantê-los altos e assegurar,

[89] De acordo com T. Walter D. Duke, "Federal Anti-Trust Laws", *The Virginia Law Register. New Series*, 8, 1923, p. 885, nas últimas décadas do século XIX, a população americana vivia sob um sentimento de grande preocupação, pois que, muito embora a escravatura tivesse sido abolida alguns anos antes, temia-se uma nova forma de escravidão, resultante do domínio de grandes grupos económicos sobre os bens da nação. O *Sherman Antitrust Act* terá pretendido, desde logo, dar uma resposta a esta sensação de insegurança, garantindo que um tal domínio não viria a suceder.

[90] Massimo Mota, *Competition Policy: theory and practice*, Cambridge: Cambridge University Press, 2004, p. 2, fala mesmo de um onda de fusões (*a merger wave*) que assolou os EUA na década de oitenta do século XIX. Cf., igualmente, F. M. Scherer, *Competition Policies for an Integrated World Economy*, Washington, D.C.: The Brookings Institution, 1994, pp. 8 e ss.

assim, as respetivas margens de lucro. Surgiram, pois, as *pools* e os *trusts*[91], destinados a manter a estabilidade de preços, em benefícios das empresas concertantes, mas, naturalmente, em claro prejuízo dos consumidores finais bem como dos produtores e das pequenas indústrias[92].

Começaram, pois, rapidamente, a ouvir-se soar exigências de controlo sobre estas práticas levadas a cabo pelas grandes empresas, pressionando o poder político a legislar neste sentido. Às múltiplas legislações que foram sendo criadas em diversos estados, mas que não conseguiam solucionar os problemas relacionados com a concorrência interestadual, seguiu-se rapidamente a aprovação de uma lei federal.

O *Sherman Antitrust Act* veio, então, impor uma dupla proibição. Na sua secção 1, é vedado todo o contrato, acordo ou combinação que restrinja o comércio interestadual ou internacional; enquanto na secção 2 se proíbem os monopólios ou as suas tentativas, bem como os acordos com o intuito de monopolizar qualquer parte do comércio interestadual ou internacional. Num e noutro caso, as práticas são consideradas como crimes[93] e previstas como consequências jurídicas a aplicação de uma multa de até 5.000 dólares ou de pena de prisão até um ano, podendo o tribunal aplicar mesmo as duas penas conjuntamente[94].

[91] Naturalmente relacionados com as grandes atividades económicas da época, pelo que alguns dos mais conhecidos foram os relativos aos caminhos de ferro e aos combustíveis. Cf. Alfred D. Chander Jr., *The Visible Hand. The Managerial Revolution in American Business*, Cambridge: Harvard University Press, 1977, pp. 140 e ss.; e, entre nós, Manuel Couceiro Nogueira Serens, *A Monopolização da Concorrência a a (Re-)Emergência da Tutela da Marca*, Coimbra: Almedina, 2007, pp. 314 e ss.

[92] Estas empresas mais pequenas, ao utilizarem produtos das empresas cartelizadas na sua própria produção, viam a sua margem de lucro muito apertada entre, por um lado, os altos preços de *input* e, por outro, os preços baixos de venda que tinham de praticar.

[93] *Misdemeanor* na classificação norte-americana, que divide os ilícitos criminais entre *misdemeanors* e *felonies*.

[94] A secção 1 da referida lei estabelecia o seguinte: "*every contract, combination in the form of trust or otherwise, or conspiracy, in restraint of trade or commerce among the several States or with foreign nations, is hereby declared to be illegal. Every person who shall make any such contract, or engage in any such combination or conspiracy, shall be deemed guilty of a misdemeanor, and, on conviction thereof, shall be punished by fine not exceeding $5,000, or by imprisonment not exceeding one year, or by both said punishments, in the discretion of the court.* Por sua vez, a secção 2, referente aos monopólios, estatuía: "*every person who shall monopolize, or attempt to monopolize, or combine or conspire with any other person or persons to monopolize, any part of the trade or commerce among the several States, or with foreign nations, shall be deemed guilty of a misdemeanor, and, on conviction thereof, shall be punished by fine not exceeding $5,000, or by imprisonment not exceeding one year, or by both said punishments, in the discretion of the court*". Uma e outra disposição sofreram posteriores alterações, como veremos *infra*.

É de sublinhar igualmente que o diploma estabelecia já a possibilidade de serem apreendidos e confiscados quaisquer bens que, ao abrigo de um contrato previsto na secção 1, estivessem a ser transportados por força de troca comercial interestadual ou internacional, bem como a de ser movida uma ação de responsabilidade, por qualquer pessoa ofendida por estes negócios, que lhe permitiria o ressarcimento triplo dos seus danos[95].

Muito embora inovador quer no seu esforço de sistematização, quer na eficácia de que dotou os respetivos preceitos, o *Sherman Act* não constituiu propriamente uma solução original ou fraturante, pois que assentava naquela que era a solução que vinha sendo encontrada em sede de aplicação dos princípios da *common law*[96]. Sendo certo que a jurisprudência a este respeito não era propriamente abundante – uma vez que os acordos anticoncorrenciais praticados eram, sobretudo, *gentlemen's agreements* –, a verdade é que os tribunais de alguns dos estados da União que tinham vindo a ser chamados a pronunciar-se sobre este tipo de acordos maioritariamente lhes negavam validade, considerando-os *unenforceable*[97].

A criação de uma lei federal que proibia, agora de modo uniforme, os comportamentos restritivos da concorrência e lhes aplicava consequências jurídico-penais pretendeu reforçar a tutela do princípio da liberdade concorrencial, mas enfrentou grandes problemas de implementação efetiva. De

[95] A indemnização por *treble damages* está prevista em alguns diplomas legais norte-americanos e permite ao juiz triplicar o valor da compensação por danos. Acerca desta indemnização e da sua utilização nos EUA, ver Richard Craswell, "Damage Multipliers in Market Relationships", *The Journal of Legal Studies*, XXV, 1996, pp. 463-492; e Reza Rajabiun, "Private Enforcement and Judicial Discretion in the Evolution of Antitrust in the United States", *Journal of Competition Law & Economics*, 8, 2012, pp. 187-230.

[96] Cf. T. Walter D. Duke, "Federal Anti-Trust Laws", *The Virginia Law Register. New Series*, 8, 1923, pp. 883 e ss.; Michael O'Kane, *The Law of Criminal Cartels: Practice and Procedure*, Oxford: Oxford University Press, 2009, p. 4 e ss.; Manuel Couceiro Nogueira Serens, *A Monopolização da Concorrência a a (Re-)Emergência da Tutela da Marca*, Coimbra: Almedina, 2007, pp. 319 e ss.

[97] À luz da *common law*, a não executoriedade destes acordos era a única sanção/ consequência que os tribunais podiam aplicar-lhes, uma vez que os considerassem contrários ao princípio da liberdade de concorrência. Cf. Manuel Couceiro Nogueira Serens, *A Monopolização da Concorrência a a (Re-)Emergência da Tutela da Marca*, Coimbra: Almedina, 2007, pp. 321 e ss., que analisa três decisões jurisprudenciais paradigmáticas: o caso *Craft el al.* c. *McConoughy* (Illinois, 1875), o caso *Central Ohio Salt* c. *Stephen H. Guthrie* (Ohio, 1880) e o caso *Emery* c. *Ohio Candle Co.* (Ohio, 1890). Como igualmente sublinha o Autor, existia, contudo, alguma jurisprudência minoritária (caso *William Skrainka* c. *Diettrich Scharringhausen* e caso *Central Shade-Roller Co.* c. *Cushman*) que, à luz do princípio da liberdade contratual aceite pelo *commom law*, reconhecia validade aos pactos anticoncorrenciais, sobretudo quando o seu objeto não fosse relativo a produtos de primeira necessidade e através deles não se criasse uma situação de monopólio.

facto, apesar do *instrumentarium* processual que o novo diploma colocava à disposição quer do Estado, quer dos particulares, a primeira década de vida do *Sherman Act* foi praticamente infrutífera – de acordo com os dados coligidos por Richard Posner[98], as investigações iniciadas pelo *Department of Justice* durante este período não atingiram sequer uma dezena. As explicações para o facto são de múltipla natureza, indo desde a pouca vontade política à falta de ativismo judiciário, passando naturalmente pela franca expansão económica experimentada durantes estes anos e que fez prosperar e desenvolver-se o capitalismo americano, tantas vezes assente na coligação ou fusão de empresas[99].

Na verdade, só em 1897 o *Supreme Court* declarou, pela primeira vez, claramente ilegal um acordo de fixação de preços (no caso *United States* c. *Trans-Missouri Freight Association et al.*[100]), recusando argumentos que tentavam justificar tais preços como razoáveis e justos e apresentar os acordos como necessários para evitar a concorrência desleal e afirmando de modo liminar que, após o *Sherman Act*, não competia mais aos juízes decidir quais os pactos razoáveis ou não[101]. Esta orientação foi depois confirmada no caso *United Nations* c. *Addyson Pipe and Steel Co.* (1899) e aprofundada no caso *Dr. Miles* c. *Park and Sons* (1911), onde aquele Tribunal aplicou igualmente a proibição

[98] Cf. Richard A. Posner, "A Statistical Study of Antitrust Enforcement", *Journal of Law and Economics*, 13, 1970, pp. 365-419, onde o Autor colige e analisa os dados referentes aos processos abertos por infração anticoncorrencial, à luz do *Sherman Act*.

[99] Para um análise das razões que geraram esta falta de aplicação do *Sherman Act*, desde a escolha dos *Attorneys General* até às mudanças na opinião pública, cf. Manuel Couceiro Nogueira Serens, *A Monopolização da Concorrência a a (Re-)Emergência da Tutela da Marca*, Coimbra: Almedina, 2007, pp. 340 e ss.

[100] Estava em causa um *trust* constituído por dezoito companhias de caminhos de ferro, que fixaram as tarifas para o transporte de bens. Cf. Massimo Mota, *Competition Policy: theory and practice*, Cambridge: Cambridge University Press, 2004, p. 4; e Manuel Couceiro Nogueira Serens, *A Monopolização da Concorrência a a (Re-) Emergência da Tutela da Marca*, Coimbra: Almedina, 2007, pp. 345 e ss.

[101] Na verdade, o problema aqui colocado havia de repetir-se muitas vezes durante os primeiros anos de vigência do *Sherman Act*, contrapondo aquilo que ficou conhecido como a «*rule per se*» à «*rule of reason*». Face aos normativos constantes daquele diploma, questionava-se se a proibição em causa era absoluta, valendo para todos os acordos ou pactos (circunstância em que estaríamos perante uma proibição «*per se*», como entenderam os juízes no casos em referência), ou, pelo contrário, a validade dos pactos seria analisada em função do seu conteúdo, tendo nomeadamente em conta os efeitos que produziria. Neste hipótese, que acabou por ter vencimento jurisprudencial e implementar-se até aos nossos dias, a «*rule of reason*» impõe uma ponderação entre os efeitos benéficos e as desvantagens que a prática restritiva traz consigo, só devendo esta ser declarada proibida se estes prejuízos à concorrência superarem aqueles benefícios.

de restrição de preços a relações verticais[102]. Os argumentos utilizados nestes processos foram depois retomados, em 1911, nos casos de dois dos mais conhecidos e importantes *trusts* da altura: o *Standard Oil Co. of New Jersey* c. *United States* e o *United States* c. *American Tobacco Co*[103].

2.2. A legislação subsequente e a atuação judicial

Muito embora decisivo na história do direito da concorrência, o *Sherman Act* tinha um âmbito de aplicação material bastante limitado, pois que se debruçava somente sobre acordos de fixação de preços e divisão de mercado celebrados entre empresas autónomas, bem como sobre práticas monopolizadoras de empresas individuais. De fora ficava, portanto, aquele que se tornou rapidamente o instrumento preferencial das empresas que queriam coordenar as suas ações: a concentração (nomeadamente através de fusão).

Efetivamente, a concentração de empresas era, à luz do *Sherman Act* uma prática permitida, apenas se podendo tornar ilegal se, através dela, se pretendesse monopolizar um determinado mercado, usando meios desleais de concorrência[104]. As empresas que pretendiam concatenar preços tinham, pois, a possibilidade de optar pela concentração (fusão), transformando-se numa única entidade e, assim, escapando à aplicação da nova lei. Não foi certamente alheio a este enquadramento legal o exponencial incremento do número de fusões ocorrido nos últimos anos do século XIX nos EUA.

[102] Cf. Massimo Mota, *Competition Policy: theory and practice*, Cambridge: Cambridge University Press, 2004, p.4.

[103] *Idem.*

[104] Na verdade, a aplicação do *Sherman Act* às concentrações com o intuito de monopolizar foi sempre dúbia, conhecendo decisões judiciais num e noutro sentido. No caso *United States* c. *E. C. Knight Co.* (1895), o *Supreme Court* confirmou a decisão dos tribunais inferiores de não considerar como violadora das secções 1 e 2 do diploma a aquisição, por parte da *American Sugar Refining Company* – detentora de 65% da produção de açúcar refinado nos EUA –, da totalidade do capital social de quatro sociedades suas concorrentes (entre as quais aquela que deu o nome ao caso), que juntas perfaziam 30% daquela produção. Muito embora a *American Sugar Refining Company* passasse a dominar cerca de 95% da produção do bem em causa, adquirindo uma posição de quase monopólio, o Tribunal considerou que não estava em causa o comércio interestadual (*interstate commerce*), mas sim a produção, e que esta não era abrangida pelo âmbito do *Sherman Act*. Alguns anos depois, todavia, no caso *Northern Securities Co. et al.* c. *United States* (1904), o acordo feito entre duas sociedades concorrentes (a *Great Northern Railway Company* e a *Northern Pacific Railway Company*) para a constituição de uma sociedade *holding* com o intuito de eliminar a concorrência entre as duas foi considerado ilegal pelo mesmo Tribunal, à luz daqueles preceitos. Cf., a propósito destes dois processos, Manuel Couceiro Nogueira Serens, *A Monopolização da Concorrência a a (Re-)Emergência da Tutela da Marca*, Coimbra: Almedina, 2007, pp. 343 e ss. e pp. 357 e ss.

Em 1914, foi aprovado o *Clayton Anti-Trust Act*, que vinha, então, ampliar a aplicação da legislação *antitrust* de modo a abranger também as fusões suscetíveis de reduzir a concorrência e colmatar outras falhas entretanto apontadas ao *Sherman Act*. Na verdade, decorridas quase duas décadas sobre este primeiro diploma, não gozava a legislação *antitrust* de fama particularmente agradável, sendo antes percecionada como pouco eficaz e atuante. Ao seu campo de atuação já inicialmente limitado somou-se, depois, a restrição proveniente da aplicação jurisprudencial da «*rule of reason*»[105], o que, juntamente com a falta de empenho político das diversas Administrações, redundou num défice de controlo sobre os monopólios e as grandes concentrações. A discussão foi trazida para a praça pública na campanha presidencial de 1912, lançando-se as bases para o diploma que logo veio a lume.

Assim, o *Clayton Act* veio criar um catálogo de práticas proibidas, abrangendo não apenas a discriminação no preço, como também os contratos acoplados e os contrato de exclusividade, as sociedades *holding* e as administrações coligadas, mas submetendo a avaliação de tais práticas à, chamada, cláusula de impacto na concorrência (*competitive impact clause*), segundo a qual aquelas só seriam ilegais se o seu efeito pudesse ser o de restringir substancialmente a concorrência ou tender a criar um monopólio[106].

Permitia-se, pois, ao arrepio daquilo que havia sido defendido durante a discussão que se gerou na campanha eleitoral referida, que um acordo ou prática restritivos da concorrência – como uma discriminação no preço, por exemplo – pudesse ser considerado legal pelos tribunais, desde que uma tal restrição não fosse «substancial» ou não fosse de ordem a criar um monopólio. A tentativa de ultrapassar as deficiências encontradas no *Sherman Act*, que levaram à sua condenação por ser pouco efetivo na proteção da concorrência, redundou na consagração em texto de lei de uma cláusula teleologicamente idêntica à da «*rule of reason*».

No mesmo ano em que foi aprovado o *Clayton Act* foi também criada a *Federal Trade Comission*[107], uma agência independente destinada a regular as

[105] Cf. *supra* nota 101.

[106] Para uma análise quer deste catálogo criado pelo *Clayton Act*, quer das suas diversas leituras, cf. T. Walter D. Duke, "Federal Anti-Trust Laws", *The Virginia Law Register. New Series*, 8, 1923, pp. 881-896; e Manuel Couceiro Nogueira Serens, *A Monopolização da Concorrência a a (Re-) Emergência da Tutela da Marca*, Coimbra: Almedina, 2007, pp. 434 e ss.

[107] Criada através do *Federal Trade Comission Act*, aprovado em 1914, esta agência era independente tanto orgânica como funcionalmente, sendo os seus cinco comissários indicados diretamente pelo Presidente, com a aprovação do Senado. Podendo ser escolhidos membros dos partidos políticos, pretendeu garantir-se, pelo menos, o bipartidarismo político, razão pela qual não poderiam integrar

práticas comerciais desleais e a implementar e fazer cumprir, a nível federal, a legislação *antitrust* (esta última competência era partilhada com o *Department of Justice*). Iniciava-se[108], desse modo, um novo período na história da política da concorrência nos EUA, passando o seu instrumento principal a ser a regulação, exercida pela *FTC*. Esta detinha um poder de natureza legislativa, uma vez que emanava normas e regulamentos, e um poder de matriz quasi-judicial, ao determinar que métodos concorrenciais eram considerados ilegais e, consequentemente, proibidos (com a prolação das *cease and desist orders*[109]).

O *Clayton Act* viria, posteriormente, a ser revisto, primeiro pelo *Robinson-Patman Act*, em 1936, depois pelo *Celler-Kefauver Act* de 1950, e ainda pelo *Hart-Scott-Rodino Act*, em 1976. Cada uma destas alterações pretendeu corrigir ou complementar as disposições *antitrust* exigentes, tendo em atenção, sobretudo, as necessidades que se iam fazendo sentir em cada momento histórico-político-económico.

2.3. As duas Guerras Mundiais e o pós-guerra

No período que se estendeu da I à II Grandes Guerras, a aplicação das regras *antitrust* foi muito pouco vigorosa, chegando mesmo a ser temporariamente suspensa durante a Grande Depressão. Na verdade, nesta época a economia foi dominada pelas relações estabelecidas entre a política e os negócios, evitando-se a sua submissão às habituais forças do mercado e permitindo-se mesmo algumas restrições à concorrência, como forma de tornear as grandes dificuldades sentidas durante estes anos.

a *FTC* mais de três comissários com a mesma filiação partidária. Cf. Marc Winerman, "The Origins of the FTC: Concentration, Cooperation, Control and Competition", *Antitrust Law Journal*, 1, 2003, pp. 1-97; Massimo Mota, *Competition Policy: theory and practice*, Cambridge: Cambridge University Press, 2004, pp. 5-6; e Manuel Couceiro Nogueira Serens, *A Monopolização da Concorrência a a (Re-)Emergência da Tutela da Marca*, Coimbra: Almedina, 2007, pp. 466 e ss. e pp. 1116 e ss.

108 Em boa verdade, já em 1903 Roosevelt havia lançado os alicerces desta *Federal Trade Comission* ao criar o seu precursor *Bureau of Corporations*. Cf., a respeito da origem e da história da *FTC*, o referido estudo de Marc Winerman, "The Origins of the FTC: Concentration, Cooperation, Control and Competition", *Antitrust Law Journal*, 1, 2003, pp. 1-97, onde o Autor passa em revista a formação da agência e os diversos intervenientes políticos que permitiram a sua implementação.

109 Chamando a atenção para as razões de atribuição deste poder à *FTC*, Manuel Couceiro Nogueira Serens, *A Monopolização da Concorrência a a (Re-)Emergência da Tutela da Marca*, Coimbra: Almedina, 2007, pp. 1116-1117. Cf. igualmente, a propósito do papel desta agência e respetivos poderes, Barry R. Weingast e Mark J. Moran, "Bureaucratic Discretion or Congressional Control? Regulatory Policymaking by the Federal Trade Comission", *Journal of Political Economy*, 91, 1983, pp. 765-800.

Foi nesta altura que se aprovou o *Robinson-Patman Act* (ou *Anti-Price Discrimination Act*), especialmente vocacionado para impedir comportamentos anticompetitivos praticados por produtores, *maxime* a discriminação nos preços. De facto, tinha-se implementado entre os produtores uma prática de venderem mais barato a cadeias de lojas (a grandes empresários, portanto) do que aos demais retalhistas, assim contribuindo para afastar estes dos respetivos mercados. A lei vinha agora impor que o produtor oferecesse o mesmo preço e demais condições de venda a todos os compradores de um determinado nível, impedido assim uma prática restritiva de concorrência que estava, na verdade, a esmagar as pequenas superfícies comerciais.

Igualmente demonstrativa da influência que o contexto histórico-político e económico exerce – ou, pelo menos, exerceu neste momento histórico concreto – sobre a justiça é decisão tomada no caso *Apalachian Coals Inc.* c. *United States*, de 1933. Estavam em causa os efeitos da Grande Depressão sobre a indústria mineira de extração de carvão, uma das mais afetadas pela crise. Enfrentando uma grande contração da procura e tentando evitar a acumulação de perdas, cento e trinta e sete produtores da região dos Montes Apalaches formaram uma sociedade com o intuito de procurar os melhores preços e repartir a produção entre os diversos membros. O *Supreme Court* considerou, numa das poucas exceções à proibição *per se* de fixação de preços, que o acordo não era ilegal por corresponder a uma tentativa razoável de proteger o mercado de práticas destrutivas[110].

A tendência expressa nesta decisão não se manteria, porém, por muito tempo, tendo sido revertida logo que as condições económicas melhoraram[111]. No processo *United States* c. *Socony-Vacuum Oil Co.*, de 1940, aquele Tribunal veio restabelecer a proibição *per se* de acordos relativos a preços, declarando ilegal uma prática levada a cabo por várias empresas do setor petrolífero para evitar o abaixamento do preço da gasolina, causado pelo *dumping* realizado por algumas refinarias em pânico durante a Grande Depressão[112].

[110] Nos termos do acórdão, *"the [Sherman] Act does not seek to establish a delusive liberty of interstate commerce by making normal and fair expansion impossible; it does not prevent those engaged in that commerce from adopting reasonable measures to protect it from injurious and destructive practices and to promote competition upon a sound basis"*. Cf. a argumentação utilizada em http://supreme.justia.com/cases/federal/us/288/344/case.html.

[111] Naturalmente, os fatores macroeconómicos não são os únicos a levar em linha de conta quando falamos de decisões de um tribunal com a constituição do *Supreme Court*. Relevantes são também, como é óbvio, as mudanças de juízes, que fazem igualmente variar as teses acolhidas, sobretudo quando o tema não é pacífico e dá azo a votações difíceis.

[112] De acordo com a decisão *"there was evidence to prove that the defendants, with intent to raise and maintain prices, devised and carried out an organized program of regularly ascertaining the amounts of surplus*

Nas quatro décadas que se seguiram, assistiu-se a um época de intensa atividade *antitrust*, motivada porventura mais pelo intuito de limitar as grandes empresas do que pelo de melhorar a eficiência económica, objetivo que estava em linha com as conceções económicas dominantes da época[113]. Processos como *United States* c. *Alcoa* (1945), *International Salt Co.* c. *United States* (1947) *Brown Shoe Co., Inc.* c. *United States* (1962), *United States* c. *Philadelphia National Bank* (1963), *United States* c. *Arnold, Schwinn and Co.* (1967) ou *FTC* c. *Procter and Gamble Co.* (1967) são alguns dos exemplos do ativismo judiciário que caracterizou estes anos, abrangendo cláusulas de exclusividade ou contratos acoplados, práticas monopolizadoras e fusões de empresas.

Não tardou, portanto, que começassem a soar vozes muito críticas a respeito da política da concorrência e do intervencionismo, considerado exagerado, das autoridades *antitrust* e dos próprios tribunais. A «Escola de Chicago»[114] encabeçou este movimento, chamando a atenção, entre outras coisas, para as razões de eficiência económica que justificariam as restrições verticais e as fusões. Se juntarmos a estas críticas a perda de competitividade internacional que afetava as empresas norte-americanas, compreendemos a razão pela qual

spot market gasoline, of assigning its sellers to buyers who were in the combination, and of purchasing it at fair going market prices, and that this process, by removing part of the spot market supply, was at least a contributing factor in stabilizing the spot market and thereby causing an increase of prices, so that jobbers and consumers in the midwestern area paid more for their gasoline than they would have paid but for the conspiracy, their prices being geared to spot market prices" – http://supreme.justia.com/cases/federal/us/310/150/case.html.

[113] Acompanhamos Massimo Mota, *Competition Policy: theory and practice*, Cambridge: Cambridge University Press, 2004, pp. 7 e s.

[114] A «Escola de Chicago» designa uma corrente económica neoclássica partida do ensinamento da Economia (e, depois, do Direito) na Universidade de Chicago, nascida nos anos sessenta e setenta do século passado. No que nos interessa especificamente, os cultores deste pensamento (entre os quais podemos encontrar Milton Friedman, Richard Posner ou George Stigler) vieram chamar a atenção para a importância da economia enquanto instrumento de interpretação dos princípios do direito da concorrência, sublinhando a eficiência como critério decisivo para aferição da conduta anticoncorrencial. Sustentaram, nessa medida, o afastamento de quaisquer outros critérios ou finalidades do direito da concorrência (a título principal, bem entendido, pois que aceitavam a sua existência enquanto fins acessórios ou complementares) e a utilização do critério económico como central, alegando que a eficiência na alocação e correspondente bem estar dos consumidores devia ser o único objetivo do direito da concorrência. Cf., de entre as muito vastas referências a este corrente de pensamento, Massimo Mota, *Competition Policy: theory and practice*, Cambridge: Cambridge University Press, 2004, pp. 8-9; Serafim Pedro Madeira Froufe, *A Reforma do Direito Comunitário da Concorrência: o sentido descentralizador e/ou re-centralizador do Regulamento (CE) n.º 1/2003 (dissertação de doutoramento)*, Braga: http://repositorium.sdum.uminho.pt/bitstream/1822/11261/1/TESE.pdf, 2009, pp. 16 e ss., com múltiplas referências; e Bhawna Gulati, "Minimum Resale Price Maintenance Agreements - and the Dilemma Continues", *The Competition Law Review*, 8, 2012, pp. 129-142.

se processou uma mudança de comportamento das entidades aplicadoras das leis *antitrust*.

O ponto de viragem deste pensamento foi, seguramente, o caso *Continental Television Inc.* c. *GTE-Sylvania Inc.* (1977), no qual o *Supreme Court* decidiu que restrições verticais não relacionadas com o preço deviam ser sujeitas à *rule of reason*. Nos anos que se seguiram, este acento tónico na eficiência tornou-se ainda mais notório, criando-se mesmo a convicção de que se devia deixar nas mãos do mercado a seleção das empresas mais eficientes[115]. Tornou-se, por isso, progressivamente mais difícil ter vencimento em processos judiciais contra empresas, sobretudo se envolvessem restrições verticais e monopolização, pelo que o número de processos interpostos por particulares conheceu, a partir da década de oitenta, um declínio significativo.

2.4. Balanço provisório e tendências atuais

A implementação e aplicação da legislação antitrust norte-americana conheceu, pois, fases muito distintas, oscilando – como, aliás, não é de estranhar – entre as linhas do intervencionismo e do *laissez faire*. No que aqui nos importa em particular, devemos sublinhar que a aplicação das sanções penais previstas no *Sherman Act* conheceu, também ela, momentos distintos.

Durante os primeiros cinquenta anos de vigência do diploma, a pena de prisão foi imposta em apenas vinte e quatro dos duzentos e cinquenta e dois processos, sendo que apenas em dois deles tal sanção atingiu o limite máximo da pena abstratamente aplicável (um ano)[116]. Só em 1959, aliás, foi aplicada a primeira pena de prisão por violação de lei *antitrust* que não envolvesse coação ou violência – tratou-se do caso *United States* c. *McDonough Co.*, onde cada um dos conspirantes num acordo de fixação de preços de ferramentas foi condenando a noventa dias de prisão.

Até meados da década de noventa, este estado de coisas manteve-se, com a pena de privação de liberdade a ser aplicada num número relativamente limitado de casos e usualmente sob o formato de pena curta de prisão. De modo semelhante, também as multas aplicáveis às empresas enfrentaram alguma dificuldades de implementação, sendo que a primeira pena deste género apenas foi aplicada treze anos depois da entrada em vigor do *Sherman*

[115] A abordagem *hands-off*, como nos explica Massimo Mota, *Competition Policy: theory and practice*, Cambridge: Cambridge University Press, 2004, p. 8.

[116] Seguimos de perto Michael O'Kane, *The Law of Criminal Cartels: Practice and Procedure*, Oxford: Oxford University Press, 2009, pp. 4 e ss., na sua reflexão acerca da aplicação e cumprimento do *Sherman Act*.

Act[117]. O seu valor era também muito limitado, representando, na verdade, uma pequena fração do capital da pessoa coletiva.

Por outro lado, as investigações atinentes a este tipo de violação, sobretudo no caso de cartéis, enfrentavam um obstáculo crescente à medida que o comércio internacional se desenvolvia: a falta de cooperação internacional em matéria de investigação criminal. A recolha de provas tornava-se progressivamente mais difícil, pois que era usualmente muito custoso aceder a elementos que só podiam ser obtidos noutros países, redundando a grande maioria destes processos em arquivamentos por falta de provas.

Face a esta quadro, assim largamente definido, não é naturalmente fácil apontar as principais caraterísticas ou tendências da política de concorrência norte-americana nos nossos dias – até porque, como bem sabemos, não possuímos em relação aos factos o necessário distanciamento histórico para os analisar fria e imparcialmente. Todavia, sempre poderemos identificar um conjunto de diretrizes, de linhas de força, que nos permitam compreender o estádio de desenvolvimento de uma tal política, articulando-o, depois, com as dos demais sistemas jurídicos que analisaremos, sobretudo (adiantamos já) com o da União Europeia.

Ora, os atributos fundamentais do modelo dos EUA hão de necessariamente corresponder a uma resposta – ou tentativa de resposta – face aos problemas que enfrentava e que acabámos de sucintamente expor. Por um lado, a política de concorrência adotada (e implementada quer pelas agências, quer pelos tribunais) tem vindo a encontrar um ponto médio[118] entre o intervencionismo que caraterizou os anos sessenta e o absentismo da década de oitenta[119]. Por outro, parece ter-se renovado o esforço na luta contra os

[117] Para uma análise das sanções individuais aplicadas em situações de violação das regras *antitrust*, ver Donald C. Klawiter e Jennifer M. Driscoll, “”Sentencing Individuals In Antitrust Cases: The Proper Balance””, *Antitrust*, 23, 2009, pp. 75-80.

[118] Como dissemos já no capítulo precedente a respeito do movimento regulatório que se fez sentir dos dois lados do Atlântico, depois da alternância entre intervencionismo estatal (às vezes verdadeiro dirigismo) e absentismo (o *laissez faire*), encontramo-nos hoje, tanto nos EUA como na Europa, num período marcado pela regulação, como instrumento de excelência para o controlo da atividade económica e a disciplina do mercado.

[119] Caso marcante desta nova fase da política de concorrência dos EUA foi o *United States et al.* c. *Microsoft Co.*, que fez correr muita tinta e acabou por redundar numa transação. Para uma análise crítica deste processo e das suas múltiplas perspetivas, cf. Richard L. Gordon, *Antitrust Abuse in the New Economy: The Microsoft Case*, Cheltenham/ Northampton: Edward Elgar, 2002, *passim*.

cartéis, como demonstram as penas de prisão aplicadas em alguns casos de alta notoriedade[120].

Aliam-se a estes traços distintivos quer a incontornável internacionalização do problema[121], com a correspondente necessidade de encontrar agora uma política de concorrência comum ou, pelo menos, tendencialmente convergente, quer a implementação de um *leniency program*[122], construído para obter a colaboração das partes envolvidas num cartel na recolha de prova a respeito deste, a troco da concessão de clemência para os denunciantes (*wishtleblowers*).

De facto, o último quartel do século passado caraterizou-se por um reforço da aposta norte-americana na prevenção e repressão dos cartéis, que

[120] Cf., a propósito, MICHAEL O'KANE, *The Law of Criminal Cartels: Practice and Procedure*, Oxford: Oxford University Press, 2009, pp. 8 e ss., sublinhando os esforços levados a cabo nos EUA para tornar o regime mais efetivo, nomeadamente através do aumento do tempo médio das penas de prisão aplicadas. Ver igualmente JOHN M. CONNOR, "Effectiveness of Antitrust Sanctions on Modern International Cartels", *Journal of Industry, Competition and Trade*, 2006, pp. 195-223.

[121] A internacionalização do problema concorrencial e a necessidade de atuações mais alargadas, se não mesmo globais, para prevenir e reprimir práticas restritivas da concorrência têm-se tornado duas das questões centrais no debate dogmático e político. Cf., a título de exemplo, HENRY THOMPSON, *International Economics. Global Markets and International Competition*, Singapura: World Scientific, 2001, *passim*; DANI RODRIK, *One economics, many recipes: globalization, institutions, and economic growth*, Princeton and Oxford: Princeton University Press, 2007, *passim*, com uma avaliação crítica do crescimento económico dos países desenvolvidos e das exigências colocadas pela globalização e pela *"global governance"*; PAUL R. KRUGMAN, MAURICE OBSTFELD e MARC J. MELITZ, *International Economics: Theory & Policy*, 9.ª ed., Essex: Pearson, 2012, *passim*, debruçando-se sobre o comércio mundial e os seus instrumentos internacionais. Refletindo especificamente sobre o problema da atuação *antitrust* e a globalização da economia, SIMON J. EVENETT, ALEXANDER LEHMANN e BENN STEIL, "Antitrust Policy in an Evolving Global Marketplace", in *Antitrust Goes Global, What Future for Transatalantic Cooperation?*, Washington D.C.: Brookings Institution Press, 2000, pp. 1-28; MERIT E. JANOW, "Transatlantic Cooperation on Competition Policy", in *Antitrust goes global: what future for transatlantic cooperation?*, Washington D.C.: Brookings Institution Press, 2000, pp. 29-56; SPENCER WEBER WALLER, "Anticartel Cooperation", in *Antitrust goes global: what future for transatlantic cooperation?*, Washington D.C.: Brookings Institution Press, 2000, pp. 98-116; ARIANNA ANDREANGELI, "Editorial – Current Competition Law Research: Developing New Themes between Continuity and Change", *The Competition Law Review*, 8, 2012, pp. 123-28; ou MARK MARTYNISZYN, "A Comparative Look at Foreign State Compulsion as a Defence in Antitrust Litigation", *The Competition Law Review*, 8, 2012, pp. pp. 143-167.

[122] Para uma análise a respeito da implementação dos programa de clemência, cf., entre outros, MASSIMO MOTA, *Competition Policy: theory and practice*, Cambridge: Cambridge University Press, 2004, pp. 193 e ss.; CAROLINE CAUFFMAN, "The Interaction of Leniency Programmes and Actions for Damages", *The Competition Law Review*, 7, 2011, pp. 181-220; CHRISTOPHER R. LESLIE, "Antitrust Leniency Programmes", *The Competition Law Review*, 7, 2011, pp. 175-179; FLORENCE THÉPOT, "Leiency and Individual Liability: Opening the Black Box of the Cartel", *The Competition Law Review*, 7, 2011, pp. 221-240; ou ALAN RILEY, "Developing Criminal Cartel Law: Dealing with the Growing Pains", *The Competition Law Review*, 4, 2007, pp. 1-6.

ao mesmo tempo que se tornavam organizações cada vez mais complexas e difíceis de identificar, se internacionalizavam, aumentando exponencialmente a dificuldade de deteção e investigação. Tendo em conta estas caraterísticas, os EUA avançaram, em 1978, para a criação de um específico regime de clemência, destinado a favorecer aqueles que, fazendo parte de um cartel, se dispusessem a colaborar com as entidades investigatórias, no sentido de darem a conhecer e oferecerem elementos de prova a respeito do pacto existente[123].

Este primeiro regime, que esteve na génese de um movimento de criação de programas de clemência em diversos países, nomeadamente na Europa[124], era destinado tanto a pessoas singulares como a pessoas coletivas (a empresas), permitindo-lhes evitar a aplicação das sanções penais previstas para os respetivos comportamentos (penas de prisão e multa, no primeiro caso, e de multa apenas, naturalmente, no segundo), e foi desenhado com um âmbito de aplicação limitado: visava apenas casos de condutas anticoncorrenciais horizontas de fixação de preços, repartição de quotas de mercado, restrições de produção e licitações fraudulentas[125].

A possibilidade de usufruir deste regime dependia, todavia, de que o requerimento fosse feito perante o *DoJ* antes de este ter iniciado qualquer investigação a respeito da prática restritiva em causa, pelo que se limitava muito o seu âmbito de aplicação. Por outro lado, a clemência propriamente dita estava sujeita à avaliação discricionária daquele departamento, o que, evidentemente, não abonava em favor da confiança dos denunciantes no processo[126]. Por estas razões, o programa não surtiu o efeito desejado, dando origem a uma média de um pedido de clemência por ano durante todo o seu período de vigência e não conseguindo abranger um único caso de cartéis internacionais[127].

[123] Ver, a respeito do modelo penal norte-americano de proteção do denunciante e estimulação do *whistleblower*, Donald I. Baker, "Punishment for Cartel Participants in the US: A Special Model?", in *Criminalising Cartels. Critical Studies of an International Regulatory Movement*, Oxford: Hart Publishing, 2011, pp. 27-44; e William E. Kovacic, "Criminal Enforcement Norms in Competition Policy: Insights from US Experience", in *Criminalising Cartels. Critical Studies of an International Regulatory Movement*, Oxford: Hart Publishing, 2011, pp. 45-73.

[124] Voltaremos, por isso, a este problema a propósito do estabelecimento de um regime de clemência dentro da União Europeia. Cf. *infra* pp. 132 e ss.

[125] Aquilo, portanto, que viria a ser considerado um cartel «*hard core*».

[126] Cf. a análise retrospetiva feita por Scott D. Hamond, "The Evolution of Crime Antitrust Enforcement Over the Last Two Decades", in *The 24th Anual Institute of White Collar Crime*, onde o Autor aponta as principais falhas do programa de 1978.

[127] *Idem*. O Autor afirma expressamente: *"the original Corporate Leniency Program was rarely utilized and the Antitrust Division received on average only about one leniency application per year. No leniency*

Quinze anos mais tarde, este regime viria a ser profundamente revisto através de um novo programa de clemência (aprovado em 1993, para as empresas[128], e em 1994, para as pessoas singulares[129]), em vigor até hoje, que ensaiou dar resposta aos problemas que a tentativa frustrada anterior havia posto a nu, facilitando a possibilidade de confissão e colaboração de todos quantos quisessem auxiliar o *DoJ* na tarefa em causa, beneficiando de uma isenção ou redução da pena. Desde logo, o novo modelo retirou a discricionariedade antes reconhecida àquela entidade, impondo a clemência em todos os casos em que o requerimento apresentado cumprisse os requisitos estabelecidos[130].

O regime passou, então, a prever a possibilidade de os denunciantes usufruírem de dois tipos de clemência, conforme fornecessem as informações num momento em que o *DoJ* não conhecia ainda a prática em causa, ou, pelo contrário, viessem juntar elementos relevantes a um processo sobre o qual já existia informação. Naturalmente, os benefícios num e noutro caso seriam também distintos, havendo uma total isenção do primeiro caso – cumpridos, naturalmente, os requisitos previstos – e uma redução proporcional da penas a aplicar no outro[131].

Entretanto, foram ainda criados mecanismos de incentivo à colaboração, através daquilo que ficou conhecido como *"amnesty plus"*, permitindo que uma empresa usufrua de isenção de pena num outro processo por cartel se, durante uma determinada investigação, ela der a conhecer aquela outra atividade proibida. Em sentido inverso, todavia, foi igualmente criado o *"penalty plus"*, um instrumento segundo o qual se agravam as penas de uma determinada empresa que esteja a ser sujeita a uma investigação por cartel vindo a descobrir-se, durante esse processo, que ela participa igualmente numa outra prática semelhante. Em 2004, por sua vez, as penas aplicáveis a estes comportamentos viram-se agravadas, passando a prever-se um máximo de dez anos de pena de prisão para pessoas singulares e elevando-se o mínimo

application made under the original Corporate Leniency Program resulted in the detection of an international or large domestic cartel".

[128] Este programas podem ser consultados em http://www.justice.gov/atr/public/guidelines/0091.pdf

[129] Disponível em http://www.justice.gov/atr/public/guidelines/0092.pdf

[130] Cf. Michael O'Kane, *The Law of Criminal Cartels: Practice and Procedure*, Oxford: Oxford University Press, 2009, pp. 6 e ss., sublinhando o caráter automático da isenção desde que preenchidos os pressupostos fixados no programa.

[131] Ver a análise de Scott D. Hamond, "The Evolution of Crime Antitrust Enforcement Over the Last Two Decades", in *The 24th Anual Institute of White Collar Crime*, e de Michael O'Kane, *The Law of Criminal Cartels: Practice and Procedure*, Oxford: Oxford University Press, 2009, pp. 6 e ss.

da pena de multa prevista para empresas de 10 milhões de dólares para 100 milhões de dólares[132].

Desta vez, o programa granjeou efetivo sucesso, tendo vindo a afirmar-se como um dos mais importantes instrumentos no combate à prática de cartel e acabando mesmo por ser exportado para distintos países, cumprindo, assim, além do mais, um significante papel de harmonizador internacional[133]. Papel que se mostra tanto mais importante quanto cada vez mais se tem clamado pela necessidade de aproximação entre as diversa legislações nacionais em matéria de práticas restritivas da concorrência, de modo a obstar aos efeitos nefastos produzidos pela internacionalização da atividade empresarial num quadro de globalização económica[134].

3. A proteção da concorrência na Alemanha: o surgimento do problema do cartel na Europa

Também no continente europeu, obviamente, se assistiu, sensivelmente durante o mesmo período que até aqui retratámos[135], à ascensão do problema da liberdade de concorrência e concomitantes dificuldades causadas pelas tentativas de restringir uma tal liberdade. A Alemanha desempenhou, no panorama europeu, um papel fundamental neste contexto, quer pela forma precursora como a questão foi colocada e tratada nesse país, quer pela influência que exerceu sobre os demais países do velho continente e, mesmo, mais tarde, sobre o regime que viria a ser gizado em sede de União Europeia (primeiro, Comunidades Europeias).

Historicamente, podemos – com Nogueira Serens[136] – afirmar que este processo terá tido início na Prússia, onde, em 1810, se inaugurou a tentativa

[132] Ver, a este propósito, as considerações expendidas por MICHAEL O'KANE, *The Law of Criminal Cartels: Practice and Procedure*, Oxford: Oxford University Press, 2009, p. 7, que continuamos a acompanhar.

[133] Cf. *infra* aquilo que dizemos a respeito do programa de clemência que foi implementado na União Europeia, de clara inspiração norte-americana – ver pp. 132 e ss.

[134] A este tema voltaremos, de modo interrogativo e prospetivo, no final do trabalho. Cf. *infra* pp. 317 e ss.

[135] O que não implica, naturalmente, uma exata coincidência temporal dos diversos fenómenos. Em boa verdade, por força dos diferentes estádios de evolução da economia dos dois lados do Atlântico, estes problemas colocaram-se, com premência, na Europa, um pouco mais tarde.

[136] MANUEL COUCEIRO NOGUEIRA SERENS, *A Monopolização da Concorrência a a (Re-)Emergência da Tutela da Marca*, Coimbra: Almedina, 2007, p. 14 e ss. Cf., igualmente, para uma aproximação histórica ao problema, CHRISTOPHER HARDING e JULIAN JOSHUA, *Regulating Cartels in Europe.*

de abandono do modelo corporativo até aí vigente, promulgando-se o *Gewerbesteueredikt*, que criava o imposto profissional como condição única para o exercício da indústria ou do comércio, não admitindo qualquer tipo de oposição ou restrição a esta liberdade. Numa interpretação que foi reiterada em 1813, pretendia afirmar-se, assim, o princípio da liberdade de comércio e indústria, aplicável tanto em relações verticais como horizontais e que, em consequência, geraria a nulidade de todos os contratos que coartassem aquela liberdade, não podendo estes, por isso, ser aceites judicialmente como base para a alegação de quaisquer direitos daí decorrentes (*Kabinettsordre* de 19 de abril de 1813).

Sob o exemplo da Prússia, nos anos seguintes vários *Länder* foram adoptando o mesmo princípio de liberdade de comércio e de indústria, tendo sido promulgado, em 1869, o *Gewerbeordnung für den Norddeutschen Bund* (GewO)[137]. Os empresários eram, agora, perfeitamente livres para concorrer entre si, exercendo a atividade comercial ou industrial que entendessem, sem restrições, e configurando-a nos moldes que cuidassem ser para si mais proveitosos.

Ora, rapidamente compreenderam estes empresários que preferiam não competir, criando antes organizações ou acordos que lhes permitissem controlar a atividade e distribuir os respetivos lucros. A afirmação da liberdade empresarial conduziu, pois, de modo quase instantâneo, ao surgimento de fenómenos de associação, sobretudo de cartéis[138], que os empresários alemães rapidamente implementaram de modo a contornar as imprevisibilidades próprias de um mercado a funcionar em plena concorrência.

3.1. As várias fases da cartelização germânica

Num primeiro momento, que podemos situar entre esta afirmação da liberdade de empresa e o início da Grande Depressão de 1873, os cartéis eram,

A Study of Legal Control of Corporate Delinquency, Oxford: Oxford University Press, 2003, pp. 63 e ss.; Massimo Mota, *Competition Policy: theory and practice*, Cambridge: Cambridge University Press, 2004, pp. 9 e ss.

137 Este Código Industrial (e comercial) para a Federação da Alemanha do Norte afirmava expressamente na § 1 a liberdade de exercício de qualquer comércio ou indústria, a não ser nos casos de limitações ou exceções legalmente impostas, sublinhando que ninguém podia, por isso, ser excluído de um tal exercício (*"Der Betrieb eines Gewerbes ist Jedermann gestattet, soweit nicht durch Gesetz Ausnahmen oder Beschränkungen vorgeschrieben oder zugelassen sind. Wer gegenwärtig zum Betriebe eines Gewerbes berechtigt ist, kann von demselben nicht deshalb ausgeschlossen werden, weil er den Erfordernissen dieses Gesetzes nicht genügt"*).

138 Falamos, portanto, de sindicatos industriais, que parecem ter conhecido a designação de cartéis depois da obra de Friedrich Kleinwächter, *Die Kartelle – Ein Beitrag zur Frage der Organisation der Volkswirthschaft*, Innsbruck: Verlag der Wagner'schen Universitaets-Buchhandlung, 1883.

essencialmente, agrupamentos regionais de empresários pertencentes a um mesmo setor produtivo, normalmente revestindo até uma certa configuração social, pois que muitas destas coligações assumiam mesmo a forma de «clubes». Estes cartéis eram, por isso, muito pouco organizados, assentes mais numa ideia de *status* social do que propriamente numa metodologia cuidada com regras bem definidas – daí terem ficado conhecidos como *Frühstückskartelle*[139].

Dada essa natureza, que em boa verdade era ainda partidária, em grande medida, de um «modo de ser corporativo»[140], a adesão a estes cartéis era estritamente voluntária, não existindo qualquer tipo de pressão e estando usualmente ligada a um certo sentido de honorabilidade. Por isso mesmo, estes acordos eram informais e abrangiam, em regra, apenas uma parte dos empresários de certa área de atividade, razão pela qual eram também frágeis, pois que sujeitos à concorrência de todos aqueles que não faziam parte do acordo – o que conduzia a que, muitos deles, acabassem por não sobreviver.

Passou-se, então, para uma segunda fase, de consolidação e desenvolvimento dos cartéis, que se estendeu desde a crise de 1873 até aos anos noventa do século XIX. Estes pactos deixaram então de ser meros *gentlemen's agreements* para adotar formatos mais sofisticados, transformando-se em verdadeiros contratos, frequentemente, aliás, contratos de sociedade. O seu objeto já não era apenas a fixação de preços, antes passando a abranger igualmente a limitação de produção, a restrição de venda, a repartição dos lucros, a divisão de clientela, a especialização, *etc.* Simultaneamente, assistiu-se a uma difusão dos cartéis por todos os setores industriais, multiplicando-se muitíssimo a utilização destes acordos[141].

Fator de não menor importância terá sido a própria imagem que a sociedade passou a fazer dos cartéis. Se até aí se poderia falar de uma atitude de indiferença coletiva em relação ao fenómeno, a partir daqui gerou-se uma

[139] O que, numa tradução literal, significa «cartéis de pequeno almoço», pretendendo tornar claro que os pactos em causa eram verdadeiras manifestações sociais e culturais, celebrados pelo seus membros de modo informal.

[140] Assim o afirma MANUEL COUCEIRO NOGUEIRA SERENS, *A Monopolização da Concorrência a a (Re-)Emergência da Tutela da Marca*, Coimbra: Almedina, 2007, p. 119.

[141] Para una análise do cartel, das condições do seu surgimento e, depois, das normas que a seu respeito foram criadas, cf. KLAUS TIEDEMANN, *Kartellrechtsverstöße und strafrecht*, Köln: Carl Heymans Verlag KG, 1976; GABRIELLE VON WALLENBERG, *Kartellrecht*, 2.ª ed., Kriftel: Luchterhand, 2002. Ver também, daquele primeiro Autor, "La recente evoluzione del diritto penale dell'economia in Germania con particolare riferimento al diritto penale della società commerciali", in *Comportamenti Economici e Legislazione Penale*, Milano: Dott. A. Giuffrè Editore, 1979, pp. 109-130; e "Clausole generali nel diritto penale dell' economia - sull' esempio della slealtà nel diritto penale della concorrenza", *Rivista Trimestrale di Diritto Penale dell' Economia*, 1-2 , XXIV - 2011, pp. 1-31.

«onda de simpatia»[142] para com estas novas formas de organização empresarial, quer por parte da doutrina económica e jurídica, quer por parte da jurisprudência. Para uma tal alteração de comportamento em relação aos cartéis muito contribuiu seguramente o descrédito em que caiu a própria ideia de liberdade concorrencial.

Na verdade, a afirmação desta liberdade de concorrência havia gerado, como seria de esperar, alguma comoção nos mercados, com a chegada de mais empresas e os concomitantes aumento da oferta e descida dos preços. O recurso ao figurino da sociedade anónima – que havia sido criada em 1870 e foi difusamente utilizada nesta época – passou a ser habitual, aumentando muito as empresas de grandes dimensões (entre 1871 e 1873 terão sido constituídas 840 sociedades deste tipo[143]). Esta expansão na capacidade produtiva não foi, contudo, acompanhada por semelhante incremento na procura, o que, aliado à recessão económica internacional, que dificultava o escoamento dos produtos para os mercados estrangeiros, redundou em crises de sobre-produção e queda de preços.

O cartel assomou, neste quadro, como um instrumento de controlo da instabilidade, assumindo o papel de ordenador do caos em que as práticas concorrenciais ruinosas haviam transformando o mercado e permitindo adaptar a oferta à procura, de modo a reduzir os efeitos da sobre-produção, do subemprego e da queda acentuada dos preços[144]. A utilização deste mecanismo foi assim considerada uma necessidade[145], um adequado e meritório meio de reação à conjuntura económica – que, no entender de muitos, havia sido espoletada exatamente pela liberdade de concorrência.

Dentro deste enquadramento, os cartéis apareciam, portanto, não como um mal, mas como um bem, ajudando mesmo a solucionar os problemas sociais que a Alemanha enfrentava com a Crise, funcionando, afinal, como verdadeiros reguladores do comércio ou da indústria em causa – tarefas, portanto, não muito distintas daqueles que haviam sido desempenhadas pelas corporações

[142] Acompanhamos, uma vez mais, Manuel Couceiro Nogueira Serens, *A Monopolização da Concorrência a a (Re-) Emergência da Tutela da Marca*, Coimbra: Almedina, 2007, p. 120.

[143] *Idem*, p. 122.

[144] Cf. Massimo Mota, *Competition Policy: theory and practice*, Cambridge: Cambridge University Press, 2004, pp. 9-10.

[145] Partindo das palavras de Kleinwächter, Manuel Couceiro Nogueira Serens, *A Monopolização da Concorrência a a (Re-)Emergência da Tutela da Marca*, Coimbra: Almedina, 2007, pp. 119 e ss., sustenta que os cartéis eram, nesta época, considerados como «filhos da necessidade», uma vez que pretendiam responder a uma determinado circunstancialismo económico-social, particularmente adverso.

medievais. Não se pretendia, pois, através da cartelização atingir uma qualquer posição de monopólio, mas apenas, através da fixação de preços ou da limitação de produção, por exemplo, adequar a produção ao consumo, evitar a degradação dos preços e, assim, salvar as empresas em causa.

Não é, pois, de estranhar que durante estes anos os cartéis se tenham multiplicado, fenómeno que se potenciou ainda na viragem de século. Assim, se em 1890[146] existiam na Alemanha 137 cartéis, quinze anos depois esse número ascendia já a 385, envolvendo 12.000 empresas (aliás, menos de duas décadas depois, em 1923, a Alemanha possuía já 1.500 cartéis)[147]. Este crescimento foi certamente impulsionado por duas decisões tomadas pelo *Reichsgericht*, em 1890 e 1897, nas quais os cartéis foram considerados lícitos à luz do princípio da liberdade concorrencial (*Gewerbefreiheit*), sustentando-se ser legítimo que os empresários se associassem para fazer subir o preço de determinado bem quando este atingisse um nível demasiado baixo. Com esta interpretação, aceitavam-se estes acordos como suscetíveis de gerar obrigações juridicamente vinculantes para os envolvidos, que as podiam, consequentemente, fazer valer judicialmente[148].

Nesta terceira etapa da cartelização alemã, que podemos situar sensivelmente nas duas décadas que antecederam a I Guerra Mundial, estes pactos entre empresas continuam a crescer, mas sofrem uma mutação quanto ao seu

[146] Cf. os dados fornecidos por Manuel Couceiro Nogueira Serens, *A Monopolização da Concorrência a a (Re-) Emergência da Tutela da Marca*, Coimbra: Almedina, 2007, p. 125, nota 328.

[147] Como sublinha Massimo Mota, *Competition Policy: theory and practice*, Cambridge: Cambridge University Press, 2004, p. 10.

[148] Para uma análise destas e de outras decisões, refletindo sobre o papel que a jurisprudência alemã desempenhou na definição da imagem de cartel e respetiva evolução, cf. Manuel Couceiro Nogueira Serens, *A Monopolização da Concorrência a a (Re-)Emergência da Tutela da Marca*, Coimbra: Almedina, 2007, pp. 250 e ss. No primeiro dos casos, decidido em 25 de julho de 1890, estava em causa um «cartel de desconto», estabelecido entre a sociedade cooperativa de livreiros alemães e os editores, fixando os preços de 2.ª mão e proibindo qualquer desconto, de modo a eliminar a concorrência de preço entre os seus membros, e estatuíndo a possibilidade de aplicação de sanções face à violação do estipulado, nomeadamente a de embargo de fornecimento. Um livreiro ex-membro do cartel interpôs uma ação impugnando a referida clásula por a considerar inválida na medida em que a respetiva sanção (*Lieferungssperre*) punha em causa a sobrevivência de todos quantos não alinhassem com o estabelecido. A ação foi, todavia, julgada improcedente, considerando o *Reichsgericht* que do princípio da liberdade concorrencial não decorria a impossibilidade de os empresários tentarem regular as forças económicas, evitando as perturbações que lhes fossem prejudiciais. Esta posição foi levada ainda mais longe no acórdão de 4 de fevereiro de 1897, onde se afirmou claramente a validade dos cartéis, por não constituírem uma restrição à liberdade contratual que anulasse totalmente a liberdade de ação pessoal e profissional, pois que era limitada temporal e geograficamente, bem como quanto ao seu objeto.

fim. Se até aqui, como expusemos brevemente, os cartéis eram apenas uma forma de organização da produção, adequando-a à procura e evitando, acima de tudo, a sobreprodução, eles ganham agora o desiderato que comummente lhes atribuímos: o de, através do pacto ou coligação entre empresários, obter uma posição de monopólio (ou, pelo menos, de grande ascendente) no mercado. Muito significativo nesta fase do processo de cartelização foi também o crescimento da integração vertical, bem como, por outro lado, a emergência da integração horizontal[149].

3.2. A regulação da atividade anticoncorrencial

Em 1923, face a uma inflação muito significativa resultante de toda a conjuntura que envolveu a Primeira Guerra, e que ameaçava ser ainda mais insuportável dados os acordos de preços estabelecidos pelos cartéis, foi aprovada na Alemanha legislação destinada a disciplinar a prática de cartel (na verdade, de acordo com a lei, a regulamentar o abuso de poder económico): a *Verordnung gegen Mißbrauch wirtschaftlicher Machtstellungen* – também conhecida por *Kartellverordnung* (KartVO). Este diploma constituiu o primeiro esforço legislativo levado a cabo na Europa para regular e restringir as práticas comerciais abusivas e servirá, depois, de inspiração quer para as distintas legislações nacionais dos demais países europeus[150], quer mesmo para aquele que virá a ser, mais tarde, o regime jurídico europeu em matéria de cartéis[151].

Deve sublinhar-se, todavia, que já em 1896 a Alemanha havia aprovado também o *Gesetz gegen den unlauteren Wettbewerb* (UWG), especificamente

[149] Ver a propósito, com extensa análise quer destes fenómenos de integração, quer dos instrumentos jurídicos que para tal foram utilizados, Manuel Couceiro Nogueira Serens, *A Monopolização da Concorrência a a (Re-) Emergência da Tutela da Marca*, Coimbra: Almedina, 2007, pp. 125 e ss.

[150] Tendo a Alemanha sido pioneira do espaço europeu na regulação desta matéria, a sua experiência e formulação jurídicas foram depois replicadas ou traduzidas em vários outros países. Cf., por exemplo, o que sucedeu na Suécia e na Noruega, a que nos referiremos *infra*, onde, como afirma David J. Gerber, *Law and Competition in Twentieth Century Europe: Protecting Prometheus*, Oxford: Clarendon Press, 1998, p. 155, *"[s]upported by these commonalities, competition law spread beyond Germany in the mid-1920s. Not surprisingly, this occured in countries with cultural, intellectual and political ties to Germany, notably Sweeden and Norway. Their legislation was not consciously modeled on German legislation, but it was shaped by the discourse that had developed in Austria and Germany"*.

[151] No mesmo sentido, Christopher Harding e Julian Joshua, *Regulating Cartels in Europe. A Study of Legal Control of Corporate Delinquency*, Oxford: Oxford University Press, 2003, pp. 73 e ss., sublinhando que o modelo de supervisão administrativa da exploração abusiva de poder económico que aqui se inaugurou enformou, posteriormente, o desenho da União Europeia nesta matéria.

destinado a regular as matérias de concorrência desleal[152]. Muito embora esse não seja o âmbito específico da matéria que nos propomos tratar[153], não podemos deixar de assinalar a sua relevância.

Ora, o KartVO partia de um princípio de licitude do cartel, estabelecendo um conjunto de meios administrativos de verificação e controlo, de modo a assegurar a possibilidade de agir contra os cartéis que, abusando do seu poder económico, colocassem em causa a economia globalmente considerada ou o bem estar geral. Aí (na secção 4 da lei) se atribuíam poderes ao Ministro da Economia para exigir a comunicação dos acordos de cartel celebrados entre empresas, para autorizar o afastamento de algum dos membros de um cartel, ou para requerer, junto do recém-criado tribunal com competência específica em matéria de cartéis[154], a invalidade do pacto de cartel.

Alternativamente, previa-se na secção 8 uma possibilidade de afastamento dos membros de um cartel (se, por exemplo, uma das empresas cartelizadas pretendesse abandonar o acordo) sempre que aquele tribunal entendesse que existia, no caso concreto, uma «boa razão» para que tal sucedesse. Proibia-se, ainda, na secção seguinte, a utilização de boicotes ou mecanismos similares dirigidos a não-membros do cartel, a não ser que tais medidas tivessem sido aprovadas pelo presidente do tribunal.

O KartVO foi profusamente utilizado até ao início da década de trinta, desempenhando um papel de relevo no controlo da atividade dos cartéis,

[152] Embora, nesta primeira versão, datada de 1896, a lei se limitasse a regular os atos desleais de concorrência praticados entre competidores – o que viria posteriormente a ser alterado para abranger igualmente a proteção dos consumidores em geral, como nos explicam THOMAS M. J. MÖLLERS e ANDREAS HEINEMANN, *The Enforcement of Competition Law in Europe*, Cambridge: Cambridge University Press, 2007, pp. 34 e ss.

[153] Como referimos na Introdução, o nosso trabalho versa unicamente as práticas restritivas da concorrência, embora por vezes – sobretudo com finalidades excludentes ou de enquadramento – se faça referência a outras realidades concorrenciais. A matéria relacionada com a concorrência desleal ganhou, como explicámos já, particular relevância entre esses outros âmbitos, justificando hoje, em quase todos os países da nossa família jurídica, tratamento autónomo. Para abordar esta questão do ponto de vista do ordenamento jurídico germânico, cf. BAUMBACH e HEFERMEHL, *Wettbewerbsrecht: Gesetz gegen den unlauteren Wettbewerb, Zugabeverordnung, Rabattgesetz und Nebengesetze*, 16.ª ed., München: C.H. Beck'sche Verlagsbuchhandlung, 1990; VOLKER EMMERICH, *Das Recht des unlauteren Wettbewerbs*, 5.ª ed., München: Verlag C.H. Beck, 1998; e EBERT-WEIDENFELLER, "Abs. 3. Straftatbestände des UWG", in *Handbuch Wirtschaftsstrafrecht (HWSt)*, Heidelberg: C. F. Müler Verlag, 2004, pp. 76-94.

[154] Deve sublinhar-se que este tribunal fazia parte da jurisdição administrativa e não da jurisdição comum. Como sublinham CHRISTOPHER HARDING e JULIAN JOSHUA, *Regulating Cartels in Europe. A Study of Legal Control of Corporate Delinquency*, Oxford: Oxford University Press, 2003, p. 73, tem porventura raízes nesta opção o modelo administrativo que depois se cimentou na Europa.

mas com o surgimento de mais uma grave recessão económica, foram introduzidas modificações na lei que reduziram o campo de atuação do «tribunal do cartel». Quatro anos mais tarde, a ascensão do regime nazi acabaria por alterar profundamente a política de concorrência germânica, impondo-se mesmo, em alguns setores, uma cartelização forçada, acompanhada de uma integração dos cartéis no aparelho de Estado.

Durante este período, vários outros países europeus adotaram igualmente uma legislação destinada a regular as práticas concorrenciais abusivas, por regra sob a inspiração daquela pioneira[155] lei germânica. Não significa isto, naturalmente, que antes dos anos 20 do século passado não existissem já, ao menos em alguns países europeus, cartéis ou outros acordos restritivos da concorrência, mas apenas que se manifestavam nesses Estados – sobretudo no Reino Unido e em França[156] – com menos veemência, não tendo justificado, até à altura, uma preocupação pública suficiente para forçar a criação de legislação a respeito.

Nos anos que se seguiram ao fim da I Guerra Mundial, todavia, este estado de coisas alterou-se, quer porque começaram a multiplicar-se os cartéis internacionais[157], quer porque os líderes políticos e governantes dos diver-

[155] Muito embora a lei alemã tenha, de facto, sido o marco inicial da regulação europeia desta matéria, a verdade é que a Áustria desde bem cedo demonstrou atenção a esta questão e começou a discutir o problema. Cf. Christopher Harding e Julian Joshua, *Regulating Cartels in Europe. A Study of Legal Control of Corporate Delinquency*, Oxford: Oxford University Press, 2003, pp. 75-76, chamando a atenção para o debate que no final do século XIX se estabeleceu na Áustria a este respeito, com apresentação de propostas legislativas.

[156] Tanto num como noutro país, economicamente mais desenvolvidos no panorama europeu (juntamente com a Alemanha), existiam naturalmente formas de organização empresarial que passavam por este modelo, mas que eram pouco significativas, sobretudo por não corresponderem a uma característica cultural dos respetivos povos: em França e no Reino Unido havia uma tradição forte de empresas autónomas e independentes, que, a estabelecerem pactos, utilizavam sobretudo desenhos menos formais, como os *gentlemen's agreements*. Ver, a este propósito, Christopher Harding e Julian Joshua, *Regulating Cartels in Europe. A Study of Legal Control of Corporate Delinquency*, Oxford: Oxford University Press, 2003, p. 76.

[157] O exemplo mais acabado deste movimento de cartelização internacional é seguramente o caso do *Cartel Phoebus* (cujo nome resulta da empresa suíça *Phoebus S.A. Compagnie Industrielle pour le Développement de l'Éclairage*), uma *holding* sob a égide da qual diversas empresas de todo o mundo se associaram – *Osram, Philips, Tungsram, Associated Electrical Industries, ELIN, Compagnie des Lampes, International General Electric* e *GE Overseas Group*. Entre os anos de 1924 e 1939, o cartel controlou a produção mundial de lâmpadas incandescentes, envolvendo produtores do Reino Unido, da França, da Holanda, da Itália, da Escandinávia, da Hungria, do Japão, da China, do México, do Brasil e do Canadá. Este cartel ainda hoje é conhecido por ter dado origem ao problema da obsolescência programada, uma vez que um dos objetivos do acordo em causa era garantir que não eram colocadas no mercado lâmpadas que durassem mais de 1.000 horas. O seu surgimento foi, na verdade,

sos países europeus compreenderam a necessidade de intervir do mercado e se mostraram inclinados a iniciar um processo de regulação económica. A discussão a respeito das práticas restritivas da concorrência (sobretudo, do cartel) começou a ganhar terreno um pouco por toda a Europa, disseminando-se a ideia da necessidade da sua regulamentação e controlo.

Assim, durante as duas décadas que se interpuseram entre as Guerras Mundiais, vários países do centro e norte da Europa acabaram por adotar legislações relativas à concorrência, seguindo, na sua maioria, como dissemos já, o modelo alemão. A Suécia, logo em 1925, aprovou um diploma prevendo a possibilidade de investigação governamental de cartéis, nomeadamente quanto ao impacto das respetivas práticas colusórias no preço, num desenho que se aproximava bastante da experiência germânica.

Foi logo seguida pela Noruega que, em 1926, promulgou o seu *Trustloven* (lei sobre o controlo das restrições à concorrência e abuso de preços), que era, todavia, substancial e principiologicamente distinto da legislação germânica. Muito menos governamentalizado, o regime norueguês assentava na existência de um registo de práticas restritivas e posições dominantes de empresas e na criação de duas entidades independentes (o *Kontrollkontoret* – Gabinete de Controlo – e o *Kontrollrådet* – Conselho de Controlo). A primeira delas, chefiada por um juiz e sem tutela governamental, analisava as práticas concorrenciais e, considerando-as dúbias, negociava informalmente meios de lhes pôr fim e fazia recomendações, podendo, porém, remetê-las para o Conselho, que tinha o poder de formular ordens quer quanto aos preços, quer quanto ao desmantelamento do próprio cartel[158].

Foi depois a vez da Checoslováquia[159] (1933), da Polónia (1933) e da Jugoslávia[160] (1934) aprovarem leis reguladoras destas práticas[161], seguidas de perto

precedido da coligação de um conjunto de empresas alemãs na *Osram* que, pretendendo entrar no mercado americano, formaram a *Internationale Glühlampen Preisvereinigung.* A *General Electric* reagiu, criando a *International General Electric Company,* que sedeou em Paris. As duas organizações acabaram, por isso, por coordenarem as suas atividades, formando o cartel, de modo a garantirem a divisão do mercado, evitando concorrer entre si.

[158] Sobre a política norueguesa da concorrência, desde este primeiro *Trustloven* até às alterações mais recentes, cf. OECD, *Regulatory Reform in Norway - The role of competition policy in regulatory reform,* 2003. Referências a esta diáspora da legislação respeitante às práticas restritivas da concorrência igualmente em Christopher Harding e Julian Joshua, *Regulating Cartels in Europe. A Study of Legal Control of Corporate Delinquency,* Oxford: Oxford University Press, 2003, pp. 78-79.

[159] Entretanto, desmembrada em República Checa e Eslováquia desde 1993.

[160] Igualmente dissolvida entretanto.

[161] Cf. Christopher Harding e Julian Joshua, *Regulating Cartels in Europe. A Study of Legal Control of Corporate Delinquency,* Oxford: Oxford University Press, 2003, p. 79, chamando a atenção para a

pela Holanda (cuja lei, aprovada em 1935, estava muito próxima do modelo germânico referido) e pela Dinamarca (que, tendo sido criada dois anos mais tarde, seguia, inversamente, o modelo norueguês)[162]. Também a Itália, em 1932, havia produzido legislação neste âmbito, assumindo porém um sentido completamente oposto[163]: a lei italiana estabelecia as bases para uma cartelização dominada pelo Estado, prevendo a possibilidade de criação obrigatória de cartéis quando necessários para a regulação da produção e da economia[164].

Marco de relevo no desenvolvimento da política de concorrência pré-segunda Grande Guerra foi igualmente a *Conferência Económica Mundial* organizada em 1927 pela, entretanto criada, Sociedade das Nações. Destinada a debater as principais questões económicas da época, a ordem de trabalhos não podia deixar de refletir a preocupação crescente com as práticas restritivas da concorrência, sobretudo os acordos entre empresas para criação de cartéis.

Apesar de o problema ter sido vividamente discutido, a resolução final reflete, como seria expectável, a divisão de conceções e modos de atuar em relação a estas formas de organização. Assumindo que o cartel não é necessariamente um instrumento nefasto, dependendo antes da finalidade que vise atingir, a *Conferência* considerou não haver a possibilidade de aprovação de uma qualquer regulamentação a respeito (quer porque, tratando-se de cartéis com intervenção apenas num Estado, dever ser a respetiva legislação nacional a ser tida em conta; quer porque, tratando-se de cartéis internacionais, não haver a possibilidade de aplicar um mesmo regime supranacional), afirmando ser desejável a constituição de soluções arbitrais[165].

Três anos mais tarde, a discussão foi retomada na *27.ª Conferência da União Interparlamentar*, realizada em Londres, tendo aí sido apresentada uma proposta mais interventiva, que assentava na criação, em cada país, de uma entidade independente (ao estilo norueguês) com poderes para analisar as práticas restritivas levadas a cabo pelos cartéis e determinar os respetivos danos anticoncorrenciais.

dificuldade em conhecermos hoje detidamente a experiência decorrente destes diplomas, dada a instabilidade política que entretanto assolou estes países.

[162] *Idem.*

[163] Sentido este que era naturalmente explicável pelo clima político que se vivia neste país europeu, onde Mussolini exercia já o poder.

[164] Acompanhamos ainda Christopher Harding e Julian Joshua, *Regulating Cartels in Europe. A Study of Legal Control of Corporate Delinquency*, Oxford: Oxford University Press, 2003, p. 79.

[165] Cf. Christopher Harding e Julian Joshua, *Regulating Cartels in Europe. A Study of Legal Control of Corporate Delinquency*, Oxford: Oxford University Press, 2003, pp. 80-81.

O ambiente político que, entretanto, se vinha apoderando da Europa não permitiu, porém, que nenhum destes modelos se desenvolvesse, perdendo a questão toda a centralidade com a deflagração da Segunda Guerra Mundial. A questão seria retomada depois de 1945, mas com um panorama político e económico completamente distinto. Por um lado, havia-se assistido a uma incorporação de alguns cartéis nas estruturas estatais totalitárias existentes, o que fez com que a opinião acerca do fenómeno se alterasse substancialmente. Por outro, os Aliados, tendo saído vencedores, quiseram impor aos vencidos (Alemanha e Japão, sobretudo) leis «descartelizantes», na tentativa de impedir a excessiva concentração económica, que poderia representar uma ameaça[166]. Por último, o fim da guerra trouxe consigo o gérmen do projeto europeu, que viria dar um outro ímpeto e um enquadramento regulatório distinto à matéria da concorrência.

3.3. O pós-Guerra e a mudança de paradigma: controlo jurisdicional

Neste cenário pós-Guerra fortemente dominado pela intervenção dos Aliados – e, naturalmente, pela sua perspetiva acerca dos diversos problemas –, a discussão acerca das práticas restritivas da concorrência reemergiu. Muito embora tivessem sido impostas à Alemanha ocupada (em particular, nos setores americano e britânico) leis que forçavam a descartelização e que previam, mesmo, a aplicação de sanções de natureza criminal, de óbvia inspiração norte-americana, não demorou muito até que fosse aprovada uma nova lei relativa às práticas concorrenciais restritivas, substituindo aquelas normas de caráter transitório: a *Gesetz gegen Wettbewerbsbechränkungen* (GWB).

Esta nova lei, aprovada em 1957[167] e vigente até aos dias de hoje – com diversas alterações, naturalmente – foi o fruto de uma ampla discussão política, económica e doutrinal e acabou por refletir o ponto de equilíbrio encontrado

[166] Cf. F. M. Scherer, *Competition Policies for an Integrated World Economy*, Washington, D.C.: The Brookings Institution, 1994, pp. 28 e ss; e Massimo Mota, *Competition Policy: theory and practice*, Cambridge: Cambridge University Press, 2004, p. 10. Em grande medida, a implementação destas regras esteve, naturalmente, mais relacionada com a vontade de desmantelar a organização económico-política dos países vencidos (em particular, da Alemanha) do que com a necessidade de regular as práticas concorrenciais, propriamente ditas. Os Estados Unidos da América e a Grã-Bretanha, sobretudo, e a França, em menor medida, acabaram assim por impor nos territórios que governavam leis que impediam os cartéis ou as concentrações excessivas.

[167] O projeto de lei que deu origem à GWB contou com o apoio da CDU/CSU e do FDP, este último com dúvidas consideráveis, e foi recusado pelo BG/BHE. Acabaria, assim, por ser aprovado em 19 de julho de 1957, com os votos contra dos Estados de Bremen e Hesse, enquanto os representantes da Baviera se abstiveram. A lei foi promulgada em 27 de julho de 1957 e entrou em vigor em 1 de janeiro

entre as diversas compreensões do problema[168]. Recusando o sistema que vinha sendo implementado pelas potências ocupantes, a GWB recuperou o modelo administrativo anterior, agora muito amadurecido quer pela experiência política, quer pela discussão académica, que o haviam aperfeiçoado e adaptado tanto à nova concetualização[169] como à realidade germânica do pós-guerra.

A nova legislação, porque profundamente discutida e analisada ao longo de vários anos[170], apresentava soluções claras e compreensíveis, estabelecendo regras específicas sobre as práticas concorrenciais a seguir, de modo a dar resposta às preocupações centrais a respeito dos efeitos da concorrência e não a corresponder a quaisquer preocupações legalistas, afastadas das necessidades práticas. Nesse sentido, para aplicação e verificação do cumprimento deste novo regime, a lei criou (de acordo, aliás, com aquela que era a prescrição ordoliberal) um órgão independente especializado, que se viria a notabilizar pelo relevantíssimo papel que até hoje desempenha nesta matéria: o *Bundeskartellamt* (BKartA)[171].

Assim, a GWB começava por fazer uma afirmação de princípio quanto à proibição de acordos horizontais restritivos da concorrência, fossem eles cartéis formalmente estabelecidos ou outros pactos abusivos ou discriminatórios

de 1958. Cf., com detalhes, DIETRICH WENDLER, *Die wirtschaftliche Bedeutung der Bereichsausnahme für die Landwirtschaft im GWB*, Berlin: Duncker & Humblot, 1977, pp. 39-40.

168 Na verdade, em 1949 havia surgido um projeto de lei puramente ordoliberal, assente no pressuposto de que se deveria proibir claramente o cartel, mas que acabou por ser considerado extremamente doutrinário e não avançar, dada, desde logo, a oposição do meio empresarial. Três anos depois, o governo apresentou um outro projeto, menos radical e mais compromissório, que previa já uma série de exceções – como a eliminação do controlo sobre as concentrações. O debate prosseguiu, todavia, durando mais dez anos e conhecendo cerca de vinte reformulações do texto, até que um acordo foi atingido em 1957. Cf., para uma história de todo este processo, MICHAEL WISE, "Droit et politique de la concorrence en Allemagne", *Revue sur le droit et la politique de la concurrence*, 7, 2005, pp. 7-79, que faz uma síntese do percurso alemão em matéria de direito e política da concorrência. Ver, ainda, com referências relevantes para a construção europeia, RÉMI COLLIAT, "A Critical Genealogy of European Macroeconomic Governance", *European Law Journal*, 18, 2012, pp. 6-23; e IMELDA MAHER, "Re-imagining the Story of European Competition Law", *Oxford Journal of Legal Studies*, 20, 2000, pp. 155-66.

169 De facto, a influência da ordoliberalismo da Escola de Freiburg sobre a GWB foi notória.

170 DIETRICH WENDLER, *Die wirtschaftliche Bedeutung der Bereichsausnahme für die Landwirtschaft im GWB*, Berlin: Duncker & Humblot, 1977, pp. 26 e ss., faz uma descrição das várias fases pelas quais passou a elaboração desta lei até à sua aprovação final, sublinhando a ampla discussão política que esteve na sua base.

171 Enquanto autoridade de concorrência independente, o *Bundeskartellamt* tem como função proteger e promover a concorrência na Alemanha. Para mais informações acerca da sua constituição e funcionamento, cf. http://www.bundeskartellamt.de/DE/UeberUns/ueberuns_node.html

de empresas com poder de mercado. Seguia-se-lhe, todavia, um conjunto de exceções, que permitiam – à luz da tradição alemã – determinados cartéis, desde que devidamente justificados e sem prejuízo para o consumidor. Do mesmo modo, estabelecia-se uma interdição geral dos acordos restritivos verticais relativos ao preço ou condições de revenda, prevendo-se um afastamento desta proibição quando o acordo se destinasse à manutenção do preço de revenda. Em relação aos outros pactos verticais, onde não valia uma proibição de princípio, estabelecia-se uma supervisão relativa a práticas abusivas, tais como os acordos de exclusividade, restrições de *marketing* ou contratos acoplados[172].

Conseguida através de um difícil equilíbrio de forças, a GWB estava, naturalmente, vulnerável e sofreu alterações quando esse equilíbrio mudou. Logo no início da década de sessenta, foi aprovada, por unanimidade, no *Bundestag* uma moção que convidada o Governo Federal a apresentar um relatório sobre as alterações necessárias à GWB[173], com especial relevo para as matérias de fixação de preço de revenda e das regras relativas às empresas dominantes.

O relatório, que viria a ser publicado em 1962, deu início a um processo de discussão a respeito das concretas alterações que deveriam ser introduzidas na lei, que se prolongou pelos anos seguintes e acabaria por desembocar na primeira alteração à GWB, aprovada em 23 de junho de 1965. Esta modificação legislativa assentava, sobretudo, naquela que havia sido a proposta apresentada pela Comissão de Assuntos Económicos e que se debruçava sobre quatro pontos essenciais: a simplificação da aprovação de normas e recomendações quanto aos cartéis; a luta mais eficaz contra abusos como a fixação vertical de preços, os contratos de exclusividade e empresas dominantes; a introdução de critérios específicos no que respeita ao dever de registar concentrações de empresas; e a simplificação do processo perante as autoridades da concorrência, abolindo o tribunal de recurso[174].

[172] Para uma análise da lei e dos seus primeiros anos de vigência, numa perspetiva comparada com o modelos dos EUA, cf. Kurt E. Markert, "Recent Developments in German Antitrust Law", *Fordham Law Review*, 43, 1975, pp. 697-718, que reflete sobre a experiência alemã de aplicação da GWB menos de vinte aos volvidos sobre a sua aprovação. Ver, igualmente, Michael Wise, "Droit et politique de la concorrence en Allemagne", *Revue sur le droit et la politique de la concurrence*, 7, 2005, pp. 22 e ss., quanto à análise material das principais questões suscitadas pelo diploma em causa.

[173] Esta moção foi apresentada, em 29 de junho de 1961, pelo deputado Kurt Schmücker, acompanhado de outros colegas, e estabelecia que o relatório devia ser apresentado pelo Governo até 1 de abril de 1962 – data que foi depois postergada para 22 de agosto do mesmo ano devido a atrasos no procedimento de audição e elaboração do relatório. Cf. Dietrich Wendler, *Die wirtschaftliche Bedeutung der Bereichsausnahme für die Landwirtschaft im GWB*, Berlin: Duncker & Humblot, 1977, pp. 40 e ss.

[174] Acompanhamos aqui Dietrich Wendler, *op. et loc. cit.*

A GWB não ficaria, contudo, estável durante muito tempo e logo no ano seguinte, com a mudança de governo operada pela coligação CDU/ SPD, começaram a ouvir-se vozes no sentido de ser necessária uma alteração da política de concorrência alemã, sobretudo para fazer face a uma onda crescente de concentrações e para reconhecer o caráter inevitável dos oligopólios nas economias modernas. As exigências subiram de tom depois de, em 1969, o SPD se ter tornado o partido dominante no Governo[175], acabando a lei por ser alterada pela segunda vez em 1973[176].

Além de se reforçarem as disposições relativas ao controlo de abusos, de se proibir a fixação de preços de revenda e de se permitir uma maior cooperação entre pequenas empresas, esta alteração trouxe para a GWB o controlo da concentração de empresas e criou um novo órgão: a Comissão de Monopólios[177]. A esta passava a competir a vigilância da condições concorrenciais e a redação de relatórios a respeito, bem como alguma participação esporádica na análise de concentrações e o relato das decisões de controlo que eram tomadas pelo BKartA (e que não eram publicadas). O controlo de concentração que aqui se inaugurou ganhou rapidamente importância, sobretudo devido ao apoio que encontrou junto de alguns setores de opinião anticapitalista, passando rapidamente a representar a mais importante tarefa do BKartA.

Várias alterações, de menor ou maior monta, se sucederam a estas, na tentativa de corrigir ou complementar aspetos da GWB que foram sendo considerados inapropriados ou deficitários, quase sempre no sentido de proteger ou beneficiar as pequenas e médias empresas. Assim, a lei sofreu alterações em 1976[178], 1980[179] e 1989[180], através das quais a lei alemã se foi aperfeiçoando enquanto sistema de controlo das práticas concorrenciais restritivas.

[175] Desta vez, em coligação com o FDP.

[176] O *Bundesrat* aprovou a alteração à lei em 6 de julho de 1973 e esta entrou em vigor em 4 de agosto desse ano.

[177] Para uma descrição das mais importantes alterações introduzidas em 1973, cf. KURT E. MARKERT, "Recent Developments in German Antitrust Law", *Fordham Law Review*, 43, 1975, pp. 704 e ss.; DIETRICH WENDLER, *Die wirtschaftliche Bedeutung der Bereichsausnahme für die Landwirtschaft im GWB*, Berlin: Duncker & Humblot, 1977, pp. 45 e ss.; e MICHAEL WISE, "Droit et politique de la concorrence en Allemagne", *Revue sur le droit et la politique de la concurrence*, 7, 2005, pp. 18 e ss.

[178] Alteração de 28 de junho de 1976.

[179] Alteração de 26 de abril de 1980.

[180] Alteração de 22 de dezembro de 1989.

3.4. A influência do projeto europeu e a posição atual

A sexta alteração à GWB, publicada em 26 de agosto de 1998 e que entrou em vigor no início do ano seguinte, teve um âmbito e uma profundidade bastante mais acentuados, uma vez que pretendeu adaptar a lei alemã ao direito europeu da concorrência, que vinha adquirindo uma importância crescente. De facto, muito embora tenhamos que fazer aqui, por razões metodológicas, uma análise modular da evolução jusconcorrencial em diferentes latitudes, a verdade é que não podemos nunca esquecer que se criaram entre os diversos modelos ou regimes (principalmente dentro da Europa, mas não só[181]) interferências, influências e sobreposições.

Não deixa de ser significativo notar, portanto, que a GWB nasceu já numa época em que arrancava o projeto europeu, tendo sido aprovada no mesmo ano em que se assinou o Tratado de Roma (sendo a Alemanha, como bem se sabe, um dos Estados Membros fundadores)[182]. Neste Tratado – ou melhor, no Tratado da Comunidade Económica Europeia[183] – previa-se já expressamente (arts. 2.º e 3.º) a criação de uma atuação conjunta em matéria de concorrência, de modo a criar um mercado comum. Naturalmente, a gestação de uma política europeia de concorrência ocorreu paulatinamente, com uma progressiva integração de propósitos, princípios e regras, que acabaram por se impor, em grande medida, aos diversos Estados Membros.

Em 1998, a Alemanha sente, pois, a necessidade de adaptar a sua legislação às regras europeias e àquela que vinha sendo já a prática relativamente sedimentada da União. A GWB ganha, então, um conjunto de princípios substantivos sobre os acordos restritivos e o abuso de posição dominante que, mantendo-se harmonizados com o direito germânico, replicam os constantes do Tratado, ao mesmo tempo que é igualmente revisto o procedimento de análise das concentrações de empresas, de modo a concatenar-se melhor quer com as práticas da União, quer com as das demais jurisdições europeias.

É atribuído, por outro lado, ao BKartA um conjunto de novas competências, agora relacionadas com o respeito pela concorrência nos concursos públicos. Mas aquela que pode, porventura, ser considerada a principal alteração foi levada a cabo na interdição de abuso de posição dominante e passou pela

[181] Atente-se, por exemplo, naquilo que já atrás dissemos a respeito da influência do modelo norte-americano na Europa no pós-II Guerra Mundial.

[182] Sobre a criação da União Europeia (primeiro CEE e CEEA) e a importância da política e do direito da concorrência no seu desenvolvimento, falaremos mais detidamente *infra*, pp. 101 e ss.

[183] O Tratado de Roma era composto, na verdade, por dois Tratados: o Tratado CEE e o Tratado CEEA.

eliminação das isenções e criação de um novo exemplo-padrão, respeitante ao acesso a instalações de rede, o que permitiu a aplicação mais eficaz da GWB aos monopólios de infraestruturas[184]. Dois anos depois, vê também ser implementado o primeiro programa de clemência.

As alterações posteriores à lei, efetuadas em 2005 e em 2013, alinharam ambas pelo mesmo diapasão da de 1998: adaptar a legislação da Alemanha à evolução do regime concorrencial europeu. Este regime sofreu, todavia, evoluções muito significativas, entre as quais se pode destacar, como marco mais significativo, o regulamento (CE) n.º 1/2003, que introduziu mudanças muito profundas no modelo jusconcorrencial europeu e, simultaneamente, nos diferentes sistemas nacionais. De facto, como veremos mais detidamente a propósito, este regulamento criou, pela primeira vez, uma estrutura verdadeiramente integrada entre as autoridades da concorrência europeia e nacionais, fazendo prevalecer sobre o regime dos diferentes países aquele que estava estabelecido no art. 81.º do Tratado CE (agora 101.º TFUE), sempre que estivessem em causa situações a que fosse aplicável a legislação europeia[185].

Assim, o ordenamento jurídico concorrencial que a Alemanha vinha desenvolvendo e que se apresentava como, porventura, o mais avançado a nível europeu deparou-se com uma dificuldade patente: a necessidade de se harmonizar com o que agora vigorava em termos europeus. Iniciou-se, portanto, um procedimento tendente a mais um alteração da GWB, que foi particularmente longo e sinuoso, dadas as extensas e significativas modificações que exigia[186].

[184] Cf., a propósito desta alteração, MICHAEL WISE, "Droit et politique de la concorrence en Allemagne", *Revue sur le droit et la politique de la concurrence*, 7, 2005, pp. 19-20, chamando a atenção para as principais mudanças operadas em 1998 na GWB.

[185] Para uma análise detalhada do regulamento e das suas consequências, cf, *infra* pp. 117 e ss.

[186] Segundo ANDREAS M. KLEES, "Breaking the Habits: The German Competition Law after the 7th Amendment to the Act against Restraints of Competition (GWB)", *German Law Journal*, 7, 2006, p. 399, o atraso na aprovação da alteração legislativa não esteve propriamente relacionado com as profundas mudanças que introduzia, mas sobretudo com aquelas que deixou de fora, nomeadamente a proposta mas não implementada reforma do controlo de concentração na indústria dos jornais. De qualquer modo, uma primeira proposta de alteração à legislação alemã (*Referentenentwurf*), elaborada sob o comando do Ministério da Economia e do Trabalho, foi apresentada ainda em 2003, tendo sido depois alterada pelo Governo, que quis aproveitar a oportunidade para propor um afrouxamento das regras alemãs relativas à concentração de empresas de modo a permitir uma maior consolidação no mercado dos jornais (propunha-se, na *Regierungsentwurf* que chegou ao Parlamento, a introdução de uma exceção à regra para concentrações entre editores). Esta proposta de isenção gerou aceso debate no *Bundesrat*, tenho sido chumbada em julho de 2004. Foi mesmo necessária a mediação do *Vermittlungsausschuss* – um Comité de Mediação composto por membros do *Bundestag* e do *Bundesrat* com vista a obter consenso entre as duas Câmaras – para que se atingisse um acordo que permitisse a aprovação desta alteração à GWB (tendo sido retirados da

Dois anos e meio depois da aprovação daquele regulamento foi, então, aprovada a alteração à lei alemã de práticas restritivas da concorrência, entrando em vigor no dia 1 de julho de 2005. No esforço de adaptar a GWB à recente normativa europeia – e, sobretudo, à sua primazia, na generalidade dos casos, sobre a lei nacional – o legislador alemão partiu de duas linhas fundamentais. Por um lado, a assimilação da lei germânica às disposições europeias em tudo aquilo que respeitasse ao âmbito de aplicação do art. 81.º do Tratado (atual art. 101.º), o que naturalmente apresentava a vantagem prática importante de dispensar a análise do comportamento em causa para verificar se produz ou não os seus efeitos no comércio entre Estados. Por outro, e em decorrência da assunção da posição expendida, a compreensão de que não haveria base lógico-principiológica que justificasse a submissão de empresas mais pequenas a regras concorrenciais distintas das demais, apenas pela circunstância de a sua atividade não tender a internacionalizar-se e, portanto, ser menos provável a sua submissão às regras europeias.

Deste modo, uma das distinções clássicas do modelo concorrencial germânico caiu por terra com esta alteração, passando a secção 1.ª da GWB – proibição de acordos restritivos – a aplicar-se tanto a relações horizontais como verticais. A previsão de exceções, que ocupava as secções 2.ª a 7.ª, foi agora substituída por uma única norma de isenção (§2), idêntica à estabelecida no n.º 3 do art. 81.º do Tratado, abolindo-se igualmente, de acordo com o princípio da aplicabilidade direta, a necessidade de uma decisão de isenção individual[187]. As matérias respeitantes ao âmbito do art. 82.º do Tratado (comportamentos unilaterais – abuso de posição dominante), por sua vez, permaneceram praticamente inalteradas, apenas com correções de pouca monta.

Foram igualmente revistos os poderes atribuídos ao BKartA, reforçando-os com novos instrumentos que, à luz do regulamento, estavam agora ao dispor da Comissão: a possibilidade de adotar decisões relativas a compromissos obrigatórios, como previsto no art. 9.º daquele diploma, e a de decidir não estarem preenchidos os pressupostos necessários para a sua intervenção, tal

proposta os privilégios inicialmente pensados para as concentrações da imprensa). Cf. Wolgang Wurmnest, "A New Era for Private Antitrust Litigation in Germany? A Critical Appraisal of the Modernized Law against Restraints of Competition", *German Law Journal*, 6, 2005, pp. 1173-1189, que começa por fazer um enquadramento da alteração de 2005 à GWB e se debruça, depois, sobre um dos seus aspetos essenciais: a possibilidade de acionar civilmente as empresas pelos danos causados através das práticas restritivas.

[187] Cf. Andreas M. Klees, "Breaking the Habits: The German Competition Law after the 7th Amendment to the Act against Restraints of Competition (GWB)", *German Law Journal*, 7, 2006, pp. 399-419.

como permitido pela parte final do art. 5.º do regulamento. No que respeita às autoridades da concorrência, esta alteração da lei versou também sobre a cooperação entre os diversos Estados Membros, introduzindo previsões quanto à troca de informações entre as entidades dos vários países e entre estas e a Comissão, nomeadamente regras específicas quanto à admissibilidade de provas recolhidas noutro país pela respetiva autoridade, desde que respeitados certos direitos de defesa[188].

De entre as mais importantes modificações legislativas[189], contam-se ainda dois aspetos relacionados com as consequências jurídicas da verificação de condutas restritivas da concorrência, que aqui nos importam em particular. Por um lado, mantendo a matriz alemã que se tornou igualmente a europeia, como veremos mais detidamente *infra*[190], foram substancialmente aumentadas as sanções pecuniárias suscetíveis de serem aplicadas a estes comportamentos, importando-se o limite da UE de 10% das receitas globais da empresa do último exercício[191].

Por outro, esta alteração legislativa debruçou-se especificamente sobre as ações civis para indemnização de danos[192] – comuns nos EUA, como vimos já[193], e que estavam a ser discutidas e aplicadas quer pela Comissão Europeia, quer por outras autoridades da concorrência dentro do espaço europeu[194].

188 *Idem.*

189 Naturalmente, indicamos no texto apenas aquelas que consideramos mais relevantes quer para a compreensão do espírito e da abrangência da revisão, quer para o objeto do nosso trabalho. Além destas, outras poderiam ser apontadas também, como a clarificação de que o *mercado geográfico* podia estar para lá das fronteiras do estado Alemão (§19, parag. 2) ou as pequenas modificações introduzidas em matéria de controlo de concentração de empresas.

190 Cf. *infra* pp. 101 e ss.

191 Esta alteração não foi pacífica, tendo sido aditada já numa fase avançada do processo legislativo, de modo a equipar a sanção alemã àquela que se havia fixado no ordenamento jurídico europeu, de modo a evitar discrepâncias na aplicação da lei.

192 Para uma análise da alteração legislativa efetuada nesta matéria, bem assim como das suas repercussões no ordenamento jurídico alemão, cf. a já referida reflexão de Wolfgang Wurmnest, "A New Era for Private Antitrust Litigation in Germany? A Critical Appraisal of the Modernized Law against Restraints of Competition", *German Law Journal*, 6, 2005, pp. 1173-1189.

193 Cf. *supra* pp. 60 e ss.

194 Na verdade, não existia nos arts. 81.º e 82.º do Tratado – como não existe ainda nos seus correspondentes 101.º e 102.º do TFUE –, nem no regulamento n.º 1/2003, a previsão expressa da possibilidade de indemnização pelos danos causados pela violação das respetivas estatuições, pelo que, de acordo com os princípios gerais da União Europeia, caberia às legislações nacionais velarem pela efetivação dos direitos individuais delas decorrentes, uma vez que aqueles preceitos produzem efeitos diretos na esfera dos cidadãos. As respostas internas a esta questão não estão, todavia, na plena disponibilidade do legislador nacional, pois que se veem negativamente limitadas por dois pressupostos: não podem ser menos favoráveis do que aquelas que existam para ações

A Alemanha, que tinha uma perspetiva jurisprudencial bastante estreita desta possibilidade de indemnização (assente no *Schutzgesetzprinzip*[195]), viu-se assim obrigada a abandonar aquele entendimento, aceitando uma ampla possibilidade de ação civil para indemnização por danos ocasionados pela restrição à concorrência. Faculdade que, aliás, se viu reforçada pelo facto de as decisões finais tomadas pelas autoridades de concorrência[196] considerando que uma certa empresa participou num cartel e aplicando-lhe a adequada sanção passarem a constituir caso julgado quanto à existência de uma infração.

Um ano depois destas alterações, e em harmonia com o que vinha sucedendo em todos os países da União, o BKartA publicou o *Bekanntmachung Nr. 9/2006*, dedicado a estabelecer um novo programa de clemência (*Bonusregelung*)[197], alterando aquele que havia criado em 2000, tornando-o mais consentâneo com as alterações que a Comissão Europeia havia acabado de introduzir no seu próprio programa e que transformara em modelo para todos os Estados Membros[198].

Por último, a oitava revisão da GWB ocorreu muito recentemente, tendo entrado em vigor no dia 1 de julho de 2013. Pretendendo, uma vez mais, aproximar a legislação alemã daquilo que tem sido a evolução normativa e jusdecisória da União, esta alteração debruçou-se, sobretudo, sobre a questão do controlo de concentração de empresas. A aprovação da alteração não foi,

domésticas similares (princípio da equivalência) nem podem tornar os direitos concedidos pela União praticamente impossíveis ou excessivamente difíceis (princípio da efetividade). Com base nestes princípios, o TJ decidiu, em 2001, no caso *Courage* c. *Crehan* (C-453/99) que a total efetividade do art. 81.º do Tratado CE e, em particular, a proibição de cartel aí contida, estariam em risco se não se previsse a possibilidade de qualquer indivíduo poder requerer indemnização por danos que lhe sejam causados através de uma prática restritiva da concorrência. Para uma análise deste problema, com referências mais detidas ao acórdão em causa, cf. Wolgang Wurmnest, "A New Era for Private Antitrust Litigation in Germany? A Critical Appraisal of the Modernized Law against Restraints of Competition", *German Law Journal*, 6, 2005, pp. 1177-1178).

195 Cf. Wolgang Wurmnest, "A New Era for Private Antitrust Litigation in Germany? A Critical Appraisal of the Modernized Law against Restraints of Competition", *German Law Journal*, 6 2005, pp. 1173-1189, para a compreensão deste princípio à luz do §33 GWB anterior à revisão de 2005 e sua superação através da alteração legislativa operada.

196 Querendo com este plural significar que um tal efeito não se produzia apenas em relação às decisões do BKartA, mas também quanto àquelas que fossem proferidas pela Comissão Europeia ou por outras autoridades dentro da UE.

197 Para conhecer o aviso do BKartA com as respetivas indicações quanto ao programa de clemência, consultar http://www.bundeskartellamt.de/SharedDocs/Publikation/DE/Bekanntmachungen/Bekanntmachung%20-%20Bonusregelung.pdf?__blob=publicationFile&v=7

198 A respeito do programa de clemência criado pela UE e sua aplicação, falaremos detidamente *infra*, pp. 128 e ss.

também desta feita, tarefa fácil, estando envolta em discussão acesa por causa, sobretudo, da submissão das seguradoras de saúde e das editoras de jornais às regras de controlo de concentrações. Mais uma vez foi necessária a mediação entre as duas câmaras parlamentares, que acabou por permitir um equilíbrio consensual que abriu as portas à aprovação da lei.

As modificações introduzidas, muito embora façam alguns ajustamentos significativos às disposições alemãs da GWB, não abalaram a sua conceção fundamental e os princípios sobre os quais assenta, antes tentaram apenas diminuir algumas distâncias existentes entre essa lei e as normas europeias, principalmente do que tange à avaliação das notificações de concentração de empresas. Neste aspeto, a mais importante mudança assenta na implementação do teste de impedimento significativo à concorrência efetiva (teste SIEC – *significant impediment to effective competition*).

De acordo com a GWB, na sua versão anterior a 2013, perante uma notificação de concentração, o BKartA teria de verificar se uma tal ação levaria à criação ou ao fortalecimento de uma posição dominante do mercado (teste de domínio de mercado), enquanto segundo as regras europeias a avaliação deve ser feita em função de, através da concentração em causa, se produzir um impedimento significativo à concorrência efetiva – o teste do domínio do mercado é apenas um dos indicadores do SIEC. Manteve-se, porém, a cláusula de equilíbrio (*Abwägungsklausel*) presente na lei, que permite que uma concentração seja aprovada, ainda que crie ou fortaleça uma posição dominante no mercado, desde que as vantagens geradas por tal domínio sejam globalmente superiores às desvantagens.

Por outro lado, a cláusula de presunção de domínio de mercado, por uma empresa individual, foi elevada de um terço para 40% (§18, parág. 4), ao mesmo tempo que se pretendeu esclarecer a sujeição ou não das concentrações nos chamados mercados *de-minimis* às regras de controlo estabelecidas na lei. De acordo com a versão da GWB até aí vigente, as concentrações que afetassem este tipo de mercados estavam isentas do procedimento de controlo, tenda esta previsão sido alterada de modo a submetê-las formalmente às regras do controlo de concentrações, ficando a discussão acerca da aplicação da *cláusula de-minimis* remetida para a análise substantiva do problema. Nesses termos, se se chegar à conclusão que a transação está, efetivamente, relacionada com um mercado *de-minimis*, ela não pode ser proibida.

Mas as alterações introduzidas pela revisão de 2013 não se quedaram apenas pela parte substantiva do problema, antes lidaram igualmente com alguns aspetos adjetivos do diploma. Assim, em linha com aquilo que vinha já estabelecido nas normas da UE, o BKartA passa a gozar agora de um prazo suplementar para avaliar a concentração se tiverem sido oferecidas pelas partes propostas de solução para os problemas suscitados pela concentração. Foram também introduzidas modificações na parte respeitante às ações civis que podem ser intentadas por particulares, concedendo-se, agora, esse impulso processual a certas associações de empresas ou de consumidores.

3.5. A resistência à tutela penal da (liberdade de) concorrência na Alemanha: mitigação do modelo administrativista?

Muito embora o modelo alemão de reação às práticas restritivas da concorrência tenha (quase[199]) sempre apresentado uma estrutura administrativista, como vimos ao longo desta breve incursão histórica, a verdade é que, desde cedo, o legislador germânico compreendeu que determinadas condutas atentatórias da liberdade concorrencial poderiam justificar a intervenção do direito penal. A questão tem sido amplamente discutida pelos cultores do direito penal e do direito da concorrência ao longo dos mais de cinquenta anos que decorreram já desde o momento em que a Alemanha se libertou das normas incriminadoras impostas pelos Aliados e aprovou a GWB. O debate tem conhecido tons muito diferentes, ora avançando os defensores da criminalização, ora ganhando terreno aqueles que sustentam ser suficiente e adequada a tutela administrativa, mas a verdade é que a discussão se mantém, tendo mesmo havido uma concessão criminalizadora neste percurso.

De facto, em 1997 foi introduzido no *Strafgesetzbuch* (StGB) a §298, especialmente destinada a acordos em licitações destinados a restringir a concorrência[200]. De acordo com esta norma, quem apresente uma oferta num leilão

[199] Na verdade, como referimos *supra*, no período após a II Guerra Mundial não foi assim, uma vez que os Aliados impuseram à Alemanha as suas regras quanto às práticas restritivas da concorrência, sendo clara a opção pela criminalização própria dos EUA. A tentativa de descartelização do Estado germânico passou, portanto, pela criminalização do cartel, de acordo com o modelo norte-americano. Como sublinhámos já também, as razões para a imposição destas normas prenderam-se mais com a necessidade de evitar o poderio económico da Alemanha do que, propriamente, com preocupações relacionadas com a concorrência e a regulação do mercado.

[200] O preceito está epigrafado de *Wettbewerbsbeschränkende Absprachen bei Ausschreibungen* (em tradução livre, acordos licitatórios restritivos da concorrência) e estabelece o seguinte: "*(1) Wer bei einer Ausschreibung über Waren oder gewerbliche Leistungen ein Angebot abgibt, das auf einer rechtswidrigen Absprache beruht, die darauf abzielt, den Veranstalter zur Annahme eines bestimmten Angebots zu veranlassen, wird mit Freiheitsstrafe bis zu fünf Jahren oder mit Geldstrafe bestraft. (2) Der Ausschreibung im Sinne des Absatzes 1 steht die freihändige Vergabe eines Auftrages nach vorausgegangenem Teilnahmewettbewerb gleich. (3) Nach Absatz 1, auch in Verbindung mit Absatz 2, wird nicht bestraft, wer freiwillig verhindert, daß der Veranstalter das Angebot annimmt oder dieser seine Leistung erbringt. Wird ohne Zutun des Täters das Angebot*

de bens ou serviços comerciais, com base num acordo ilícito destinado a obter a aceitação pelo organizador de uma específica proposta, será punido com pena de prisão até cinco anos ou multa.

Se, antes de nos debruçarmos especificamente sobre a exegese da norma, tentarmos buscar as suas raízes históricas, teremos que recuar a 1797, ano em que a Prússia estabeleceu, através de decreto real, que a supressão de uma oferta feita numa licitação pública constituía crime, punível com pena de multa ou mesmo de prisão até seis semanas. Com a aprovação do Código Penal prussiano, em 1851, disposição semelhante foi nele incorporada (§270). Alguns anos mais tarde, em 1869/1870, a proposta de Código Penal da Confederação da Alemanha do Norte continha igualmente um tipo incriminador baseado naquele preceito, mas que acabou por não vingar[201].

Durante a República de Weimar e o Terceiro *Reich* as incriminações respeitantes a atentados contra a concorrência não desapareceram – talvez até mesmo pelo contrário –, mas ou deixaram de ter aplicação ou foram mesmo utilizadas em sentido oposto ao da sua criação: não para proteger a concorrência, mas para garantir um sistema rígido controlado de preços[202].

À imposição de legislação criminalizadora por parte dos Aliados, vencedores da II Grande Guerra, seguiu-se então a GWB que, como já vimos, apesar de uma proposta inicial conter ainda a previsão de sanções penais[203], optou por afastar o direito penal e tratar toda a disciplina das práticas restritivas da concorrência lançando mão do ilícito administrativo. Não sem que, todavia, uma tal alternativa tivesse sido discutida, acabando por preferir-se não avançar com sanções penais, uma vez que se considerou não existir ainda, entre os

nicht angenommen oder die Leistung des Veranstalters nicht erbracht, so wird er straflos, wenn er sich freiwillig und ernsthaft bemüht, die Annahme des Angebots oder das Erbringen der Leistung zu verhindern".

201 Acompanhamos aqui Florian Wagner-von Papp, "What if Bid Riggers Went to Prision and Nobody Noticed? Criminal Antitrust Law Enforcement in Germany", in *Criminalising Cartels: Critical Studies of an International Regulatory Movement*, Oxford: Hart Publishing, 2011, pp. 157-182, que faz uma análise acerca da incriminação constante da §298 do StGB, explicando o seu surgimento e prospetivando a sua evolução.

202 Na verdade, com a ascensão do nacional-socialismo na Alemanha foram aprovadas leis destinadas a manter um sistema rígido de preços, de modo a assegurar artificialmente uma inflação relativamente baixa. Entre esses diplomas, prestou-se também atenção à manipulação de licitações em projetos públicos, proibindo-se, nomeadamente, pactos entre licitadores. Estes ilícitos foram considerados como ofensas criminais.

203 Tratou-se de uma proposta apresentada por W. Bauer, F. Böhm, C. Fischer, P. Josten, W. Köppel, W. Kromphardt e B. Pfister (*Entwurf zu einem Gesetz zur Sicherung des Leistungswettbewerbs und zu einem Gesetz über das Monopolamt mit Stellungnahme des Sachverständigen-Ausschusses und Minderheitsgutachten*).

alemães, uma alargada compreensão dos contratos e práticas anticoncorrenciais como sendo ilegais e eticamente condenáveis[204].

Não tardou muito, porém, a que a questão da manipulação das licitações públicas voltasse a estar no centro da discussão, acabando por entrar no StGB em 1997 – não sem que antes várias propostas nesse sentido tivessem sido apresentadas mas não obtivessem vencimento[205]. Na década de noventa deu-se, efetivamente, uma inversão da perceção do problema, sobretudo devido à posição que a jurisprudência criminal começou a assumir a respeito dos cartéis.

Face à ausência de uma incriminação específica para práticas anticoncorrenciais, os tribunais haviam começado a ponderar se não caberia esta prática de manipulação de licitações no enquadramento dado pela secção 263 do StGB[206], dedicada à fraude. Muito embora o BGH tivesse recusado um tal entendimento em 1961[207] e em 1987[208], embora aqui já com alguma abertura, acabou por considerar, em 1992, que o tipo de fraude podia, efetivamente, ser aplicado aos casos de manipulação de licitações, desde que o preço «manipulado» fosse mais alto do que o hipotético preço concorrencial (caso *Rheinausbau I*)[209].

[204] Assim se explicava, na exposição de motivos da GWB, a razão pela qual se optou por não avançar para um modelo de intervenção jurídico-penal. Assumia-se aí que a maioria dos envolvidos nesta atividade consideraria uma violação às regas impostas na lei um comportamento comercial desonesto e uma quebra dos princípios organizacionais de uma economia concorrencial, abrindo-se, todavia, a possibilidade de, no futuro, se alterar a decisão tomada, caminhando para a criminalização desses comportamentos. Cf. Christof Vollmer, "Experience with criminal law sanctions for competition law infringements in Germany", in *Criminalization of Competition Law Enforcement: Economic and Legal Implications for the EU Member States*, Cheltenham: Edward Elgar, 2006, pp. 257--269; e Florian Wagner-von Papp, "What if Bid Riggers Went to Prision and Nobody Noticed? Criminal Antitrust Law Enforcement in Germany", in *Criminalising Cartels: Critical Studies of an International Regulatory Movement*, Oxford: Hart Publishing, 2011, p. 163.

[205] Para uma referência a estas diferentes propostas, cf. Florian Wagner-von Papp, "What if Bid Riggers Went to Prision and Nobody Noticed? Criminal Antitrust Law Enforcement in Germany", in *Criminalising Cartels: Critical Studies of an International Regulatory Movement*, Oxford: Hart Publishing, 2011, p. 164, nota 51.

[206] O n.º 1 da §263 estabelece o seguinte: "*[w]er in der Absicht, sich oder einem Dritten einen rechtswidrigen Vermögensvorteil zu verschaffen, das Vermögen eines anderen dadurch beschädigt, daß er durch Vorspiegelung falscher oder durch Entstellung oder Unterdrückung wahrer Tatsachen einen Irrtum erregt oder unterhält, wird mit Freiheitsstrafe bis zu fünf Jahren oder mit Geldstrafe bestraft*".

[207] Cf. Christof Vollmer, "Experience with criminal law sanctions for competition law infringements in Germany", in *Criminalization of Competition Law Enforcement: Economic and Legal Implications for the EU Member States*, Cheltenham: Edward Elgar, 2006, p. 262.

[208] *Idem.*

[209] Cf. Hans Achenbach, "Die Bußgeldtatbestände des GWB", in *Handbuch Wirtschaftsstrafrecht (HWSt)*, Heidelberg: C F Müller Verlag, 2004, pp. 103-120; Christof Vollmer, "Experience with criminal law sanctions for competition law infringements in Germany", in *Criminalization of*

Depois desta decisão, o debate acerca da necessidade de tutela penal das práticas restritivas da concorrência reacendeu-se, acabando por ser aprovada um alteração ao StGB que lhe aditou a referida §298[210]. De acordo com as razões tornadas públicas[211], o motivo próximo que levou à criação deste preceito esteve relacionado com o setor da construção, onde os cartéis de fixação de preços existiam há várias décadas, sem que conseguissem ser demovidos quer pelas regras respeitantes a contratos públicos, quer pela possibilidade de aplicação de coimas. Muito embora a aplicação jurisprudencial da §263 tivesse aberto uma nova oportunidade para a dissuasão destas práticas, verificava-se que não tinha aumentado o número de processos crime por manipulação de licitações, ao contrário do que seria expectável. Tornou-se, por isso, necessária, aos olhos do legislador, a criminalização de uma das mais sérias condutas restritivas da concorrência.

Efetivamente, se é certo que à luz do entendimento vigente, era já possível agir criminalmente contra a manipulação de atos licitatórios que provocassem perda económica para a vítima (§263 – fraude), segundo os princípios estabelecidos na decisão *Rheinausbau I*, o novo tipo incriminador constante da §298 ia agora mais longe, pois que não exigia a demonstração de tal dano. Mais, permitia a aplicação «concorrente» com a §263, quando se preenchessem ambos os elementos constitutivos, sendo que, muitas vezes, as circunstâncias de facto da §298 preenchiam os pressupostos da fraude agravada[212]. É importante não esquecer, por último[213], que de acordo com a §70 do StGB, além das penas abstratamente aplicáveis previstas nas §263 e §298, é ainda possível impor como

Competition Law Enforcement: Economic and Legal Implications for the EU Member States, Cheltenham: Edward Elgar, 2006, pp. 257-269; e Florian Wagner-von Papp, "What if Bid Riggers Went to Prision and Nobody Noticed? Criminal Antitrust Law Enforcement in Germany", in *Criminalising Cartels: Critical Studies of an International Regulatory Movement*, Oxford: Hart Publishing, 2011, pp. 157-182.

[210] Esta alteração foi introduzida através do *Gesetz zur Bekämpfung der Korruption*, que entrou em vigor no dia 20 de agosto de 1997. O legislador pretendeu, através desta revisão, colocar sob a alçada do StGB um conjunto de condutas violadoras do princípio da liberdade de concorrência que considerou particularmente graves. Cf. o relatório apresentado sobre o regime concorrencial na Alemanha por Jörg Biermann, "Country Analysis - Germany", in *Competition Law Sanctioning in the European Union: The EU-Law Influence on the National Law System of Santions in the European Area*, The Hague: Kluwer Law International, 2004, pp. 481 e ss.

[211] Como explica Christof Vollmer, "Experience with criminal law sanctions for competition law infringements in Germany", in *Criminalization of Competition Law Enforcement: Economic and Legal Implications for the EU Member States*, Cheltenham: Edward Elgar, 2006, p. 263.

[212] Nos termos no n.º 3 da §263.

[213] Somam-se, ainda, os efeitos em termos de registo criminal. De acordo com a lei alemã, uma condenação em pena de prisão superior a noventa dias ou numa pena de multa correspondente a mais de noventa dias de prisão conduz a uma inscrição no registo criminal, que tem de ser comunicada, por exemplo, a possíveis empregadores. Sentenças condenatórias abaixo desse limite

pena acessória a proibição de exercício de atividade profissional, por um período de um a cinco anos ou, excecionalmente, em termos definitivos[214].

Esta incriminação tem, todavia, um escopo muito delimitado, pois que se aplica exclusivamente aos casos de acordos para licitação, deixando de fora um conjunto de outras práticas restritivas usualmente consideradas muito graves (as chamadas restrições «*hard core*»[215]), como a fixação de preços, as restrições à produção, ou a distribuição de mercados. Todas estes comportamentos continuam a ser tratados como ilícitos administrativos, sancionáveis, portanto, com coimas (melhor, com sanções pecuniárias de natureza administrativa) – que se podem aplicar quer à pessoa singular, quer à pessoa coletiva. Também quanto a este aspeto há, pois, uma diferença significativa, uma vez que a sanção prevista para o crime da §298 é apenas aplicável a pessoas singulares[216] (pena de privação de liberdade).

O que significa, na prática, que a investigação de práticas restritivas da concorrência suscetíveis de preencher o tipo incriminador constante da §298 do StGB se torna bastante complexa, pois que, desde logo, vê as respetivas competências repartidas entre a entidade responsável pela investigação penal (o *Staatsanwalt*) e a autoridade responsável pelo controlo e averiguação das práticas restritivas da concorrência (o BKartA ou as autoridades regionais). Tanto mais que, é preciso não esquecer, um processo pode levar à aplicação aos indivíduos participantes no comportamento anticoncorrencial de uma pena (de prisão ou de multa, como vimos), enquanto o outro procedimento verificará a possibilidade de aplicação de coimas às empresas envolvidas[217].

e coimas administrativas, por sua vez, vão ser inscritas no registo criminal, mas só poderão ser vistas pelas autoridades.

[214] Os tribunais têm-se mostrado relutantes em aplicar esta pena acessória, tanto mais que ela exige o perigo de uma recidiva durante o período de proibição. Ver, a propósito, as reflexões de Florian Wagner-von Papp, "What if Bid Riggers Went to Prision and Nobody Noticed? Criminal Antitrust Law Enforcement in Germany", in *Criminalising Cartels: Critical Studies of an International Regulatory Movement*, Oxford: Hart Publishing, 2011, p. 166.

[215] De acordo com a OCDE, o *hard core cartel* é o acordo, pacto ou prática concertada entre concorrentes com vista a fixar preços, fazer licitações fraudulentas, estabelecer restrições ou quotas de produção ou partilhar ou dividir mercados. Cf. a *Recomendação do Conselho relativa à Ação Efetiva contra Cartéis Hard Core*, de 1998, C(98)35/FINAL, que pode ser consultada em http://www.oecd.org/daf/competition/2350130.pdf

[216] Uma vez que, como sabemos, a responsabilidade penal de pessoas coletivas continuam a ser recusada na Alemanha.

[217] Refletindo sobre esta problema, Christof Vollmer, "Experience with criminal law sanctions for competition law infringements in Germany", in *Criminalization of Competition Law Enforcement: Economic and Legal Implications for the EU Member States*, Cheltenham: Edward Elgar, 2006, p. 264 e ss., apontando-o como uma das maiores dificuldades do atual modelo alemão.

Capítulo III: A construção da União Europeia e o papel da política da concorrência

1. Os primeiros anos: a concorrência como objetivo de integração

Como fomos já referindo por diversas vezes, o atual modelo de política e direito da concorrência português (e da generalidade dos países do nosso continente, na verdade) não bebeu apenas influência no ordenamento jurídico norte-americano e no sistema germânico, mas antes é também grandemente partidário da experiência única de criação e sedimentação de uma organização transnacional ímpar: a União Europeia.

1.1. Contexto e surgimento do direito da concorrência europeu: o Tratado CECA

Com o fim da II Guerra Mundial, a Europa sente necessidade de uma reorganização política e económica e abalança-se no projeto de criação de uma comunidade de países. A Comunidade Europeia do Carvão e do Aço (CECA), criada em 1951 através do Tratado de Paris, constituiu o primeiro esforço nesse sentido[218]. Ainda muito eivada da necessidade de evitar conflitos adi-

[218] Na verdade, ainda antes da CECA havia sido criada a Organização para a Cooperação Económica Europeia, em 1948, com vista sobretudo a lidar com os auxílios vindos dos EUA através do Plano Marshall. Um ano depois, em 1949, viria a criar-se o Conselho da Europa. A uma e outra organização faltavam, todavia, os poderes supranacionais que assistiram depois à CECA, à CEE e à CEEA. Para uma análise dos fatores que levaram ao surgimento das Comunidades Europeias e ao tratamento supranacional na questão concorrencial, cf. David J. Gerber, *Law and Competition in Twentieth Century Europe: Protecting Prometheus*, Oxford: Clarendon Press, 1998, pp. 334 e ss.; D. G. Goyder, *EC Competition Law*, 4.ª ed., Oxford: Oxford University Press, 2003, pp. 16 e ss.; Christopher Harding e Julian Joshua, *Regulating Cartels in Europe. A Study of Legal Control of Corporate Delinquency*, Oxford:

cionais[219] (especialmente, entre a França e a Alemanha), a CECA apostava já, todavia, na criação de um mercado comum – que será depois aprofundando pela criação da CEE – e na garantia das lealdade e liberdade de concorrência como condições essenciais para um tal resultado[220].

O n.º 1 do art. 65.º do Tratado em causa estabelecia já que "[s]ão proibidos todos os acordos entre empresas, todas as decisões de associações de empresas e todas as práticas concertadas que, no mercado comum, tendam direta ou indiretamente a impedir, restringir ou falsear o funcionamento normal da concorrência e que, em especial, tendam a: a) Fixar ou determinar os preços; b) Restringir ou controlar a produção, o desenvolvimento técnico ou os investimentos; c) Repartir os mercados, os produtos, os clientes ou as fontes de abastecimento", estabelecendo-se depois, no n.º 2, um conjunto de circunstâncias em que tais acordos podiam ser autorizados (opção que, *grosso modo*, se mantém até hoje, como veremos *infra*).

O diploma estabelecia que tais acordos eram nulos (n.º 4 do mesmo art. 65.º), prevendo-se, já aí, a possibilidade de aplicação de sanções pela Alta Autoridade[221], que poderiam ser multas ou adstrições[222]. Importa notar, nesta primeira aproximação ao tratamento da concorrência dentro da União Europeia (ou, no caso, das Comunidades que a precederam), que se preceituava no Tratado o montante máximo destas sanções pecuniárias: "não pode exceder o dobro do volume de negócios realizado com os produtos que constituíram o objecto do acordo, da decisão ou da prática contrários às disposições do presente artigo; todavia, se o objectivo do acordo, da decisão ou da prática consistir em restringir a produção, o desenvolvimento técnico ou os investimentos, aquele montante máximo pode ser aumentado até 10% do volume de negócios anual das empresas em causa, no que respeita às multas, e até 20% do volume de negócios diário, no que respeita às adstrições" (art. 65.º, n.º 5).

Oxford University Press, 2003, pp. 108 e ss.; e Massimo Mota, *Competition Policy: theory and practice*, Cambridge: Cambridge University Press, 2004, pp. 13 e ss.

219 De acordo com os considerandos iniciais do Tratado, só através da cooperação económica efetiva dentro da Europa se conseguiria manter a paz mundial.

220 Vejam-se os artigos 5.º, 60.º e, em especial, 65.º, 66.º e ss. do Tratado CECA, onde se estabelecem já princípios e regras relativas à concorrência.

221 A Alta Autoridade era, nos termos dos arts. 8.º e ss. do Tratado, o órgão *executivo* propriamente dito, cabendo-lhe representar a CECA e garantir que os objetivos traçados eram efetivamente cumpridos.

222 A tradução portuguesa usa as expressões *multas e adstrições* para significar as *fines and penalties* da versão inglesa. Muito embora a questão da natureza jurídica tanto de umas como de outras possa ser debatida, parece seguro que não quis o legislador, deliberadamente, atribuir caráter criminal às sanções em causa. Opção que, aliás, mantém até aos dias de hoje, agora no TFUE.

No art. 66.º, por sua vez, tratava-se da matéria respeitante às concentrações de empresas e ao abuso de posição dominante. Em relação à concentração de empresas estatuía-se o seguinte, no n.º 1 do preceito: "[s]em prejuízo do disposto no n.º 3, fica sujeita a autorização prévia da Alta Autoridade qualquer operação que, nos territórios referidos no primeiro parágrafo do artigo 79.º, e em consequência da ação de uma pessoa ou empresa, de um grupo de pessoas ou grupo de empresas, tenha em si própria por efeito direto ou indireto uma concentração de empresas, das quais pelo menos uma esteja sujeita à aplicação do artigo 80.º, quer a operação se refira a um produto ou a vários produtos, quer ela se efetue por fusão, aquisição de ações ou elementos do ativo, empréstimo, contrato ou qualquer outro meio de controlo. Para aplicação destas disposições, a Alta Autoridade definirá, em regulamentação adoptada após consulta do Conselho, os elementos que constituem o controlo de uma empresa". A Alta Autoridade, por sua vez, concederia uma tal autorização se a operação em causa não ocasionasse, para nenhuma das partes, o poder para determinar os preços, controlar ou restringir a produção ou a distribuição, impedir a concorrência efetiva numa parte importante do mercado dos referidos produtos, ou subtrair-se às regras de concorrência resultantes da aplicação do Tratado (n.º 2 do art. 66.º)[223].

A referência ao abuso de posição dominante, por sua vez, constava do n.º 7 do preceito, permitindo à Alta Autoridade que dirigisse recomendações às empresas que, no seu entendimento, tivessem ou adquirissem uma posição dominante que lhes permitisse escapar à concorrência efetiva numa parte significativa do mercado comum e usassem uma tal condição para fins contrários ao Tratado. Se as empresas em causa não cumprissem as recomendações, a Alta Autoridade podia fixar diretamente os preços ou as condições de venda a praticar ou estabelecer programas de produção ou entrega.

1.2. O Tratado de Roma e a implementação do mercado comum

Com a criação, em 1957, da Comunidade Económica Europeia, os alicerces do mercado comum testados seis anos antes[224] alargam-se a um conjunto muito

[223] A matéria relativa às concentrações de empresas e ao seu controlo não encontrou lugar, todavia, no Tratado de Roma, só muito mais tarde vindo a fazer parte da regulamentação da UE (através do regulamento de concentrações de 1989). Cf. *infra* pp. 134 e ss.

[224] Testados mais em termos legislativos do que propriamente práticos, pois que o curto período que mediou entre a aprovação do Tratado CECA e a do Tratado CEE não permitiu que se houvesse já operacionalizado o modelo, aplicando-o a um grande número de casos. Na verdade, durante tal período não foi proibida nenhuma concentração e as demais previsões tiveram uma utilização

mais vasto de atividades, deixando de estar circunscritos ao mercado do carvão e do aço. Para a criação desse espaço económico comum, um dos pressupostos fundamentais (se não mesmo o fundamental) era, naturalmente, a abolição tendencial das restrições ao comércio entre os diversos Estados Membros.

Não causa estranheza, por isso, que a política da concorrência tenha sido um dos instrumentos fundamentais para a construção do mercado comum, desempenhando simultaneamente um papel muito mais vasto e igualmente fulcral na configuração dos regimes legais dos diversos Estados Membros, através da aproximação ao modelo institucional europeu. Papel esse que, se começou importante, não perdeu nunca centralidade, tornando-se num dos mais desenvolvidos campos de atuação da UE.

O Tratado CEE definia, então, como missão da Comunidade, a promoção de um desenvolvimento harmonioso das atividades económicas no seio da Comunidade, de uma expansão económica contínua e equilibrada, de um maior grau de estabilidade, de um aumento acelerado do nível de vida e relações estreitas entre os Estados que a integram, devendo para tal utilizar-se um meio específico: o estabelecimento de um mercado comum e a aproximação progressiva das políticas económicas dos Estados Membros (art. 2.º). Para atingir estes fins, o Tratado disciplinava um conjunto de campos de atuação (desde a eliminação das barreiras aduaneiras internas à abolição dos obstáculos à livre circulação de pessoas, serviços e capitais, passando pela adoção de uma política agrícola comum ou pela instituição de um Fundo Social Europeu, entre outros), entre os quais podíamos encontrar, na alínea f) do art. 3.º, o "estabelecimento de um regime que garanta que a concorrência não seja falseada no mercado comum".

É importante sublinhar, contudo, que, tal como alerta Goyder, as regras da concorrência que viriam a constar do Tratado alcançavam igualmente um outro objetivo que havia sido muito discutido durante a preparação daquele texto e fora considerado fundamental: a não discriminação em função da nacionalidade[225]. As regras relativas à concorrência tinham, pois, também como escopo a eliminação no sistema económico de qualquer desigualdade

muito limitada, que, como nos diz David J. Gerber, *Law and Competition in Twentieth Century Europe: Protecting Prometheus*, Oxford: Clarendon Press, 1998, pp. 341-342, se centrou sobretudo nas empresas alemãs de venda de carvão.

[225] D. G. Goyder, *EC Competition Law*, 4.ª ed., Oxford: Oxford University Press, 2003, p. 25. Como explica também Massimo Mota, *Competition Policy: theory and practice*, Cambridge: Cambridge University Press, 2004, p. 14, é na verdade esta a razão que explica a posição particularmente forte que a Comissão Europeia sempre manteve em relação à discriminação de preços entre países – tantas vezes secundada pelo Tribunal de Justiça.

deste tipo, muito embora o âmbito deste princípio fosse naturalmente muito para além da matéria concorrencial.

Esta política da concorrência, assim definida como prioridade do arquétipo europeu, era depois desenvolvida nos arts. 85.º e ss. do Tratado, paradigmaticamente colocada em primeiro lugar na parte III[226] do título I, destinada a tratar das políticas da Comunidade. O primeiro desses preceitos repristinava em grande medida o que estava estabelecido no referido art. 65.º do Tratado CECA, começando por fazer uma proibição genérica dos acordos que pudessem afetar o comércio entre Estados Membros e tivessem por objetivo ou efeito impedir, restringir ou distorcer a concorrência dentro do mercado comum (art. 85.º, n.º 1).

Tais acordos seriam consequentemente nulos, nos termos do n.º 2 do preceito. Para melhor densificar o tipo de pacto em causa, o legislador optou por deixar um elenco exemplificativo quanto às espécies de ações em causa: fixar preços ou outras condições; limitar ou controlar a produção, a distribuição, o desenvolvimento técnico ou o investimento; repartir mercados ou fontes de abastecimento; aplicar condições desiguais face a condições equivalentes a distintos parceiros comerciais; subordinar a celebração de contratos à aceitação de prestações suplementares sem ligação com o objeto do contrato[227].

A esta interdição de princípio sucedia, porém, por força do n.º 3 do preceito, a possibilidade de isenção se o acordo ou prática concertada em causa contribuísse para melhorar a produção ou a distribuição dos produtos ou para promover o progresso técnico ou económico, contanto que aos utilizadores se reservasse uma parte equitativa do lucro daí resultante (condição de sentido positivo) e que não se impusesse às empresas em causa quaisquer restrições que não fossem indispensáveis à consecução desses objetivos, nem lhes dessem

[226] Aí se estabelece, sucessivamente, o regime referente à concorrência, às disposições fiscais e à aproximação de legislações.

[227] O art. 85.º, n.º 1, estabelecia o seguinte: "[s]ão incompatíveis com o mercado comum e proibidos todos os acordos entre empresas, todas as decisões de associações de empresas e todas as práticas concertadas que sejam susceptíves de afectar o comércio entre Estados-membros e que tenham por objectivo ou efeito impedir, restringir ou falsear a concorrência no mercado comum, designadamente os que consistam em: a) fixar, de forma directa ou indirecta, os preços de compra ou de venda, ou quaisquer outras condições de transacção; b) limitar ou controlar a produção, a distribuição, o desenvolvimento técnico ou os investimentos; c) repartir os mercados ou as fontes de abastecimento; d) aplicar, relativamente a parceiros comerciais, condições desiguais no caso de prestações equivalentes, colocando-os, por esse facto, em desvantagem na concorrência; e) subordinar a celebração de contratos à aceitação, por parte dos outros contraentes, de prestações suplementares que, pela sua natureza ou de acordo com os usos comerciais, não têm ligação com o objecto desses contratos".

a possibilidade de eliminar a concorrência relativamente a uma parte substancial dos produtos em causa (condições de sentido negativo).

O artigo 86.º, por sua vez, proibia o abuso de posição dominante (uma vez que, como dissemos já, o Tratado de Roma não introduziu a questão referente ao controlo de concentrações, que constava do Tratado de Paris), mas agora em termos um pouco mais desenvolvidos do que o seu predecessor do Tratado CECA. A norma compreendia agora um conjunto, não taxativo, de exemplos de práticas abusivas, de modo a facilitar a interpretação e aplicação da norma: "[é] incompatível com o mercado comum e proibido, na medida em que tal seja susceptível de afectar o comércio entre os Estados-membros, o facto de uma ou mais empresas explorarem de forma abusiva uma posição dominante no mercado comum ou numa parte substancial deste. Estas práticas abusivas podem, nomeadamente, consistir em: a) impor, de forma directa ou indirecta, preços de compra ou de venda ou outras condições de transacção não equitativas; b) limitar a produção, a distribuição ou o desenvolvimento técnico em prejuízo dos consumidores; c) aplicar, relativamente a parceiros comerciais, condições desiguais no caso de prestações equivalentes, colocando-os, por esse facto, em desvantagem na concorrência; e) subordinar a celebração de contratos à aceitação, por parte dos outros contraentes, de prestações suplementares que, pela sua natureza ou de acordo com os usos comerciais, não têm ligação com o objecto desses contratos"[228]. No caso de abuso de posição dominante de mercado, o Tratado não previu isenções ou exceções.

Um e outro preceito não deixaram de constituir uma aproximação aos problemas em causa, não os aprofundando[229] para lá da sua enunciação e fornecendo apenas os parâmetros essenciais para o seu desenvolvimento e densificação a fazer através da respetiva aplicação prática[230]. Tanto mais que o Tratado não estabeleceu como deveriam tais regras ser aplicadas, nem forneceu um quadro institucional próprio para o desenvolvimento da concorrência, deixando essa tarefa ao cuidado dos Estados Membros e das instituições da Comunidade.

[228] Como se vê, os exemplos modelo são muito próximos dos utilizados no n.º 1 do art. 85.º

[229] O que, como veremos *infra*, foi depois feito nas versões seguintes do Tratado.

[230] Sustentando que esses preceitos tinham, nesse sentido, uma função «constitucional», na medida em que tinha de ser-lhes dado conteúdo através da aplicação a casos concretos, cf. DAVID J. GERBER, *Law and Competition in Twentieth Century Europe: Protecting Prometheus*, Oxford: Clarendon Press, 1998, p. 345.

1.3. A regulamentação das disposições do Tratado e o regulamento (CEE) n.º 17/62

Consciente, contudo, da necessidade de estabelecimento de um tal quadro institucional operatório para a colocação em marcha das regras relativas à concorrência, o legislador comunitário previu, no art. 87.º do Tratado, a adoção pelo Conselho de todos os regulamentos ou diretivas necessários à aplicação dos princípios enunciados nos referidos arts. 85.º e 86.º Tais medidas deveriam ser levadas a cabo no prazo de três anos sobre a entrada em vigor do Tratado, deliberando o Conselho por unanimidade, sob proposta da Comissão e após consulta da Assembleia. Até à entrada em vigor de tais instrumentos, estabelecia-se que seriam as autoridades nacionais a zelar pelo cumprimento das regras de concorrência, tendo em conta quer as suas disposições internas, quer as normas do Tratado (art. 88.º), fixando-se já, todavia, a cooperação entre aquelas autoridades e a Comissão, com competência para velar pela aplicação das regras em causa e instruir mesmo[231] os casos de presumíveis infrações (art. 89.º).

Em 1962, o Conselho deu cumprimento à referida disposição do Tratado e aprovou o regulamento (CEE) n.º 17/62, de 6 de fevereiro[232]. Este regulamento, como primeiro esforço de disciplina da execução das regras comunitárias relativas à liberdade de concorrência, assumiu um formato fortemente centralizador, que acabaria por se mostrar também dispendioso e tendencialmente ineficiente.

Na verdade, a Comissão assume, através deste instrumento, o papel nuclear do sistema jurídico comunitário de proteção da concorrência[233]. Cabe-lhe, desde logo, o poder de assegurar e vigiar o cumprimento dos arts. 85.º e 86.º

[231] De acordo com a segunda parte do n.º 1 do art. 89.º, "[a] pedido de um Estado-membro, ou oficiosamente, e em cooperação com as autoridades competentes dos Estados-membros, que lhe prestarão assistência, a Comissão instruirá os casos de presumível infracção a estes princípios. Se a Comissão verificar que houve infracção, proporá os meios adequados para se lhe pôr termo".

[232] JO n.º 13 de 21.02.1962. Para uma análise deste regulamento e do modo como enformou toda a compreensão da política europeia da concorrência – quer nos seus aspetos positivos, quer naquilo que, quarenta anos depois, foi preciso alterar – cf. Serafim Pedro Madeira Froufe, *A Reforma do Direito Comunitário da Concorrência: o sentido descentralizador e/ou re-centralizador do Regulamento (CE) n.º 1/2003 (dissertação de doutoramento)*, Braga: http://repositorium.sdum.uminho.pt/bitstream/1822/11261/1/TESE.pdf, 2009, p. 33 e ss.

[233] Na opinião de David J. Gerber, *Law and Competition in Twentieth Century Europe: Protecting Prometheus*, Oxford: Clarendon Press, 1998, p. 346 e ss., este poder foi *deixado* para a Comissão porque os Estados Membros, dada a sua falta de experiência interna com leis de concorrência, julgaram que este regime desempenharia igualmente um papel residual no seio da Comunidade.

do Tratado, agindo contra as empresas que o não façam. Mas, mais importante ainda, a Comissão fica com competência exclusiva, nos termos dos arts. 6.º e 9.º, n.º 1, do regulamento, para conceder isenções ao abrigo do n.º 3 do art. 85.º[234], permitindo o acordo ou a prática concertada.

Por outro lado, nos termos do n.º 3 do art. 9.º do regulamento, as autoridades nacionais dos Estados Membros poderiam continuar a aplicar as normas protetoras da concorrência, mas apenas enquanto a Comissão não desse início a um processo. Quando isso sucedesse, esta avocava a competência, cabendo-lhe, a partir daí, apenas a si a instrução do processo e posteriores trâmites destinados a garantir a execução das regras comunitárias existentes. Esta centralização de poderes e competências na Comissão afastava propositadamente os Estados Membros e a sua margem de atuação em termos de implementação da política de concorrência da CEE, pretendendo garantir que este objetivo fundamental para atingir o mercado comum não seria prejudicado pelas formas nacionais (pouco efetivas na generalidade dos países) de lidar com a matéria da concorrência.

Para reforçar este «monopólio», foi ainda criado um procedimento de notificação, que viria a transformar-se na pedra basilar de todo o modelo comunitário. De acordo com o n.º 1 do art. 4.º do regulamento, os acordos entre empresas que fossem suscetíveis de violar a proibição contida no art. 85.º do Tratado tinham de ser notificados à Comissão. Ora, a possibilidade de isenção prevista naquele preceito passou a depender desta notificação, o que conduziu a que a generalidade dos grandes acordos e concertações fossem efetivamente comunicados à Comissão – que detinha o poder, que rapidamente se tornou central: o de decidir o que fazer acerca dos acordos notificados[235].

Este alargado conjunto de competências atribuído à Comissão repercutiu-se, naturalmente, num elevado nível de autonomia decisória por parte da Direção Geral da Concorrência, a DG IV, bem como em extensos poderes de investigação e aplicação. A Comissão podia, ao abrigo do art. 14.º do regulamento n.º 17/62, entrar nas instalações das empresas, examinar e copiar livros, contas e outros documentos, e inquirir os presentes. Tudo isto resultava, ou

O Conselho não viu por isso qualquer escolho em atribuir à Comissão o papel central no desenvolvimento da política da concorrência.

[234] Para uma síntese a respeito dos poderes atribuídos à Comissão pelo regulamento (CEE) n.º 17/62, cf. Miguel Gorjão-Henriques, "O Direito Comunitário, a Concorrência e a «Distribuição Seletiva»: Enquadramento e Novos Desafios", *Direito Industrial*, III, 2003, pp. 149-200.

[235] Para uma reflexão acerca deste poder, David J. Gerber, *Law and Competition in Twentieth Century Europe: Protecting Prometheus*, Oxford: Clarendon Press, 1998, p. 350.

podia resultar, na aplicação de uma coima de até 10% do volume de negócios por cada empresa envolvida no acordo[236].

Face ao grande número de notificações que inundaram a Comissão, o Conselho veio estender ainda mais a autonomia da DG IV através do regulamento n.º 19/65, de 2 de março[237], atribuindo-lhe poderes de natureza legislativa. Nos termos desse instrumento, a Comissão passa a poder conceder isenções a categorias de acordos (no âmbito do n.º 3 do art. 85.º do Tratado), desde que respeitados os parâmetros exigidos pelo Conselho[238].

A Comissão adquiria, assim, um papel sem precedentes, tornando-se polícia, procurador e juiz em matéria de concorrência[239], apenas controlada exteriormente pela possibilidade de recurso para o Tribunal de Justiça da União Europeia (hoje apenas Tribunal de Justiça[240]).

236 Como explica FRANK MONTAG, "The Case for a Reform of Regulation 17/62: Problems and Possible Solutions from a Practicioner's Point of View", *Fordham International Law Journal*, 22, 1998, pp. 822 e ss., os poderes concedidos à Comissão começaram a gerar muito debate, sobretudo no aspeto respeitante aos direitos de defesa das empresas sumbetidas aos processos de investigação e posterior aplicação de coima. Debruçar-nos-emos sobre este problema na Parte II do trabalho (cf. *infra* pp. 238 e ss.).

237 JO n.º 36 de 06.03.1965. Para compreender o surgimento desta isenção por categoria, cf. D. G. GOYDER, *EC Competiiton Law*, 2.ªed., Oxford: Clarendon Press, 1993, p. 56 e ss., onde o Autor analisa as circunstâncias que resultaram na aprovação do regulamento n.º 19/65.

238 O art. 1.º do referido regulamento estabelece: "[s]em prejuízo da aplicação do regulamento n.º 17 do Conselho, a Comissão pode declarar, por meio de regulamento e nos termos do n.º 3 do artigo 85.º do Tratado, que o n.º 1 do artigo 85.º não é aplicável a categorias de acordos nos quais participem apenas duas empresas e a) Pelos quais uma delas se obrigue perante a outra a fornecer determinados produtos apenas a esta, para fins de revenda, numa parte definida do território do mercado comum, ou – pelos quais uma delas se obrigue perante a outra a comprar determinados produtos apenas a esta, para fins de revenda, ou – pelos quais duas empresas assumam entre si obrigações exclusivas de fornecimento e de compra referidas nos dois parágrafos anteriores, para fins de revenda, b) Que contenham restrições impostas em relação com a aquisição ou utilização de direitos de propriedade industrial – nomeadamente patentes, modelos de utilidade, desenhos e modelos ou marcas – ou com os direitos resultantes de contratos que impliquem a cessão ou concessão do direito de usar processos de fabrico ou conhecimentos relacionados com a utilização e a aplicação de técnicas industriais".

239 Chamando a atenção para esta caraterística do modelo europeu, MIGUEL GORJÃO-HENRIQUES, "O Direito Comunitário, a Concorrência e a «Distribuição Seletiva»: Enquadramento e Novos Desafios", *Direito Industrial*, III, 2003, p. 162; e CHRISTOPHER HARDING, *European Community Investigations and Sanctions: The Supranational Control of Business Delinquency*, Leicester: Leicester University Press, 1993, p. 12.

240 Com o Tratado de Lisboa, adotado em 2009, o sistema jurisdicional da União Europeia foi alterado, passando agora a ser composto pelo Tribunal de Justiça, pelo Tribunal Geral (antigo Tribunal de Primeira Instância) e pelos tribunais especializados (anteriormente designados de câmaras jurisdicionais).

1.4. O papel do Tribunal de Justiça

No desenho daquilo que viria a ser a conformação da União, o Tribunal de Justiça assumiu, desde cedo, um papel de destaque, apresentando-se como verdadeiro motor da integração europeia[241]. Tendo a concorrência uma importância decisiva na criação desse espaço económico comum e atentas as especiais circunstâncias que se geraram em torno desta política, com a sua quase total centralização numa instituição comunitária[242], O TJ aproveitou este ramo do direito comunitário para aprofundar a integração. Ao interpretar, aplicar e desenvolver as regras relativas à concorrência, o Tribunal estava igualmente a definir e consolidar o seu papel dentro das instâncias comunitárias.

Os primeiros casos significativos a respeito de matéria concorrencial começaram a chegar ao TJ em meados dos anos sessenta – exatamente quando alguns atores europeus colocavam em causa o processo de integração[243] –, permitindo-lhe a construção paulatina de uma jurisprudência reconhecida e assumidamente favorável à integração. Papel tão mais importante quanto, face à estrutura sistémica da política da concorrência da Comunidade que acabámos de descrever, o Tribunal de Justiça surgia como único órgão capaz de exercer algum tipo de controlo sobre a atividade da Comissão[244].

[241] Cf. David J. Gerber, *Law and Competition in Twentieth Century Europe: Protecting Prometheus*, Oxford: Clarendon Press, 1998, pp. 351 e ss., onde o Autor analisa a importância do Tribunal de Justiça na criação e a formação de um direito comunitário da concorrência.

[242] A respeito da relação entre as autoridades nacionais e a Comissão, ver Luis Ortiz Blanco, *European Community Competition Procedure*, Oxford: Oxford University Press, 2006, pp. 101 e ss.; Peter R. Willis, "Competition investigations: A comparison of the powers of the European Comissim and the UK authorities", in *Competition Law Sactioning in the European Union: The EU-Law Influence on the National Law System of Sanctions in the European Area*, The Hague: Kluwer Law International, 2004, pp. 133-164; Silke Hossenfelder, "Reform of European Competition Law: Changes in the cooperartion between competition authorities and the effects on the sactioning system", in *Competition Law Sanctioning in the European Union: The EU-Law Influence on the National Law System of Sanctions in the European Area*, The Hague: Kluwer Law International, 2004, pp. 165-176; e Miguel Moura e Silva, "Descentralização da Aplicação do Direito Comunitário da Concorrência - Uma Visão Pessoal", *Revista Jurídica da AAFDL*, 24, 2001, pp. 190 e ss.

[243] Cf. David J. Gerber, *Law and Competition in Twentieth Century Europe: Protecting Prometheus*, Oxford: Clarendon Press, 1998, p. 352, chamando a atenção para a resistência à europeização do General De Gaulle e correspondente impasse no movimento de integração.

[244] Quanto ao controlo exercido pelo TJ sobre a atividade da Comissão em matéria concorrencial, cf. Heike Schweitzer, "The European Competition Law Enforcement System and the Evolution of Judicial Review", in *European Competition Law Annual 2009: Evaluation of Evidence and its Judicial Review in Competition Cases*, Oxford: Hart Publishing, 2010, maxime pp. 9 e ss.

O primeiro caso de relevo a este propósito ficou conhecido como o *caso Grundig*[245], decidido pela Comissão em 1964 e levado perante o TJ. Resumidamente, a empresa alemã *Grundig* havia nomeado a empresa *Consten* como seu único distribuidor em França (e não só), quanto a um conjunto de produtos que incluíam aparelhos de televisão e *wireless*, gravadores e máquinas de ditar. Nesse acordo a *Consten* assumiu as obrigações de fazer encomendas mínimas, de montar uma oficina de reparações com o adequado número de peças de substituição e de assegurar um efetivo serviço de garantia pós-venda, e comprometeu-se a não vender bens concorrentes com os da gama *Grundig*, bem como a não fazer entregas noutros territórios. A *Grundig* assegurava, por seu turno, que restrições idênticas haviam sido impostas aos seus distribuidores nos outros países[246].

Uma empresa francesa concorrente da *Consten*, a *UNEF*, conseguiu, todavia, colocar-se em condições de comprar os aparelhos *Grundig* na Alemanha e vendê-los aos retalhistas franceses a preços mais favoráveis do que os praticados pela *Consten*. Esta acabou por mover um processo contra a *UNEF* junto dos tribunais franceses, por concorrência desleal e violação de marca registada, e a *UNEF* apresentou na Comissão Europeia uma queixa. Feita a correspondente averiguação, a Comissão declarou, em 23 de setembro de 1964, que o acordo entre a *Grundig* e a *Consten* violava o n.º 1 do art. 85.º do Tratado, considerando-o nulo e inaplicável.

Chamado a pronunciar-se sobre este caso em sede de recurso, o TJ manteve, em grande medida, a decisão da Comissão, apenas com duas notas discordantes, inaugurando, assim, a sedimentação jurisprudencial das regras respeitantes à concorrência – sempre em vista da finalidade de integração no espaço europeu. Por um lado, o Tribunal discordou da posição tomada pela Comissão no sentido de a exclusividade num sistema de distribuição bastar para criar barreiras artificiais ao mercado comum entre os Estados Membros, considerando que um tal entendimento não estava justificado e se apresentava como precipitado e demasiado abrangente. Por outro, julgou igualmente incorreta a decisão da Comissão de considerar todo o acordo

[245] Caso *Consten e Grundig c. Comissão*, que havia de ser julgado pelo TJ através do acórdão de 13 de julho de 1966 (proc. 56/64).

[246] Com base nestas condições, a *Grundig* autorizou a *Consten* a registar sob o seu nome em França a marca GINT, que era utilizada em todos os aparelhos *Grundig*, incluindo aqueles que eram vendidos no mercado interno alemão. Se a *Consten* deixasse de representar a empresa alemã, a marca em causa teria de ser transferida para a *Grundig*. Para uma análise deste caso e das suas repercussões no direito da concorrência europeu, cf. D. G. Goyder, *EC Competiiton Law*, 4.ª ed., Oxford: Clarendon Press, 2003, pp. 52 e ss.

nulo, sustentando que a nulidade decorrente do n.º 1 do art. 85.º diz apenas respeito àquelas cláusulas do pacto que sejam restritivas da concorrência, mantendo-se a plena vigência das demais[247].

Em tudo o mais, o TJ apoiou a decisão da Comissão, acabando por influenciar, em larga medida, quer as futuras decisões a respeito de práticas restritivas, quer o desenho da própria política europeia da concorrência. Desde logo, ao debruçar-se sobre o que deve entender-se por "afetar o comércio", nos termos do n.º 1 do art. 85.º do Tratado, o TJ estabeleceu que a Comissão deveria analisar, em cada caso, se o acordo era apto a pôr em perigo, direta ou indiretamente, efetiva ou potencialmente, a liberdade de comércio entre Estados Membros, num sentido que possa prejudicar a realização do mercado comum e integrado entre os Estados[248].

O Tribunal recomendou, igualmente, à Comissão que nas suas decisões tivesse em consideração a totalidade do sistema posto em prática com o objetivo de garantir a proteção territorial absoluta a uma determinada empresa, no caso, através da proteção nacional conferida à marca. Como vincou o TJ, a proteção nacional associada ao direito das marcas, à concorrência desleal ou aos direitos de propriedade intelectual não pode ser usada para esvaziar a efetividade das normas da Comunidade.

Este foi o primeiro processo relativo à implementação das normas protetoras da concorrência que o TJ decidiu, mas franqueou decisivamente as

[247] Considerou o Tribunal que a "nulidade prevista no artigo 85°, n.º 2, aplica-se aos elementos do acordo atingidos pela proibição, ou ao acordo no seu todo se esses elementos não forem separáveis do próprio acordo. Portanto, competia à Comissão, ou limitar-se, no dispositivo da decisão recorrida, a declarar a infracção apenas relativamente aos elementos do acordo atingidos pela proibição, ou precisar nos fundamentos as razões pelas quais esses elementos não lhe parecem ser separáveis do conjunto do acordo" (http://eur-lex.europa.eu/legal-content/PT/TXT/PDF/?uri=CELEX:61964CJ0056&from=EN).

[248] De acordo com o texto em português do acórdão: "[c]om efeito, é na medida em que o acordo possa afectar o comércio entre os Estados-membros que a alteração da concorrência por este provocada se inclui no âmbito de aplicação das proibições de direito comunitário do artigo 85°, enquanto no caso contrário estas não se lhe aplicam. A esse propósito, importa designadamente saber se o acordo é susceptível de pôr em causa, directa ou indirectamente, actual ou potencialmente, a liberdade do comércio entre os Estados-membros, num sentido que possa prejudicar a realização dos objectivos de um mercado único entre Estados. Assim, a circunstância de um acordo favorecer um aumento, ainda que considerável, do volume do comércio entre os Estados não basta para excluir que esse acordo possa «afectar» o comércio, no sentido acima precisado. No caso em apreço, o contrato entre a Grundig e a Consten, ao impedir outras empresas além da Consten de importar para a França os produtos Grundig, por um lado, e ao proibir a Consten de exportar esses produtos para outros países do mercado comum, por outro, afecta incontestavelmente o comércio entre os Estados-membros" (*ult. loc. cit.*).

portas quer a uma atuação interventiva e programática da Comissão, quer ao desenvolvimento de uma jurisprudência decisiva do próprio Tribunal nesta matéria, que a partir daí se multiplicou.

2. As quatro décadas de vigência do regulamento n.º 17/62 e os ventos de mudança

2.1. Da criação à consolidação das normas concorrenciais comunitárias

Muito embora a Comunidade Económica Europeia tenha atravessado anos de muito profundo desenvolvimento durante as três últimas décadas do século passado, o respetivo direito da concorrência desenvolveu-se à luz dos preceitos que acabámos perfunctoriamente de analisar. A sucessão de Tratados[249], com as alterações e novas previsões que estes foram adotando, não introduziu modificações nos arts. 85.º e 86.º do Tratado, que foram apenas renumerados com o Tratado de Amesterdão, passando a corresponder aos arts. 81.º e 82.º Do mesmo modo, a regulamentação correspondente (o referido regulamento n.º 17/62) permaneceu inalterada, apesar das muitas críticas que se foram fazendo ouvir e do desfasamento que o tempo lhe foi impondo face à realidade velozmente mutável dentro do panorama europeu.

O caminho de sedimentação das normas comunitárias em sede concorrencial fez-se, primeiro (até meados dos anos oitenta), de modo lento, com a Comissão a buscar alicerces sólidos onde pudesse estribar as suas decisões e, depois, em ritmo mais acelerado, mas também mais sujeito a mudanças. Em matéria de controlo de cartéis, por exemplo, as experiências iniciais de aplicação das regras comunitárias sucederam no final da década de sessenta e estiveram relacionadas com a atividade cimenteira do norte da Europa, que de há muito se envolvia em práticas concertadas relativas à produção e venda de cimento. O primeiro caso esteve relacionado com o cartel internacional fundando sob o *Noordwijks Cement Accoord*, que fora celebrado em 1956 entre setenta e quatro empresas da Alemanha, da Bélgica e da Holanda, e assentava numa repartição de mercado com o uso de quotas e correspondente acordo de fixação de preços[250].

[249] Tratado de Fusão, Bruxelas, 1965; Ato Único Europeu, 1986/1987; Tratado de Maastricht, 1992; Tratado de Amesterdão, 1997.

[250] Caso *Cimenteries e outros* c. *Comissão* (caso 8-11/66), com acórdão de 15 de março de 1967.

O acordo foi notificado à Comissão em 1962, através do mecanismo criado pelo regulamento (CEE) n.º 17/62, a que já fizemos referência, tendo-se seguido uma relativamente longa troca de comunicações entre a Comissão e as empresas participantes no acordo e acabando a Comissão, em comunicação de janeiro de 1966, por considerar que o pacto em causa violava o n.º 1 do art. 85.º, devendo ser imediatamente revogado, sob pena de aplicação das coimas respetivas (de que até aí tinham as partes estado isentas ao abrigo do regime de notificação). A questão foi levada ao Tribunal de Justiça, acabando por ser afastada a decisão da Comissão com base na falta de fundamentação adequada, não chegando sequer a discutir-se o problema material da existência do cartel – que, em boa verdade, nunca fora contestado, parecendo ser aceite por ambas as partes.

Muito embora o acórdão tenha passado ao lado da questão substantiva ínsita no art. 85.º do Tratado, a verdade é que nasceram aqui um conjunto de preocupações e avisos que depois foram muitas vezes revisitados pelo Tribunal: a necessidade de respeito pelas regras processuais (o *due process*) na aplicação destas normas de natureza repressiva, nomeadamente no que tange com os direitos de defesa[251]. Efetivamente, de entre as muitas críticas que se foram ouvindo, à medida que a Comissão desenvolvia e aprofundava a sua atividade de interpretação e aplicação das regras da concorrência, uma das mais repetidas – e que, aqui, nos interessa em particular – esteve sempre relacionada com os poderes que aquela detinha para perseguir as infrações em causa e aplicar as correspondentes coimas[252].

[251] Para uma análise deste período da atividade da Comissão em sede de controlo de cartelização, cf. Christopher Harding e Julian Joshua, *Regulating Cartels in Europe. A Study of Legal Control of Corporate Delinquency*, Oxford: Oxford University Press, 2003, pp. 113 e ss., com específica análise do caso em questão.

[252] Chamando a atenção para este problema, sublinhando quer a falta de aplicação de princípios básicos como o *in dubio pro reo*, quer a ausência de garantias processuais como o direito de audição ou o direito de acesso ao processo, Frank Montag, "The Case for a Reform of Regulation 17/62: Problems and Possible Solutions from a Practicioner's Point of View", *Fordham International Law Journal*, 22, 1998, pp. 822 e ss. O Autor sublinha as dificuldades sentidas pelas empresas no exercício dos seus direitos de defesa, nomeadamente na apresentação das respetivas alegações orais ou escritas, que raramente encontravam eco nas decisões da Comissão, encontrando como justificação central para tal facto a circunstância de ser a mesma entidade a fazer a investigação e tomar a decisão: "*It appears that the fundamental reason for this problem may be the fact that the Commission officials handling infringement cases function both as investigators and as those responsible for drafting the final decision. Being responsible for the case from the beginning of the investigation until the drafting of the final decision imposing fines would appear to make any Commission official less open to the defenses put forth by the undertakings. As a result, the burden of proof in the administrative proceeding is practically reversed*".

A concentração de poderes na mão da Comissão, aliada à sua interpretação muito lata do que fossem práticas restritivas da concorrência[253], rapidamente conduziu a que as empresas sujeitas a estas normas se sentissem asfixiadas pela sua aplicação e a que os Estados Membros começassem a demandar alguma partilha do poder de decisão. Tanto mais que, de acordo com o sistema de notificação criado pelo regulamento n.º 17/62, as empresas se viam forçadas a notificar todos os seus acordos, pois que só a Comissão podia declarar o pacto isento da proibição do n.º 1 do art. 85.º e da respetiva sanção.

Assim, ao incremento da intervenção da Comissão em sede de controlo de práticas restritivas de comércio (fossem acordos horizontais, verticais ou abusos de posição dominante) correspondeu simultaneamente um acréscimo da oposição feita a tal atividade, sobretudo por empresas de grandes dimensões e recursos significativos, o que naturalmente conduziu a uma quase permanente discussão jurisdicional do problema. E dada a importância crescente que o tema foi adquirindo para os diversos intervenientes (empresas, Comissão, TJ), não é de estranhar que se tenha multiplicado igualmente a reflexão teórico-dogmática sobre o problema.

2.2. Os anos noventa e o processo de reformulação da política da concorrência da CE

Mas se o coro de vozes críticas a respeito da política europeia da concorrência se ia avolumando, a verdade é que ele apenas encontrou eco em atos concretos a partir de meados dos anos noventa, quando se começaram a notar sinais de haver uma vontade de transformação daquela política, adequando-a a uma nova realidade. De facto, quarenta anos volvidos sobre a fundação da Comunidade, o cenário europeu havia mudado profundamente, o mercado interno estava praticamente cumprido, os países (agora significativamente mais do que em 1957) reclamavam uma maior intervenção e autonomia nesta matéria.

[253] Facto que foi particularmente visível e significativo quanto aos acordos verticais, pois que quer a Comissão, quer o TJ assumiram desde cedo uma noção muito ampla de *restrição da concorrência*, para efeitos de aplicação do art. 85.º, n.º 1 (depois art. 81.º, n.º 1), abrangendo toda e qualquer limitação da liberdade económica das partes que produzisse efeito sobre terceiro, o que fazia cair sob a alçada do preceito potencialmente todos os acordos verticais. Uma tal conceção viria a ser considerada "demasiado formalista e asfixiante" pela própria Comissão, na *Comunicação sobre o seguimento do Livro Verde sobre as restrições verticais*, JO, C365, de 26 de novembro de 1998, p. 6. Cf., a propósito dos acordos verticais e da atuação da Comissão e do TJ em sede de práticas restritivas da concorrência, a reflexão de MIGUEL GORJÃO-HENRIQUES, "O Direito Comunitário, a Concorrência e a «Distribuição Seletiva»: Enquadramento e Novos Desafios", *Direito Industrial*, III, 2003, pp. 163 e ss.

A Comissão iniciou, então, em 1997, um longo processo de reformulação profunda do sistema europeu de proteção da concorrência, que, na verdade, se debruçou quase inteiramente sobre o art. 81.º do Tratado (antigo art. 85.º).

A este propósito devem ser realçados: *i)* o *Livro Verde sobre as restrições verticais*, de 22 de janeiro de 1997[254] – que fez o diagnóstico do estado de coisas quanto às restrições verticais, apontando um conjunto de razões internas e externas que justificavam a sua alteração, e propunha um conjunto de soluções; *ii)* a *Comunicação de Seguimento do Livro Verde*[255] – considerando as críticas que anteriormente apresentou, a Comissão fez aqui opções de base, aceitando os postulados da «Escola de Chicago» e adotando, assim, como critério relevante a afetação que do acordo resulta para a estrutura concorrencial do mercado (os *interbrand effects*) e o poder sobre o mercado que as empresas poderão passar a dispor, e assumindo também, pela primeira vez, uma posição «eficientista» do direito da concorrência, em detrimento do objetivo de integração do mercado[256]; *iii)* o *Livro Branco sobre a Modernização das regras de aplicação dos artigos 85.º e 86.º do Tratado CE*, de 28 de abril de 1999[257] – verdadeiro ponto de viragem na conceção da política de concorrência comunitária, o *Livro Branco* veio propor uma mudança radical quanto à aplicação do art. 85.º do Tratado, que deu depois origem à substituição do regulamento n.º 17/62 pelo regulamento n.º 1/2003, propondo, por um lado, o fim do monopólio da Comissão na aplicação do n.º 3 do art. 85.º e, por outro, a partilha de competências com as autoridades nacionais da concorrência; *iv)* as *Orientações sobre as Restrições Verticais*[258]; *v)* o regulamento n.º 1216/99, de 10 de junho[259] – que alterava o regulamento n.º 17/62, no sentido de alargar à generalidade dos acordos verticais a dispensa de notificação, prevista no art. 4.º; *vi)* o regulamento n.º 1215/99, de 10 de junho[260] – que, por sua vez, alterou o regulamento n.º 19/65[261], modificando as condições sob as quais a Comissão podia elaborar tais regulamentos de isenção categorial, de modo a abrir caminho para o regulamento n.º2790/99; e *vii)* o regulamento n.º 2790/99, de 22 de dezembro[262] – estabelecendo as regras

[254] COM (96) 721 final.

[255] JO, C365, de 26 de novembro de 1998, a que fizemos já referência *supra*.

[256] Acompanhamos Miguel Gorjão-Henriques, "O Direito Comunitário, a Concorrência e a «Distribuição Seletiva»: Enquadramento e Novos Desafios", *Direito Industrial*, III, 2003, p. 172.

[257] JO, C132, de 12 de maio de 1999, p. 1.

[258] Comunicação da Comissão, JO, C270, de 24 de setembro de 1999.

[259] JO, L148, de 15 de junho de 1999, p. 1.

[260] *Idem*.

[261] Como se referiu *supra*, este regulamento veio permitir à Comissão a criação de isenções por categoria para certo tipo de acordos, decisões de associações ou práticas concertadas.

[262] JO, L336, de 29 de dezembro de 1999, p. 21.

quanto à aplicação do n.º 3 do art. 81.º, este instrumento sintetizava as mais importantes transformações relativas ao regime das restrições verticais[263].

3. A modernização do direito europeu da concorrência e o regulamento (CE) n.º 1/2003

3.1. A nova realidade europeia e a necessidade de um outro paradigma

Muito embora encetado em 1997, o processo de reformulação do direito europeu da concorrência foi longo e moroso, culminando seis anos depois no regulamento (CE) n.º 1/2003 do Conselho, de 16 de dezembro de 2002. A lentidão do processo, se bem que não sendo estranha ao funcionamento dos mecanismos de decisão da Comunidade, foi neste caso especificamente justificada pela verdadeira revolução que se pretendeu introduzir na política e no direito comunitário da concorrência.

De facto, entre a aprovação do regulamento n.º 17/62 e os últimos anos do século passado profundas alterações se fizeram sentir dentro da Comunidade Europeia, modificando de forma acentuada as suas feições e repercutindo-se, necessariamente, num dos seus vetores fundamentais de integração: a concorrência. Na verdade, tal como a Comissão sublinha no *Livro Branco* a que fizemos já referência, a CE deparava-se, em 1999, com quinze Estados Membros, uma moeda e um mercado únicos, uma economia globalizada, um alargamento aos países da Europa central e oriental e ao Chipre[264].

[263] Para uma análise deste regulamento e das modificações que introduziu, cf. Miguel Gorjão-Henriques, "O Direito Comunitário, a Concorrência e a «Distribuição Seletiva»: Enquadramento e Novos Desafios", *Direito Industrial*, III, 2003, pp. 175 e ss.

[264] "Em 1999, esta política inscreve-se num mundo muito diferente daquele que conheceram os autores dos textos fundadores. Quinze Estados-Membros, uma moeda e um mercado únicos, uma economia globalizada, um alargamento aos países da Europa Central e Oriental e a Chipre, ninguém poderia prever esta situação em 1962. As alterações que ocorreram em matéria de concorrência são também notórias. A política criada pela Comissão abrange toda a gama das actividades económicas, enquanto as políticas nacionais de concorrência adoptadas por cada um dos Estados-Membros se vêm inserir no sistema comunitário. O facto de agora se dever modernizar esse sistema não vem diminuir em nada os seus méritos: criada *ex-nihilo*, a política de concorrência comunitária permite lançar as bases do mercado único e assegurar o dinamismo da economia europeia. A nova tarefa consiste em adaptar o sistema por forma a fazer face aos desafios dos anos vindouros" – *Livro Branco sobre a modernização das regras de aplicação dos artigos 85.º e 86.º do Tratado CE*, JO, C132, de 12 de maio de 1999, p. 6.

Tornava-se, pois, imperioso adaptar a política comunitária da concorrência – em particular, a política *antitrust* – a estas alterações profundas, pois que o modelo concebido quase quarenta anos antes já não apresentava virtualidades para responder às exigências de uma nova Europa, sobretudo polarizadas em torno de três grandes linhas: a união económica e monetária, o alargamento sensível do espaço europeu[265] e a mundialização da economia. Todas elas com reflexos sérios e potencialmente perigosos em termos de controlo dos acordos, decisões e práticas concertadas que, por isso, seria necessário acautelar através de um reajustamento da regulamentação em causa.

Tanto mais que o sistema até aí vigente era, como vimos, fortemente centralizador e centralizado na Comissão, o que, aliado ao modelo de notificação prévia criado pelo regulamento n.º 17/62, havia conduzido a um número elevadíssimo de notificações e correspondentes processos, a que aquela autoridade comunitária não conseguia dar resposta eficaz[266]. Com o alargamento a vinte e cinco Estados Membros, este estado de coisas iria, muito provavelmente, agravar-se de modo significativo, o que pretendia igualmente evitar-se.

Face a todos estes argumentos[267], impunha-se uma modificação profunda – uma verdadeira modernização – do direito comunitário (de defesa) da concorrência, que se começou a consubstanciar com o regulamento (CE) n.º 1/2003, mas que não se quedou por aí, antes abrangeu um leque muito mais amplo de instrumentos (o, chamado, *Pacote Modernização*[268]). Além, pois, da

[265] Partindo da importância crucial do alargamento da UE a vinte e cinco Estados Membros para a transformação da política da concorrência comunitária, Katalin J. Cseres, "The Impact of Regulation 1/2003 in the New Member States", *The Competition Law Review*, 6, 2010, pp. 145-82, analisa o movimento inverso: as repercussões que o novo regime concorrencial produziu sobre os regimes jurídicos e a aplicação prática das regras de direito da concorrência nos países que, nessa altura, aderiram à Comunidade Europeia.

[266] Apesar das várias soluções entretanto encontradas pela Comissão para dar resposta ao problema dos processo em atraso e que, em certa medida, conseguiram estabilizar o volume processual, como nos dá conta a própria no *Livro Branco*, *op. cit.*, p. 10.

[267] Estas razões foram cuidadosamente esmiuçadas pela Comissão no *Livro Branco*, que temos vindo a acompanhar.

[268] Para uma análise deste *Pacote Modernização* e, em particular, do que ele significou para a alteração do modelo comunitário de política e direito da concorrência iniciado pelo referido regulamento n.º 1/2003, que analisa em detalhe, cf. Serafim Pedro Madeira Froufe, *A Reforma do Direito Comunitário da Concorrência: o sentido descentralizador e/ou re-centralizador do Regulamento (CE) n.º 1/2003 (dissertação de doutoramento)*, Braga: http://repositorium.sdum.uminho.pt/bitstream/1822/11261/1/TESE.pdf, 2009, pp. 35 e ss. Ver, igualmente, Wouter P.J. Wils, *Principles of European Antitrust Enforcement*, Oxford and Portland, Oregon: Hart Publishing, 2005, pp. 1 e ss.; Imelda Maher, "Re-imagining the Story of European Competition Law", *Oxford Journal of Legal Studies*, 20, 2000, pp. 155-66; e "Introduction: Regulating Markets and Social Europe: New Governance in the

reformulação do regime relativo à execução das regras de concorrência estabelecidas nos arts. 81.º e 82.º do Tratado CE, este movimento incluiu também: o regulamento (CE) n.º 772/2004, de 27 de abril de 2004, relativo à aplicação do n.º 3 do art. 81.º do Tratado a certas categorias de "acordos de transferência de tecnologia"[269]; o regulamento (CE) n.º 773/2004, também de 27 de abril de 2004, relativo à instrução de processos pela Comissão para efeitos dos arts. 81.º e 82.º[270]; a comunicação da Comissão sobre a cooperação no âmbito da rede de autoridades de concorrência[271]; a comunicação da Comissão sobre a cooperação entre a Comissão e os Tribunais dos Estados Membros na aplicação dos arts. 81.º e 82.º do Tratado[272]; a comunicação da Comissão relativa ao tratamento das denúncia efetuadas a esta Instituição, nos termos dos arts. 81.º e 82.º[273]; a comunicação da Comissão sobre a orientação informal relacionada com questões novas relativas aos arts. 81.º e 82.º que surjam em casos individuais ("cartas de orientação")[274]; a comunicação da Comissão "Orientações sobre o conceito de afetação do comércio entre Estados Membros previsto nos arts, 81.º e 82.º do Tratado CE"[275]; a comunicação da Comissão "Orientações relativas à aplicação do n.º 3 do art. 81.º do Tratado CE"[276].

3.2. Principais caraterísticas do regulamento n.º 1/2003

Não cabendo no âmbito deste trabalho uma análise exaustiva do regulamento n.º 1/2003 (nem do *Pacote Modernização* no seu todo), não podemos deixar de assinalar aqui aquelas que são, porventura – assumindo o risco que vai inato em todas as delimitações –, as suas duas caraterísticas fundamentais: a descentralização para um nível nacional da aplicação dos arts. 81.º e 82.º do Tratado, por um lado; e uma certa «americanização»[277] do modelo comunitário de concorrência. Na verdade, se é certo que o conjunto de modificações

EU", *European Law Journal*, 15, 2009, pp. 155-59; e ANDREAS STEPHAN, "Editorial - Reforming EU Competition Law", *The Competition Law Review*, 6, 2010, pp. 139-43.

[269] JO L123, de 27 de abril de 2004, p. 11.

[270] JO L123, de 27 de abril de 2004, p. 18.

[271] JO C101, de 27 de abril de 2004, p. 43.

[272] JO C101, de 27 de abril de 2004, p. 54.

[273] JO C101, de 27 de abril de 2004, p. 65.

[274] JO C101, de 27 de abril de 2004, p. 78.

[275] JO C101, de 27 de abril de 2004, p. 81.

[276] JO C101, de 27 de abril de 2004, p. 97.

[277] Sublinhando igualmente a aproximação do sistema europeu ao modelo norte-americano de política da concorrência, SERAFIM PEDRO MADEIRA FROUFE, *A Reforma do Direito Comunitário da Concorrência: o sentido descentralizador e/ou re-centralizador do Regulamento (CE) n.º 1/2003 (dissertação*

introduzidas no regulamento n.º 1/2003 (bem como nos demais instrumentos a que fizemos referência) tem um espectro muito alargado, todas elas podem ser, a final, reconduzidas a uma destas grandes matrizes.

3.2.1. A descentralização dos poderes da Comissão e a ECN

Assim, e em primeiro lugar, o regulamento em causa vem retirar o monopólio da Comissão em termos de aplicação do n.º 3 do art. 81.º do Tratado. De facto, se sempre foi entendido que os n.º 1 do art. 81.º e o art. 82.º tinham aplicabilidade direta, podendo ser aplicados quer pela Comissão, quer pelos tribunais nacionais em ações cíveis, quer mesmo pelas autoridades nacionais de concorrência (neste caso, desde que a Comissão não tivesse iniciado um processo respeitante aos factos em causa), a aplicação do n.º 3 do art. 81.º, por seu turno, fora estabelecida no regulamento n.º 17/62 através de um mecanismo de notificação e autorização absolutamente centralizado nas mãos da Comissão. Só, portanto, através de uma decisão da Comissão – que havia, necessariamente, de ser precedida de uma notificação por parte da ou das empresas envolvidas – poderia o acordo, a decisão de associação ou a prática concertada ser considerada isenta da proibição do n.º 1.

O regulamento n.º 1/2003 introduz, pois, quanto a este aspeto, uma total inversão de paradigma, ao tornar o n.º 3 do art. 81.º diretamente aplicável, através de um sistema de isenção legal, acabando com o anterior modelo assente no funcionamento do mecanismo dual notificação-decisão de isenção. Nos termos do n.º 2 do art. 1.º daquele regulamento, "[o]s acordos, as decisões e as práticas concertadas referidos no n.º 1 do artigo 81.º do Tratado que satisfaçam as condições previstas no n.º 3 do mesmo artigo não são proibidos, não sendo necessária, para o efeito, uma decisão prévia". Previsão que se vê reforçada pelo que vai estatuído nos arts. 5.º, 1.ª parte, e 6.º do mesmo diploma, onde se atribui competência quer às autoridades concorrenciais dos Estados Membros, quer aos tribunais nacionais para aplicar os arts. 81.º e 82.º, não se fazendo qualquer reserva (abrangendo, portanto, também o n.º 3 do art. 81.º)[278].

de doutoramento), Braga: http://repositorium.sdum.uminho.pt/bitstream/1822/11261/1/TESE.pdf, 2009, pp. 44 e ss.

[278] Para uma análise da justificação histórica do sistema de notificação e autorização centralizada e das razões pelas quais ele foi ultrapassado por um modelo assente, em larga medida, nas autoridades nacionais dos Estados Membros, cf. Wouter P.J. Wils, *Principles of European Antitrust Enforcement*, Oxford and Portland, Oregon: Hart Publishing, 2005, pp. 5 e ss.; e Serafim Pedro Madeira Froufe, *A Reforma do Direito Comunitário da Concorrência: o sentido descentralizador e/ou re-centralizador*

Passa-se, assim, para um modelo de cooperação e articulação entre as diversas autoridades nacionais da concorrência e entre estas e a Comissão, criando-se uma verdadeira rede – a *European Competition Network*[279]. Quem o estabelece é o próprio art. 11.º do regulamento, que começa logo por afirmar, no seu n.º 1, que "[a] Comissão e as autoridades dos Estados-Membros responsáveis em matéria de concorrência aplicam as regras comunitárias de concorrência em estreita cooperação"[280], regulando depois, nos números seguintes, os termos em que tal colaboração deve realizar-se. O que sucede, desde então – e com aparente sucesso[281] –, é a aplicação das regras de concorrência europeias pelas instâncias nacionais (ou seja, quer, em primeira linha, pelas autoridades da concorrência dos Estados Membros, quer, depois, em sede judicial, pelos tribunais nacionais – que o faziam já em sede de ações cíveis e passaram agora a ter competência em matéria de recurso das decisões daquelas autoridades[282]), do mesmo modo que aplicam as normas internas.

do Regulamento (CE) n.º 1/2003 (dissertação de doutoramento), Braga: http://repositorium.sdum.uminho.pt/bitstream/1822/11261/1/TESE.pdf, 2009, pp. 72 e ss.

[279] A ECN, em português Rede Europeia da Concorrência (REC), é, pois, criada pela descentralização de competências levada a cabo pelo regulamento n.º 1/2003 e desenvolvida por uma das comunicações da Comissão a que fizemos já referência: a comunicação da Comissão sobre a cooperação no âmbito da rede de autoridades de concorrência (JO C101, de 27 de abril de 2004, p. 43).

[280] Nos termos, aliás, do próprio considerando 15 do regulamento, onde expressamente se diz que "[a] Comissão e as autoridades dos Estados-Membros responsáveis em matéria de concorrência deverão instituir juntamente uma rede de autoridades públicas responsáveis por aplicar as regras comunitárias de concorrência em estreita cooperação. Para o efeito, é necessário criar mecanismos de informação e consulta. Outras modalidades de cooperação no âmbito da rede serão estabelecidas e revistas pela Comissão, em estreita cooperação com os Estados-Membros".

[281] Cf., a este propósito, o balanço feito, 10 anos depois, por WOUTER P.J. WILS, "Ten Years of Regulation 1/2003 - A Retrospective", *Journal of European Competition Law & Practice*, 4 , 2013, pp. 293-301. Como sublinha o Autor, *"[t]en years after the adoption of Regulation 1/2003, there can be no doubt that, as far as the national competition authorities and the functioning of the European Competition Network are concerned, the new enforcement system has been a major success, beyond expectations. From the start of the application of Regulation 1/2003 on 1 May 2004 until 31 December 2012, the national competition authorities have informed the European Commission and their fellow national competition authorities of 1344 investigations under Articles 101 and 102 TFEU, and of envisaged final decisions ordering termination of infringements, imposing fines or accepting commitments in 646 cases"*. No final de 2012, as autoridades nacionais da concorrência tinham-se já transformado nas principais executoras dos arts. 81.º e 82.º do Tratado (que se haviam convertido entretanto, com Lisboa, em arts. 101.º e 102.º do TFUE), adotando 88% das decisões – entre 1 de maio de 2004 (momento em que entrou em vigor o regulamento n.º 1/2003) e o final de 2012, Portugal havia tomado 15 decisões finais (enquanto a França, por exemplo, estava em primeiro lugar da lista com 90).

[282] Como explica WOUTER P.J. WILS, "Ten Years of Regulation 1/2003 - A Retrospective", *Journal of European Competition Law & Practice*, 4, 2013, pp. 293-301, e decorria já, aliás, da comunicação

3.2.2. A «americanização» do modelo europeu?

Por outro lado, a Europa encontrava-se, então, na viragem do milénio, face a um circunstancialismo muito distinto quanto à estrutura e desenvolvimento do seu tecido empresarial. Se nos primeiros anos da experiência europeia, as empresas e as indústrias dos Estados Membros precisavam de alargar a sua dimensão, sobretudo para fazer face às mais desenvolvidas concorrentes norte-americanas, no final do século XX os desafios são já completamente diferentes. Tendo em atenção a mundialização económica e a crescente interação entre empresas e consumidores dos dois lados do Atlântico, as autoridades europeias de há muito vinham assinalando a necessidade de uma aproximação entre os dois sistemas, de modo a minorar os efeitos causados pelas diferenças de regimes[283]. Se somarmos ao aumento de casos internacionais (transatlânticos) de direito da concorrência, o desejo de emular o ciclo de crescimento económico que os EUA vinham mantendo durante um longo período, não se torna difícil compreender a razão pela qual se pode detetar nestas reformas uma tendência de aproximação ao modelo norte-americano em matéria de direito *antitrust* (que vinha sendo considerada um dos responsáveis por aquele crescimento).

Assim, muito embora a legislação europeia continue a optar declaradamente por um modelo de cariz administrativista, afastando expressamente a aplicação do direito penal – uma vez que as autoridades comunitárias (depois, europeias) não têm competência para a aplicação de sanções criminais[284] –,

da Comissão sobre a cooperação no âmbito da rede de autoridades de concorrência já referida (JO C101, de 27 de abril de 2004, p. 43), os tribunais nacionais atuam em três âmbitos distintos: em alguns Estados Membros, são os detentores da competência de decisão em primeira instância, pois que as respetivas autoridades da concorrência não possuem poder para decidir sobre a verificação da infração e aplicação da respetiva sanção; em todos eles, os tribunais funcionam como instâncias de recurso das decisões concorrenciais proferidas; por último, julgam ações cíveis onde podem estar em causa violações aos arts. 101.º e 102.º do TFUE.

[283] Para uma reflexão sobre os problemas colocados ao direito da concorrência – especificamente, ao direito *antitrust* – pela globalização e pela aproximação transatlântica, cf. Simon J. Evenett, Alexander Lehmann e Benn Steil, "Antitrust Policy in an Evolving Global Marketplace", in *Antitrust Goes Global, What Future for Transatlantic Cooperation?*, Washington D.C.: Brookings Institution Press, 2000, pp. 1-28; e Merit E. Janow, "Transatlantic Cooperation on Competition Policy", in *Antitrust Goes Global: What Future for Transatlantic Cooperation?*, Washington D.C.: Brookings Institution Press, 2000, pp. 29-56.

[284] Sobre a competência penal das instâncias europeias cf., entre nós, Anabela Miranda Rodrigues e José Luís Lopes da Mota, *Para uma Política Criminal Europeia. Quadro e instrumentos jurídicos de cooperação judiciária em matéria penal no espaço da União Europeia*, Coimbra: Coimbra Editora, 2002, pp. 19 e ss.; Anabela Miranda Rodrigues, *O Direito Penal Europeu Emergente*, Coimbra:

a verdade é que, em muitos aspetos[285], a modernização operada no direito da concorrência europeu no início deste milénio pode ser entendida como uma aproximação à abordagem norte-americana.

Uma tal opção quanto ao modelo deteta-se, desde logo, num primeiro ponto crucial de toda a história e evolução do direito comunitário da concorrência. De facto, como dissemos já por variadas vezes, o direito da concorrência dentro do espaço comunitário surgiu e foi desenvolvido não como um fim em si mesmo (a concorrência considerada enquanto tal, como princípio essencial da democracia económica assente no bem estar dos consumidores), mas como um meio para atingir a finalidade de integração dentro do mercado comum (e, sucessivamente, do mercado único e da união económica e monetária[286]). A política da concorrência foi tratada, desde o Tratado de Roma de 1957, como um instrumento essencial para atingir a integração europeia, papel que, aliás, foi sublinhado e consolidado pelo Tribunal de Justiça.

O *Pacote Modernização* traz consigo uma profunda mudança de conceção. Pela primeira vez, a legislação europeia de defesa da concorrência assenta declaradamente na ideia de eficiência económica e na *effects-based approach*[287], aplicando os postulados próprios da «Escola de Chicago». O bem-estar dos consumidores passa a ser a ideia-chave da política comunitária da concorrência, afastando o referido princípio de defesa da integração europeia, o que, além de encurtar a distância para o sistema norte-americano, descaraterizou em larga medida o sistema concorrencial da CE[288].

Coimbra Editora, 2008, *passim*; MÁRIO FERREIRA MONTE, *O Direito Penal Europeu de "Roma" a "Lisboa" - Subsídios para a sua legitimação*, Lisboa: Quid Iuris, 2009, pp. 39 e ss.; e, internacionalmente, por todos, ULRICH SIEBER ET. AL., *Europäisches Strafrecht*, Baden-Baden: Nomos, 2011, pp. 127 e ss.

285 E mesmo quanto ao da natureza das suas infrações e respetivas sanções, como veremos adiante, a solução administrativa expressamente adoptada não está isenta de dúvidas, tanto *de iure constituto* como *de iure condendo*. Cf., *infra* pp. 229 e ss.

286 Como sabemos, e não cabe aqui desenvolver, o inicial propósito de garantir um mercado comum, afirmado no Tratado de Roma, transformou-se depois no mercado único (em 1993, com a entrada em vigor do Tratado de Maastricht), e em união económica e monetária (que, partindo daquele mercado, se desdobrou em liberdade de circulação de capitais, criação de uma política económica e monetária, fixação das taxas de câmbio e introdução da moeda única – só completa, portanto, em 2002, embora gizada desde Maastricht).

287 De acordo com os postulados económicos da «Escola de Chicago», que já enunciámos anteriormente, a *effects-based approach* centra-se na necessidade de avaliar o ato anticoncorrencial de acordo com os seus efeitos económicos, desvalorizando quaisquer outras finalidades que se pretendam atingir ou assegurar.

288 Assinalando esta viragem de paradigma como descaraterizadora da evolução jusconcorrencial europeia, ao prescindir do objetivo defesa da integração, SERAFIM PEDRO MADEIRA FROUFE, *A Reforma do Direito Comunitário da Concorrência: o sentido descentralizador e/ou re-centralizador do*

Esta mudança de paradigma reflete-se, por outro lado, num conjunto de alterações ou inovações que, tendo aparentemente um matiz processual, consubstanciam um direito da concorrência materialmente distinto daquele que existia até aí – e, também ele, de feição claramente norte-americana. Na verdade, deteta-se nesta reforma uma nítida tendência para o *private enforcement*, para o reforço do papel dos particulares na execução da política da concorrência e a substituição dos rígidos princípios de direito público pela flexibilidade própria dos institutos de direito privado. Assim, devemos sublinhar desde logo a introdução de mecanismos como os compromissos (*commitments*) ou as transações processuais (*settlements*), quer no art. 9.º do regulamento n.º 1/2003[289], quer noutros normativos posteriores[290], e que culminaram com a criação de um procedimento de transação em processos de cartéis, através do art. 10.º-A do regulamento (CE) n.º 773/2004 da Comissão, de 7 de abril de 2004, introduzido pela modificação levada a cabo pelo regulamento (CE) n.º 622/2008 da Comissão, de 30 de julho de 2008[291].

Regulamento (CE) n.º 1/2003 (dissertação de doutoramento), Braga: http://repositorium.sdum.uminho.pt/bitstream/1822/11261/1/TESE.pdf, 2009, p. 52 e ss.

289 O art. 9.º do regulamento n.º 1/2003 fala expressamente apenas de compromissos (*commitments*, na versão inglesa), muito embora o procedimento que aí se descreve possa ser entendido como uma transação processual e seja, por vezes, traduzido como tal (*settlments*): "1. Quando a Comissão tencione aprovar uma decisão que exija a cessação de uma infracção e as empresas em causa assumirem compromissos susceptíveis de dar resposta às objecções expressas pela Comissão na sua apreciação preliminar, esta pode, mediante decisão, tornar estes compromissos obrigatórios para as empresas. Esta decisão pode ser aprovada por um período de tempo determinado e deve concluir pela inexistência de fundamento para que a Comissão tome medidas. 2. A Comissão pode, a pedido ou oficiosamente, voltar a dar início ao processo se: a) Tiver ocorrido uma alteração substancial da situação de facto em que a decisão se fundou; b) As empresas em causa não cumprirem os seus compromissos; ou c) A decisão se basear em informações incompletas, inexactas ou deturpadas prestadas pelas partes".

290 As transações processuais propriamente ditas podem ser encontradas, por exemplo, no art. 2.º e 10.º-A do regulamento n.º 773/2004 da Comissão, de 7 de abril de 2004, relativo à instrução de processos pela Comissão para efeitos dos arts. 81.º e 82.º do Tratado CE, com as alterações que lhe foram introduzidas pelo regulamento (CE) n.º 622/2008, de 30 de julho de 2008, referente à condução de procedimentos de transação nos processos de cartéis. O referido art. 2.º estabelece no seu n.º 1: "[a] Comissão pode dar início a um processo tendo em vista a adopção de uma decisão nos termos do capítulo III do Regulamento (CE) n.º 1/2003 em qualquer momento, mas não após a data em que tiver formulado uma apreciação preliminar nos termos do n.º 1 do artigo 9.º desse regulamento, uma comunicação de objecções ou um pedido para que os interessados directos expressem o seu interesse em encetar conversações de transacção ou a data em que tiver sido publicada uma comunicação nos termos do n.º 4 do artigo 27.º do mesmo regulamento, consoante a que ocorrer em primeiro lugar".

291 O art. 10.º-A passou, então, a estabelecer o seguinte no seu n.º 1: "[a]pós ter dado início ao processo nos termos do n.º 6 do artigo 11.º do Regulamento (CE) n.º 1/2003, a Comissão pode fixar

Deve igualmente ser assinalada, de uma outra perspetiva, a tentativa de consolidação de uma via de atuação por parte dos particulares, ao lado da atuação pública, assente na possibilidade de estes acionarem diretamente as empresas promotoras de um cartel pelos danos que tal atividade lhes tenha causado (figura de recorte inegavelmente norte-americano, a que fizemos já referência a propósito do respetivo modelo[292]). De facto, em 2005, a Comissão publicou o *Livro Verde sobre Ações de indemnização devido à violação das regras comunitárias no domínio antitrust*[293], tentando abrir caminho para a implementação de uma cultura jurídica de invocação direta das normas *antitrust* pelos particulares nos tribunais, reconhecida como muito pouco desenvolvida nos Estados Membros[294].

Como lembra a Comissão logo na contextualização do problema, os arts. 81.º e 82.º do Tratado são diretamente aplicáveis, pelo que os particulares contribuem decisivamente para a implementação destas regras concorrenciais comunitárias[295]. Neste medida, a aplicação destas normas pelos particulares

um prazo para que os interessados directos declarem por escrito que estão dispostos a participar em conversações, tendo em vista a eventual apresentação de propostas de transacção. A Comissão não é obrigada a tomar em consideração respostas recebidas após o termo do prazo fixado. Se dois ou mais interessados directos no âmbito da mesma empresa manifestarem a sua disponibilidade para participar em conversações de transacção nos termos do disposto no primeiro parágrafo, estes devem nomear representantes comuns para participar, em seu nome, nas conversações com a Comissão. Quando fixar o prazo referido no primeiro parágrafo, a Comissão indicará aos interessados directos em causa a sua identificação no âmbito da mesma empresa, exclusivamente com o objecto de lhes permitir dar cumprimento à presente disposição". Nos termos da parte final do n.º 2 do mesmo preceito, "[s]e as conversações de transacção progredirem, a Comissão poderá fixar um prazo dentro do qual os interessados directos poderão submeter-se ao procedimento de transacção, mediante a apresentação de propostas de transacção escritas que reflictam os resultados das conversações de transacção e nas quais reconheçam a sua participação numa infracção ao artigo 81.º do Tratado, bem como a sua responsabilidade no contexto da mesma. Antes de a Comissão fixar um prazo para a apresentação das suas propostas de transacção, os interessados directos terão o direito de dispor das informações especificadas no n.º 2, primeiro parágrafo, do artigo 10.º-A, que lhe devem ser transmitidas mediante pedido, de forma atempada. A Comissão não será obrigada a tomar em consideração propostas de transacção recebidas após o termo do prazo fixado".

[292] Cf. *supra* pp. 60 e ss.

[293] COM(2005) 672 final, de 19 de dezembro de 2005.

[294] Nas palavras da Comissão, estaríamos perante um *subdesenvolvimento total*, como era, aliás, demonstrado pelo estudo sobre a situação em matéria de pedidos de indemnização na sequência de infrações às regras comunitárias no domínio *antitrust*, que analisava a implementação deste tipo de ações por danos por violação dos arts. 81.º e 82.º do Tratado nos diversos Estados Membros (o estudo em causa pode ser consultado em http://ec.europa.eu/competition/antitrust/actionsdamages/comparative_report_clean_en.pdf).

[295] Sobre a importância da atuação dos particulares para a sedimentação das normas comunitárias de direito da concorrência, não esquecer a importância do, já referido, acórdão *Courage*, de 20 de

significa a aplicação da legislação *antitrust* em ações civis instauradas perante os tribunais nacionais, o que, como temos visto, pode revestir essencialmente formas distintas: por um lado, o n.º 2 do art. 81.º estabelece a nulidade dos acordos ou das decisões proibidos à luz do preceito; por outro, as regras do Tratado podem igualmente ser utilizadas no âmbito de ações para a adoção de medidas injuntivas, podendo igualmente ser concedidas indemnizações às vítimas de danos devidos a uma infração no domínio *antitrust*[296].

Pretendia, pois, o *Livro Verde* "identificar os principais obstáculos a um sistema mais eficaz para as acções de indemnização e apresentar diferentes pistas de reflexão e de possível intervenção para melhorar o funcionamento das acções de indemnização, quer se trate de acções de seguimento (ou seja, casos de instauração de uma acção civil na sequência da declaração de uma infracção por parte de uma autoridade de concorrência), quer de acções independentes (ou seja, acções que não vêm na sequência de uma decisão anterior de uma autoridade de concorrência relativa a uma infracção ao direito da concorrência)"[297].

A necessidade de regular esta interação entre as aplicações privada e pública das normas europeias da concorrência foi depois confirmada no *Livro Branco sobre ações de indemnização por incumprimento das regras comunitárias no domínio antitrust*, de 2008, e nas respostas dos interessados à consulta pública que sobre ele foi implementada[298]. Seguiram-se-lhes, ainda, a consulta pública sobre uma abordagem europeia coerente sobre a ação coletiva[299], em 2011, e, em 23 de maio de 2012, a resolução dos responsáveis das autoridades da concorrência europeias *Protection of leniency material in the context of civil damages actions*, onde se deu nota da necessidade de proteção da documentação em matéria de clemência no contexto de ações de indemnização civil[300]. Às quais acrescem, ainda, repetidas chamadas de atenção do Parlamento Europeu para o problema[301].

Não surpreende, portanto, que, no dia 11 de junho de 2013, tenha sido apresentada a proposta de diretiva do Parlamento Europeu e do Conselho

setembro de 2001 (caso *Courage* c. *Crehan*, C-453/99).

[296] *Livro Verde*, pp. 4-5.

[297] *Livro Verde*, p. 5.

[298] COM(2008) 165 final.

[299] Cf. http://ec.europa.eu/competition/consultations/2011_collective_redress/index_en.html.

[300] Cf. http://ec.europa.eu/competition/ecn/leniency_material_protection_en.pdf.

[301] Cf., a este propósito, as posições assumidas na resolução do Parlamento Europeu, de 2 de fevereiro de 2012, sobre «Rumo a uma abordagem europeia coerente sobre a ação coletiva» (2011/2089(INI)), disponível em http://www.europarl.europa.eu/sides/getDoc.do?type=TA&language=PT&reference=P7-TA-2012-21 e, igualmente, no Relatório anual sobre a política de concorrência da UE (2011/2094(INI)), disponível em http://www.europarl.europa.eu/sides/getDoc.do?type=TA&language=PT&reference=P7-TA-2012-31.

relativa a certas regras que regem as ações de indemnização no âmbito do direito nacional por infrações às disposições do direito da concorrência dos Estados Membros e da União Europeia[302], destinada a tentar assegurar a aplicação efetiva das regras de concorrência da UE, através de um duplo caminho: a otimização da interação entre a aplicação pública e privada do direito da concorrência; e a garantia de que as vítimas de infrações às regras de concorrência da UE podem obter uma reparação integral pelos danos sofridos.

Na proposta de diretiva estabelecem-se regras relativas ao direito à reparação integral[303], à divulgação de elementos de prova[304], à quantificação dos danos[305] ou à resolução amigável de litígios[306], sempre com o objetivo de assegurar, dentro do espaço europeu, uma aplicação tão uniforme quanto possível das regras de concorrência da UE, garantindo aos particulares o acesso a uma efetiva reparação dos danos causados pelos comportamentos anticoncorrenciais.

Cinco dias depois, seria a vez da Comissão dar a conhecer a Comunicação da Comissão sobre a quantificação dos danos nas ações de indemnização que tenham por fundamento as infrações aos artigos 101.º e 102.º do Tratado sobre o Funcionamento da União Europeia[307]. Entretanto, foi já conhecido o parecer do Comité Económico e Social Europeu sobre as referidas proposta de diretiva e comunicação[308], aguardando-se, neste momento, desenvolvimentos posteriores[309].

[302] COM(2013) 404 final. Como se explica na justificação da proposta: "As ações de indemnização por violações dos artigos 101.º ou 102.º do Tratado constituem um importante domínio de aplicação privada do direito da concorrência da UE. Do efeito direto das proibições previstas nos artigos 101.º e 102.º do Tratado decorre que qualquer pessoa tem o direito de pedir reparação pelos danos sofridos quando exista um nexo de causalidade entre esses danos e uma infração às regras de concorrência da UE. As partes lesadas devem poder pedir reparação não só pelos danos reais sofridos (dano emergente ou *damnum emergens*) mas também pelos lucros cessantes (perdas de receitas ou *lucrum cessans*), bem como o pagamento de juros. A reparação pelos danos causados pelas infrações às regras de concorrência da UE não pode ser obtida através de uma aplicação pública. A concessão de uma reparação está fora do domínio de competência da Comissão e das ANC [Autoridades Nacionais da Concorrência], sendo do domínio dos tribunais nacionais e do direito civil e do processo civil" (p. 2).

[303] Art. 2.º

[304] Art. 5.º e ss.

[305] Art. 16.º

[306] Arts. 17.º e 18.º

[307] JO C167, de 16 de junho de 2013.

[308] JO C67, de 6 de março de 2014.

[309] Até ao momento em que esta dissertação foi concluída e entregue, não se conhecem avanços no processo legislativo da UE a este respeito.

4. O regime de clemência: tendência não confessada para a criminalização do direito europeu anticartel?

4.1. A criação do regime de clemência em 1996

Um dos outros traços fundamentais da política europeia da concorrência em matéria *antitrust* – também ele, aliás, de inspiração norte-americana[310] – é a instauração do regime de clemência (*leniency program*). Como vimos já, os EUA dispõem, desde 1978[311], de um programa de clemência, destinado a promover a denúncia e colaboração dos participantes num cartel na investigação a respeito da prática proibida, de modo a aumentar a possibilidade de perseguição destes comportamentos, muitas vezes difíceis de detetar e, sobretudo, de provar, pois que assentes em acordos secretos entre empresas. A Comunidade Europeia, na tarefa que assumiu de combater os cartéis por forma a assegurar o respeito pelas regras da concorrência, sentiu rapidamente a mesma dificuldade, acabando por optar pela implementação de uma política de clemência dentro do espaço europeu[312].

Assim, através da *Comunicação da Comissão sobre a não aplicação ou a redução de coimas nos processos relativos a acordos, decisões ou práticas concertadas*, de 18 de julho de 1996[313], criou-se na CE a possibilidade de não aplicação ou redução substancial da coima que, em princípio, seria aplicada a uma empresa participante num cartel, se ela denunciasse a existência do cartel em causa quando este não fosse ainda conhecido ou não houvesse contra ele provas suficientes ou quando, sendo a prática já conhecida da Comissão, a empresa

[310] Mas não exclusivamente oriundo desta inspiração transatlântica, pois que, na verdade, a Comissão vinha já usando, na prática, este tipo de instrumentos. Cf. as decisões *Wood Pulp*, de 19 de dezembro de 1984 (Decisão 5/202/EEC, JO L85, de 25 de março de 1985), *Polypropylene*, de 23 de abril de 1986 (Decisão 86/398/CEE, JO L230, de 18 de agosto de 1986), *Franco-West-African Shipowners Committees*, de 1 de abril de 1992 (Decisão 92/262/CEE, JO L134, de 18 de maio de 1992), *Cartonboard*, de 13 de junho de 1994 (Decisão 94/601/CE, JO L 243, 19 de setembro de 1994) , e *Treton*, de 21 de dezembro de 1994 (Decisão 94/987/CE, JO L378, de 31 de dezembro de 1994), onde a Comissão operou uma redução da coima devida por força da cooperação das empresas envolvidas.

[311] Tendo este sido o primeiro programa de clemência, foi depois substituído em 1993/1994. Cf. o que a este respeito dissemos *supra*, pp. 60 e ss.

[312] Na verdade, desde 1969, momento em que a Comissão começou a sancionar as práticas de cartel (casos *Quinine* e *Dyestuffs*), até 1996, altura em que foi aprovado o primeiro programa de clemência, haviam sido adotadas somente 37 decisões respeitantes a este tipo de práticas, o que demonstra bem a respetiva dificuldade de deteção e investigação. Cf., a propósito do surgimento do regime de clemência, a reflexão expendida em Jorge de Figueiredo Dias e Flávia Loureiro, "Anotação ao artigo 70.º", in *Lei da Concorrência. Comentário Conimbricense*, Coimbra: Almedina, 2013, pp. 707 e ss.

[313] JO C207, de 18 de julho de 1996.

trouxesse ao processo elementos de prova até aí inexistentes relevantes para a demostração da infração[314].

Como a própria Comissão afirma, "[e]ssas práticas têm como última consequência um agravamento dos preços e uma diminuição das possibilidades de escolha por parte dos consumidores. Para além de afectarem os interesses dos consumidores da Comunidade, essas práticas prejudicam também a indústria comunitária. Ao limitarem de forma artificial a concorrência que deveria existir normalmente, essas empresas comunitárias evitam precisamente as pressões que as conduziriam à inovação, tanto no que diz respeito ao desenvolvimento dos produtos como à introdução de processos de produção mais eficazes. Essas práticas conduzem igualmente ao aumento do preço das matérias-primas e dos componentes que as empresas comunitárias adquirem aos produtores participantes. A longo prazo, tais práticas conduzem a uma

[314] Mais detalhadamente, para que a empresa em causa obtivesse uma não aplicação ou redução muito substancial da coima, seria necessário, nos termos daquela *Comunicação*, que a empresa cumprisse um conjunto de requisitos cumulativos: "a) denuncie um acordo, decisão ou prática concertada secretos à Comissão antes desta ter procedido a uma verificação, após ter adoptado a pertinente decisão, nas empresas envolvidas no acordo, decisão ou prática concertada e sem que a Comissão disponha previamente de informações suficientes para provar a existência do acordo, decisão ou prática concertada denunciados; b) seja a primeira a produzir elementos determinantes que provem a existência do acordo, decisão ou prática concertada; c) ponha termo à sua participação na actividade ilícita o mais tardar no momento em que denuncia o acordo, decisão ou prática concertada; d) apresente à Comissão todas as informações úteis, bem como toda a documentação e provas de que dispõe sobre o caso, mantendo uma cooperação permanente e total durante toda a investigação; e) não tenha coagido outra empresa a participar no acordo, decisão ou prática concertada nem tenha desempenhado um papel de instigação ou determinante na actividade ilícita". Nesta hipótese, a empresa denunciante poderia ver-se isentada da coima ou esta poderia ser reduzida em, pelo menos, 75% do montante que lhe seria aplicado se ela não tivesse participado. Ainda que não cumprissem, todavia, a al. a) referida, as empresas poderiam usufruir de uma redução da coima entre 50% e 75% se, preenchendo os demais requisitos, denunciassem um acordo, decisão ou prática concertada secretos depois de a Comissão ter procedido a uma verificação, após ter adoptado a pertinente decisão, em qualquer das empresas envolvidas no acordo, decisão ou prática concertada sem que essa verificação tenha podido constituir uma base suficiente para justificar o início do processo com vista à tomada de uma decisão. Numa terceira hipótese, previa-se, ainda, a possibilidade de a empresa beneficiar de uma redução de 10% a 50% sempre que, mesmo não se encontrando preenchidas as condições referidas, a empresa se dispusesse a colaborar, nomeadamente quando antes do envio de uma comunicação de acusações, aquela fornecesse à Comissão informações, documentação ou outras provas que contribuíssem para confirmar a existência da infração, ou a empresa, após ter recebido a comunicação de acusações, informasse a Comissão de que não contestava a materialidade dos factos em que a Comissão baseava as suas acusações (pontos B, C e D da *comunicação*).

perda de competitividade e, num mercado cada vez mais global, têm um efeito negativo sobre o emprego"[315].

Por essa razão, entendeu a CE que devia criar este regime de privilégio para as empresas envolvidas, de modo a permitir-lhes pôr termo à sua participação em tais acordos, decisões ou práticas concertadas e dar a conhecer a sua existência à Comissão, sem se sujeitarem às coimas elevadas previstas para tais comportamentos (o que, naturalmente, poderia funcionar como elementos dissuasor do *whistleblower*). Pretendia-se, afinal, aumentar a capacidade das instâncias europeias de combater as práticas *antitrust* dentro do espaço comunitário, fomentando a quebra do segredo entre os participantes do acordo e utilizando, assim, as informações que estes facultassem e que, de outro modo, seriam, na generalidade dos casos, muito difíceis de obter[316].

4.2. A consolidação do regime e a Comunicação de 2002

A experiência mostrou-se frutuosa e, por isso, em 2002, foi aprovada uma nova *Comunicação da Comissão relativa à imunidade em matéria de coimas e à redução do seu montante nos processos relativos a cartéis*[317], que, com base na experiência entretanto adquirida, veio introduzir algumas correções no mecanismo definido em 1996. Sem pôr em causa os princípios sobre os quais assentava a solução, pretendia-se agora aumentar a sua eficácia, nomeadamente através do reforço da transparência e da certeza acerca das condições de concessão de eventuais reduções das coimas, ao mesmo tempo que se ensaiava uma

[315] *Comunicação*, JO C207, de 18 de julho de 1996, p. 4.

[316] Cf., a propósito deste primeiro programa de clemência, Christopher Harding e Julian Joshua, *Regulating Cartels in Europe. A Study of Legal Control of Corporate Delinquency*, Oxford: Oxford University Press, 2003, pp. 209 e ss.; Massimo Mota, *Competition Policy: theory and practice*, Cambridge: Cambridge University Press, 2004, pp. 193 e ss.; Michael O'Kane, *The Law of Criminal Cartels: Practice and Procedure*, Oxford: Oxford University Press, 2009, p. 12 e ss. Ver igualmente, com considerações mais gerais, Dirk Schroeder e Silke Heinz, "Requests for leniency in the EU: experience and legal puzzles", in *Criminalization of Competition Law Enforcement. Economic and Legal Implications for the EU Member States*, Chetenham: Edward Elgar, 2006, pp. 161-176; Patrick Massey, "Criminalization and leniency: will the combination favourably affect cartel stability?", in *Criminalization of Competition Law Enforcement. Economic and Legal Implications for the EU Member States*, Cheltenham: Edward Elgar, 2006, pp. 176-195; e Michael J. Frese, "The negative interplay between national custodial sanctions and leniency", in *Criminalization of Competition Law Enforcement. Economic and Legal Implications for the EU Member States*, Cheltenham: Edward Elgar, 2006, pp. 196-213.

[317] JO C45, de 15 de fevereiro de 2002, pp. 3-5.

maior correspondência entre o nível da redução das coimas e a importância da contribuição da empresa para a determinação da existência da infração.

Assim, a imunidade em relação à coima só poderia ser obtida se *i)* a empresa fosse a primeira a fornecer elementos de prova que permitissem à Comissão adoptar uma decisão no sentido de efetuar uma investigação relativamente a um alegado cartel que afetasse a Comunidade; ou *ii)* a empresa fosse a primeira a fornecer elementos de prova que permitissem verificar a existência de uma infração ao artigo 81.º CE, relativamente a um alegado cartel que afetasse a Comunidade. Num e noutro caso, a imunidade seria concedida somente se, àquela data, a Comissão não possuísse elementos de prova suficientes para adoptar a decisão de investigação ou verificar a existência da infração, respetivamente (e, no caso da segunda hipótese, se não tiver sido concedida a nenhuma empresa imunidade condicional em matéria de coimas nos termos da al. a) do ponto 8, relativamente ao cartel alegado); se a empresa cooperasse plenamente, de forma permanente e expedita, durante todo o procedimento administrativo e fornecesse à Comissão todos os elementos de prova na sua posse ou à sua disposição relacionados com a infração presumida (em especial, devia a empresa colocar-se à disposição para responder prontamente a qualquer pedido que possa contribuir para a determinação dos factos em causa); se a empresa pusesse termo à sua participação na infração presumida (o mais tardar na altura em que apresentar os elementos de prova previstos nas al. a) ou b) do ponto 8, conforme adequado); e se a empresa não tivesse exercido qualquer coação sobre outras empresas no sentido de participarem na infração[318].

No que respeita à redução da coima, prevista para os casos em que a dispensa não é aplicável, a *Comunicação* de 2002 redefiniu os patamares de redução, em função de um novo conceito operativo: o de «valor acrescentado»[319] dos elementos de prova. A empresa que fornecesse à Comissão elementos de prova da infração com um valor acrescentado significativo relativamente aos elementos de prova já na posse da Comissão e pusesse termo à sua participação

[318] *Idem*, pontos 8 a 19.

[319] Nos termos no ponto 22 da referida *comunicação*, "[o] conceito de «valor acrescentado» refere-se à forma como os elementos de prova apresentados reforçam, pela sua própria natureza e/ou pelo seu nível de pormenor, a capacidade de a Comissão provar os factos em questão. Na sua apreciação, a Comissão considerará normalmente que os elementos de prova escritos que datem do período a que os factos se referem têm um valor superior aos elementos de prova de origem subsequente. Da mesma forma, considera-se geralmente que os elementos de prova directamente relacionados com os factos em questão têm um valor superior aos elementos de prova que com eles apenas têm uma ligação indirecta".

na infração poderia usufruir de uma redução da coima que lhe seria aplicada, de acordo com os seguintes parâmetros: a primeira empresa que preenchesse as condições previstas, uma redução de 30% a 50%; a segunda, uma redução de 20% a 30%; as empresas seguintes, uma redução até 20%[320].

4.3. A revisão de 2006 e o Programa Modelo de Clemência

Este instrumento foi revisto mais uma vez quatro anos depois, através da *Comunicação da Comissão relativa à imunidade em matéria de coimas e à redução do seu montante nos processos relativos a cartéis*[321]. É preciso não esquecer que, apesar do sucesso do programa de 2002[322], profundas alterações foram, entretanto, introduzidas no regime comunitário da concorrência, desde logo através do referido regulamento n.º 1/2003. A modernização do modelo, com a correspondente descentralização e partilha de competências entre a Comissão e as Autoridades Nacionais da Concorrência, bem como os passos que se foram dando a caminho da consolidação da aplicação privada das regras constantes dos arts. 81.º e 82.º (através das ações civis de indemnização por danos, a que nos referimos já também), exigiram a correspondente adaptação do regime de clemência.

Assim, a *Comunicação* de 2006 debruça-se, sobretudo, sobre a pormenorização de aspetos processuais e detalhes técnicos, clarificando os pressupostos para um pedido de imunidade ou redução da coima, explicando a forma como tal pedido deve ser apresentado e detalhando os documentos e elementos probatórios que o devem acompanhar. Detém-se, igualmente, sobre um dos problemas mais sérios que a emergência da discussão a respeito da indemnização por danos trouxe consigo: o da delimitação do acesso aos documentos apresentados pelas empresas[323].

320 *Comunicação*, ponto 23.

321 JO C298, de 8 de dezembro de 2006, p. 17.

322 Entre o início da vigência do programa de 2002 (14 de fevereiro de 2002) e o final do ano de 2005, foram apresentados cento e sessenta e sete pedidos, oitenta e sete dos quais de imunidade, enquanto durante todo o período de vigência do regime de 1996 apenas foram apresentados dezasseis pedidos autónomos, quase todos eles correspondentes a reduções de coimas e apresentados após a realização de inspeções por parte da Comissão. Cf. Teresa Moreira, "O Novo Instituto da Clemência - a dispensa e a atenuação especial da coima aplicável a práticas restritivas da concorrência", *Sub Judice*, 40, 2007, p. 81.

323 Cf. o que a este propósito dissemos em Jorge de Figueiredo Dias e Flávia Loureiro, "Anotação ao artigo 70.º", in *Lei da Concorrência. Comentário Conimbricense*, Coimbra: Almedina, 2013, pp. 710-711. Ver também a reflexão de Caroline Cauffman, "The Interaction of Leniency Programmes and Actions for Damages", *The Competition Law Review*, 7, 2011, pp. 181-220.

Por outro lado, dada a diversidade de regimes que, a partir do regulamento n.º 1/2003, passaram a ser aplicáveis às infrações concorrenciais, por força da disseminação da competência pelas ANC, sentiu-se a necessidade de criar condições para garantir a maior certeza e segurança possíveis, no que à aplicação do regime de clemência respeitava. Assim, foi aprovado também, em setembro de 2006, no âmbito da ECN, um *Programa Modelo de Clemência* (*ECN Model Leniency Program*)[324], com o objetivo de constituir uma base comum sobre a qual os diversos Estados Membros pudessem assentar os seus regimes particulares. Pretendia-se, deste modo, promover a convergência entre as distintas regras nacionais referentes à clemência, de modo a evitar as falhas ou sobreposições e o consequente afastamento dos interessados na utilização do mecanismo.

O *Programa Modelo* constituiu, também ele, um sucesso digno de registo e nos anos que se seguiram a generalidade dos Estados Membros[325] adotou legislação reguladora do instituto de clemência, inspirando-se naquele molde. Este instrumento, que se difundiu muito rapidamente criando uma tendencial harmonização das legislações dentro da UE, tornou-se, por isso, um dos pilares fundamentais da política europeia da concorrência, permitindo um aumento muito significativo na deteção, investigação e sancionamento dos cartéis, em troca da dispensa ou atenuação das coimas que em princípios seriam devidas[326].

Recentemente, em novembro de 2012, o *Programa Modelo de Clemência* foi revisto[327] pela ECN, na tentativa de proceder a um conjunto de aclaramentos e simplificações, nomeadamente quanto à informação que as empresas devem fornecer quando apresentam um pedido de clemência (imunidade ou redução) a várias autoridades – uma vez que podem estar sujeitas à jurisdição de diversos Estados Membros. Criaram-se agora modelos mais uniformizados, que permitem que a informação não tenha de ser replicada perante todas as

[324] Cf. http://ec.europa.eu/competition/ecn/model_leniency_en.pdf.

[325] De acordo com os últimos dados, apenas Malta não aprovou ainda o seu programa. Cf. a informação disponível em http://ec.europa.eu/competition/ecn/leniency_programme_nca.pdf.

[326] Não sem que se suscitassem – e suscitem ainda, naturalmente – questões éticas de fundo a respeito da utilização dos denunciantes e do correspetivo benefício concedido ao infrator. Cf., a propósito, o *XXVI Relatório sobre a Política da Concorrência da Comissão Europeia*, de 1996 (SEC(97)628 final), bem como, entrando já numa perspectiva jurídico-penal, José Luís Guzmán Dalbora, "Do prémio da felonia na história jurídica e no direito penal contemporâneo", *RPCC*, 21, 2011, pp. 209-235.

[327] Cf. http://ec.europa.eu/competition/ecn/mlp_revised_2012_en.pdf.

autoridades, podendo antes ser remetida para um único processo e extraído um sumário para as demais Autoridades competentes.

Naturalmente, enquanto instrumento de *soft law*, o *Programa Modelo de Clemência* não se aplica, sem mais, nos diversos territórios do espaço europeu, ficando dependente da atuação das instâncias nacionais no sentido de compaginarem a sua legislação com as diretrizes constantes daquele modelo. Mas corresponde a um esforço e a um compromisso das diferentes ANC no sentido de caminharem para uma harmonização da aplicação das regras europeias da concorrência, de modo a obviar às discrepâncias e diferenças de tratamento resultantes da existência de uma multiplicidade de regimes.

5. O controlo de concentrações

5.1. A aprovação do regulamento (CEE) n.º 4064/89

Antes ainda, todavia, desta vaga modificadora do final dos anos noventa, um outro momento pode ser assinalado como particularmente significativo em termos de política comunitária da concorrência: a aprovação do regulamento (CEE) 4064/89, de 21 de dezembro, relativo ao controlo de concentrações de empresas. Como vimos já, ao contrário do que havia sucedido no Tratado CECA[328], o Tratado CEE (e, depois, o Tratado CE) não continha normas relativas à concentração de empresas, tendo esta matéria ficado propositadamente de fora da regulamentação que então foi criada.

As razões para que tal tenha sucedido estão certamente ligadas quer à diminuta quantidade de concentrações transnacionais existentes na Europa em 1957, quer à comparação do tecido empresarial europeu com o dos EUA, onde estas formas concentracionistas proliferavam já. Havia, pois, entre os Estados Membros fundadores da Comunidade, a perceção clara de que era necessário reforçar a atuação empresarial e industrial comunitária, redimensionando-a a uma escala que a tornasse competitiva, nomeadamente, em relação às suas concorrentes do outro lado do Atlântico[329].

[328] Sobre o controlo de concentrações no Tratado CECA, cf. SOFIA OLIVEIRA PAIS, *O controlo das concentrações de empresas do direito comunitário da concorrência*, Coimbra: Almedina, 1996, pp. 27 e ss.

[329] Para uma análise das razões pelas quais o Tratado CEE não continha disposições relativas à concentração de empresas, ver, na doutrina nacional, SOFIA OLIVEIRA PAIS, *O controlo das concentrações de empresas do direito comunitário da concorrência*, Coimbra: Almedina, 1996, pp. 41 e ss.; e MIGUEL GORJÃO-HENRIQUES, *Direito Comunitário - Sumários Desenvolvidos*, 4.ª ed., Coimbra: Almedina, 2007, pp. 551 e ss.; e, internacionalmente, cf. D. G. GOYDER, *EC Competition Law*, 4.ª,

Não tardou muito, todavia, a que se sentisse a necessidade de regular uma tal concentração, submetendo-a a parâmetros comunitários comuns, de modo a garantir o controlo sobre tais operações e assegurar uniformização quer quanto aos modos de concretização, quer, sobretudo, quanto aos objetivos a perseguir com tais atuações. A Comissão encetou a reflexão sobre este problema no seu *Memorandum* de 1 de dezembro de 1965, onde reunia as conclusões de um grupo de peritos sobre a possibilidade de aplicação dos arts. 85.º e 86.º do Tratado às concentrações de empresas e as suas próprias posições sobre o tema.

Muito embora os peritos consultados tivessem sustentado a possibilidade de aplicação tanto do art. 85.º como do art. 86.º às situações de concentração (o primeiro, nos casos em que, através da concentração se restringisse sensivelmente a concorrência, mantendo-se ainda a distinção jurídica entre as empresas concentradas; o segundo, quando as concentrações em causa visassem diretamente o abuso de uma posição de domínio no mercado), a Comissão inclinou-se expressamente para o afastamento da aplicação do art. 85.º e submissão das concentrações ao regime previsto no art. 86.º Uma tal posição traduzia ainda a preferência política por não vedar, sem mais, as concentrações de empresas, entendidas como meio necessário para o cumprimento dos desideratos da Comunidade, mas, simultaneamente, sem pôr da parte a possibilidade de abusos decorrentes dessas operações, suscetíveis de restringir ou afastar a concorrência.

A Comissão ensaiou a aplicação deste preceito às situações de concentração no caso *Continental Can*[330], o que, tendo até obtido respaldo na posterior decisão do TJ a respeito[331], não se mostrou suficiente. De facto, a utilização do art. 86.º neste domínio levantava um conjunto de problemas que rapidamente se colocaram à Comissão. De um lado, existia a questão temporal, pois que o mecanismo em causa opera apenas *a posteriori*, através da análise dos efeitos que o comportamento concreto produz sobre o mercado comum ou uma

Oxford: Oxford University Press, 2003, pp. 386 e ss.; e David J. Gerber, *Law and Competition in Twentieth Century Europe: Protecting Prometheus*, Oxford: Clarendon Press, 1998, pp. 340 e ss.

330 Decisão da Comissão de 9 de dezembro de 1971.

331 A questão foi depois levada ao TJ, através do processo *Europemballage e Continental Can* c. *Comissão* (6/72). O Tribunal, muito embora tenha considerado que a Comissão não provou a posição dominante da empresa, aceitou a aplicação do art. 86.º às situações de concentração de empresas. Para uma análise quer da decisão da Comissão, quer do acórdão do TJ, e das consequências de ambos para a evolução do problema do controlo da concentração de empresas, cf. D. G. Goyder, *EC Competiiton Law*, 4.ª ed., Oxford: Clarendon Press, 1993, pp. 386 e ss.; e Sofia Oliveira Pais, *O controlo das concentrações de empresas do direito comunitário da concorrência*, Coimbra: Almedina, 1996, pp. 76 e ss.

parte substancial dele. Do outro, temos a limitação suscitada pelo facto de o art. 86.º se aplicar apenas aos casos de reforço de uma posição dominante, mas já não à sua criação, impedindo, pois, à Comissão toda e qualquer atividade de prevenção no surgimento de posições dominantes capazes de afetar a concorrência[332].

Não surpreende, portanto, que, face a estas limitações, a Comissão tenha usado muito pouco a doutrina saída do caso *Continental Can* e pouco depois da decisão daquele processo tenha surgido uma primeira proposta de regulamento das concentrações (1973), bem assim como se tenha verificado uma inversão de sentido quanto à possibilidade de aplicação do art. 85.º a estas circunstâncias. A proposta de regulamento, que, entre outras coisas, criava um sistema de notificação de concentrações, não foi bem acolhida pelos Estados Membros, ficando por isso a aguardar posteriores correções e desenvolvimentos (que foram apresentadas pela Comissão em 1982, 1984 e 1986).

Entretanto, experimentou-se a utilização do art. 85.º, nomeadamente através do célebre caso *Philip Morris*[333] (bem assim como no caso *Mecaniver-PPG*[334]), onde o TJ admitiu expressamente que a aquisição por uma empresa de uma participação minoritária no capital social de outra poderia configurar uma coligação incompatível com o art. 85.º A forma lata e pouco detalhada com que o Tribunal fez a afirmação precedente alimentou ainda mais a discussão[335] acerca do problema do controlo das concentrações empresariais e contribuiu decisivamente para que, dois anos depois, se aprovasse finalmente o regulamento relativo ao controlo de concentrações.

O regulamento n.º 4064/89, de 21 de dezembro[336], apontando a relativa inadequação dos arts. 85.º e 86.º para a solução dos problemas relacionados com a concentração de empresas, estriba-se antes nos arts. 87.º e 235.º do Tratado e parte de uma conceção positiva do fenómeno concentracionista,

[332] Chamando a atenção para o mesmo problema, D. G. Goyder, *EC Competiiton Law*, 4.ª ed., Oxford: Clarendon Press, 1993, pp. 388 e ss.; Sofia Oliveira Pais, *O controlo das concentrações de empresas do direito comunitário da concorrência*, Coimbra: Almedina, 1996, pp. 97 e ss.; e Miguel Gorjão-Henriques, *Direito Comunitário - Sumários Desenvolvidos*, 4.ª ed., Coimbra: Almedina, 2007, pp. 553 e ss.

[333] BAT e RJ Reynolds c. Comissão (142 e 156/84), decidido pelo TJ em 17 de novembro de 1987.

[334] Decisão 85/78/CEE, de 12 de dezembro de 1984.

[335] Para uma síntese do debate que se gerou em torno desta decisão do TJ, cf. D. G. Goyder, *EC Competiiton Law*, 4.ª, Oxford: Clarendon Press, 1993, pp. 391 e ss.; e Sofia Oliveira Pais, *O controlo das concentrações de empresas do direito comunitário da concorrência*, Coimbra: Almedina, 1996, pp. 145 e ss.

[336] Para uma análise detalhada do regulamento 4064/89, cf. Sofia Oliveira Pais, *op. ult. cit.*, pp. 171 e ss.

encarado como modo de fortalecer a competitividade das empresas e indústrias europeias e, consequentemente, de promover o crescimento do nível da vida dentro da Comunidade. Estabelece-se, por isso, um sistema de controlo prévio, que se pretende que, como nos diz Miguel Gorjão-Henriques, "garanta que as concentrações supostas pelas modernas correntes liberalizantes e globalizantes não ofendam de forma irremediável o valor superior da manutenção de uma concorrência efectiva e dinâmica na Comunidade Europeia"[337].

De acordo com este diploma, estabelece-se uma obrigação de notificação prévia de todas as operações de concentração de dimensão comunitária à Comissão, no prazo de uma semana após a conclusão do acordo ou a publicação da oferta de compra ou de troca ou a aquisição de uma participação de controlo (art. 4.º). Tais operações (cuja definição pode ser encontrada no art. 3.º) são consideradas de dimensão comunitária sempre que *i)* o volume de negócios total realizado à escala mundial por todas as empresas em causa for superior a 5 mil milhões de ecus; e *ii)* o volume de negócios total realizado individualmente na Comunidade por pelo menos duas das empresas em causa for superior a 250 milhões de ecus, a menos que cada uma das empresas em causa realize mais de dois terços do seu volume de negócios total na Comunidade num único Estado Membro (art. 1.º, n.º 2)[338].

Compete, pois, à Comissão a análise do processo, que decidirá se a concentração notificada está ou não sujeita às regras em causa e, em caso afirmativo, se suscita ou não sérias dúvidas quanto à sua compatibilidade com o mercado comum (art. 6.º). Na hipótese de tais dúvidas existirem, a Comissão dá início ao processo, fazendo as averiguações necessárias à verificação daquela compatibilidade (arts. 10.º a 13.º), podendo suspender a operação de concentração (art. 7.º), aplicar condições ou obrigações que assegurem a compatibilidade da operação com o mercado comum, declarar a concentração incompatível, e ordenar mesmo a separação das empresas ou dos ativos agrupados ou a cessação do controlo conjunto ou qualquer outra medida adequada ao restabelecimento de uma concorrência efetiva (art. 8.º).

Nos termos do art. 14.º do regulamento em causa, a Comissão tem ainda o poder para aplicar coimas, quer a pessoas singulares, quer a empresas ou associações de empresas, num conjunto bastante amplo de circunstâncias. Estas podem ser agrupadas em dois grandes conjuntos, que relacionam a natureza da infração em causa com a sanção que lhe pode ser aplicada. Assim,

337 Miguel Gorjão-Henriques, *Direito Comunitário - Sumários Desenvolvidos*, 4.ª ed., Coimbra: Almedina, 2007, p. 554.

338 O artigo 5.º do regulamento explicita os critérios para o cálculo do volume de negócios.

a não comunicação de uma operação de concentração, a prestação de indicações e informações falsas ou inexatas ou a apresentação incompleta ou recusa de apresentação de elementos de verificação (livros ou outros documentos comerciais ou sociais) pode resultar na aplicação de uma coima no montante de 1 000 a 50 000 ecus. Por seu lado, o desrespeito por obrigações impostas pela Comissão ou a realização de uma operação de concentração que tenha sido declarada incompatível com o mercado comum ou o desrespeito por uma ordem de separação ou cessação de controlo é susceptível de gerar a aplicação pela Comissão de uma coima até ao montante máximo de 10 % do volume total de negócios realizado pelas empresas em causa.

Também aqui se mantém, portanto, o cariz administrativista deste modelo de controlo – que se replica por todo o sistema europeu de defesa da concorrência –, como, aliás, é sublinhado no n.º 4 do art. 14.º, onde expressamente se afirma: "[a]s decisões tomadas nos termos dos n.ºs 1 e 2 não têm carácter penal".

5.2. Os desenvolvimentos posteriores: as alterações ao controlo de operações de concentração

De acordo com o estabelecido no próprio regulamento, a Comissão assumiu o compromisso de reexaminar o instrumento legal tendo em conta a experiência entretanto acumulada, propondo as alterações tidas por necessárias. A essa luz, em setembro de 2006, a Comissão apresentou ao Conselho duas propostas de alteração do regulamento (CEE) n.º 4064/89, que acabaram por dar lugar ao regulamento n.º 1310/97, do Conselho, de 30 de junho de 1997[339].

Sinteticamente, as principais alterações introduzidas por este regulamento foram as seguintes[340]: por um lado, alteraram-se os limiares definidores da dimensão comunitária da operação de concentração, fixados no art. 1.º, e que desde cedo se havia compreendido serem demasiado elevados, comprometendo uma atuação adequada em termos de controlo de concentrações (alterou-se o n.º 3 naquele art. 1.º, que passou a permitir considerar a operação em causa como de dimensão comunitária, ainda que não atingisse os limiares

[339] JO, L180, de 9 de julho de 1997, p. 1. Para análise das principais alterações introduzidas por este regulamento, cf. Sofia Oliveira Pais, "Controlo das concentrações de empresas no direito comunitário - Algumas notas sobre as alterações introduzidas ao regulamento n.º 4064/89 de 21.12.89 pelo regulamento n.º 1310/97 de 30.6.97", *Direito e Justiça*, XII, 1998, pp. 275-93.

[340] Acompanhamos aqui Sofia Oliveira Pais, *op. et loc. ult. cit.*

previstos no n.º 2 do preceito[341]); por outro, o regulamento altera o conceito de empresa comum, alargando o n.º 2 do art. 3.º a todas as empresas comuns que desempenhem todas as funções de uma entidade económica autónoma[342]; ao mesmo tempo, o regulamento veio adotar, para as instituições de crédito e outras instituições financeiras, o critério das receitas bancárias[343] como aferidor da dimensão comunitária da concentração; foram, ainda, alteradas as cláusulas alemã e holandesa[344]; bem como feitas correções e esclarecimentos em nome da coerência e plena compreensão do texto[345].

5.3. O regulamento (CE) n.º 139/2004

Na tentativa de modernização do direito europeu da concorrência a que temos vindo a fazer referência, não poderia deixar-se de fora a matéria respeitante ao controlo das operações de concentração, também ela a reclamar alguma

[341] O n.º 3 rezava agora o seguinte: "[p]ara efeitos da aplicação do presente regulamento, uma operação de concentração que não atinja os limiares estabelecidos no n.º 2 tem dimensão comunitária quando: a) O volume de negócios total realizado à escala mundial pelo conjunto das empresas em causa representar um montante superior a 2 500 milhões de ecus; b) O volume de negócios total realizado pela totalidade das empresas em causa em cada um de pelo menos três Estados-membros for superior a 100 milhões de ecus; c) Em cada um de pelo menos três Estados--membros considerados para efeitos do disposto na alínea b), o volume de negócios total realizado individualmente por pelo menos duas das empresas em causa for superior a 25 milhões de ecus; e d) O volume de negócios total realizado individualmente na Comunidade por pelo menos duas das empresas em causa for superior a 100 milhões de ecus, a menos que cada uma das empresas em causa realize num único Estado-membro mais de dois terços do seu volume de negócios total na Comunidade".

[342] Vindo assim solucionar o problema que se suscitava a respeito de saber quando tinha uma empresa comum caráter de concentração ou de cooperação.

[343] Quando até aí utilizava, em relação a estas instituições, o critério dos ativos, nos termos do art. 5.º, n.º 3, a).

[344] Questões relativas à relação entre a Comissão e os Estados Membros quanto ao controlo de concentrações. Num e noutro caso, o regulamento veio clarificar situações dúbias, de modo a permitir o melhor funcionamento destas cláusulas (seja no sentido de ser o Estado Membro a fazer o controlo – cláusula alemã; seja no inverso – cláusula holandesa). Cf., para aprofundamento do problema, Sofia Oliveira Pais, "Controlo das concentrações de empresas no direito comunitário - Algumas notas sobre as alterações introduzidas ao regulamento n.º 4064/89 de 21.12.89 pelo regulamento n.º 1310/97 de 30.6.97", *Direito e Justiça*, XII, 1998, pp. 288 e ss.

[345] Os anos decorridos desde a aprovação do regulamento 4064/89 permitiam já detetar algumas falhas ou incoerências internas, que este novo instrumento veio colmatar, introduzindo modificações nos seguintes domínios: compromissos associados às operações de concentração (art. 10.º, n.º 1), restrições acessórias (art. 6º, n.º 1), suspensão das concentrações (art. 7.º, n.º 1), suspensão do prazo (art. 10.º, n.º 4) e regras de execução (art. 23.º).

atualização face à nova realidade[346]. A questão foi analisada e discutida, primeiro, no *Relatório a apresentar ao Conselho sobre a aplicação dos limiares previstos no Regulamento das concentrações*[347], elaborado pela Comissão com o objetivo de determinar se os limiares vigentes de volumes de negócios eram adequados para determinar quais as concentrações com dimensão comunitária, e, depois, no *Livro Verde relativo à revisão do regulamento (CEE) n.º 4064/89 do Conselho*[348]. Neste *Livro* e no debate que se lhe seguiu foram enumerados os principais problemas – jurisdicionais, materiais e processuais – que afetavam o regulamento em vigor e que pretendiam ver-se ultrapassados através da sua reforma[349].

Com base nestas reflexões a Comissão apresentou, então, *Proposta de regulamento do Conselho relativo ao controlo das concentrações de empresas*[350], que aliava as preocupações vertidas nos dois documentos referidos e propunha, assim, uma reforma global do regulamento n.º 4064/89 (com as alterações introduzidas pelo regulamento n.º 1310/97). Esta reforma não pretendia modificar a raiz do modelo de controlo de concentrações, considerado um êxito, mas apenas introduzir-lhe clarificações e atualizações, quer quanto aos limiares dos volumes de negócios, quer quanto às questões de competência, materiais e processuais que vinham sendo suscitados (e que se prendiam, desde logo, com uma mais eficaz repartição e coordenação dos processos de concentração entre a Comissão e as ANC)[351].

[346] Como sublinha Werner Berg, "New EC Merger Regulation: A First Assessment of Its Practical Impact, The Symposium on European Competition Law", *Northwestern Journal of International Law & Business*, 24, 2004, pp. 684-685, além da necessidade de adequação do controlo de concentrações ao alargamento a vinte e cinco Estados Membros (que levada a que o regulamento de controlo de concentrações passa-se a aplicar-se a vinte e oito países, dado o acordo constituinte do Espaço Ecomónimco Europeia – os vinte e cinco membros da CE e ainda a Islândia, o Lichenstein e a Noruega), e da exigência de atualização face ao novo regulamento n.º 1/2003, que implementava os arts. 81.º e 82º do Tratado, havia igualmente que ter em linha de conta as quatro recentes decisões de anulação das proibições declaradas pela Comissão tomadas pelo Tribunal de Primeira Instância em 2002 (caso *Airtours c. Comissão*, T-342/99; caso *Schneider Electric c. Comissão*, T-310-01; caso *Tetra Laval c. Comissão*, T-80/02; e caso *Lagardére e Canal+ c. Comissão*, T-251/2000), considerando que a prova reunida era insuficiente, bem assim como a divergência de decisões entre a Comissão e a FTC americana no caso da concentração GE/Honeywell.

[347] COM(2000) 399 final.

[348] COM(2001) 745 final.

[349] Para uma síntese destes problemas, cf. o discurso proferido por Mário Monti, "Review of the EC Merger Regulation - Roadmap for the reform Project", *Conference on Reform of European Merger Control*, na British Chamber of Commerce, em Bruxelas, a 4 de junho de 2002, disponível em http://europa.eu/rapid/press-release_SPEECH-02-252_en.htm?locale=pt.

[350] COM(2002) 711 final — 2002/0296(CNS), JO C20, de 28 de janeiro de 2013.

[351] *Idem*, p. 5.

Surgiu, assim, o regulamento (CE) n.º 139/2004 do Conselho, de 20 de janeiro de 2004, relativo ao controlo das concentrações e empresas (*regulamento das concentrações comunitárias*), que veio proceder à reformulação do anterior regulamento n.º 4064/89, "a fim de prever disposições adaptadas aos desafios de um mercado mais integrado e de um futuro alargamento da União Europeia"[352]. De entre as suas principais modificações podem contar-se a introdução do *teste SIEC*[353], a simplificação dos mecanismos de remessa entre Comissão e Estados Membros e vice-versa e o aumento da flexibilidade relativamente aos procedimentos de compromisso.

A introdução do *teste SIEC* (art. 2.º do regulamento) como parâmetro aferidor da proibição da concentração foi um dos aspetos mais discutidos durante a preparação da alteração legislativa e, apesar das restrições que foram imediatamente afirmadas à sua interpretação[354], constitui, na verdade, uma

[352] *Idem*, p. 1, considerando 6.

[353] O *teste do impedimento significativo à concorrência efetiva*, a que fizemos já referência *supra* a propósito do regime alemão, veio substituir o até aí utilizado teste do domínio de mercado. A respeito da introdução do *teste SIEC* no controlo de concentrações de empresas na CE, cf. Alexander Riesenkanmpff, "New E.C. Merger Control Test under Article 2 of the Merger Control Regulation, The Symposium on European Competition Law", *Northwestern Journal of International Law & Business*, 24, 2004, pp. 715-28; Giorgio Monti, "The New Substantive Test in the EC Merger Regulation - Bridging the Gap Between Economics and Law?", *LSE Law, Society and Economy, Working Papers*, 10, 2008, pp. 1-21; Neil Horner, "Unilateral Effects and the EC Merger Regulation - How The Comission Had its Cake and Ate it Too", *Hanse Law Review*, 2, 2006, pp. 23-43; Sven B. Völcker, "Mind the Gap: Unilateral Effects Analysis Arrives in EC Merger Control", *ECLR*, 2004, 395-409; e Werner Berg, "New EC Merger Regulation: A First Assessment of Its Practical Impact, The Symposium on European Competition Law", *Northwestern Journal of International Law & Business*, 24, 2004, pp. 683-714.

[354] A questão prendia-se, essencialmente, com as concentrações em estruturas de mercado oligopolistas, sem coordenação entre os respetivos membros, mas que, ainda assim, resultavam na diminuição da concorrência. Segundo ficou expresso no considerando 25 do regulamento n.º 139/2004, "[a] noção de «entrave significativo a uma concorrência efectiva» que consta dos n.ºs 3 e 4 do artigo 2.º deverá ser interpretada como abrangendo, para além dos casos em que é aplicável o conceito de posição dominante, apenas os efeitos anti-concorrência de uma concentração resultantes do comportamento não concertado de empresas que não teriam uma posição dominante no mercado em questão". Uma tal clarificação sucedeu sobretudo porque "até à data os tribunais comunitários não interpretaram expressamente o Regulamento (CEE) n.º 4064/89 como exigindo que as concentrações deem origem a esses efeitos não coordenados para serem declaradas incompatíveis com o mercado comum. Como tal, no interesse da certeza jurídica, deverá ficar claro que o presente regulamento permite o controlo efectivo de todas essas concentrações, uma vez que estabelece que qualquer concentração que entrave significativamente a concorrência efectiva, no mercado comum ou numa parte substancial deste, deverá ser declarada incompatível com o mercado comum".

aproximação ao modelo anglo-saxónico, onde vigora o *SLC test*[355]. Com esta alteração, a Comissão deixava de ter de provar, nos casos de oligopólios não concertados, a coordenação tácita e duradoura que, de acordo com o teste de domínio de mercado, o Tribunal de Primeira Instância havia exigido, por exemplo, no caso *Airtours*. Ao mesmo tempo, diminuem-se as distâncias entre as decisões tomadas pela Comissão e aquelas que emanem da FTC e do DoJ norte-americanos.

O novo regulamento debruçou-se, igualmente, e de modo profuso e detalhado, sobre as questões jurisdicionais, relacionadas com os procedimentos de remessa das notificações entre a Comissão e os Estados Membros, de modo a facilitar o envio de processos de concentração da Comissão para os Estados Membros, sempre que estes estivessem em melhores condições para lidar com o caso (a *cláusula alemã*, contida no art. 9.º), e, inversamente, a remessa de processos dos Estados Membros para a Comissão, quando esteja em causa um entrave significativo à competição dentro do espaço europeu (*cláusula holandesa*, art. 22.º). Verdadeira inovação constituiu, neste aspeto, a introdução da notificação prévia e da possibilidade de remessa anterior à notificação a pedidos das partes notificantes, contanto do art. 4.º do regulamento n.º 139/2004: a notificação passa a poder ser feita antes de o acordo estar concluído (concentração projetada), tendo as empresas a faculdade de pedir a remessa do processo ao Estado Membro em cujo mercado os efeitos da operação se farão sentir (art. 4.º, n.º 4), ou, pelo contrário, quando estejam em causa pelo menos três Estados Membros, solicitar que seja a comissão a analisar a concentração (art. 4.º, n.º 5).

No que respeita às inovações e flexibilizações de ordem processual, podemos destacar sumariamente a supressão da fixação do momento em que a notificação deve ser feita (o *triggering event*), nos termos do art. 4.º,n.º 1, podendo as partes interessadas decidir quando fazer a notificação (mantendo-se, todavia, o princípio do controlo *ex-ante*); o alargamento dos prazos de decisão, nas várias fases do procedimento (art. 10.º); o reforço da transparência e do acesso aos documentos processuais (art. 18.º); bem como o alargamento dos poderes de investigação, com a possibilidade de tomar declarações a qualquer

[355] O *Substantial Lessening of Competition Test* vigora, nomeadamente, nas jurisdições dos EUA, do Reino Unido e da Austrália. Ver o que a este propósito nos dizem Werner Berg, "New EC Merger Regulation: A First Assessment of Its Practical Impact, The Symposium on European Competition Law", *Northwestern Journal of International Law & Business*, 24, 2004, pp.686-687; e Alexander Riesenkanmpff, "New E.C. Merger Control Test under Article 2 of the Merger Control Regulation, The Symposium on European Competition Law", *Northwestern Journal of International Law & Business*, 24, 2004, pp. 715-28.

pessoa (art. 11.º, n.º 7), de fazer inspeções nas instalações das empresas visadas – com a possibilidade de verificar os livros e outros registos relativos à empresa ou de selar quaisquer instalações e livros ou registos relativos à empresa por período e na medida necessária à inspeção – (art. 13.º).

Destaque nos merece ainda, num último ponto, o aumento da coimas estabelecidas no art. 14.º, n.º 1, em conformidade, aliás, com o que ficara estabelecido para as regras *antitrust*, podendo a Comissão aplicar coimas de até 1% do volume de negócios total realizado pela empresa ou associação de empresas, sempre que estas apresentem informações falsas, incorretas ou incompletas ou quebrarem os selos apostos por aquela autoridade. À semelhança daquilo que assinalámos já em pontos precedentes deste trabalho, o n.º 4 do art. 14.º do regulamento n.º 139/2004 manteve a afirmação do caráter administrativo das sanções em causa: "[a]s decisões tomadas nos termos dos n.ºs 1, 2 e 3 não têm carácter penal".

No seguimento da aprovação deste instrumento, foi adotado o regulamento (CE) n.º 802/2004 da Comissão, de 7 de abril de 2004[356], destinado a dar execução ao regulamento n.º 139/2004, que entretanto foi alterado pelo regulamento (CE) n.º 1033/2008 da Comissão, de 20 de outubro de 2008[357] e pelo regulamento de execução (UE) n.º 1269/2013 da Comissão, de 5 de dezembro de 2013[358].

O sistema europeu de controlo das operações de concentração de empresas não se resume, todavia, ao regulamento n.º 139/2004 e seu respetivo regulamento de execução. Antes se lhes juntam os instrumentos relativos às *Boas Práticas para a condução dos procedimentos de controlo de concentrações na CE*, de 20 de janeiro de 2004[359], ou às *Boas Práticas na apresentação de evidência económica e de recolha de dados nos processos relativos à aplicação dos artigos 101.º e 102.º do TFUE e nos processos de concentração*, de 17 de outubro de 2011[360], entre outros[361].

[356] JO L 133, de 30 de abril de 2014.

[357] JO L279, de 22 de outubro de 2008.

[358] JO L336, de 14 de dezembro de 2013.

[359] Disponível em http://ec.europa.eu/competition/mergers/legislation/proceedings.pdf.

[360] Cf. http://ec.europa.eu/competition/antitrust/legislation/best_practices_submission_en.pdf.

[361] Ver a reflexão que a este respeito é feita por Werner Berg, "New EC Merger Regulation: A First Assessment of Its Practical Impact, The Symposium on European Competition Law", *Northwestern Journal of International Law & Business*, 24 , 2004, pp. 685-686.

6. Tendências atuais do direito da concorrência dentro do espaço europeu

Assim brevemente descritas as várias etapas de desenvolvimento do direito europeu da concorrência, desde a sua formação até à atual fase de modernização, parece-nos importante fazer agora uma reflexão acerca das tendências contemporâneas que podem ser detetadas em matéria de regulação jusconcorrencial dentro do espaço da UE, uma vez que, além de influenciarem decisivamente as opções político-legislativas portuguesas[362], elas constituem uma matriz de análise para todo o direito da concorrência, cada vez mais internacionalizado.

6.1. Harmonização espontânea do direito da concorrência nos Estados Membros da União Europeia?

Uma das mais marcadas caraterísticas do direito da concorrência no espaço europeu moderno (sobretudo nos Estados Membros da UE, mas não exclusivamente) é a aproximação muito notória que tem vindo a fazer-se sentir entre os vários ordenamentos jurídicos, por influência das normas europeias. De facto, ao muito debatido problema da harmonização (expressa ou forçada) dentro da UE[363] – através da qual as instituições europeias podem impor aos diversos Estados Membros (no limite, impor diretamente a todos os cidadãos, através de um ato legislativo com efeitos diretos[364]) uma determinada opção

[362] Como veremos em detalhe no capítulo seguinte deste trabalho.

[363] O princípio da harmonização é um dos mais importantes instrumentos de integração europeia e é muito colocado em causa, nomeadamente, quanto à construção do espaço de liberdade, segurança e justiça. A opção entre uma harmonização expressa, imposta por normas europeias que se substituiriam ou sobreporiam às legislações nacionais, e o reconhecimento mútuo, assente na aceitação das diferenças entre os diferentes regimes, tem sido uma das questões mais discutidas neste âmbito. Cf., entre outros, ANABELA MIRANDA RODRIGUES e JOSÉ LUÍS LOPES DA MOTA, *Para uma Política Criminal Europeia. Quadro e instrumentos jurídicos de cooperação judiciária em matéria penal no espaço da União Europeia*, Coimbra: Coimbra Editora, 2002, pp. 41 e ss.; ANABELA MIRANDA RODRIGUES, *O Direito Penal Europeu Emergente*, Coimbra: Coimbra Editora, 2008, pp. 36 e ss.; MÁRIO FERREIRA MONTE, *O Direito Penal Europeu de "Roma" a "Lisboa" - Subsídios para a sua legitimação*, Lisboa: Quid Iuris, 2009; pp. 62 e ss.; ANDRÉ PAULINO PITON, *A Integração Penal Europeia: Entre o Reconhecimento Mútuo e a Harmonização*, Lisboa: Editorial Juruá, 2012, pp. 93 e ss.

[364] Não cabendo aqui o estudo acerca da harmonização dentro da UE nem das formas como ela pode ser conseguida, sempre se dirá que podem ser configurados dois grandes modelos: a unificação plena, obtida através da emanação de uma norma europeia direta e imediatamente aplicável a todos os cidadãos europeus (o regulamento, por exemplo, à luz do art. 288.º do TFUE); a aproximação de legislações, instrumento preferencialmente utilizado pela UE, conseguida através da aprovação de uma diretiva, que impõe aos Estados Membros uma determinada finalidade conjunta (e, nessa

legislativa, que supra uma lacuna interna ou se sobreponha ao regime nacional vigente, substituindo-o, e criando, deste modo, um mesmo regime unificado em todo o espaço europeu –, sobrepõe-se, no que ao direito da concorrência diz respeito, uma harmonização espontânea ou voluntária[365].

Esta harmonização acontece, pois, não porque as instâncias europeias aprovem normas que se imponham explicitamente aos ordenamentos jurídicos internos, mas porque estes ordenamentos replicam as regras da UE a respeito de determinada matéria[366] (no caso, do direito da concorrência). Na verdade, as regras comunitárias a respeito da concorrência funcionaram como exemplo para a grande maioria das legislações nacionais europeias, que acabaram por espelhar nos seus ordenamentos jurídicos internos aquilo que decorria já daquele direito, operando, assim, uma aproximação de legislações. Este fenómeno decorre de um conjunto relativamente vasto de fatores, que se conjugaram dentro da UE de modo particular, criando as condições necessárias para que uma tal harmonização espontânea tivesse lugar.

Por um lado, a atribuição de aplicabilidade direta aos arts. 101.º e 102.º do Tratado TFUE[367], que podem, portanto, ser invocados perante qualquer tribunal nacional, fez com que – ainda que paulatinamente[368] – tanto os cidadãos, como as empresas, como igualmente os tribunais fossem conhecendo e

medida, unificada), mas lhes dá liberdade para escolher os meios através dos quais pretendem atingir esses fins. Não deixa de ser significativo, todavia, verificar o nível de detalhe a que chegam hoje as diretivas emanadas da União, deixando na verdade uma muito pequena margem de manobra aos Estados.

[365] Falando, igualmente, em harmonização espontânea em matéria de direito da concorrência dentro da UE, Hans Vedder, "Spontaneous Harmonisation of National (Competition) Laws in the Wake of the Modernisation of EC Competition Law", *The Competition Law Review*, 1, 2004, pp. 5-21. Ver igualmente Robert A. Kagan, "Should Europe Worry About Adversarial Legalism?", *Oxford Journal of Studies*, 17, 1997, pp. 165-83, com a análise da aproximação ao modelo adversarial também no setor económico; e Alexander Italianer, "Fighting cartels in Europe and the US: different systems, common goals", in *Annual Conference os the International Bar Association*, Boston, 2013.

[366] Esta harmonização espontânea não se dá apenas, naturalmente, no âmbito do direito da concorrência, antes acontece nos mais variados ramos do jurídico. Cf., a propósito, do direito civil e dos contratos, Marco B. M. Loos, "The influence of European consumer law on general contract law and the need for spontaneous harmonization. On the disturbance and reconstruction of the coherence of national contract law and consumer law under the influence of Eueopean Law", *Centre for the Study of European Contract Law - Working Paper Series*, 2 , 2006.

[367] Na verdade, como vimos, tal aplicabilidade foi logo reconhecida aos arts. 85.º e 86.º do Tratado CEE, depois renumerados em arts. 81.º e 82.º do Tratado CE e, mais tarde, convertidos em arts. 101.º e 102.º do TFUE.

[368] Como vimos *supra*, e retomaremos no ponto seguinte, a aplicação particular (civil) do direito da concorrência não tem grande tradição na maioria dos Estados europeus e tem, por isso, sido lento o seu caminho de implementação.

aplicando os normativos europeus, familiarizando-se com as regras comunitárias da concorrência. Se tivermos em linha de conta que, no momento em que surgiu a legislação comunitária da concorrência, a generalidade dos países da Comunidade não possuía legislação em matéria de proteção da concorrência[369] (fosse legislação *antitrust*, fosse legislação quanto ao controlo de concentrações) ou, quando a possuía, esta era incipiente e tinha pouca relevância prática, não se torna difícil compreender a razão pela qual, com maior ou menor grau de autonomia, os Estados Membros «copiaram» a legislação da UE.

Tanto mais porque a matéria em causa impõe, pela sua própria natureza, um alto nível de articulação entre os ordenamentos internos e europeu, sob pena de se criarem discrepâncias inaceitáveis, favorecendo mesmo, em certa medida, o *forum shopping*. Dado o caráter internacional das empresas cujas práticas a UE passou a regular em termos de concorrência (de modo a garantir uma aplicação uniformizada das mesmas normas jurídicas, ao abrigo do princípio da igualdade), os diversos Estados Membros compreenderam rapidamente não poderem ter, internamente, normas substancialmente distintas daquelas, sob pena de aplicarem às empresas com atividade meramente nacional (sem relevância intracomunitária) um regime distinto daquele que vigorava para as empresas com dimensão transfronteiriça. Com a agravante de, havendo dentro do espaço europeu vários regimes internos distintos, as empresas poderem escolher aquele que se lhes apresentava como mais benéfico, nomeadamente por tutelar mais ligeiramente a defesa da concorrência[370].

Estes motivos foram ainda mais aprofundados com a modernização do direito comunitário da concorrência, que atrás descrevemos, sobretudo face ao novo modelo descentralizado assumido depois de 2003. A aquisição de competência pelas autoridades da concorrência dos Estados Membros para aplicar as normas jusconcorrenciais da UE e a necessidade de articulação entre as várias autoridades dos diferentes países e entre estas e a Comissão – reunidas, agora, numa rede europeia – conduziu a uma necessidade de uniformização quer das regras, quer da sua interpretação e aplicação, de modo a garantir a certeza e seguranças jurídicas próprias de um direito regulador e sancionador e a assegurar uma igualdade de tratamento das empresas, independentemente do

[369] Cf. o que a este respeito dissemos *supra*, pp. 89 e ss.

[370] Foi o caso, por exemplo, da Holanda, que antes de, em 1998, aprovar a sua legislação sobre concorrência (*Mededingingswet*), declaradamente próxima da regulação comunitária, era considerada «o paraíso dos cartéis», dada a permissividade (porventura mesmo o encorajamento) do seu ordenamento jurídico em relação a estas práticas restritivas. Cf. Hans Vedder, "Spontaneous Harmonisation of National (Competition) Laws in the Wake of the Modernisation of EC Competition Law", *The Competition Law Review*, 1, 2004, p. 8.

território dentro do qual exerçam a sua atividade. A ECN, como sublinhámos já, assumiu neste quadro um papel de grande relevo, pois que enquanto vaso comunicador das ANC de todos os Estados, proporcionou um palco preferencial para a gestação de boas práticas, linhas de orientação e normas de conduta que rapidamente se disseminaram por todos o espaço europeu (basta lembrar o que atrás dissemos acerca do *Programa Modelo de Clemência*[371]).

Evidentemente, esta aproximação entre os diferentes ordenamentos concorrenciais nacionais e entre estes e o ordenamento europeu não acontece a um mesmo ritmo, nem sequer seguindo necessariamente os mesmos meios, antes se desenvolve em cadências distintas. O que nos parece evidente é que esta harmonização espontânea existe, é uma realidade cada vez mais significativa, e produz, acima de tudo o mais, uma determinada política concorrencial comum ou, pelo menos, tendencialmente convergente[372]. À semelhança, por isso, do que se passa centralmente, ao nível das autoridades europeias, assistimos um pouco por toda a Europa à consolidação de um pensamento que distingue claramente entre práticas restritivas da concorrência inofensivas ou benignas e outras prejudiciais, danosas ou malignas (também conhecidas por práticas «*hard core*»[373]) e que se reflete, forçosamente, quer no regime de investigação de tais atividades, quer nas sanções que lhes são aplicadas.

6.2. A aproximação ao modelo norte-americano e a superação do paradigma administrativista: tutela penal dentro da UE?

E nesta perspetiva entronca, se bem vemos, outro dos atributos fundamentais e a que fomos já também fazendo referência ao longo deste trabalho: uma certa viragem no paradigma concorrencial europeu, no sentido de caminhar em direção àquilo que conhecemos por modelo americano[374]. Como vimos, a

[371] Cf. *supra* pp. 132 e ss.

[372] Hans Vedder, "Spontaneous Harmonisation of National (Competition) Laws in the Wake of the Modernisation of EC Competition Law", *The Competition Law Review*, 1, 2004, p. 10, fala mesmo de uma cultura uniforme de concorrência na Europa: "*spontaneous harmonisation has more than anything else resulted in an uniform culture of competition in Europe*".

[373] Como dissemos já, esta expressão parece ter sido inaugurada pela OCDE, tendo-se entretanto vulgarizado o seu uso, como modo de expressar esta diferença entre, por um lado, restrições altamente danosas e, por outro, limitações inofensivas ou com prejuízo limitado. No primeiro grupo, encontramos, por isso, os casos mais graves de cartéis de fixação de preços, de repartição de mercado, de limitação quotas de produção ou de licitações fraudulentas.

[374] E que detalhámos na primeira parte do capítulo II desta dissertação. Cf. *supra* pp. 60 e ss. Chamando, claramente, direito penal à normativa europeia em matéria de concorrência, André Klip, *European Criminal Law. An Integrative Approach*, Antwerp: Intersentia, 2009, p. 2 e pp. 197 e ss.

política europeia da concorrência assenta numa opção declarada pelo modelo administrativista, considerado, desde o Tratado CECA, o mais adequado para corresponder às exigências colocadas pela necessidade de tutela da atividade económica neste âmbito. Uma tal posição parece, todavia, ter vindo a alterar-se nos tempos mais recentes, como resulta, aliás, segundo cremos, de tudo quanto ficou dito até aqui.

Existindo três grandes opções para assegurar a efetiva aplicação de uma determinada norma – a tutela civil, a tutela administrativa ou a tutela penal[375] –, a escolha entre elas varia, desde logo, de acordo com o grau de intervenção que se deseja ou necessita que as autoridades públicas assumam na proteção do bem em causa. Naturalmente, cada um dos caminhos apresenta um particular equilíbrio entre a liberdade dos particulares e os poderes públicos de ingerência, sendo que o primeiro fator é preponderante na abordagem civilística (onde são as partes quem tem a generalidade dos poderes destinados à execução da norma, ao abrigo do nuclear princípio de autonomia das partes), enquanto o segundo ganha terreno aquando da utilização da legislação penal.

Estando o direito administrativo no ponto médio entre estes dois extremos, afigurou-se ao legislador comunitário como sendo o ideal para acautelar o cumprimento das normas concorrenciais, pois que permitia o exercício dos direitos individuais dos particulares envolvidos, ao mesmo tempo que dotava já as autoridades públicas de controlo de um conjunto de poderes procedimentais de investigação e de aplicação de sanções. A opção por este arquétipo de pendor administrativista não foi, todavia, absoluta, pois que – como referimos já por diversas vezes – não estava afastada a tutela civil dos comportamentos em causa, antes podia esta ser exercida diretamente pelos particulares junto dos tribunais nacionais.

No extremo oposto desta solução, encontra-se, como sabemos, o direito concorrencial norte-americano, que, desde o *Sherman Act*, combina a tutela civil (através das ações de indemnização e da cláusula de *treble damages*) com uma vincada proteção penal. A opção pela tutela penal (que detalharemos na parte II deste trabalho[376]) parte, naturalmente, de uma distinta conceção

[375] Podemos equacionar ainda a tutela disciplinar, mas esta com um âmbito muito mais limitado, pois que não permite resolver a generalidade dos conflitos (como os indicadas no texto), mas apenas um determinado número deles, em que as pessoas envolvidas assumem uma específica qualidade: tenham entre si uma certa relação laboral ou hierárquica. Para um entendimento das relações entre o direito disciplinar e o direito penal, cf. Jorge de Figueiredo Dias, *Direito Penal, Parte Geral, Tomo I: Questões Fundamentais. A Doutrina Geral do Crime*, 2.ª ed., Coimbra: Coimbra Editora, 2007, pp. 168 e ss.

[376] Cf. *infra* pp. 193 e ss.

quer quanto ao bem que se pretende proteger[377], quer quanto às vantagens e inconvenientes de uma intervenção do mais grave aparelho punitivo do Estado[378]. Nos EUA o cartel foi, desde cedo, entendido como um tipo de *white collar crime*[379], que afeta a comunidade como um todo e que, por isso, deve ser perseguido e punido com sanções criminais, tendo em atenção, entre outros, o seu efeito dissuasor e preventivo[380].

[377] Nos EUA, a concorrência foi sempre entendida como um fim em si mesma, não como um meio para atingir uma outra finalidade (no caso comunitário, como vimos, a integração europeia). Esta distinta conceção quanto ao bem jurídico que está a proteger-se – a concorrência garantiria, a final, o bem estar dos consumidores, de acordo com o pensamento da «Escola de Chicago» – justificava uma diferente orientação quanto à necessidade e oportunidade da intervenção penal.

[378] Mesmo utilizando uma análise económica do direito, tão ao gosto dos pensadores norte-americanos, a ponderação custos-benefícios de uma tal intervenção exigia a tutela penal. Aos custos altos decorrentes para a sociedade em geral e para os particulares envolvidos, contrapõem-se os benefícios externos alcançados, nomeadamente quanto ao efeito dissuasor e preventivo, à obtenção de uma solução justa para um conflito em relação ao qual os interesses dos particulares podem não conduzir à apreciação da questão por um juiz, ou ao benefício da existência de um corpo específico de profissionais que investigue a matéria e decida se há ou não elementos para que o processo prossiga. Cf., a propósito desta análise económica do direito penal, Francesca Pesce, "Alle radici di un difficile binomio: analisi economica e diritto penale", *L' Indice Penale*, 2011, pp. 29-68; Russell Hogg, "Crime, Risk and Money: The Currency of Justice: Fines and Damages in Consumer Societies and Crime and Risk, both by Pat O'Malley", *Criminal Justice*, 3, 2011, pp. 113-21: Kevin Albertson e Chris Fox, *Crime and Economics: An introduction*, London and New York: Routledge, 2012, pp. 110 e ss.; Michael Jefferson, "Corporate Criminal Responsability - Ascription of Criminal Liability to Companies", *Journal of Financial Crime*, 3, 1996, pp. 275-77. Ver ainda, embora apontando para a desnecessidade de intervenção penal, Michael Jefferson, "Corporate Criminal Liability: Sanctions and Remedial Action", *Journal of Financial Crime*, vol. 4, n.º 2, 1996, pp. 173-76; Daniel R. Fischel e Alan O. Sykes, "Corporate Crime", *The Journal of Legal Studies*, XXV , 1996, pp. 319-49; e, especificamente quanto à matéria do cartel, Kenneth G. Elzinga e William Breit, *The Antitrust Penalties: A Study in Law and Economics*, New Haven and London: Yale University Press, 1976, pp. 30 e ss.

[379] A respeito deste entendimento, ao qual voltaremos adiante (pp. 201 e ss.), cf., entre muitos outros, Marshall B. Clinard e Peter C. Yeager, *Corporate Crime*, New York: The Free Press, 1980, pp. 133 e ss.; Christopher Harding, "Business Collusion as a Criminological Phenomenon: Exploring the Global Criminalisation of Business Cartels", *Critical Criminology*, 14, 2006, pp. 181-205; Ronald J. Berger, *White-Collar Crime: the Abuse of Corporate and Government Power*, Boulder: Lynne Rienner Publishers, 2011, pp. 557 e ss.; e Christopher Harding, "The Anti-Cartel Enforcement Industry: Criminological Perspectives on Cartel Criminalisation", in *Criminalising Cartels: Critical Studies of an International Regulatory Movement*, Oxford: Hart Publishing, 2011, pp. 359-380.

[380] Para uma análise dos argumentos normalmente elencados no sentido de sustentar a criminalização – muitos deles, naturalmente, de origem ou inspiração norte-americana – cf. o que dizemos *infra* no capítulo V.

Mas ao lado deste meio superlativo de tutela da concorrência, o sistema norte-americano conhece também, como dissemos, e de modo bastante mais aprofundado que na Europa, a via do direito civil. A defesa dos direitos individuais dos cidadãos afetados pelas práticas restritivas da concorrência é exercida diretamente pelos particulares junto dos tribunais, através de ações de indemnização pelos danos sofridos. Este mecanismo está muito difundido na cultura americana – ao contrário do que sucede em território europeu, como sublinhámos –, sobretudo tendo em linha de conta a possibilidade de receber o valor correspondente aos danos em triplo[381].

Ora, se estes são os dois modelos opostos, tal como surgiram de um e de outro lado do Atlântico, a verdade é que cada vez mais se tem falado de convergência[382]. Esta confluência de sistemas, mais do que resultar de passos mútuos de aproximação, através dos quais cada uma das partes abdicaria de um conjunto de elementos da sua estrutura, substituindo-os ou aditando-lhes caraterísticas do oposto, parece decorrer sobretudo de uma certa «americanização» do sistema europeu[383]. De facto, se nos detivermos um pouco na evolução que traçámos do direito concorrencial europeu, podemos facilmente verificar que várias medidas foram tomadas dentro da UE no sentido de caminhar para soluções praticadas nos EUA[384].

[381] Sobre a utilização deste mecanismo de ações de indemnização por danos no direito norte-americano, cf. Ronald J. Berger, *White-Collar Crime: the Abuse of Corporate and Government Power*, Boulder: Lynne Rienner Publishers, 2011, pp. 211 e ss., comparando soluções penais e soluções civis; Richard Craswell, "Damage Multipliers in Market Relationships", *The Journal of Legal Studies*, XXV, 1996, pp. 463-492; e Reza Rajabiun, "Private Enforcement and Judicial Discretion in the Evolution of Antitrsut in the United States", *Journal of Competition Law & Economics*, 8, 2012, pp. 187-230.

[382] Cf., desde logo, William E. Kovacic, "Competition Policy in the European Union and the United States: Convergence or Divergence?", in *Bates White Fifth Anual Antitrust Conference;* e Adán Nieto Martín, "¿Americanización o europeización del Derecho penal económico?", in *Los caminos de la armonización penal*, Valencia: Tirant lo blanch, 2009, pp. 419-455.

[383] Assinalando esta tendência, Serafim Pedro Madeira Froufe, *A Reforma do Direito Comunitário da Concorrência: o sentido descentralizador e/ou re-centralizador do Regulamento (CE) n.º 1/2003 (dissertação de doutoramento)*, Braga: http://repositorium.sdum.uminho.pt/bitstream/1822/11261/1/TESE.pdf, 2009, pp. 66 e ss., além dos Autores referidos na nota anterior.

[384] Circunstância que não sucederá com o mesmo relevo no sentido inverso. Na verdade, o modelo norte-americano de direito da concorrência não tem dado grandes sinais de abertura às caraterísticas europeias, antes parecendo estar a impor-se um pouco por todo o mundo. Os fatores para tal fenómeno parecem estar ligados não só à maior experiência norte-americana nesta área, como igualmente ao reconhecimento de que será necessária a intervenção do aparelho punitivo do Estado para fazer face às violações mais graves das regras de proteção da concorrência.

Em primeiro lugar, veja-se o esforço que tem vindo a ser feito quanto à implementação efetiva das ações por indemnização de danos decorrentes de violações concorrenciais, numa tentativa assumida de fortalecer a tutela civil destes comportamentos dentro do espaço europeu. Se é certo, como notámos, que tal possibilidade sempre existiu, é igualmente reconhecido, pelas próprias instâncias comunitárias[385], que a sua utilização é muito reduzida e incipiente e que deve ser fomentada (tal como sucede no sistema norte-americano).

Atente-se, depois, naquilo que tem vindo a ser feito em termos de tutela pública da concorrência. Muito embora os diversos instrumentos legislativos afastem expressamente a natureza penal dos mecanismos aí previstos (especificamente, das sanções que podem ser aplicadas por violação das normas de proteção da concorrência) – como não podia, aliás, deixar de ser, pois que tais sanções são aplicadas pela Comissão e, à luz dos Tratados, as instâncias europeias não têm competência penal –, a verdade é que a substância das disposições em causa suscita cada vez maiores dúvidas.

De um lado, temos a intensificação dos poderes investigatórios da Comissão – a quem assiste a possibilidade de fazer buscas, de exigir a entrega de documentos, de inquirir intervenientes ou testemunhas, de selar instalações, *etc.* –, assumindo uma dimensão própria do *intrumentarium* penal, até agora desconhecida do direito administrativo[386]. Do outro, como consequência deste alastramento da intervenção pública, temos a concomitante redução de direitos fundamentais, em particular de direitos de defesa de natureza processual. Não sendo este, formalmente, um procedimento de natureza criminal, a verdade é que quer do ponto de vista dos meios que podem ser utilizados para deteção e recolha de prova, quer sob a perspetiva da gravidade das sanções a aplicar, os direitos dos cidadãos se vêm aqui fortemente diminuídos, pelo que se tem questionado cada vez com mais frequência a necessidade de aplicação dos princípios jurídico-penais a tais procedimentos (em particular, o direito à não auto-incriminação). Assim tem entendido, aliás, o TEDH, que vem impondo a sua jurisprudência aos órgãos decisórios da UE[387].

Há ainda a considerar, neste horizonte, a introdução dos programas de clemência na UE. Explicitamente importado do direito norte-americano, o regime de clemência – pese embora o seu propalado sucesso – transporta-nos

[385] Veja-se o *Livro Verde sobre Ações de indemnização devido à violação das regras comunitárias no domínio antitrust*, COM (2005) 672 final, de 19 de dezembro de 2005.

[386] Retomaremos o assunto *infra*, mais detidamente. Cf. pp. 233 e ss.

[387] Voltaremos a este tema mais adiante, a propósito da análise da suficiência ou insuficiência do direito administrativo para tutelar os bens e causa, do reforço dos poderes de atuação das entidades reguladoras e da necessidade de proteção dos direitos fundamentais. Cf. *infra* pp. 238 e ss.

inevitavelmente para o realidade criminal, na qual assenta a sua justificação[388] e dentro da qual é habitualmente utilizado. O favorecimento do denunciante (no caso, com a possibilidade de completa imunidade em certas hipóteses), sendo em si próprio uma negação do direito e da justiça[389], só poderá existir para permitir a tutela de um «bem maior», difícil de discernir quando nos movemos no campo administrativo[390]. A adoção deste mecanismo dentro da UE, apesar da manutenção da afirmação do caráter não penal das sanções associadas, patenteia uma mudança na compreensão do problema de base, demonstrando uma preocupação com os danos provocados pelo cartel que se avizinha, inexoravelmente segundo cremos, da perceção jurídico-penal.

De um outro ângulo, parece-nos que devemos ainda refletir sobre as sanções decorrentes da violação das normas em causa. Muito embora estejamos a falar de sanções de natureza pecuniária (coimas, de acordo com o ordenamento jurídico português[391]), e esteja declaradamente afastada a sua índole penal[392], não deixam de ser significativas quer as alterações que têm vindo

[388] Ao menos a sua tentativa de explicação, pois que muitos consideram tal instrumento verdadeiramente injustificado, tendo em conta os problemas éticos subjacentes à delação premiada. Cf. José Luís Guzmán Dalbora, "Do prémio da felonia na história jurídica e no direito penal contemporâneo", *RPCC*, 21, 2011, pp. 209-235; e o nosso comentário em Jorge de Figueiredo Dias e Flávia Loureiro, "Anotação ao artigo 70.º", in *Lei da Concorrência. Comentário Conimbricense*, Coimbra: Almedina, 2013, p. 709.

[389] Pois que a entidade sancionadora (pública) conhece o agente e os factos praticados, está consciente da sua ilicitude e, ainda assim, opta por não sancionar o comportamento (em troca, claro, de informações que permitam perseguir outros infratores) – o que, em sentido exato, significa que aquele agente concreto ficará impune ou verá a sua sanção sensivelmente reduzida.

[390] Não aprofundamos aqui a questão porque voltaremos a ela *infra*, pp. 229 e ss.

[391] Mas não assim em todos os ordenamentos jurídicos europeus. Na verdade, pese embora o paradigma administrativo tendencialmente vigente, um número crescente de países tem vindo a criminalizar condutas atentatórias destes bens. Além do caso, já referido, da Alemanha, com a criminalização do pacto destinado a licitações fraudulentas, veja-se o que sucedeu no Reino Unido, com a criminalização da prática de cartel, em 2002 – cf. Diana Guy, "The UK's experience with criminal law sanctions", in *Criminalization of Competition Law Enforcement: Economic and Legal Implications for the EU Member States*, Cheltenham: Edward Elgar, 2006, pp. 248-256; na Irlanda, com idêntica criminalização das práticas «*hard core*», através do *The Competition Act*, de 2002 – cf. Terry Calvani, "Cartel penalties and damages in Ireland: criminalization and the case for custodial sentences", in *Criminalization of Competition Law Enforcement: Economic and Legal Implications for the EU Member States*, Cheltenham: Edward Elgar, 2006, pp. 270-289; ou na Estónia, onde se tem caminhado no sentido da criminalização efetiva destes comportamentos, através das alterações ao Código Penal de 2002 e 2004 – cf. Aini Proos, "Competition Policy in Estonia", in *Criminalization of Competition Law Enforcement: Economic and Legal Implications for the EU Member States*, Cheltenham: Edward Elgar, 2006, pp. 307-311.

[392] O que, de acordo com o princípio da legalidade, parece fazer recuar definitivamente as dúvidas quanto à natureza da infração.

a ser introduzidas nas molduras de tais sanções, quer os valores altíssimos que estas atingem. Estamos perante sanções muito elevadas, de relevância significativa para o desenvolvimento da atividade de uma empresa[393] e que são aplicadas através de um procedimento não penal, por isso necessariamente mais aligeirado e menos garantístico. Não é de estranhar, portanto, que cada vez mais se ouçam vozes contra o modelo, exigindo um reforço dos direitos dos intervenientes, por entenderem estarmos, substancialmente, a aplicar consequências jurídicas aparentadas com as penas[394]. Na verdade, as sanções previstas para os comportamentos anticoncorrenciais parecem ter vindo progressivamente a assemelhar-se às penas, tanto do ponto de vista das suas caraterísticas externas, como sob a perspetiva das finalidades que com a sua aplicação se pretende atingir[395].

Por último, partindo de um enfoque completamente diverso – e, em certa medida, oposto –, afigura-se-nos significativo o facto de, apesar de o ordenamento europeu não querer aplicar normas jurídico-penais, vários Estados Membros terem vindo a adotar esta opção nos seus sistemas internos, criminalizando comportamentos atentatórios da concorrência[396]. Efetivamente, parece-nos que, também aqui, estamos na verdade perante um movimento de harmonização, só que operando no sentido inverso. Enquanto até aqui chamávamos a atenção para uma aproximação que tinha origem na legislação das instâncias europeias, difundindo-se a partir daí para os ordenamentos jurídicos nacionais, agora referimo-nos a uma consonância que parte dos diferentes Estados, que se repercute nos demais e que, prevemos, pode mesmo acabar por se impor ao sistema normativo da UE[397].

Considerados, pois, todos estes elementos, parece-nos manifesto estarmos a viver um processo de profunda mutação do direito europeu da concorrência, onde se deteta uma nítida inclinação para a tutela penal. Se é certo que esta não foi ainda expressamente concretizada, não é menos seguro que os esforços de modernização da legislação concorrencial europeia têm marcado

393 Uma vez que pode atingir 10% do volume de negócios do ano anterior, nos termos do n.º 2 do art. 23.º do regulamento (CE) n.º 1/2003, de 16 de dezembro de 2002.

394 Cf. Philippe Bonfils, "Les frontières du droit pénal des affaires", *Revue Pénitentiaire et de Droit Pénal*, 2 , avril-juin 2011, pp. 325-330.

395 *Idem*.

396 Cf. o que dissemos *supra* não apenas acerca do ordenamento alemão mas igualmente sobre outros países europeus (pp. 100 e ss.).

397 Falando também de uma harmonização a este nível, embora delimitando as áreas em que tal confluência sucederá, Hans Vedder, "Spontaneous Harmonisation of National (Competition) Laws in the Wake of the Modernisation of EC Competition Law", *The Competition Law Review*, 1, 2004, pp. 20 e ss.

um caminho que parece querer desembocar no direito penal. Se ponderarmos, por um lado, os efeitos da harmonização espontânea que referimos, e os aliarmos, por outro, às pressões de internacionalização das regras relativas à concorrência, apresenta-se-nos como muito provável – natural, diríamos até – que as legislações concorrenciais europeias[398] assumam, a breve trecho, uma explícita matriz jurídico-penal.

[398] Dizemos propositadamente, pretendendo abarcar quer as legislações nacionais dos Estados que compõem a UE, quer porventura mesmo, como deixámos entrevisto, o próprio ordenamento jurídico da União.

Capítulo IV: Evolução histórico-legislativa da proteção da concorrência em Portugal

1. A tutela da concorrência como fenómeno dual: tratamento diferenciado da concorrência desleal

Também em Portugal a atenção do direito ao fenómeno concorrencial se fez através da distinção entre as suas duas manifestações, defesa da lealdade de concorrência, por um lado, e proteção da livre concorrência, por outro. A tutela da concorrência não foi nunca encarada de uma perspetiva una[399], até porque, como referimos já[400], surgiu historicamente ligada a fatores diferenciados, que imprimiram rumos diversos ao tratamento das matérias relativas às práticas restritivas da concorrência e aos aspetos relacionados com o tratamento da concorrência desleal.

Na sequência deste entendimento doutrinalmente generalizado a respeito de considerar-se como direito da concorrência aquele que respeita à liberdade concorrencial e à questão das respetivas práticas restritivas, não pretendemos tratar nesta obra os conteúdos respeitantes à concorrência desleal (mesmo que a seu respeito possam colocar-se questões muitíssimo pertinentes no

[399] Como fizemos já referência, cf. as considerações que a este aspeto teceu José de Oliveira Ascensão, *Concorrência Desleal*, Coimbra: Almedina, 2002, pp. 15 e ss., onde expressamente adverte: "[e]m Portugal, quando se fala em Direito da Concorrência, para designar um ramo singular do Direito, é o Direito das Práticas Restritivas da Concorrência, ou da Defesa da Concorrência, que se considera". Ver, igualmente, a este propósito, Jorge Fernando Castro Patrício Paúl, *Concorrência Desleal*, Coimbra: Coimbra Editora, 1965, pp. 13 e ss.; Evaristo Mendes, "Direito da concorrência desleal e direito da concorrência", in *Concorrência Desleal*, Coimbra: Almedina, 1997, pp. 87-98; e Luís Manuel Couto Gonçalves, *Manual de Direito Industrial: Patentes, Desenhos ou Modelos, Marcas, Concorrência Desleal*, 2.ª ed., Coimbra: Almedina, 2008, pp. 403 e ss.

[400] Cf. aquilo que dissemos quanto ao nosso objeto e à sua razão de ser na introdução deste trabalho.

que tange à aplicação do direito penal). Ainda assim, todavia, afigura-se-nos relevante, neste ponto do trabalho em que pretendemos traçar uma breve síntese histórica da proteção da concorrência no nosso país, deixar algumas considerações, pouco mais que remissivas, a respeito da lealdade da concorrência, antes de nos debruçarmos especificamente sobre a tutela legal da liberdade de concorrência.

1.1. O surgimento do problema concorrencial: a lealdade

Como vimos ter ocorrido um pouco por todo o continente europeu[401], as primeiras preocupações concorrenciais do legislador nacional não se centraram nas práticas restritivas (relativamente bem tidas e aceites enquanto mecanismo usual de comércio até às primeiras décadas do século XX), mas antes na matéria atinente à lealdade entre concorrentes[402]. De forma natural, aliás, pois que a discussão se centrava em torno de uma conceção que entendia a concorrência leal como um direito subjetivo, ou melhor ainda talvez, como um manifestação de um direito de propriedade – compreensão que, tendo sido paulatinamente ultrapassada do ponto de vista dogmático, não deixa de ter repercussões ainda nos nossos dias, como se pode concluir facilmente pela mera constatação de ser esta concorrência regulada no Código da Propriedade Industrial[403].

Nesta medida, o primeiro diploma que regulou a matéria foi a Carta de Lei de 21 de maio de 1896, considerada o primeiro código português da propriedade industrial[404]. No seguimento do decreto de 15 de dezembro de 1884,

[401] Cf. o que dissemos *supra* a respeito do nascimento da preocupação concorrencial na Europa, particularmente a propósito do direito alemão, pp. 75 e ss.

[402] A investida do legislador português em relação à matéria da concorrência desleal (mais latamente, da propriedade industrial) foi em muito devedora, como todos reconhecem, da Convenção da União de Paris, de 1883, da qual Portugal foi um dos países signatários. Estabelecia-se, pois, no art. 1.º da referida Convenção, que a propriedade industrial abrangeria os direitos privativos e a repressão da concorrência desleal. Nessa sequência, Portugal foi o primeiro país do mundo a aprovar uma lei genérica em matéria de concorrência desleal. Cf. José de Oliveira Ascensão, *Concorrência Desleal*, Coimbra: Almedina, 2002, pp. 18 e ss.

[403] Ver, a propósito, Jorge Fernando Castro Patrício Paúl, *Concorrência Desleal*, Coimbra: Coimbra Editora, 1965, pp. 133 e ss; Luís Bigotte Chorão, "O Conceito de Concorrência Desleal. Evolução Legislativa", in *Concorrência Desleal*, Coimbra: Almedina, 1997, pp. 165-180; José de Oliveira Ascensão, *Concorrência Desleal*, Coimbra: Almedina, 2002, pp. 129 e ss.; e Luís Manuel Couto Gonçalves, *Manual de Direito Industrial: Patentes, Desenhos ou Modelos, Marcas, Concorrência Desleal*, 2.ª ed., Coimbra: Almedina, 2008, pp. 403 e ss.

[404] Na verdade, já antes deste diploma o Decreto de 16 de janeiro de 1837 se havia ocupado da matéria respeitante às invenções e a Carta de Lei de 4 de junho de 1883 estabelecera regras para

que atribuía natureza penal à concorrência desleal, o diploma estatuía serem desleais ou desonestos os atos tendentes a acreditar ou fazer sobressair falsamente a oferta do agente, mediante indução em erro ou engano dos respetivos destinatários, mais concretamente, consistentes em fazer passar, falsamente, os produtos por si comercializados ou destinados ao comércio como provenientes de certo território, localidade ou zona geográfica «conhecida pelos seus produtos»; como sendo de certo fabricante (diferente do verdadeiro, salvo autorização); como sendo produtos «depositados» ou «registados» no estrangeiro; ou como sendo produtos de certa marca, havendo-se eliminado, para o efeito, uma marca não registada neles aposta. A eles acrescia a indicação de que certo produto era fabricado segundo certa fórmula ou processo de determinada fábrica (não do domínio público), sem o comprovativo escrito de autorização concedida para o efeito; os atos ou expedientes de industrial ou comerciante consistentes em fazer confundir o seu estabelecimento com um outro da mesma natureza, contíguo ou muito próximo (por meio do uso de tabuletas, pintura da fachada, modo de instalação ou disposição); os atos de aproveitamento ou exploração do crédito de mercado ou reputação comercial de «concorrente», mais especificamente, aqueles em que o comerciante ou industrial – para acreditar os seus produtos – invoca, por qualquer forma ou maneira, o nome, a marca ou o estabelecimento de outro comerciante ou industrial que fabrique ou comercialize produtos análogos, sem este ter autorizado; ou a utilização ou divulgação por certo industrial de segredo de fábrica de outrem, com suborno, espionagem, compra de empregados ou operários, ou outro meio criminoso (art. 201.º).

O art. 205.º, resolvendo um problema que não era assacado ao decreto de 1884, vinha esclarecer expressamente que "os contraventores do disposto nos artigos 198.º, 200.º e n.ºs 4.º, 5.º e 9.º do art. 201.º, incorrem na multa de 100$00 réis a 500$00 réis e na responsabilidade por perdas e danos", atribuindo natureza penal a alguns dos comportamentos violadores da lealdade de concorrência (simulação de depósito ou registo no estrangeiro – 4.º; invocação não autorizada de fórmula ou processo de fabrico alheios – 5.º; substituição da marca por outra – 9.º). Uma tal responsabilidade era depois expressamente

a proteção das marcas. Pouco depois, através do Decreto Ditatorial n.º 6, de 15 de dezembro de 1884, estabeleceram-se as bases da matéria relativa à concorrência desleal, nos termos saídos da Convenção de Paris. A Carta de 21 de maio de 1896 foi, todavia, a primeira que tratou o tema como um todo, constituindo um corpo legislativo sistematicamente organizado a propósito da propriedade industrial – na verdade, no que à concorrência desleal diz respeito, este diploma não divergia fundamentalmente do decreto de 1884. Cf. José de Oliveira Ascensão, *Concorrência Desleal*, Coimbra: Almedina, 2002, pp. 25 e ss.

estabelecida também no art. 206.º que previa para os restantes casos do art. 201.º a punição com multa de 200$00 a 1000$00.

Sem pretendermos fazer a exegese das normas em referência, não podemos, porém, deixar de sublinhar aquele que era porventura o seu traço fundamental e que, até aos nossos dias, continua para muitos a caraterizar a concorrência desleal: trata-se da proteção de bens ou interesses de um dos concorrentes face aos outros, de um direito a exigir a não interferência dos demais agentes económicos na sua esfera de direitos. Muito embora, hoje, a maior parte da doutrina chame a atenção para o facto de a concorrência desleal ter também como desiderato a proteção dos consumidores[405], a verdade é que o seu núcleo duro continua a ser a proteção do agente comercial de atos concorrenciais desonestos e desconformes aos usos por parte de outro agente comercial.

Essa a razão pela qual, como dissemos já, a proteção da concorrência enquanto tal, em si mesma considerada, foi desde cedo atribuída às normas respeitantes à disciplina das práticas restritivas da concorrência, passando a conhecer-se esse ramo do direito por direito de defesa da concorrência. A tutela da lealdade de concorrência, por seu lado, foi especificamente deixada à concorrência desleal, tratada usualmente dentro do direito de propriedade industrial.

1.2. Os Códigos de Propriedade Industrial posteriores

A lei de 21 de maio de 1896 foi substituída pelo Código de Propriedade Industrial, elaborado e publicado ao abrigo da lei n.º 1.972, de 21 de junho de 1938, e aprovado pelo Decreto n.º 30.679, de 4 de agosto de 1940. Esta nova legislação, correspondendo naturalmente a exigências internas de adaptação a novas realidades e pretendendo ser reflexo das distintas compreensões doutrinais, decorre também, em grande medida, de um movimento global de reforma das leis de propriedade industrial.

Neste instrumento legislativo a concorrência desleal continua a ser encarada como crime – um pouco ao arrepio do que ia já sendo estabelecido em diversas legislações estrangeiras – e é tratada dentro do título epigrafado de "Delitos contra a Propriedade Industrial". Nos termos do art. 212.º, constituía concorrência desleal todo o ato de concorrência contrário às normas e usos honestos de qualquer ramo de atividade económica, que era considerado crime,

[405] Cf., por todos, José de Oliveira Ascensão, *Concorrência Desleal*, Coimbra: Almedina, 2002, pp. 133.

nos termos do art. 213.º, e punido com pena de multa de 100$00 a 10.000$00, que poderia agravar-se com pena de prisão de quize dias a seis meses.

Fruto de um labor doutrinal sério e consequente, o Código de 1940 vigorou durante cinquenta e cinco anos, apesar de ter sofrido diversas alterações (que, todavia, não tocaram no regime da concorrência desleal). Acabaria por ser substituído, no final do século passado, pelo Código de Propriedade Industrial de 1995, aprovado pelo decreto-lei n.º 16/95, de 24 de janeiro, que, desaproveitando a oportunidade de refletir e gizar uma mudança coerente no que à concorrência desleal respeita, acaba por defini-la no art. 260.º, em moldes não muito distintos daquilo que havia sido feito mais de cinco décadas antes: "quem, com intenção de causar prejuízo, praticar qualquer acto de concorrência contrário às normas e usos honestos de qualquer ramo de atividade (...) será punido com pena de prisão até 3 anos ou com pena de multa até 360 dias".

Se é certo que a lei não diz expressamente que a concorrência desleal corresponde à violação de direito privativos, a verdade é que a coloca dentro de capítulo que disciplina as infrações contra a propriedade industrial, aparecendo, em termos sistemáticos, imediatamente antes das normas que se referem à violação daqueles direitos (que aparecem igualmente na enumeração exemplificativa de atos de concorrência desleal contida no art. 260.º). Por outro lado, o art. 260.º não refere sequer os consumidores, muito embora o direito do consumo se tivesse vindo a desenvolver muitíssimo e diversa doutrina viesse já chamando a atenção para a perspetiva social, comunitária, da concorrência desleal. Como sublinha Oliveira Ascensão, "nada se contém no que respeita a actos que têm sido englobados na categoria dos actos contra o mercado em geral, ou de desorganização do são funcionamento do mercado"[406].

Dadas as muitas falhas e limitações que rapidamente foram apontadas ao Código de 1995, não tardou sequer uma década a que ele fosse substituído pelo decreto-lei n.º 36/2003, de 5 de março, que aprovou o CPI atualmente vigente (entretanto alterado pelos decretos-leis n.º 318/2007, de 26 de setembro, n.º 360/2007, de 2 de novembro, n.º 143/2008, de 25 de julho, e pela lei n.º 16/2008, de 1 de abril). Uma vez mais, a concorrência desleal é tratada no âmbito deste Código, muito embora esta se tenha dogmaticamente autonomizado da tutela de direitos privativos de propriedade industrial[407].

[406] José de Oliveira Ascensão, *Concorrência Desleal*, Coimbra: Almedina, 2002, p. 39.

[407] Cf., por todos, as reflexões que a este respeito são feitas por Carlos Olavo, "Introdução ao Direito Industrial", in *Direito Industrial*, Coimbra: Almedina, 2005, IV, pp. 155-198. Como explica o Autor: "[f]oi já muito discutido se a disciplina dos direitos privativos de propriedade industrial e a repressão da concorrência desleal são ou não realidades autónomas. De facto, a protecção contra a

A concorrência desleal vem, então, definida nos arts. 317.º e 318.º do CPI, em termos que são, na verdade, muito próximos dos que constavam na legislação anterior[408], apelando ao conceito de ato contrário às normas e usos honestos.

A grande mudança operou-se, de facto, ao nível da consequência jurídica, pois que o CPI vigente passou a considerar a concorrência desleal como ilícito contraordenacional, procedendo a uma descriminalização dos comportamentos em causa. Hoje, nos termos do art. 331.º, quem praticar qualquer dos atos de concorrência desleal definidos nos arts. 317.º e 318.º é punido com uma coima de 3000 a 30 000 euros, caso se trate de pessoa coletiva, e de 750 a 7500 euros, caso se trate de pessoa singular.

Em linha com o movimento internacional de descriminalização destas condutas em prol de um direito penal pouco interventor, que efetivamente constituísse *ultima ratio*, o legislador entendeu que não era necessária e justificável a tutela penal das condutas suscetíveis de constituir concorrência desleal. O CPI manteve, todavia, a tutela penal para os comportamentos que ponham em causa os direitos de propriedade industrial, propriamente ditos[409], para os quais estabeleceu, aliás, a possibilidade de aplicação de penas de prisão (a

concorrência desleal surge historicamente como uma expansão da proteção das várias modalidades de direitos privativos, especialmente das marcas, pelo que a diferenciação entre umas e outras figuras exigiu esforço legislativo, jurisprudencial e doutrinal. Actualmente, pode ser considerado pacífico o entendimento segundo o qual a proteção contra os actos de concorrência desleal tem, no nosso direito, um tratamento jurídico distinto da proteção dos direitos privativos da propriedade industrial, que permite considerá-la como um instituto autónomo" (p. 164).

[408] Nos termos no n.º 1 do art. 317.º, "[c]onstitui concorrência desleal todo o acto de concorrência contrário às normas e usos honestos de qualquer ramo de actividade económica, nomeadamente: a) Os actos susceptíveis de criar confusão com a empresa, o estabelecimento, os produtos ou os serviços dos concorrentes, qualquer que seja o meio empregue; b) As falsas afirmações feitas no exercício de uma actividade económica, com o fim de desacreditar os concorrentes; c) As invocações ou referências não autorizadas feitas com o fim de beneficiar do crédito ou da reputação de um nome, estabelecimento ou marca alheios; d) As falsas indicações de crédito ou reputação próprios, respeitantes ao capital ou situação financeira da empresa ou estabelecimento, à natureza ou âmbito das suas actividades e negócios e à qualidade ou quantidade da clientela; e) As falsas descrições ou indicações sobre a natureza, qualidade ou utilidade dos produtos ou serviços, bem como as falsas indicações de proveniência, de localidade, região ou território, de fábrica, oficina, propriedade ou estabelecimento, seja qual for o modo adoptado; f) A supressão, ocultação ou alteração, por parte do vendedor ou de qualquer intermediário, da denominação de origem ou indicação geográfica dos produtos ou da marca registada do produtor ou fabricante em produtos destinados à venda e que não tenham sofrido modificação no seu acondicionamento".

[409] Veja-se que os arts. 321.º a 330.º do CPI disciplinam ilícitos criminais, como a violação do exclusivo da patente, do modelo de utilidade ou da topografia de produtos semicondutores (art. 321.º), a violação dos diretos exclusivos relativos a desenhos ou modelos (art. 322.º) ou a contrafação, imitação ou uso ilegal de marca (art. 323.º).

generalidade das condutas descritas tem como pena abstratamente aplicável a prisão até 3 anos ou a multa até 360 dias[410]).

Não deixa, pois, de ser significativo anotar que, por um lado, a concorrência desleal era considerada como um ilícito penal e foi descriminalizada pelo CPI atual, enquanto, por outro, a tutela dos direitos privativos de propriedade industrial continua a exigir a intervenção do mais grave dos direitos sancionatórios. À medida, pois, que se foi reconhecendo que a concorrência desleal não se destinava somente a tutelar a propriedade industrial e os direitos daí resultantes, mas antes que através dela se pretendia garantia uma sã relação entre concorrentes, bem como entre estes e os consumidores – à medida, portanto, que esta ganhava dimensão social –, foi-se igualmente considerando que tais interesses não justificavam a intervenção do mais severo aparelho punitivo do Estado, afastando-se a aplicação do direito penal. O que, quanto a nós, é sintomático da conceção de bem jurídico que foi aí prevalecente – o bem jurídico entendido como realidade individual ou pessoal, afastando-se a possibilidade de existência de bens jurídicos supra-individuais ou coletivos[411].

2. A preocupação com a liberdade concorrencial: emergência do direito de defesa da concorrência

As questões em torno da liberdade de concorrência e da eventual necessidade da respetiva tutela legal surgiram, pois, umas décadas mais tarde, refletindo em Portugal aquelas que eram as preocupações que se iam fazendo sentir pelo resto da Europa. Com a compreensão de que o poder autorregulatório do mercado talvez não fosse suficiente, dadas as fragilidades que começava a demonstrar, a necessidade de intervenção legal para tutela e garantia da liberdade de concorrência fizeram-se sentir também em terreno luso.

De facto, um pouco por toda a Europa se avolumava a inquietação com as coligações e cartéis, primeiro entendidos como mecanismos próprios – essenciais mesmo – do funcionamento da economia, mas que se haviam disseminado grandemente e dominavam já diversos setores económicos, entravando o desenvolvimento. No período entre as duas grandes guerras, diversas legislações europeias haviam, por isso, feito aprovar regras especialmente destinadas

[410] É assim quanto aos crimes previstos nos arts. 321.º, 322.º, 323.º, 325.º, 327.º e 328.º. Apenas os crimes previstos nos arts. 324.º e 326.º são puníveis com pena de prisão até 1 ano ou pena de multa até 120 dias.

[411] Sobre este aspeto nos deteremos *infra*, a propósito das práticas restritivas da concorrência. Cf. pp. 246 e ss.

a regular esta realidade, sujeita agora ao controlo estadual. Também em Portugal, três anos antes da eclosão da II Guerra Mundial, o legislador decidiu enfrentar o problema.

2.1. A primeira lei sobre coligações económicas: lei n.º 1:936, de 18 de março de 1936

Em 18 de março de 1936, publica-se no Diário do Governo a lei n.º 1:936, emanada da Presidência do Conselho, que, segundo o sumário, promulga diversas disposições acerca de coligações económicas. Composto por sete bases, o diploma rege sinteticamente a disciplina, afirmando que "são ilegais todos os acordos, combinações ou coligações que tenham por fim restringir abusivamente a produção, o transporte ou o comércio dos bens de consumo, sendo os promotores e contraentes punidos com multa, conforme a sua renda, de um a três anos, logo que haja começo de execução do meio escolhido, quando apto pata provocar aquela restrição" (base IV).

E adianta, no mesmo preceito, "se a restrição da produção dos transportes ou do comércio dos bens se verificar, a pena aplicável será a de prisão correccional até três meses e multa correspondente". Ficam ainda sujeitos a este regime, de acordo com a base V, "todos os acordos, combinações ou coligações que tenham por fim elevar ou baixar exageradamente os preços dos bens de consumo comum, ou deminuir fraudulentamente a sua qualidade".

A lei dispunha igualmente acerca dos poderes de fiscalização e controlo do Governo a este propósito, que, além de ordenar a substituição das direções dos organismos corporativos (base I), podia dissolver todas as coligações económicas cuja atuação fosse contrária aos objetivos da economia nacional corporativa (base III). Através desta lei, ficava ainda o Governo autorizado a organizar o regime de publicidade e fiscalização da existência e atividade das coligações económicas (base II), bem como a modificar o regime de fiscalização das sociedades anónimas, de modo a garantir que fosse realizada com a intervenção de técnicos especializados e ajuramentados, designados por entidade estranha à sociedade (base VII).

Na base VI, o diploma estabelecia ainda que os crimes[412] punidos nas bases III e IV seriam julgados por tribunais especiais ou por tribunais ordinários determinados, de acordo com aquilo que seria estabelecido através de

[412] O diploma falava expressamente em crimes, fazendo, portanto, uma clara opção pela tutela jurídico-penal, que não será depois retomada nas legislações subsequentes.

decreto-lei, mas sempre com a intervenção de peritos competentes[413]. De tal modo que "as disposições das bases acima referidas só entrarão em vigor após a publicação do mencionado decreto-lei" – que, todavia, não foi aprovado até à revogação do diploma em causa, levada a cabo pela lei n.º 1/72, de 24 de março (base XVI).

Enquanto primeiro diploma legal destinado a prevenir e punir práticas restritivas da concorrência, a lei n.º 1:936 condensa uma aproximação ao problema não muito díspar das que se podiam encontrar nos demais países onde vigorava – se bem que com *nuances* e ritmos distintos – a denominada economia de mercado. Muito curta, ela proíbe as ações concentracionistas típicas: 1) coligações para restringir a) a produção; b) o transporte; e c) o comércio de bens de consumo; 2) coligações para elevar ou baixar exageradamente os preços desses bens; ou 3) coligações para diminuir fraudulentamente a qualidade de tais bens. E trata-as como infrações penais, prevendo pena de prisão ou de multa, conforme se tenha ou não produzido o resultado restritivo pretendido pela coligação económica. Note-se, todavia, que, de acordo com a base VI, o comportamento previsto na base III corresponderá igualmente a um ilícito criminal – 4) coligações económicas que exerçam uma ação contrária aos objetivos da economia nacional corporativa – que deverá ser julgado pelo mesmo tribunal especializado previsto para os comportamentos descritos na base IV.

Igualmente significativa se nos afigura a referência à necessidade de estabelecer um foro especializado para tratamento destas matérias. Muito embora remetesse para posterior decreto-lei a criação e regulação desses tribunais – o que, muito provavelmente, foi condição essencial para que a lei n.º 1:936 não fosse aplicada, uma vez que esse diploma não chegou a ser aprovado – importa reter que, já nessa altura, se compreendia a específica complexidade da matéria concorrencial e se entendia necessária a criação de um tribunal especializado (coisa que só veio a suceder muito recentemente, com a publicação da lei n.º 46/ 2011, de 24 de Junho, que cria, nomeadamente, o tribunal de competência especializada para a concorrência, regulação e supervisão[414]).

[413] O preceito diz, textualmente, "mas sempre, no segundo caso, com a intervenção de peritos competentes". Pretende claramente assegurar que, caso os crimes sejam julgados por tribunais ordinários, haja igualmente a intervenção de peritos especializados na matéria – o que, naturalmente, está assegurado se o julgamento for feito em tribunal especializado.

[414] A lei n.º 46/2011, de 24 de Junho, cria o tribunal de competência especializada para a propriedade intelectual e o tribunal de competência especializada para a concorrência, regulação e supervisão e procede a um conjunto de alterações a diferentes leis (à lei n.º 3/99, de 13 de janeiro, que aprova a Lei de Organização e Funcionamento dos Tribunais Judiciais; à lei n.º 18/2003, de 11 de junho, que aprova o Regime Jurídico da Concorrência, entretanto revogado e substituído; à lei n.º 5/2004, de

Naturalmente, a análise do diploma em causa não pode ser feita sem atentarmos no quadro jurídico-político mais vasto, nomeadamente naquele que resulta da aprovação da Constituição de 1933 e dos objetivos e linhas de atuação fulcrais do Estado corporativo[415]. De facto, nos termos do art. 34.º daquela CRP, "o Estado promoverá a formação e o desenvolvimento da economia nacional corporativa visando que os seus elementos não tendam a estabelecer entre si concorrência desregrada e contrária aos justos objectivos da sociedade e dêles próprios, mas a colaborar mùtuamente como membros da mesma colectividade".

A norma constitucional abre, pois, caminho para uma intervenção do Estado sobre a economia, nomeadamente com vista à regulação da concorrência, razão pela qual não é de estranhar o aprovação, três anos volvidos, da lei sobre coligações económicas. Como dissemos, todavia, a legislação que regulamentaria a lei n.º 1:936 nunca viu a luz do dia e a economia portuguesa foi-se desenvolvendo paulatinamente, de acordo com as severas matrizes fixadas pelo Estado e lançando muitas vezes mão de acordos entre produtores e comerciantes, celebrados ao abrigo dos organismos corporativos em que uns e outros se reuniam, e que, obviamente, não favoreciam necessariamente o desenvolvimento económico do país.

10 de fevereiro, que aprova a Lei das Comunicações Electrónicas; à lei n.º 25/2008, de 5 de junho, que estabelece medidas de natureza preventiva e repressiva de combate ao branqueamento de vantagens de proveniência ilícita e ao financiamento do terrorismo; à lei n.º 52/2008, de 28 de agosto, que aprova a Lei de Organização e Funcionamento dos Tribunais Judiciais; à lei n.º 99/2009, de 4 de setembro, que aprova o regime quadro das ordenações do setor das comunicações; ao decreto-lei n.º 298/92, de 31 de dezembro, que aprova o Regime Geral Das Instituições de Crédito e Sociedades Financeiras; ao decreto-lei n.º94-B/98, de 17 de abril, que regula as condições de acesso e de exercício da atividade seguradora e resseguradora no território da Comunidade Europeia; ao decreto-lei n.º 586/99, de 13 de novembro, que aprova o Código de Valores Mobiliários; ao decreto-lei n.º 36/2003, de 5 de março, que aprova o Código de Propriedade Industrial; ao decreto-lei n.º 95/2006, de 29 de maio, que estabelece o regime jurídico aplicável aos contratos à distância relativos a serviços financeiros celebrados com consumidores; e ao decreto-lei n.º 144/2006, de 31 de julho, que transpõe para a ordem jurídica interna a diretiva n.º 2002/92/CE, do Parlamento Europeu e do Conselho, de 9 de dezembro.

[415] Cf., a este propósito, o enquadramento histórico que é feito por Maria do Rosário Rebordão Sobral e João Eduardo Pinto Ferreira, *Da Livre Concorrência à Defesa da Concorrência: História e Conceitos Base da Legislação de Defesa da Concorrência*, Porto: Porto Editora, 1985, pp. 97 e ss.

2.2. O decreto-lei n.º 41 204, de 24 de julho de 1957: regime das infrações contra a saúde pública e antieconómicas

Em alguns diplomas posteriores se retomou, naturalmente, a questão da concorrência e da necessidade de intervenção do Estado sobre a economia, tentando porventura apontar um caminho que permitisse o crescimento económico sem o atropelo das regras básicas da concorrência. Mas um tal percurso não foi sempre claro e, por exemplo, na Lei do Fomento e da Reorganização Industrial (lei n.º 2:005, de 14 de março de 1945) procurava-se a concentração de pequenas indústrias em unidades de maior dimensão e superior rendimento económico, de modo a fazer face à prevista liberalização do comércio europeu, podendo tal concentração dar-se por acordo entre os interessados ou por imposição do próprio Governo. Tentava salvaguardar-se a concorrência, nomeadamente assegurando que o Estado tomaria as providências necessárias para evitar a concorrência ilegítima (base V).

Alguns anos depois, através da lei n.º 2:052, de 11 de março de 1952, o Governo estabeleceu as bases do condicionamento da indústria, fazendo depender a entrada de novos agentes económicos da prévia autorização das unidades já existentes do setor de atividade em causa, através da estrutura corporativa existente (grémio ou corporação). Obviamente, o estabelecimento destes limites à liberdade de iniciativa económica impunha escolhos claros à concorrência, que era assumidos pelo legislador e entendidos como um mal menor[416].

Cinco anos depois, foi aprovado o decreto-lei n.º 41 204, de 24 de julho de 1957. Este diploma constituiu o primeiro esforço nacional de consolidação da matéria respeitante às infrações antieconómicas e contra a saúde pública, até aí dispersas por um número significativo de diplomas avulsos, criados para responder a questões específicas, suscitadas, sobretudo, pelos períodos de guerra e crise que a Europa vinha atravessando[417]. Nele se retoma também a noção de concorrencial desleal que havia sido adotada pelo CPI de 1940, a que fizemos já referência, considerando como "infração disciplinar no domínio da atividade económica toda a conduta ofensiva, por acção ou omissão, dos

[416] Ver, a este respeito, as considerações expendidas por Maria do Rosário Rebordão Sobral e João Eduardo Pinto Ferreira, *op. cit.*, pp. 102 e ss.

[417] Jorge de Figueiredo Dias e Manuel da Costa Andrade, "Problemática geral das infracções contra a economia nacional", in *Direito Penal Económico e Europeu: Textos Doutrinários, vol. I*, Coimbra: Coimbra Editora, 1998, pp. 319-346, falam de "uma legislação penal económica de ocasião", sobretudo empenhada em punir as práticas perturbadoras de um mercado débil e dos esforços de recuperação económica.

princípios reguladores da vida económica inscritos na Constituição Política e no Estatuto do Trabalhador Nacional ou dos deveres especiais que para o exercício de determinadas actividades sejam impostos pela lei"[418].

No mesmo sentido, nos termos no ponto 7.º do art. 47.º, a concorrência desleal ou ilícita constitui expressamente infração disciplinar, ao lado de comportamentos como a inobservância dos deveres respeitantes a reservas, contingentes e quotas de rateio (6.º) ou a prática de vendas em saldos, liquidações ou leilões sem autorização do respetivo organismo corporativo (10.º). A estas infrações disciplinares poderiam ser aplicadas, pela direção do organismo cooperativo competente (art. 51.º), sanções de mera advertência, advertência registada, censura, multa até 5.000$00, encerramento do estabelecimento comercial ou industrial ou suspensão da atividade exercida pelo infrator até 3 meses, suspensão até dois anos do exercício dos direitos provenientes da inscrição nos organismos corporativos e de coordenação económica, ou eliminação da inscrição naqueles organismos, nos termos do art. 48.º

2.3. A lei n.º 1/72, de 24 de março, sobre práticas restritivas da concorrência

Em 24 de março de 1972, foi publicada a lei n.º 1/72 que, revogando a já referida lei n.º 1:936, estabelece as bases sobre a defesa da concorrência. Este diploma, mais elaborado e sistematizado do que o que o precedeu, apresenta já uma outra conformação para o modelo concorrencial, procurando ir ao encontro dos princípios vigentes na economia comunitária, uma vez que decorriam, nessa altura, as negociações dos acordos com a CEE. Esta inovação legislativa tinha atrás de si, ademais, a revisão constitucional de 1971, que consagrara expressamente no texto da CRP a competência do Estado estimular a iniciativa privada e a concorrência efetiva, desde que esta contribuísse para a racionalização das atividades produtivas[419].

Começa por afirmar-se, pois, na base I da lei n.º 1/72, que "cabe ao Estado, institutos públicos, autarquias locais e organismos corporativos assegurar as condições de uma justa e efectiva concorrência, com vista ao desenvolvimento económico e social do País, tendo em consideração a estrutura do mercado, a situação conjuntural, a concorrência externa e as demais circunstâncias de cada sector da economia", elevando, pois, a tarefa do Estado a promoção de uma concorrência livre e leal. Ao contrário do que sucedia na lei de 1936,

[418] Assim estabelece o art. 46.º do decreto-lei n.º 41 204, de 24 de julho de 1957.

[419] Nos termos do art. 31.º, n.º 6.

o legislador adopta agora um tipo legal composto por um núcleo de características comuns e um elenco de práticas restritivas da concorrência, que partilharão todas daquelas qualidades.

Assim, nos termos do no n.º 1 da base V, "[s]ão consideradas práticas restritivas, para efeitos da presente lei, as condutas isoladas ou concertadas, qualquer que seja a forma que revistam, de uma ou mais empresas, individuais ou colectivas, que impeçam, falseiem ou restrinjam, directa ou indirectamente, a concorrência efectiva no território do continente e ilhas adjacentes e consistam em: a) fixar, directa ou indirectamente, um limite mínimo aos preços de venda, às margens de lucro do comprador ou a outras condições das transacções efectuadas no mesmo ou em diferentes estádios do processo de produção e comercialização; b) fixar, directa ou indirectamente, um limite máximo aos preços de compra, às margens de lucro do vendedor ou a outras condições das transacções efectuadas no mesmo ou em diferentes estádios do processo de produção e comercialização; c) restringir, por qualquer forma, a liberdade de outrem estabelecer os preços ou as condições comerciais nos contratos que celebre com terceiros, desde que essa restrição não tenha por fim a protecção de uma marca legalmente registada; d) recusar a venda ou a compra de bens e serviços, desde que a recusa tenha carácter discriminatório, por depender exclusivamente da pessoa do comprador ou do vendedor; e) aplicar, sistemática ou ocasionalmente, nas vendas ou nas compras, preços ou condições subsidiárias que, em igualdade de outras circunstâncias e independentemente das despesas de transporte, seguro e comercialização, variem conforme as pessoas com quem se realizam as transacções; f) subordinar a venda ou a compra de bens e serviços a uma dada quantidade ou à compra ou venda de outros bens ou serviços, desde que essa subordinação, pela sua natureza ou pelos usos comerciais, não tenha ligação directa com a referida operação; g) limitar ou controlar a produção, o desenvolvimento técnico e os investimentos em prejuízo dos consumidores; h) repartir os mercados, produtos, clientes ou fontes de abastecimento; i) aproveitar posição de domínio total ou parcial do mercado para atuações lesivas da economia nacional, dos legítimos interesses dos concorrentes, quando os houver, ou dos consumidores"[420].

Consideravam-se, ainda, práticas restritivas idênticas às elencadas, nos termos do n.º 2 do preceito, todas as que como tal fossem qualificadas pelas convenções ou acordos internacionais de que Portugal fosse parte.

[420] Como se vê – e se analisará melhor *infra* – a estrutura proposta pelo lei n.º 1/72 corresponde, em grande medida, àquela que ainda hoje conhecemos na nossa legislação relativa às práticas restritivas de comércio.

As atuações previstas no preceito não diferem substancialmente daquelas que, um pouco por toda a Europa, estavam a ser acolhidas, e, por isso, de acordo com tal cânone, a lei n.º 1/72 consagrava uma aproximação à *rule of reason*[421] na sua base VI, estabelecendo um conjunto de exceções ao preceito anterior, baseadas na promoção do progresso técnico ou económico ou nas melhores condições de produção de bens e serviços. Aí se estabelecia portanto que, sem prejuízo do disposto na base V, e apenas nos casos em que a promoção do progresso técnico ou económico ou as melhores condições de produção de bens e serviços o justificassem, certos atos não seriam considerados como práticas restritivas da concorrência.

Dentro desta hipótese caberiam os casos em que uma empresa assegurasse ela própria o seu fornecimento e o escoamento da sua produção, quer diretamente, por depósitos, filiais, sucursais, agências, delegações ou qualquer outra representação permanente, quer indiretamente, por intermédio de sociedades dominadas que lhe reservassem ou a que ela reservasse a totalidade ou parte substancial da sua produção; os contratos ou acordos de exclusivo, de duração conforme aos usos comerciais, em que o concedente se obrigasse a não aceitar outro distribuidor na zona atribuída ao seu concessionário e este assumisse, em contrapartida, a obrigação de venda exclusiva dos produtos do seu fornecedor ou, pelo menos, se vinculasse a não vender produtos concorrentes; os acordos que tivessem por objeto a aplicação uniforme de normas ou tipos; os acordos que tivessem exclusivamente como objeto a investigação em comum de melhoramentos técnicos, cujo resultado fosse proporcionalmente acessível a todas as partes; os acordos de compra ou venda em comum, quando contribuíssem para um melhoramento apreciável da produção ou distribuição do produto; os acordos de especialização, com vista a racionalizar a produção de certos produtos; os acordos entre exportadores, as decisões ou práticas de associações de exportadores visando a expansão do setor para os mercados externos, a defesa da qualidade ou do preço dos respectivos produtos; e ainda os casos em que as condutas referidas na base V fossem impostas ou autorizadas por lei ou regulamento do Governo[422].

No que respeita às sanções, a base XI do diploma estabelecia que, se da instrução resultasse a verificação da existência de uma das referidas práticas

[421] Como vimos já, a *rule of reason* começou por ser uma criação jurisprudencial norte-americana, acabando, depois, por ser integrada na letra da lei. Na Europa, a ideia que preside a tal regra foi sempre tida em conta, uma vez que a concorrência era encarada, como referimos também, como um meio e não um fim em si mesma, podendo, por isso, tolerar-se certas práticas restritivas que demonstrassem ser favoráveis ao cumprimento de específicos objetivos comunitários.

[422] Assim dispunham as alíneas a) a h) da base VI da lei n.º 1/72, de 24 de março.

restritivas, o Conselho Superior da Economia (órgão competente pata investigação e instrução do processo) notificaria os agentes em causa para adotarem as providências indispensáveis à sua cessação ou à cessação dos seus efeitos, fixando um prazo não inferior a trinta dias para cumprimento da notificação. A falta de cumprimento das providências determinadas seria punida, nos termos da base XIII, com multa de 100.000$00 a 10.000.000$00, moldura que seria elevada para o dobro no caso de reincidência, competindo a sua aplicação não ao órgão administrativo, naturalmente, mas aos tribunais criminais[423].

Dispunha-se ainda naquele diploma que, conjuntamente com a aplicação das penas que ao caso coubessem, o tribunal declararia a ineficácia dos atos, contratos ou acordos que integrassem as práticas restritivas imputadas aos arguidos[424], sendo ainda punidas a recusa de informações, ou a sua inexatidão, a ocultação, destruição, inutilização, falsificação ou viciação de documentos com multa de 50.000$00 a 1.000.000$00, salvo se, pela lei penal comum, lhes correspondesse pena mais grave (no caso de "mera negligência", a pena seria a de multa de 5.000$00 a 50.000$00)[425].

Mais uma vez, porém, a entrada em vigor da lei ficou condicionada à aprovação do respetivo decreto regulamentar (nos termos do n.º 2 da base XVI), que nunca chegou a publicar-se, ficando a lei n.º 1/72 sem conhecer aplicação. Nada que, em boa verdade, seja surpreendente face à distância entre a letra da lei e a realidade do nossos país naquele período histórico, uma vez que aquela partia de uma filosofia económica totalmente inconciliável com as entorses que haviam sido introduzidas no nosso mercado através do condicionamento e das barreiras aduaneiras. Um e outras, mas sobretudo o primeiro, incentivavam os industriais de cada setor (todos eles agrupados num grémio ou corporação) a tentarem diminuir a concorrência entre si, através da celebração de acordos que lhes permitissem a fixação de preços, a repartição de mercados ou a definição de circuitos de distribuição do produto – práticas que, como é óbvio, se apresentavam como completamente opostas aos princípios da lei que era preciso regulamentar[426].

[423] De acordo com o estabelecido na base XIV do diploma, a aplicação das penas previstas caberia aos tribunais criminais de Lisboa e do Porto, que não poderiam apreciar a legalidade da deliberação do Conselho Superior de Economia que tivesse fixado as providências a adoptar pelos infratores, mas somente o respetivo incumprimento.

[424] Nos termos do n.º 4 da base XIV.

[425] De acordo com o que ia estipulado no n.º 3 da base IV.

[426] Na verdade, a base XV da lei n.º 1/72, estabelecia que "[a] presente lei não se aplica ao Estado e demais pessoas colectivas de direito público, salvo quando exerçam actividades de natureza comercial ou industrial reguladas pelo direito privado", e que "[o] Conselho de Ministros, sob

3. A Constituição de 1976 e a proteção da concorrência no período democrático

Muito embora outros diplomas fossem sendo aprovados a respeito ou com vista a produzir efeitos sobre matérias atinentes à concorrência, a verdade é que, a juntar a todas as outras razões que vimos apontando, o clima politicamente instável que se vivia no nosso país não era propício para a implementação de mudanças profundas a respeito desta matéria. Teríamos, pois, que esperar a Revolução de Abril e a Constituição democrática que ela trouxe consigo para podermos falar de uma transformação na forma de encarar e lidar com a concorrência. Transformação essa que, ainda assim, levou o seu tempo.

3.1. A CRP de 1976 e a imposição legiferante do artigo 88.º

A CRP de 1976 veio, então, consagrar expressamente o papel da concorrência como motor de desenvolvimento económico, afirmando como incumbência prioritária do Estado, em matéria de organização económica, eliminar e impedir a formação de monopólios privados, através de nacionalizações ou de outras formas, bem como reprimir os abusos de poder económico e todas as práticas lesivas do interesse geral, e assegurar a equilibrada concorrência entre as empresas, fixando a lei a proteção às pequenas e médias empresas económica e socialmente viáveis (al. g) e al. j) do art. 81.º).

Mais estabelecia ainda, no seu art. 88.º, que as atividades delituosas contra a economia nacional seriam definidas por lei e objeto de sanções adequadas à sua gravidade, fazendo impender, nesta medida, sobre o legislador uma verdadeira imposição legiferante, que concretizava no n.º 2 do mesmo preceito: "[a]s sanções poderão incluir, como efeito da pena, a perda de bens, directa ou indirectamente obtidos com a actividade criminosa, e sem que ao infractor caiba qualquer indemnização". Uma tal imposição – que se manteria na revisão constitucional de 82, mas acabaria por cair com as alterações introduzidas em 1989[427] – era, pois,

parecer do Conselho Superior de Economia, pode, por decreto fundamentado, declarar as disposições da presente lei temporàriamente inaplicáveis, no todo ou em parte: a) a determinado sector da economia, caso nele se verifiquem graves perturbações estruturais; b) à generalidade da economia, em caso de grave e prolongada recessão", conferindo, portanto, margem ao próprio Conselho de Ministros para desaplicar a lei.

[427] A lei n.º 1/82, de 30 de setembro, deixou intacto o art. 88.º, que acabaria, todavia, por desaparecer na revisão constitucional operada pela lei n.º 1/89, de 8 de julho. O art. 88.º passaria, com essa alteração, a tratar a matéria respeitante à atividade económica e investimento estrangeiro (que, originariamente, constava do art. 86.º) e a estabelecer o seguinte: "[a] lei disciplinará a actividade

um verdadeiro mandato expresso de criminalização[428], a exigir do legislador ordinário a tutela penal dos comportamentos mais gravemente atentatórios da economia nacional.

Todavia, a agitação própria daqueles primeiros anos de democracia não permitiu que se avançasse para a regulamentação da concorrência e os primeiros governos pós 74 estavam mais preocupados com as questões relacionadas com o abastecimento de produtos, com o estabelecimento de um mecanismo simplificado de controlo de preços e com a montagem de sistemas de organização comercial que permitissem a transparência dos mercados. De tal modo que a primeira revisão constitucional chegou, em 1982, sem que se tivesse aprovado legislação específica para a proteção da liberdade de concorrência.

Esta revisão manteve praticamente intacto o conteúdo das alíneas referidas do art. 81.º (que passaram, todavia, a corresponder às alíneas e) e f) do preceito), desaparecendo a referência à proteção das pequenas e médias empresas. De importância significativa foi, porém, a alteração introduzida no art. 109.º, destinado a regular os preços e os circuitos de distribuição[429]. Onde antes se dizia que ao Estado incumbia a racionalização dos circuitos de distribuição e a eliminação daqueles que fossem desnecessários, intervindo na formação e no controlo dos preços[430], passou em 82 a afirmar-se coisa substancialmente diferente: "[o] Estado intervém na racionalização dos circuitos de distribuição e na formação e no controlo dos preços, a fim de combater actividades especulativas, evitar práticas comerciais restritivas e os seus reflexos sobre os preços, e adequar a evolução dos preços de bens essenciais aos objectivos da política económica e social"[431].

económica e os investimentos por parte de pessoas singulares ou colectivas estrangeiras, a fim de garantir a sua contribuição para o desenvolvimento do país e defender a independência nacional e os interesses dos trabalhadores". O preceito viria ainda a sofrer uma outra alteração na revisão constitucional de 1997 (operada pela lei n.º 1/97, de 20 de setembro), passando agora a dispor sobre os meios de produção em abandono: "1. Os meios de produção em abandono podem ser expropriados em condições a fixar pela lei, que terá em devida conta a situação específica da propriedade dos trabalhadores emigrantes. 2. Os meios de produção em abandono injustificado podem ainda ser objecto de arrendamento ou de concessão de exploração compulsivos, em condições a fixar por lei".

[428] A propósito destes mandatos, cf., por todos, Maria da Conceição Ferreira da Cunha, *«Constituição e Crime» – Uma Perspectiva da Criminalização e da Descriminalização*, Porto: Universidade Católica Portuguesa – Editora, 1999, *passim*.

[429] Com a revisão introduzida pela lei n.º 1/82, de 30 de setembro, a epígrafe do artigo foi também alterada, passando a ser "comércio" e não já "preços e circuitos de distribuição".

[430] O n.º 2 do art. 109.º estabelecia ainda a proibição expressa da publicidade enganosa.

[431] O preceito mantinha também um n.º 2, que passava, todavia, a estabelecer o seguinte: "[p]ara desenvolver e diversificar as relações económicas externas e salvaguardar a independência nacional,

A interferência do Estado no processo de formação de preços e nos circuitos de distribuição passa, pois, a visar expressamente o combate às ações especulativas e aos comportamentos restritivos da concorrência, que assim assume um papel cada vez mais significativo enquanto instrumento essencial da organização e da política económica. A importância crescente da concorrência e a necessidade de esta ser convenientemente tutelada tinham já conduzido a que, em 27 de junho de 1982, através da lei orgânica do Ministério da Agricultura, Comércio e Pescas (decreto-lei n.º 293/82), fosse criada a Direção-Geral de Concorrência e Preços, com atribuições que passavam pelo estudo, conceção e execução administrativa das políticas de concorrência e preços, assim como dos circuitos de distribuição. Caminhava-se, pois, a passos largos, para a implementação efetiva de uma legislação destinada a proteger a liberdade de concorrência.

3.2. O decreto-lei n.º 422/83, de 3 de dezembro

O que viria, de facto, a suceder, um ano mais tarde, com a aprovação do decreto-lei n.º 422/83, de 3 de dezembro, que aprova a primeira Lei de Defesa da Concorrência pós 25 de Abril de 1974[432]. O diploma é naturalmente muito tributário das normas comunitárias relativas à concorrência, sobretudo dos arts. 85.º e 86.º do Tratado CEE, uma vez que Portugal preparava a sua adesão à Comunidade[433]. Nele se procuram tratar quer os acordos, decisões de associações, práticas concertadas entre empresas e abusos de posição dominante, quer as práticas individuais restritivas da concorrência, e respetivas sanções, procedendo-se, igualmente, à criação do Conselho da Concorrência, sempre com o objetivo de proteger a "concorrência no mercado nacional, a

incumbe ao Estado regular as operações de comércio externo, nomeadamente através de empresas públicas ou outros tipos de empresas".

[432] Para análise deste diploma, cf. Gabriel Jorge de Almeida Ribeiro, *Defesa da Concorrência: Decreto-Lei n.º 422/83, de 3 de dezembro Anotado*, Lisboa: Rei dos Livros, 1984; Maria do Rosário Rebordão Sobral e João Eduardo Pinto Ferreira, *Da Livre Concorrência à Defesa da Concorrência: História e Conceitos Base da Legislação de Defesa da Concorrência*, Porto: Porto Editora, 1985; Maria Belmira Martins, Maria José Bicho e Azeem Remtula Bangy, *O Direito da Concorrência em Portugal*, Lisboa, 1986. Cf., ainda, com referências históricas a este diploma, Paulo de Sousa Mendes e Fernando Xarepe Silveiro, "Algumas questões em torno da nota de ilicitude no processo contra-ordenacional por práticas restritivas da concorrência", *Revista do CEJ*, 14, 2010, pp. 431-48.

[433] Nos termos do preâmbulo do diploma, "[o] Programa do IX Governo Constitucional, aprovado pela Assembleia da República, inclui, entre as principais medidas a adoptar no âmbito económico, a elaboração de uma lei de defesa da concorrência em moldes semelhantes aos existentes nos países europeus".

fim de salvaguardar os interesses dos consumidores, garantir a liberdade de acesso ao mercado, assegurar a transparência do mercado, favorecer a realização dos objectivos gerais de desenvolvimento económico e social e reforçar a competitividade dos agentes económicos face à economia internacional"[434].

No que respeita às práticas individuais restritivas da concorrência[435], o legislador adotou um sistema baseado na proibição de um conjunto de comportamentos, aos quais fez associar uma sanção, muito embora prevendo a possibilidade de exceções, resultantes quer de critérios legais, quer de portarias ministeriais. Assim, a imposição de preços mínimos, a aplicação de preços ou de condições de venda discriminatórios relativamente a prestações equivalentes e a recusa de venda de bens ou de prestação de serviços são, nos termos do art. 3.º do decreto-lei n.º 422/83[436], consideradas como práticas restritivas da concorrência e, por isso, punidas como contraordenações com coima de 250 00$00 a 1 000 000$00 (n.º 2 do art. 16.º)[437]. Nos arts. 5.º, 10.º e 12.º estão consagradas as referidas circunstâncias de exceção, permitindo que a proibição não seja aplicada ou possa ser afastada num determinado número de circunstâncias.

Já quanto às práticas coletivas restritivas da concorrência, os arts. 13.º e 14.º disciplinam os acordos, decisões de associações, práticas concertadas e abusos de posição dominante que, quando não justificados nos termos do disposto no art. 15.º, constituem contraordenação punível com coima de 50 000$00 a

[434] Art. 1.º do decreto-lei n.º 422/83, de 3 de dezembro.

[435] A distinção entre práticas individuais e práticas coletivas restritivas da concorrência era usual na época e, em boa verdade, ainda hoje tem repercussão legal (atente-se na aprovação recente do decreto-lei n.º 166/2013, de 27 de dezembro, que estabelece o regime jurídico das práticas individuais restritivas do comércio). Muito embora a diferenciação pareça assentar no sujeito que pratica a infração (uma só empresa, no caso das práticas individuais; várias empresas concertadas, no caso de práticas coletivas), alguns Autores chamam a atenção para a incorreção deste pensamento, sublinhando que tanto a recusa de venda, classificada como individual, pode ser resultado de uma prática concertada por um conjunto de empresas, como o abuso de posição dominante, que está incluído nas práticas coletivas, pode resultar da ação de uma única empresa. Cf. MARIA BELMIRA MARTINS, MARIA JOSÉ BICHO e AZEEM REMTULA BANGY, *O Direito da Concorrência em Portugal*, Lisboa, 1986, pp. 31-32. Os Autores propõem como critério mais acertado aquele que assenta no facto de as práticas individuais constituirem um delito em si mesmo, ou seja, uma vez constatadas, são proibidas e sancionadas *per se*, enquanto as práticas coletivas são perseguidas e consideradas ilícitas apenas quando apresentam um balanço económico negativo (aplicação da *rule of reason* norte-americana).

[436] Estão, depois, detalhadamente disciplinadas nos arts. 4.º a 12.º do diploma.

[437] Nos termos do n.º 3 do mesmo art. 16.º, a violação do disposto nos art. 8.º (obrigatoriedade de posse de tabelas ou listas de preços) e no art. 9.º (proibição de vantagens discriminatórias) constitui igualmente contraordenação punível com coima de 10 000$00 a 100 000$00.

50 000 000$00, conforme estatui o n.º 1 do art. 16.º Assim, o art. 13.º, inspirado no n.º 1 do art. 85.º do Tratado de Roma, começa lapidarmente por afirmar que se consideram práticas restritivas da concorrência os acordos entre empresas, as decisões de associações de empresas e as práticas concertadas, qualquer que seja a forma que revistam, que tenham por objeto ou como efeito impedir, falsear ou restringir a concorrência, no todo ou em parte, do mercado nacional de bens e serviços.

Avança depois, de acordo com o modelo comunitário, para uma enumeração exemplificativa de tais comportamentos (nomeadamente, os que se traduzam em): "a) fixar ou recomendar, directa ou indirectamente, os preços de compra ou de venda e, bem assim, outras condições das transacções efectuadas no mesmo ou em diferentes estádios do processo económico; b) limitar ou controlar a produção, a distribuição, o desenvolvimento técnico ou os investimentos; c) repartir os mercados ou as fontes de abastecimento; d) aplicar, sistemática ou ocasionalmente, condições discriminatórias de preço ou outras em prestações equivalentes; e) recusar, directa ou indirectamente, sem justificação, a compra ou a venda de bens e a prestação de serviços, nomeadamente em virtude de discriminação em razão da pessoa do comprador ou do vendedor; f) subordinar a celebração de contratos à aceitação de obrigações suplementares que, pela sua natureza ou segundo os usos comerciais, não tenham ligação com o objecto desses contratos". Estes acordos ou decisões, bem como aqueles que forem considerados práticas restritivas da concorrência nas convenções ou acordos internacionais de que Portugal seja parte (n.º 2 do art. 13.º), são nulos, nos termos no n.º 3 do art. 13.º, a não ser que, como referimos já, sejam tidos por justificados à luz dos critérios que o art. 15.º aponta.

Por sua vez, o art. 14.º, na esteira do preceito contido no art. 86.º do Tratado de Roma, considerava serem igualmente práticas restritivas da concorrência os abusos praticados por uma ou mais empresas dispondo de posição dominante no mercado nacional e que tenham por objeto ou como efeito impedir, falsear ou restringir a concorrência, adotando, designadamente, algumas das práticas referidas no artigo 13.º Para concretizar o que podia entender-se por posição de domínio, estabelecia o n.º 2 do artigo que se entendia disporem de posição dominante relativamente ao mercado de determinado bem ou serviço: a) a empresa que atua num mercado no qual não sofre concorrência significativa ou assume preponderância relativamente aos seus concorrentes; b) duas ou mais empresas que atuam num mercado sem que exista concorrência significativa entre elas ou sem que exista concorrência substancial por parte de terceiros.

Dependendo esta definição, todavia, de uma análise casuística da empresa, empresas ou grupo de empresas em causa em cada circunstância concreta, o n.º 3 do art. 14.º estabelecia ainda que "[s]em prejuízo da análise caso a caso dentro do entendimento genérico estabelecido no número anterior, presume-se que: a) se encontra na situação prevista na alínea a) do número anterior uma empresa que detenha no mercado nacional de determinado bem ou serviço uma participação igual ou superior a 30%; b) se encontram na situação prevista na alínea b) do número anterior as empresas que detenham em conjunto no mercado nacional de determinado bem ou serviço: i) uma participação igual ou superior a 50%, tratando-se de 3 ou menos empresas; ii) uma participação igual ou superior a 65%, tratando-se de 5 ou menos empresas".

Importa ainda referir, nesta análise perfunctória do diploma, que o art. 15.º do decreto-lei em causa – recebendo a já referida regra norte-americana da «*rule of reason*», que encontrara igualmente eco na legislação comunitária –, previa a possibilidade de as práticas restritivas acabadas de enumerar poderem ser consideradas justificadas, se contribuíssem pra melhorar produção ou a distribuição de bens e serviços ou para promover o desenvolvimento técnico ou económico. Para que tal sucedesse, porém, além do referido contributo, elas teriam de reservar aos utilizadores de tais bens e serviços uma parte equitativa de benefício daí resultante e não podiam impor às empresas interessadas restrições que não fossem indispensáveis para atingir esses objetivos, nem dar a essas mesmas empresas a possibilidade de eliminar a concorrência numa parte substancial do mercado dos bens ou serviços em causa[438].

Os artigos restantes do diploma regulavam matéria orgânica e processual, que ia desde a competência e poderes da Direção-Geral de Concorrência e Preços[439] à referida criação do Conselho da Concorrência[440], bem como à regulamentação do processo contraordenacional resultante da aplicação das normas sancionatórias aí previstas[441]. Nos termos do art. 28.º, o processo em causa reger-se-ia pelas disposições constantes do regime jurídico do ilícito de mera ordenação social[442] (que, entretanto, havia aprovado pelo decreto-lei n.º 433/82, de 27 de outubro), mas seria instruído pela Direção-Geral da

[438] De acordo com os n.ºs 2 a 4 do art. 15.º, a definição dos critérios e condições concretos em que tal justificação poderia dar-se seria feita por portaria do Ministro competente, prevendo-se igualmente a possibilidade de isenções por categoria ou ramos de atividade.

[439] Arts. 18.º e 19.º

[440] Arts. 20.º e ss.

[441] Arts. 28.º e ss.

[442] Curioso notar que, já à altura, o tratamento das práticas restritivas como contraordenações e, consequentemente, a sua submissão ao regime previsto no decreto-lei n.º 433/82, de 27 de outubro, suscitavam reservas, do ponto de vista das garantias das empresas envolvidas, como sublinha Gabriel Jorge de Almeida Ribeiro, *Defesa da Concorrência: Decreto-Lei n.º 422/83, de 3 de dezembro Anotado*, Lisboa: Rei dos Livros, 1984, pp. 31 e ss.

Concorrência e Preços e a decisão competiria ao Conselho da Concorrência. Este Conselho podia, nos termos do art. 32.º, ordenar o arquivamento do processo; notificar o infrator para adotar as providências indispensáveis à cessação da prática restritiva da concorrência ou à cessação dos seus efeitos no prazo que lhe for fixado; aplicar uma das coimas previstas neste diploma; ou efetuar a referida notificação de cessação e aplicar uma das coimas previstas neste diploma[443].

Ora, apresentava efetivamente o decreto-lei n.º 422/83 um tratamento bastante abrangente das matérias atinentes à defesa da concorrência, em termos que, aliás, marcaram as legislações seguintes e deixaram raízes que perduram até aos nossos dias. De marcada inspiração comunitária, o diploma apresentava uma visão moderna dos problemas da concorrência e as soluções propostas iam no sentido daquelas que se praticavam um pouco por toda a Europa e que, em grande medida, enformam as opções legislativas atuais.

Ao contrário, todavia, daquela que havia sido o caminho escolhido pela lei 1/72, de 24 de março, o legislador optou neste diploma por tratar as práticas restritivas da concorrência como contraordenações, afastando o direito penal da matéria concorrencial, mais uma vez de acordo com aquela que foi a posição assumida pela legislação europeia. Ainda hoje, como sabemos – e veremos em detalhe *infra* no que ao ordenamento português respeita – uma tal opção continua a manter-se, quer na legislação nacional, quer na regulação jurídica da UE, mas tem vindo a sofrer crescente contestação.

3.3. A legislação posterior: o apuramento do modelo

Pouco depois da publicação do decreto-lei referente à defesa da concorrência, foi também dado à estampa o novo regime das infrações antieconómicas e contra a saúde pública, através do decreto-lei n.º 28/84, de 20 de janeiro. O diploma veio substituir (não na totalidade[444]) o decreto-lei n.º 41 204, de 24

[443] O Conselho de Concorrência podia ainda, de acordo com o estabelecido no art. 30.º, ordenar preventivamente, sob proposta fundamentada da entidade instrutora, a imediata suspensão ou modificação da prática em causa, em qualquer momento da instrução e logo que a investigação indiciasse que a prática sobre a qual o processo incidia era gravemente lesiva do desenvolvimento económico e social ou do interesse dos consumidores. Tais medidas vigorariam durante o período de 60 dias, prorrogáveis por igual período uma só vez.

[444] Nos termos do art. 85.º do diploma, ainda hoje vigente na versão original, "são revogadas as disposições dos capítulos I e II do decreto-lei n.º 41204, de 24 de Julho de 1957, do decreto-lei n.º 191/83, de 16 de Maio, e todas as disposições legais que prevêem e punem factos constitutivos de crimes e contra-ordenações previstos no presente diploma", considerando-se feitas para as correspondentes disposições do presente diploma as remissões para o decreto-lei n.º 41204 e para

de julho de 1957, a que já nos referimos *supra*, tentando adaptá-lo à nova realidade criminológica que, "em permanente evolução, requer com premência a revisão e a actualização do sistema de normas especialmente virado para o combate à delinquência económica"[445].

Partindo da imposição legiferante constante do art. 88.º da CRP, a que já nos referimos, o legislador ordinário tentou harmonizar as disposições do direito penal secundário com os cânones do novel direito penal primário ou de justiça, entretanto vertido no Código Penal de 1982. De entre as diversas alterações introduzidas por este diploma, talvez se possa assinalar como mais significativa a de buscar assento na distinção clara entre crimes e contraordenações, afastando a figura das contravenções, e remetendo para o direito de mera ordenação social todos aqueles comportamentos que se entendia não lesionarem bens jurídicos fundamentais da comunidade[446].

Com base nesse princípio, o legislador ordinário procurou dar resposta a alguns dos problemas que vinham sendo colocados à luz da legislação anterior, clarificando aquilo que designou por «infrações contra a genuinidade, qualidade e composição dos géneros alimentícios e aditivos alimentares», considerando que os valores protegidos com tais incriminações são a confiança de quem entra em relação negocial com o agente e, reflexamente, o interesse patrimonial do adquirente ou do consumidor. Do mesmo modo, introduziu alterações no tipo de açambarcamento, abrangendo um conjunto de novas situações, de acordo com as legislações de diferentes países da CEE.

Merece ainda especial destaque – entre tantos outros pontos que não cabe aqui desenvolver por não quadrarem à essencialidade do presente trabalho – a consagração da responsabilidade penal das pessoas coletivas, introduzida na lei pelo legislador na esteira das recomendações de várias instâncias

o decreto-lei n.º 191/83. Assim, o capítulo III do diploma, destinado a regular as referidas infrações disciplinares contra a economia nacional, permaneceu em vigor (sendo, por alguns, considerado inconstitucional à luz da CRP de 76).

[445] Preâmbulo do decreto-lei n.º 28/84, de 20 de janeiro.

[446] Nas palavras do próprio legislador no preâmbulo: "[d]e acordo com as mais modernas correntes do direito criminal, e a fim de concorrer para a desejada harmonia do sistema jurídico, despenalizaram-se certos tipos de infracções, que normalmente revestiam a natureza de contravenções, englobando-se os comportamentos respectivos no direito de mera ordenação social. Neste aspecto, retomaram-se algumas soluções do Decreto-Lei n.º 191/83, de 16 de Maio, havendo o particular cuidado de extremar rigorosamente os campos dos 2 ilícitos em presença, a fim de evitar sobreposições ou confusões entre as previsões dos correspondentes tipos legais. Quer isto dizer que se relegaram para o capítulo das contra-ordenações apenas aqueles comportamentos que não põem em causa interesses essenciais ou fundamentais da colectividade e que, por isso, carecem de verdadeira dignidade penal".

internacionais, como o Conselho da Europa, muito embora consciente do intenso debate dogmático em torno da matéria[447]. Apesar disso, considerou ser necessário estar atento às novas exigências colocadas pela extremamente mutável realidade económica, onde as pessoas coletivas emergiam num papel de cada vez maior destaque, permitindo a adequação do direito penal a tais demandas.

A matéria da concorrência não estava, uma vez mais, tratada neste diploma, sendo deixada para a legislação específica, mas o decreto-lei n.º 28/84, que vigora até aos nossos dias, assumiu um papel muito relevante na prevenção e repressão de atos lesivos da economia, pelo que não pode deixar de ser tido em consideração.

Quatro anos depois, através do decreto-lei n.º 428/88, de 19 de novembro, o legislador voltou a debruçar-se sobre matéria concorrencial, desta vez a respeito do controlo de concentrações de empresas. Este diploma veio então complementar o decreto-lei n.º 422/83, de 3 de dezembro, implementando mecanismos de apreciação prévia das concentrações de empresas, nos termos, aliás, do regulamento comunitário sobre concentrações de empresas, que se preparava ao tempo.

O diploma vinha, então, impor a necessidade de, cumpridos certos requisitos respeitantes à dimensão das empresas em causa e à sua influência nas restantes, se notificar a intenção de aquisição ao Ministro do Comércio e do Turismo, de modo a que esta pudesse pronunciar-se quanto à operação de concentração. Face aos elementos notificados, o Ministro poderia nada dizer, considerando não haver risco potencial de distorção da concorrência; opor-se liminarmente à concentração projetada, quando tal distorção fosse patente; ou submeter a questão à apreciação do Conselho da Concorrência (art. 4.º).

Alguns anos mais tarde, já na década de noventa do século passado, procedeu-se a uma atualização do regime relativo à concorrência, adotando, por um lado o decreto-lei n.º 370/93, de 29 de outubro, relativo às práticas individuais restritivas e aos auxílios do Estado, e reformulando, por outro, a própria lei de defesa da concorrência, através do decreto-lei n.º 371/93, também de 29 de outubro (complementado pela a portaria n.º 1097/93, da mesma data, que veio estabelecer os termos em que o Conselho da Concorrência podia declarar a legalidade ou ilegalidade de acordos ou práticas concertadas de empresas).

[447] Sobre a questão da responsabilidade penal das pessoas coletivas, falaremos de novo *infra*, com indicações bibliográficas.

Este bloco legislativo veio, pois, à semelhança daquilo que se ia fazendo noutros países, tratar distintamente as práticas individuais restritivas do comércio, remetendo-as para legislação autónoma, ao contrário do que sucedia até aí (como vimos, o decreto-lei 422/83 abrangia quer as práticas coletivas restritivas da concorrência, quer as práticas individuais). Entendeu o legislador – numa posição que perdura, como veremos, até aos dias de hoje – que, muito embora a inclusão das práticas individuais naquele decreto tenha tido uma importante função pedagógica, influindo sobre o comportamento dos agentes económicos e contribuindo para a transparência do mercado, a distinção das matéria em instrumentos legislativos diferentes evita, desde logo, "que o Conselho da Concorrência se pronuncie sobre práticas que já no actual quadro legislativo não eram ponderadas à luz dos critérios enunciados no artigo 15.º do Decreto-Lei n.º 422/83 (balanço económico) mas que de *per se* constituem comportamentos menos transparentes embora sem efeitos graves a nível de concorrência"[448].

O decreto-lei n.º 370/93 retomou, assim, as práticas individuais que até aí constavam dos arts. 3.º a 12.º do decreto-lei n.º 422/83, acrescentando-lhe, todavia, a da «venda com prejuízo» e continuando a tratá-las como contraordenações, puníveis nos termos do art. 68.º do decreto-lei 28/84, de 20 de janeiro (art. 5.º)[449]. A fiscalização do cumprimento das regras impostas por este novo diploma passou a ser feita pela Inspeção-Geral das Atividades Económicas.

Por sua vez, ao decreto-lei n.º 371/93 coube o tratamento centralizado da defesa e promoção da concorrência, substituindo, pois, o anterior decreto-lei n.º 422/83 no que respeita às «verdadeiras» práticas restritivas da concorrência, ou seja, os acordos, decisões de associações e práticas concertadas (art. 2.º) e o abuso de posição dominante (art. 3.º), a que se juntou, agora, o abuso de dependência económica (art. 4.º) e o regime das concentrações de empresas (arts. 7.º e ss.) e dos auxílios do Estado (art. 11.º), tentando tratar o problema de proteção da concorrência de uma forma global e sistemática: "[o] presente diploma visa integrar numa autêntica lei quadro da política de concorrência os desenvolvimentos próprios de uma economia aberta, em crescente processo de internacionalização e de dinamismo concorrencial, contribuindo para a liberdade de formação da oferta e da procura e de acesso ao mercado, para o equilíbrio das relações entre agentes económicos, para o favorecimento dos objectivos gerais de desenvolvimento económico e social, para o reforço da

[448] Assim esclarece o próprio preâmbulo do diploma.

[449] Esta disposição foi depois alterada através do decreto-lei n.º 140/98, de 16 de maio, e do decreto-lei n.º 10/2003, de 18 de janeiro.

competitividade dos agentes económicos e para a salvaguarda dos interesses dos consumidores"[450].

As mudanças mais significativas, além da referida introdução da figura do abuso de estado de dependência económica, fizeram-se sentir, sobretudo, em matéria de controlo de concentrações, nomeadamente quanto ao regime de notificação prévia, até aqui, como vimos, regulado no decreto-lei n.º 428/88, de 19 de novembro. Na verdade, havia entretanto sido publicado o regulamento (CEE) n.º 4064/89, do Conselho, de 21 de dezembro de 1989[451], pelo que o legislador português tentou ir ao encontro do novo regime comunitário.

Assim, modificou a tramitação prevista para o procedimento, alargou o seu âmbito material de aplicação e procurou responder a algumas dificuldades de interpretação que o anterior diploma havia suscitado. Ao mesmo tempo, inspirando-se nas mais recentes regulamentações de outros países europeus, fez acertos quanto à própria filosofia do instituto, abarcando agora apenas as concentrações de maior impacto no mercado, a fim de verificar se da realização das mesmas resulta criada ou reforçada uma posição dominante que origine entraves à concorrência efetiva no mercado, subindo, por isso, consideravelmente os limiares de aplicação do diploma.

4. A Criação da Autoridade da Concorrência e os desenvolvimentos posteriores da defesa da concorrência

Uma década mais tarde, inaugurou-se uma nova e determinante fase no direito de proteção da concorrência, em consonância, mais uma vez, com aquilo que vinha sendo feito em sede de legislação comunitária. O primeiro passo foi dado com a criação da Autoridade da Concorrência, através do decreto-lei n.º 10/2003, de 18 de janeiro, a que se seguiu a aprovação do novo regime jurídico da concorrência, vertido na lei n.º 18/2003, de 11 de junho.

4.1. A criação da Autoridade da Concorrência e o Regime Jurídico da Concorrência

De facto, em linha com a modernização do direito concorrencial que se operava ao nível das instâncias comunitárias, também em Portugal se fez sentir a necessidade de atualização do modelo de proteção da concorrência,

[450] De acordo com o preâmbulo do decreto-lei n.º 371/93, de 29 de outubro.

[451] Cf. o que a propósito deste instrumento legislativo dissemos *supra*, pp. 144 e ss.

adaptando-o, por um lado, às novas exigências decorrentes da descentralização da estrutura europeia[452], e fazendo-o corresponder, por outro, aos modernos problemas que se foram colocando ao nosso regime jurídico. Uma das questões que se vinha colocando com mais acuidade na transição de milénio era a necessidade de aperfeiçoar o sistema regulatório e de controlo, aumentando a eficácia de atuação das entidades responsáveis pela aplicação das disposições concorrenciais (autoridades reguladoras e tribunais)[453].

Fazia-se sentir, pois, como bem notou o legislador, uma especial necessidade de criação de uma autoridade prestigiada e independente, que contribuísse para assegurar o respeito das regras de concorrência pelos operadores económicos e outras entidades e ajudasse a criar em Portugal uma verdadeira cultura da concorrência. Entidade essa que, ademais, fosse capaz de responder aos novos desafios colocados pela obrigação de aplicação das normas comunitárias e de relacionamento com as autoridades de regulação da concorrência dos demais países, sobretudo dos Estados Membros da Comunidade Europeia.

O decreto-lei n.º 10/2003, de 18 de janeiro, veio, assim, criar a Autoridade da Concorrência, à qual atribuiu poderes de regulação transversais[454] e incumbiu de velar pelo cumprimento das leis, regulamentos e decisões destinados a promover a defesa da concorrência (al. a) do n.º 1 do art. 6.º). Para cumprir as suas atribuições, a AdC passava a gozar de poderes de regulamentação, de poderes de supervisão e de poderes sancionatórios, nos termos do art. 7.º do diploma, através dos quais estabelecia o quadro normativo aplicável à concorrência, nos termos da lei, acompanhava e fiscalizava as atividades dos agentes económicos e investigava práticas que pusessem em risco a concorrência nacional e comunitária, aplicando medidas cautelares e posteriores sanções aos infratores.

[452] Cf., a este propósito, o que dissemos *supra* a respeito do chamado «Pacote Modernização» (pp. 117 e ss.)

[453] Disso mesmo dava conta o próprio preâmbulo do diploma: " [a] competitividade internacional da economia portuguesa não depende apenas da eficácia das suas empresas, mas também da qualidade do seu enquadramento normativo e da resposta do sistema jurídico às exigências da vida económica num contexto de mercado aberto. Num tal contexto, as decisões dos operadores económicos quanto à escolha e à localização dos seus investimentos e quanto aos modos e métodos de prosseguimento das suas actividades têm cada vez mais em conta não só a qualidade das regras de concorrência em vigor, mas também, muito em particular, a eficácia com que são aplicadas pelas autoridades reguladoras e pelos tribunais competentes".

[454] Acerca da caraterística transversal da atuação da Autoridade da Concorrência e da sua relação com as diversas autoridades setoriais, cf. Maria Manuel Leitão Marques, João Paulo Simões de Almeida e André Matos Forte, *Concorrência e Regulação (A relação entre a Autoridade da Concorrência e as Autoridades de Regulação Sectorial)*, Coimbra: Coimbra Editora, 2005.

Como anunciava já o legislador neste diploma, seguiu-se-lhe rapidamente a aprovação de um novo regime jurídico da concorrência, que passou a constar da lei n.º 18/2003, de 11 de junho, e que pretendeu catapultar o direito de defesa da concorrência português para aquilo que de mais atual se ia fazendo pela Europa[455]. Com a aprovação desta lei, modernizava-se o direito nacional, consolidando o trabalho que fora iniciado pelo decreto-lei n.º 422/83, de 3 de dezembro, e depois desenvolvido pelo decreto-lei n.º 371/93, de 29 de outubro, e adaptando o nosso sistema concorrencial ao novo quadro legislativo comunitário[456].

O diploma, de acordo com aquele que era já o modelo previamente assumido, tratava as práticas proibidas (art. 4.º e ss.), o controlo de concentrações de empresas (art. 8.º e ss.) e os auxílios do Estado (art. 13.º) em termos substantivos – com inspiração claramente comunitária –, e depois dedicava-se à regulação dos respetivos aspetos processuais, disciplinando, nomeadamente, os poderes da AdC e as obrigações que impendiam sobre os agentes económicos (arts. 17.º e ss.), bem como a matéria respeitante às infrações e respetivas sanções (arts. 42.º e ss.).

Neste âmbito, o legislador manteve a opção pelo direito de mera ordenação social, afirmando claramente que "[s]em prejuízo da responsabilidade criminal e das medidas administrativas a que houver lugar, as infracções às normas previstas no presente diploma e às normas de direito comunitário cuja observância seja assegurada pela Autoridade constituem contra-ordenação punível nos termos do disposto no presente capítulo"[457]. Para a construção da moldura legal das respetivas coimas, utilizou-se neste diploma, à semelhança do que vigorava já na Comunidade, a regra de que, para a generalidade dos ilícitos, ela não pode exceder, para cada uma das empresas partes na infração, 10% do volume de negócios no último ano[458], sendo que, no caso de associações de empresas, a coima prevista não excederá 10% do volume de

455 Para uma análise deste diploma, cf., desde logo, Miguel Mendes Pereira, *Lei da Concorrência Anotada*, Coimbra: Coimbra Editora, 2009. Ver, igualmente, com muito relevo, Luís D. S. Morais, *Os Conceitos de Objecto e Efeitos Restritivos da Concorrência e a Prescrição de Infracções de Concorrência*, Coimbra: Almedina, 2009.

456 Nestes termos, Miguel Mendes Pereira, *Lei da Concorrência Anotada*, Coimbra: Coimbra Editora, 2009, pp. 11 e ss., fazendo o enquadramento histórico do diploma.

457 Texto do art. 42.º da lei n.º 18/2003, de 11 de junho. Cf., a propósito, Miguel Mendes Pereira, *Lei da Concorrência Anotada*, Coimbra: Coimbra Editora, 2009, pp. 419-420.

458 O acórdão do Tribunal Constitucional n.º 353/2011, D.R. n.º 190, Série II de 2011-10-03, considerou, quanto a este aspeto, que a referência feita a "volume de negócios do último ano" tem como significando aquele ano em que cessou a prática ilícita.

negócios agregado anual das empresas associadas que hajam participado no comportamento proibido[459].

Para casos de menor gravidade (a falta de notificação de uma operação de concentração sujeita a notificação prévia nos termos do artigo 9.º, a não prestação ou a prestação de informações falsas, inexatas ou incompletas, em resposta a pedido da Autoridade, no uso dos seus poderes sancionatórios ou de supervisão, ou a não colaboração com a Autoridade ou a obstrução ao exercício por esta dos poderes previstos no artigo 17.º), o legislador previa que a coima não pudesse exceder, para cada uma das empresas, 1% do volume de negócios do ano anterior[460]. Havia ainda a possibilidade, que, como veremos, se manteve na legislação atual, de aplicar sanções acessórias (art. 45.º), bem como sanções pecuniárias compulsórias (art. 46.º).

Esta lei veio, pois, estabelecer um regime moderno e coerente, articulado com as normas comunitárias e com a rede de autoridades de concorrência, de modo a permitir uma mais eficaz proteção da concorrência, face às caraterísticas da economia de mercado existente e à internacionalização da atividade económica e comercial. A sua aplicação ficou, por outro lado, nas mãos de uma autoridade administrativa independente, pretendendo-se dignificar e aperfeiçoar o modelo português de defesa da concorrência, através das específicas qualidades de autonomia próprias destas entidades.

Três anos depois, o legislador aprovou também a lei n.º 39/2006, de 25 de agosto, que veio estabelecer o regime jurídico da dispensa e da atenuação especial da coima em processos de contraordenação por infração às normas nacionais de concorrência, dando um último e decisivo passo no sentido de concatenar o regime interno como o modelo europeu (o seu procedimento foi estabelecido através do regulamento n.º 214/2006, de 22 de novembro)[461]. Através deste diploma se importou, pois, o já várias vezes referido Programa

[459] Nos termos do n.º 1 do art. 43.º, "[c]onstitui contra-ordenação punível com coima que não pode exceder, para cada uma das empresas partes na infracção, 10% do volume de negócios no último ano: a) a violação do disposto nos artigos 4.º, 6.º e 7.º; b) a realização de operações de concentração de empresas que se encontrem suspensas, nos termos previstos no n.º 1 do artigo 11.º, ou que hajam sido proibidas por decisão adoptada ao abrigo da alínea b) do n.º 1 do artigo 37.º; c) o desrespeito por decisão que decrete medidas provisórias, nos termos previstos no artigo 27.º; d) o desrespeito de condições ou obrigações impostas às empresas pela Autoridade, nos termos previstos no n.º 4 do artigo 11.º, no n.º 3 do artigo 35.º e no n.º 2 do artigo 37.º". Ver anotação de Miguel Mendes Pereira, *Lei da Concorrência Anotada*, Coimbra: Coimbra Editora, 2009, pp. 420 e ss.

[460] Nos termos, desta vez, do n.º 3 do mesmo art. 43.º

[461] Para uma análise deste regime, ver Ana Paula Alves de Sousa Silva Calhau, *A "clemência" do Direito da Concorrência em Portugal: Itinerário da lei n.º 39/2006, de 25 de agosto*, Lisboa: Verbo Jurídico, 2006; Teresa Moreira, "O Novo Instituto da Clemência - a dispensa e a atenuação especial da

de Clemência, adequando o ordenamento jurídico interno às normas comunitárias e permitindo às empresas e pessoas singulares nacionais usufruírem de idênticas possibilidades de isenção ou redução de coima[462].

4.2. As alterações de 2012: configuração atual da proteção da concorrência em Portugal

Mais uma vez, todavia, quase dez anos volvidos sobre a publicação do regime jurídico da concorrência, o legislador português veio aprovar a quinta legislação de defesa da concorrência, introduzindo modificações – algumas delas substanciais – no modelo gizado em 2003, que havia afirmado o objetivo de estabilizar a regulamentação da matéria concorrencial[463]. Razões de ordem vária, sobretudo relacionadas com a crise financeira que estalou em 2008 e com o compromisso assumido pelo Governo português com a chamada *troika*, colocaram a reforma da legislação da concorrência entre as prioridades do programa de resgate da economia[464]. O legislador encetou, então, um processo legislativo, aproveitando a oportunidade para corrigir algumas deficiências detetadas no regime processual vigente e para o aproximar do regime comunitário entretanto criado pelos regulamentos n.º 1/2003 e n.º 139/2004, e acabou por aprovar a lei n.º 19/2012, de 8 de maio, onde estabeleceu o atual regime jurídico da concorrência[465].

coima aplicável a práticas restritivas da concorrência", *Sub Judice*, 40 , 2007, pp. 75-97; e Miguel Mendes Pereira, *Lei da Concorrência Anotada*, Coimbra: Coimbra Editora, 2009, pp. 425-427.

462 Nos termos do arts. 4.º a 6.º do diploma, as empresas ou os titulares dos respetivos órgãos podiam ver-lhes concedida a isenção total (se ainda não existisse inquérito por parte da AdC) ou a redução parcial (se a investigação já estivesse a decorrer) das coimas que lhes caberiam nos termos da lei n.º 18/2003 por serem participantes num acordo ou prática concertada se fornecessem informações e elementos de prova acerca daquela prática proibida.

463 Cf. preâmbulo do decreto-lei n.º 10/2003, de 18 de janeiro, que aprovou os Estatutos da Autoridade da Concorrência, onde se afirmava a intenção de dotar o ordenamento jurídico português de um regime de defesa da concorrência que contribuísse para a modernização e competitividade da economia nacional, corrigindo, naturalmente, as falhas e imperfeições dos regimes anteriores.

464 O Memorando de Entendimento assinado em maio de 2011 entre o Governo português, por um lado, e a Comissão Europeia, o Banco Central Europeu e o Fundo Monetário Internacional, por outro, estabelecia a necessidade de o Governo adotar medidas com vista a melhorar a celeridade e a eficácia da aplicação das regras da concorrência, propondo mesmo uma revisão da lei da concorrência (ponto n.º 7.20).

465 Cf., a este propósito, as reflexões de José Luís da Cruz Vilaça e José Luís Caramelo Gomes, "Anotação ao artigo 1.º", in *Lei da Concorrência. Comentário Conimbricense*, Coimbra: Almedina, 2013, pp. 13-19.

Este novo diploma veio, assim, introduzir um número muito significativo de alterações, que, sendo sobretudo de matriz procedimental e processual – adjetiva, portanto –, constituem aquilo a que alguns têm chamado verdadeira mudança de paradigma[466]. De facto, as principais novidades trazidas pelo diploma estão relacionadas, desde logo, com a maior autonomia processual da AdC, em termos de competência sancionatória. Muito embora o legislador haja mantido a aplicação subsidiária do regime processual das contraordenações, a LdC introduz um número significativo de regras processuais específicas a aplicar aos processos por práticas restritivas da concorrência, algumas também aplicáveis a processos sancionatórios por infração ao regime de controlo das concentrações entre empresas[467].

Em linha com esse crescimento de autonomia processual, a nova LdC intensifica, igualmente, os meios coercivos ao dispor da Autoridade da Concorrência. De entre os vários aspetos para os quais poderíamos aqui chamar a atenção, sublinhamos apenas a nova possibilidade de a AdC efetuar, ao abrigo do art. 19.º da LdC, buscas domiciliárias[468], incluindo à residência de sócios, administradores, trabalhadores e até colaboradores da empresa, em caso de fundada suspeita de que nesses locais existam provas de violação grave das normas que proíbem práticas restritivas, bem como a inovação introduzida no art. 22.º, prevendo a hipótese de procedimento de transação no inquérito[469].

[466] Cf., *v.g.*, Gonçalo Anastácio e Alberto Saavedra, "A Nova Lei da Concorrência Portuguesa. Notas Preliminares", *Revista da Ordem dos Advogados*, 73, 2013, pp. 323-360, onde os Autores sublinham que a nova lei "introduz uma mudança de paradigma, não sendo equilibrada no que tange aos direitos e deveres da AdC, por um lado, e das empresas visadas pela investigação, por outro. A consequência imediata poderá ser um recrudescimento da litigância baseado em argumentos de ausência de garantias de um processo justo e equitativo, com apelo à Constituição da República Portuguesa e/ou à Convenção Europeia dos Direitos do Homem" (p. 329).

[467] Ver, a este propósito, o que agora vai disposto na secção II do capítulo II da LdC (arts. 13.º e ss. e arts. 59.º e ss.). Cf., para una análise dos principais aspetos da nova lei a este respeito, José Lobo Moutinho, Tito Rendas e Miguel Gorjão-Henriques, "Anotação ao artigo 13.º", in *Lei da Concorrência. Comentário Conimbricense*, Coimbra: Almendina, 2013, pp. 169-182; e José Lobo Moutinho e Tito Rendas, "Anotação ao artigo 59.º", in *Lei da Concorrência. Comentário Conimbricense*, Coimbra: Almedina, 2013, pp. 588-591.

[468] Cf. José Lobo Moutinho e Pedro Duro, "Anotação ao artigo 19.º", in *Lei da Concorrência. Comentário Conimbricense*, Coimbra: Almedina, 2013, pp. 217-223. A previsão legal é, naturalmente, de constitucionalidade duvidosa, como tem vindo sucessivamente a ser sublinhado por diversos autores.

[469] A possibilidade de transação foi, aliás, uma das novidades introduzidas pela nova LdC, não apenas restrita à fase de inquérito (art. 22.º), mas abrangendo igualmente a fase de instrução, nos termos do art. 27.º De acordo com o texto daquela primeira norma "[n]o decurso do inquérito, a Autoridade da Concorrência pode fixar prazo, não inferior a 10 dias úteis, para que o visado pelo inquérito manifeste, por escrito, a sua intenção de participar em conversações, tendo em vista a

Verifica-se igualmente, por outro lado, a concessão de uma larga autonomia procedimental à AdC, com a abertura do regime a um princípio da oportunidade mitigado (ou, se se preferir, a uma legalidade lassa ou muito aberta), que permite àquela entidade estabelecer graus de prioridade no tratamento das questões que fazem parte das missões que lhe são acometidas. Efetivamente, dispõe agora o art. 7.º, n.º 1: "[n]o desempenho das suas atribuições legais, a Autoridade da Concorrência é orientada pelo critério do interesse público de promoção e defesa da concorrência, podendo, com base nesse critério, atribuir graus de prioridade diferentes no tratamento das questões que é chamada a analisar"[470].

A nova LdC prevê também explicitamente que a AdC possa arquivar um processo contraordenacional por prática restritiva da concorrência mediante a imposição de compromissos, nos termos do art. 23.º, como na verdade já vinha sucedendo ao abrigo da lei anterior, ainda que sem fundamento expresso[471]. Por outro lado, a Autoridade pode também impor na decisão final condenatória, à semelhança do que sucede com a Comissão Europeia, medidas de caráter estrutural (alienação de participações sociais ou de áreas de negócio, etc.), se tais ações se mostrarem indispensáveis para fazer efetivamente cessar a infração e a aplicação de medidas de conduta não seja igualmente eficaz ou se revele mais onerosa (art. 29.º)[472].

eventual apresentação de proposta de transação". Esta manifestação de interesse pode igualmente, nos termos do n.º 2 do art. 22.º, partir do próprio visado. Já no caso da instrução, o n.º 1 do art. 27.º estabelece que "[n]a pronúncia à qual se refere o n.º 1 do art. 25.º, o visado pode apresentar uma proposta de transação, com a confissão dos factos e o reconhecimento da sua responsabilidade na infração em causa". Para uma análise destes preceitos, cf. Miguel Gorjão-Henriques e Carla Farinhas, "Anotação ao artigo 25.º", in *Lei da Concorrência. Comentário Conimbricense*, Coimbra: Almedina, 2013, pp. 283-295; e Gonçalo Anastácio e Diana Alfafar, "Anotação ao artigo 27.º", in *Lei da Concorrência. Comentário Conimbricense*, Coimbra: Almedina, 2013, pp. 303-314.

470 Cf. o que a este propósito dizem Gonçalo Anastácio e Alberto Saavedra, "A Nova Lei da Concorrência Portuguesa. Notas Preliminares", *Revista da Ordem dos Advogados*, 73 , 2013, pp. 323-360.

471 Ver as considerações tecidas por Miguel Moura e Silva, "Anotação ao artigo 23.º", in *Lei da Concorrência. Comentário Conimbricense*, Coimbra: Almedina, 2013, pp. 261-272, nomeadamente quanto a este aspeto particular (nota 2).

472 Estas medidas de caráter estrutural, nos termos do n.º 5 do art. 29.º, só podem ser impostas quando não existir qualquer medida de conduta igualmente eficaz ou, existindo, a mesma for mais onerosa para o visado pelo processo do que as medidas de caráter estrutural. Este poder é paralelo àquele que é reconhecido à Comissão Europeia pelo n.º 1 do art. 7.º do regulamento n.º 1/2003.

De uma outra perspetiva ainda, a lei n.º 19/2012 introduziu também modificações no regime de clemência[473], delimitando, desde logo, o seu âmbito de aplicação aos acordos ou práticas concertadas entre empresas concorrentes e assim tentando dar solução a um problema que surgira à luz da letra da lei anterior[474]. Por outro lado, de acordo com o regime estabelecido na nova LdC, a primeira empresa a denunciar o cartel (cumprindo os demais requisitos legais) pode beneficiar de dispensa total da coima que lhe seria aplicada[475]. As empresas seguintes apenas podem beneficiar de redução da coima, até, respetivamente, 50%, 30%, e 20% (de acordo com a lei anterior, só a segunda empresa podia beneficiar, a este título, de uma redução da coima)[476].

Deve salientar-se, ainda, uma outra importante alteração no que a este regime respeita. Enquanto ao abrigo da lei n.º 39/2006, a clemência só podia ser utilizada pela primeira e segunda empresas infratoras, cabendo-lhes ou a isenção total (para a primeira empresa a fornecer informações, se o fizesse antes de a AdC ter dado início a um inquérito, nos termos do artigo 4.º,) ou a redução parcial da coima (que seria de pelo menos 50% do seu valor se se tratasse na primeira empresa a fornecer elementos, mas o fizesse já depois da existência do respetivo inquérito, de acordo com o art. 5.º; ou de até 50%, se fosse a segunda empresa a fornecer informações e elementos, conforme estabelecido no art. 6.º), a nova lei acabou com esta limitação. Além da hipótese de isenção, prevista no art. 77.º, a LdC estatui a possibilidade de ser decidida uma redução da coima, mas agora aplicável a todas as empresas que, não sendo qualificáveis para a isenção, forneçam informações e provas sobre uma infração que representem um «valor adicional significativo» em relação àquelas que estejam já na posse da AdC. A primeira a fazê-lo beneficiará de um redução de 30% a 50%; a segunda, de 20% a 30%; e as demais de uma redução até 20%[477].

[473] Entre nós, o regime de clemência foi, como vimos, implementado pela primeira vez pela lei n.º 39/2006, de 25 de agosto. A atual LdC acabou, portanto, com o tratamento em separado desta matéria, trazendo-a para junto do regime jurídico da concorrência, o que traz ganhos claros em termos de sistematização, compreensibilidade e certeza jurídica.

[474] Cf., a respeito do art. 75.º da LdC, que estabelece este âmbito objetivo, Jorge de Figueiredo Dias e Flávia Loureiro, "Anotação ao artigo 75.º", in *Lei da Concorrência. Comentário Conimbricense*, Coimbra: Almedina, 2013, pp. 767-769, analisando criticamente a alteração referida.

[475] Nos termos do art. 77.º da LdC.

[476] De acordo com o disposto no art. 78.º do referido diploma.

[477] Estes valores podem ainda ser reduzidos para metade se o pedido dos visados só for apresentado depois da notificação da nota de ilicitude, nos termos do n.º 4 do art. 78.º Para uma análise do preceito, com reflexão sobre as principais alterações introduzidas, Jorge de Figueiredo Dias

Muitas outras alterações foram introduzidas, naturalmente, no regime de defesa e promoção da concorrência pela lei n.º 19/2012, nomeadamente no que respeita ao processo de controlo de concentrações, mas julgamos ter assim sinteticamente descrito as suas mais importantes linhas motrizes. Do ponto de vista das infrações e respetivo enquadramento sancionatório (arts. 67.º e ss.), não foram introduzidas alterações significativas no regime estabelecido, aproveitando-se a nova lei para inserir algumas correções e ajustamentos, bem como para clarificar certos pontos menos conseguidos da legislação anterior. A regra foi, todavia, mantida, tratando-se as infrações à matéria como contraordenações, na esteira daquilo que é praticado na UE, e mantendo o direito penal arredado das práticas restritivas da concorrência.

Na sequência do conjunto de alterações que foram promovidas nesta matéria, uma nota ainda para referir a lei n.º 67/2013, de 28 de agosto, que fixou a lei-quadro das entidades reguladoras e impôs, consequentemente, a alteração do regime jurídico da AdC. Esta modificação foi levada a cabo pelo decreto-lei n.º 125/2014, de 18 de agosto (corrigido pela declaração de retificação n.º 40/2014, de 15 de setembro), que aprovou os estatutos da Autoridade da Concorrência, adaptando-os ao regime estabelecido naquela lei-quadro. Este diploma pretendeu, sobretudo, clarificar alguns aspetos respeitantes às atribuições e poderes da Autoridade da Concorrência e às competências dos respetivos órgãos, sublinhando a sua independência e reforçando, simultaneamente, as garantias de transparência, cooperação, controlo e responsabilidade da respetiva atuação[478].

Durante este período, aprovou-se ainda o decreto-lei n.º 166/2013, de 27 de dezembro, que estabelece o regime aplicável às práticas individuais restritivas do comércio, substituindo o referido decreto-lei n.º 370/93, de 29 de outubro. Muito criticado pela doutrina e pela *praxis* judiciária, o novo diploma pretende clarificar as regras a que tais práticas estão sujeitas e tornar o modelo mais dissuasor, nomeadamente através do agravamento das coimas aplicáveis, da previsão da possibilidade de adoção de medidas cautelares e de aplicação de sanções pecuniárias compulsórias. Outra das grandes caraterísticas deste diploma é a transferência da competência para a instrução dos processos de contraordenação da Autoridade da Concorrência para a Autoridade de Segurança Alimentar e Económica, uma vez que este regime pretende proteger diretamente os agentes económicos e garantir a transparência nas relações

e Flávia Loureiro, "Anotação ao artigo 78.º", in *Lei da Concorrência. Comentário Conimbricense*, Coimbra: Almedina, 2013, pp. 778-783.

[478] Nos termos do preâmbulo do decreto-lei n.º 125/2014, de 18 de agosto.

comerciais, sempre que não esteja em causa uma afetação sensível da concorrência[479].

Este, pois, o atual quadro da defesa da concorrência em Portugal. Como se retira de tudo quanto ficou dito, muito embora tenha havido uma primeira aproximação – inócua – ao problema através da intervenção da tutela penal, tem sido pacífica, nas últimas décadas, a opção legislativa pelo direito de mera ordenação social como ramo sancionatório adequado para lidar com as infrações concorrenciais. Certo é, todavia, como veremos em detalhe na segunda parte deste trabalho, que muito embora os números da deteção e investigação a estas práticas, sobretudo às mais graves, tenham vindo a subir (principalmente por causa do programa de clemência)[480], estamos muito longe de conseguir uma efetiva prevenção em relação à repetição deste tipo de práticas. Mas, acima de tudo, será, de facto, que materialmente – ontologicamente – estamos aqui perante bens que não merecem nem precisam de tutela penal?

[479] Assim explicita o preâmbulo do diploma, sublinhando igualmente a institucionalização da autorregulação nesta área.

[480] Cf. MICHAEL O'KANE, *The Law of Criminal Cartels: Practice and Procedure*, Oxford: Oxford University Press, 2009, pp. 12 e ss.

Segunda Parte:

O direito penal da concorrência – fundamentação criminológico-dogmática da incriminação

"The major function of criminal law in a capitalist society is to prevent people from bypassing the system of voluntary, compensated exchange – the 'market'"

Richard Posner

Capítulo V: O movimento internacional anticartel enquanto fenómeno instigador da criação de um direito penal da concorrência

1. A autonomização do direito anticartel

1.1. As práticas restritivas da concorrência e a emergência do cartel «*hard core*»

Como assinalámos logo no início deste trabalho, a expressão direito da concorrência não é unívoca, podendo mesmo ser enganadora quanto ao seu âmbito material, uma vez que parece abarcar todo o regime jurídico relacionado com o exercício da concorrência, mas, na verdade, é usualmente utilizada, entre nós[481], para significar apenas o direito da proteção da concorrência (também conhecido por direito da defesa da concorrência, direito da liberdade de concorrência, ou direito das práticas restritivas da concorrência[482]). Fica, pois, de fora do seu círculo de atuação uma outra área da concorrência que, desde muito cedo, se autonomizou daquela: a proteção da lealdade da concorrência, comummente designada por concorrência desleal[483].

Sucede que, mesmo dentro do direito da liberdade de concorrência, existem, como vimos já também, diversas áreas dogmáticas, que podemos agrupar em três grandes núcleos: as práticas anticoncorrenciais (cartel e abusos de

[481] Como referimos, passa-se exatamente o oposto na Alemanha.

[482] Embora seja muitas vezes designado assim, esta expressão é já mais limitadora do que as anteriores, como veremos, pois que apela apenas a um dos aspetos do direito da liberdade de concorrência, como igualmente explicámos na Introdução.

[483] Cf. aquilo que já em vários pontos desta obra dissemos a este respeito, nomeadamente pp. 19 e ss. e pp. 155 e ss.

posição dominante), o controlo das operações de concentração de empresas e as regras respeitantes aos auxílios estatais[484]. Ainda aqui, todavia, tem vindo a fazer-se sentir uma tendência de fragmentação das diversas áreas, podendo mesmo identificar-se uma certa propensão para autonomizar o direito das práticas restritivas, cada vez mais conhecido como direito anticartel ou direito *antitrust*[485].

Efetivamente, mesmo nas latitudes em que as práticas restritivas da concorrência foram historicamente mais toleradas – como é o caso do continente europeu, sobretudo no espaço hoje correspondente à UE, de acordo com as razões que já *supra* tentámos dilucidar[486] – tem-se assistido na última década a um endurecimento do discurso contra os mais graves desses comportamentos. Com as reservas inerentes a toda a delimitação temporal, poderemos apontar como início deste nova fase a viragem de milénio, assentando, sobretudo, em dois grandes marcos, já por várias vezes referidos ao longo deste trabalho: a Recomendação do Conselho da OCDE quanto à Ação Efetiva contra os Cartéis «*Hard Core*» (*Recommendation of the Council concerning Effective Action Against Hard Core Cartels*)[487], de 1998, e o *Pacote Modernização* da legislação concorrencial da CE, iniciado em 2003[488].

A partir daqui tornou-se progressivamente mais relevante a distinção entre as práticas restritivas sérias («*hard core*») e todas as outras, procedendo-se, um

[484] Ver, a este respeito, nomeadamente, José de Oliveira Ascensão, *Concorrência Desleal*, Coimbra: Almedina, 2002, pp. 15-16 e 87 e ss., para quem a concorrência desleal faz, efetivamente, parte de um amplo direito da concorrência; e Serafim Pedro Madeira Froufe, *A Reforma do Direito Comunitário da Concorrência: o sentido descentralizador e/ou re-centralizador do Regulamento (CE) n.º 1/2003 (dissertação de doutoramento)*, Braga: http://repositorium.sdum.uminho.pt/bitstream/1822/11261/1/TESE.pdf, 2009, pp. iii.

[485] Sublinhando a necessidade de prestar particular atenção aos cartéis e à sua especificidade, durante muito tempo negligenciada dentro do espaço da União Europeia, Christopher Harding e Julian Joshua, *Regulating Cartels in Europe. A Study of Legal Control of Corporate Delinquency*, Oxford: Oxford University Press, 2003, pp. 1-2. De acordo com os Autores, quer a legislação quer a doutrina europeias estiveram durante muito tempo pouco atentas aos problemas colocados pela *antitrust deliquency*, desde logo muito atreitas a análises económicas: "*the emphasis in European competition law on the need for market analysis has distracted attention from this core of serious violations, which is less problematical in terms of economic analysis, but raises significant questions of a legal and moral character, which indeed go to the heart of the jurisprudence of attempts at legal regulation of economic activity*" (p. 2).

[486] Cf. pp. 101 e ss.

[487] 25 March 1998 - C(98)35/FINAL. O texto da recomendação, em inglês e em francês, está disponível em: http://acts.oecd.org/Instruments/ShowInstrumentView.aspx?InstrumentID=193&InstrumentPID=189&Lang=en&Book=False.

[488] Cf. *supra* pp. 117 e ss.

pouco por todo o mundo[489], a um fortalecimento das normas respeitantes a tais violações. A definição do que sejam, afinal, os cartéis «*hard core*» não se apresenta sem dificuldades, tendo a OCDE tentado, naquela primeira *Recomendação*, uma delimitação consensual dessa realidade. De acordo, pois, com as considerações aí explanadas, os cartéis deste tipo são acordos, decisões ou práticas concertadas anticoncorrenciais entre concorrentes de modo a fixar preços, fazer licitações fraudulentas, estabelecer restrições de produção ou repartir mercados através da alocação de clientes, fornecedores, territórios ou linhas de comércio[490].

Estas práticas, consideradas as mais flagrantes violações do direito da concorrência[491], na medida em que são prejudiciais quer para os demais concorrentes, quer para os consumidores, ao aumentarem os preços e restringirem a oferta, tornando bens e serviços completamente indisponíveis para alguns compradores e desnecessariamente caros para outros, devem ser adequadamente combatidas, de modo a assegurar que estes cartéis são sustidos. Assim, a OCDE propõe, em particular, uma atuação quer ao nível das consequências jurídicas (com sanções efetivas que, tanto em relação à sua natureza como ao seu grau, sejam suficientes para impedir as empresas e os indivíduos de participar em tais acordos); quer quanto aos meios de aplicação das normas (com a implementação de procedimentos de execução e de instituições com os poderes necessários para detetar e impedir os cartéis «*hard core*», incluindo poderes para obter documentos e informações e impor sanções em caso de incumprimento).

[489] Veja-se o que se passou em países tão distantes como o Brasil, a Irlanda, o Japão ou a Austrália – cf. *infra* nota 496 e ss.

[490] De acordo com a referida *Recomendação* "*a 'hard core cartel' is an anticompetitive agreement, anticompetitive concerted practice, or anticompetitive arrangement by competitors to fix prices, make rigged bids (collusive tenders), establish output restrictions or quotas, or share or divide markets by allocating customers, suppliers, territories, or lines of commerce*".

[491] Por oposição a um conjunto de outras (diríamos de «*soft core*»), que são expressamente excluídas deste conceito pela *Recomendação* da OCDE: "*[t]he hard core cartel category does not include agreements, concerted practices, or arrangements that (i) are reasonably related to the lawful realisation of cost-reducing or output-enhancing efficiencies, (ii) are excluded directly or indirectly from the coverage of a Member country's own laws, or (iii) are authorised in accordance with those laws. However, all exclusions and authorisations of what would otherwise be hard core cartels should be transparent and should be reviewed periodically to assess whether they are both necessary and no broader than necessary to achieve their overriding policy objectives. After the issuance of this Recommendation, Members should provide the Organisation annual notice of any new or extended exclusion or category of authorisation*".

1.2. A diferenciação das regras anticartel e a sua importância crescente

Ora, se por um lado, esta recomendação inaugura, de facto, um movimento – doméstico e internacional[492] – de endurecimento na luta contra os cartéis mais graves, origina, por consequência, uma distinção mais marcada entre este tipo de práticas (cada vez mais intoleradas) e todas as demais atuações relevantes em termos de direito da concorrência, que foram de algum modo flexibilizadas ou facilitadas. Não será irrelevante notar que, como referimos *supra*[493], as alterações introduzidas ao controlo das operações de concentração na UE pelo, denominado, *Pacote Modernização* tenham ido no sentido da simplificação dos procedimentos e facilitação da troca de informação e remessa dos processos. Nem que, como indicámos também já[494], se tenha alargado a utilização das isenções por categoria, prevista no n.º 3 do art. 101,º do TFUE, de modo a excluir, à partida, um determinado número de atividades com certas caraterísticas, permitindo a concentração de esforços nas práticas mais nocivas.

Esta tendência para a diferenciação das regras anticartel (como mais grave prática restritiva da concorrência) tem conduzido a que se tenha vindo a afirmar, nos últimos anos, a proeminência do regras *antitrust* entre as normas reguladoras da concorrência[495], falando-se cada vez mais de uma certa autonomização do direito anticartel e da sua elevação a núcleo fundamental do direito da liberdade de concorrência[496]. Tendo em linha de conta a crescente consciencialização

[492] Além do imanente caráter internacional decorrente da fonte normativa em causa, é o próprio texto da *Recomendação* que chama a atenção para a importância da cooperação entre os vários países, de modo a combater adequadamente as práticas anticoncorrenciais que afetam mais do que um país ou o próprio comércio internacional. Nestes casos, os países membros devem, na medida em que a sua lei interna permita, coordenar as investigações de interesse mútuo e respeitar os pedidos uns dos outros para compartilhar informações.

[493] Cf. *supra* pp. 139 e ss.

[494] Ver *supra* pp. 117 e ss.

[495] Caron Beaton-Wells e Ariel Ezrachi, "Criminalising Cartels: Why Critical Studies?", in *Criminalising Cartels: Critical Studies of an International Regulatory Movement*, Oxford: Hart Publishing, 2011, p. 4.

[496] Além da já referida reflexão de Christopher Harding e Julian Joshua, *Regulating Cartels in Europe. A Study of Legal Control of Corporate Delinquency*, Oxford: Oxford University Press, 2003, pp. 3 e ss., cf., igualmente, Katalin J. Cseres, Maarten Pieter Schinkel e Floris O. W. Vogelaar, ""Law and economics of criminal antitrust enforcement: an introduction"", in *Criminalization of Competition Law Enforcement. Economic and Legal Implications for the EU Member States*, Cheltenham and Northampton: Edward Elgar, 2006, pp. 1-29; Christopher Harding, "Forging the European Cartel Offence: The Supranational Regulation of Business Conspiracy", *European Journal of Crime, Criminal Law and Criminal Justice*, 2004, pp. 275-300, e "The Anti-Cartel Enforcement Industry: Criminological Perspectives on Cartel Crminalisation", in *Criminalising*

acerca da gravidade das práticas de cartelização, quer de um ponto de vista económico, quer – como veremos em seguida – de uma perspetiva ético-normativa, e a atenção que lhes tem vindo a ser prestada pela organizações internacionais (OCDE, ICN, UE, UNCTAD, OMC, entre outras), a preocupação nacional e supranacional com estes comportamentos tem-se traduzido na criação de corpos de normas autónomos respeitantes a estes atos. Veja-se, por exemplo, que, de 2000 para cá, países como o Reino Unido[497], a Irlanda[498], a Estónia[499] (dentro da UE[500]) , e a África do Sul[501], a Austrália[502], o Brasil[503], o Canadá[504]

Cartels: Critical Studies of an International Regulatory Movement, Oxford: Hart Publishing, 2011, pp. 359-380; CARON BEATON-WELLS e ARIEL EZRACHI, "Criminalising Cartels: Why Critical Studies?", in *Criminalising Cartels: Critical Studies of an International Regulatory Movement*, Oxford: Hart Publishing, 2011, pp. 3-23; REBECCA WILLIAMS, "Cartels in the Criminal Law Landscape", in *Criminalising Cartels: Critical Studies of an International Regulatory Movement*, Oxford: Hart Publishing, 2011, pp. 289-312, entre tantos outros.

[497] Através do *Entreprise Act* de 2002. Cf., a propósito, DIANA GUY, "The UK's experience with criminal law sanctions", in *Criminalization of Competition Law Enforcement: Economic and Legal Implications for the EU Member States*, Cheltenham: Edward Elgar, 2006, pp. 248-256.

[498] No *Competiton Act* de 2002. Ver a respeito TERRY CALVANI, "Cartel penalties and damages in Ireland: criminalization and the case for custodial sentences", in *Criminalization of Competition Law Enforcement: Economic and Legal Implications for the EU Member States*, Cheltenham: Edward Elgar, 2006, pp. 270-289.

[499] Através da alteração de 2004 ao Código Penal, como explica AINI PROOS, "Competition Policy in Estonia", in *Criminalization of Competition Law Enforcement: Economic and Legal Implications for the EU Member States*, Cheltenham: Edward Elgar, 2006, pp. 307-311.

[500] De acordo com o levantamento levado a cabo por MICHAEL O'KANE, *The Law of Criminal Cartels: Practice and Procedure*, Oxford: Oxford University Press, 2009, pp. 325 e ss., dezasseis dos Estados Membros da União Europeia possuiam já, à altura, normas penais relativas ao cartel: Áustria, Chipre, República Checa – que estava em processo de aprovação do novo Código Penal, onde se previa a incriminação desse comportamento –, Alemanha, Dinamarca, Eslováquia, Eslovénia, Estónia, França, Grécia, Hungria, Irlanda, Malta, Polónia, Roménia e, curiosamente, Portugal – nas palavras do Autor, *"violations of the Competition Act (Law n.º 18/2003) are considered quasi-criminal minor offences with a fine of up to 10% turnover in previous year and daily periodic penalty payments"*.

[501] Em 1998, através das alterações ao *Competition Act n.º 89*. Cf. MICHAEL O'KANE, *The Law of Criminal Cartels: Practice and Procedure*, Oxford: Oxford University Press, 2009, pp. 304-308.

[502] Através das alterações introduzidas, em 2009, ao *Trade Practices Act*, o cartel «*hard core*» passou a ser considerado uma ofensa criminal punível com multas severas, para as empresas, e pena de prisão até dez anos, para as pessoas singulares. Cf. CARON BEATON-WELLS, "Cartel Criminalisation and the Australian Competition and Consumer Comission: Opportunities and Challenges", in *Criminalising Cartels. Critival Studies of an International Regulatory Movement*, Oxford: Hart Publishing, 2011, pp. 183-199.

[503] Que criminalizou o comportamento através da lei n.º 8.137/90. Cf. MICHAEL O'KANE, *The Law of Criminal Cartels: Practice and Procedure*, Oxford: Oxford University Press, 2009, pp. 308-311.

[504] Com alterações recentes na sua legislação, o Canadá considera o cartel como crime. Cf. MICHAEL O'KANE, *The Law of Criminal Cartels: Practice and Procedure*, Oxford: Oxford University Press, 2009,

ou o Japão[505] (fora da Europa) criminalizaram especificamente atos de cartel; enquanto outros países, como a Holanda[506] ou a Áustria[507], embora não tenham derivado para a criminalização, mas antes saído dela para uma tutela administrativa, hajam tentado aperfeiçoar as suas legislações no sentido de combater tais práticas restritivas.

Seja qual for, pois, a via escolhida em termos de regulação da matéria, seguro é que a tendência tem sido a da elevação do direito anticartel a centro das preocupações concorrenciais, o que não pode deixar de ter significado quanto à análise do comportamento em causa. De facto, se atentarmos, por exemplo, na impressiva e paradigmática evolução da questão dentro da Europa[508], verificamos que a um primeiro momento de tolerância para com o cartel, visto como organização económica, se não benigna e producente, pelo menos não nociva, se seguiu uma mudança profunda na compreensão a respeito da sua natureza. O reconhecimento dos efeitos económicos negativos destas práticas, com a correspondente colocação em risco do bem-estar dos consumidores (e, no caso da UE, da integração dos vários Estados Membros num mesmo mercado comum), deu início a uma política concorrencial de grande envergadura, que se refletiu, necessariamente, na criação de infraestruturas legais para a sua aplicação e execução.

O cartel, face a este quadro, tornou-se clandestino e secreto, cada vez mais apostado em iludir e obstaculizar a lei, evitando a sua deteção e correspondente responsabilização legal. Assim considerado ilegal, cresceu a consciência de que se estava perante uma específica forma de delinquência, tanto por parte dos envolvidos nas práticas cartelizadas, como por parte dos responsáveis pelo estabelecimento e cumprimento das diretrizes de atuação em matéria concorrencial.

pp. 314-322; e D. Martin Low QC e Casey W. Halladay, "Redesigning a Criminal Cartel Regime: The Canadian Conversion", in *Criminalising Cartels. Critical Sutides of an International Regulatory Movement*, Oxford: Hart Publishing, 2011, pp. 77-104.

505 O Japão, por sua vez, considerou expressamente o cartel como crime em 2006. Cf. Michael O'Kane, *The Law of Criminal Cartels: Practice and Procedure*, Oxford: Oxford University Press, 2009, pp. 311-314.

506 Ver Pieter Kalbfleisch, "Criminal competition law sanctions in the Netherlands", in *Criminalization of Competition Law Enforcement: Economic and Legal Implications for the EU Member States*, Cheltenham: Edward Elgar, 2006, pp. 312-318.

507 Cf., a respeito do regime legal austríaco em matéria anticartel, Peter Lewisch, "Enforcement of antitrust law: the way from criminal individual punishment to semi-penal sanctions in Austria", in *Criminalization of Competition Law Enforcement: Economic and Legal Implications for the EU Member States*, Cheltenham: Edward Elgar, 2006, pp. 290-306.

508 Que analisámos em detalhe no capítulo III desta dissertação – cf. pp. 101 e ss.

1.3. A restrição material da resposta administrativa

Uma tal perceção produziu naturalmente efeitos quanto ao modo de encarar a atividade anticartel das autoridades responsáveis e, por isso, a um primeiro momento de descoberta e proibição do cartel (próprio dos primeiros anos de desenvolvimento da política comunitária da concorrência, assente, em grande medida, no sistema de notificação implementado), rapidamente se seguiu uma fase em que, dada a opacidade adquirida pelos cartéis, a função essencial daquelas autoridades e agências passou a ser a deteção (e não já somente a descoberta[509]) deste tipo de práticas proibidas[510]. Esta atividade de deteção modificou o papel daquelas entidades, ao conferir-lhe caraterísticas de polícia, em vez da qualidade reguladora que até aí assumiam, assinalando-se aqui o começo da viragem do direito da concorrência em direção ao direito penal.

Como sublinha Christopher Harding, neste período, o desiderato principal do direito da concorrência deixou de ser a remoção do cartel (através do funcionamento do referido mecanismo de notificação-proibição) e passou a ser a dissuasão, entendida como único modo de atingir aquele fim último[511]. Enfrentando cartéis cada vez mais sofisticados e com meios avançados de assegurar o seu secretismo, as autoridades reguladoras exigiram poderes de investigação mais invasivos e a possibilidade de aplicação de sanções mais graves, sustentando ser a única forma de obter a efetiva intimidação dos participantes nestas práticas. Embora formalmente não criminal, como sublinhámos já por diversas vezes, o procedimento baseado no art. 85.º do Tratado CEE (depois 81.º do Tratado CE e, atualmente, 101.º TFUE) tornou-se materialmente equivalente a um tal processo.

Na verdade, a assunção de uma finalidade de prevenção (a dissuasão ou intimidação) – sobretudo prevenção geral negativa, mas igualmente com algum relevo para a prevenção especial negativa[512] – transporta-nos inevitavelmente

[509] A deteção exige, como aliás está etimologicamente implicado, uma atuação que vai para lá do mero tomar conhecimento (a descoberta), exigindo uma ação no sentido de revelar algo que está oculto.

[510] Chamando a atenção para este problema e relacionando-o com as diversas fases de evolução do direito de defesa da liberdade da concorrência na UE que *supra* explorámos, Christopher Harding, "The Anti-Cartel Enforcement Industry: Criminological Perspectives on Cartel Crminalisation", in *Criminalising Cartels: Critical Studies of an International Regulatory Movement*, Oxford: Hart Publishing, 2011, pp. 370 e ss.

[511] *Idem.*

[512] Sobre os problemas colocados pela repetição da ofensa (a *reinicidência*), nomeadamente a sua relevância para a qualificação do comportamento como penalmente relevante, cf. igualmente Christopher Harding, "The Anti-Cartel Enforcement Industry: Criminological Perspectives

para a dimensão penal[513] e exige o desenvolvimento de uma penologia própria, na qual assente a aplicação das cada vez mais severas sanções existentes. Dimensão que se acentua, aliás, em termos processuais, pois que o exercício dos poderes investigatórios e repressivos concedidos aos reguladores reclama uma teoria judiciária e uma prática judicial atentas às questões da suficiência de prova e da garantia dos direitos processuais (como demonstram à saciedade os recursos colocados perante os órgãos jurisdicionais da UE a respeito destas matérias)[514].

Estamos hoje a viver um terceiro momento, onde a execução, a implementação prática da política anticartel assumiu o papel central. As autoridades responsáveis pela sua aplicação já não estão centralmente preocupadas com a eliminação dos cartéis (objetivo geral remoto e ideal) nem com a dissuasão (difícil de obter e de avaliar), mas com a necessidade de agir perante um problema que se revela de dimensões crescentes. Na verdade, à medida que as agências concorrenciais vão sublinhando o sucesso da sua atuação (com a deteção de um número cada vez maior de cartéis e a imposição de sanções progressivamente mais severas), vão igualmente exigindo poderes de atuação mais amplos e invasivos, de modo a lidar com uma realidade da qual apenas se conhece a «ponta do icebergue»[515].

O direito administrativo parece, pois, ter cada vez menos respostas para os problemas colocados pela necessidade de defesa da liberdade da concorrência e estar mesmo a metamorfosear-se de um direito *quasi-penal* ou semi-penal[516],

on Cartel Criminalisation", in *Criminalising Cartels: Critical Studies of an International Regulatory Movement*, Oxford: Hart Publishing, 2011, pp. 364 e ss.

513 Acerca das teorias dos fins das penas, cf., por todos, Jorge de Figueiredo Dias, *Direito Penal, Parte Geral, Tomo I: Questões Fundamentais. A Doutrina Geral do Crime*, 2.ª ed., Coimbra: Coimbra Editora, 2007, pp. 43 e ss.

514 A respeito do *due process* e das exigências de garantias nos procedimentos próprios da legislação concorrencial, cf. Wouter P.J. Wils, *Principles of European Antitrust Enforcement*, Oxford and Portland, Oregon: Hart Publishing, 2005, pp. 61 e ss.

515 De acordo com as palavras da Comissária Europeia para a Política da Concorrência, Neelie Kroes, *"Tackling cartels – a never-ending task", in Anti-Cartel Enforcement: Criminal and Administrative Policy – Panel session: "[w]e are prosecuting more cartels and preventing more consumer harm than ever before. Some say, however, we are only witnessing the tip of the iceberg. Clearly, there is so much more to do. Tackling cartels is – quite literally - a never-ending task".*

516 Assim, Philippe Bonfils, "Les frontières du droit pénal des affaires", *Revue Pénitentiaire et de Droit Pénal*, 2, avril-juin 2011, pp. 325-330, assinalando que a descriminalização que um grande número de países conheceu nos últimos anos em matéria de direito penal económico (*droit pénal des affaires*) teve por consequência, na generalidade dos casos – de que dá como exemplo, exatamente, o direito da concorrência – a deslocação do poder repressivo para autoridades administrativas independentes, que passaram a exercer um direito *quasi-penal*, obscurecendo as fronteiras do direito

com prejuízo, segundo julgamos, quer para o direito administrativo, quer para o direito penal. Na verdade, a assunção de poderes de natureza substancialmente criminal por entidades administrativas e reguladoras não só descarateriza os dois ramos do direito, como, sobretudo, permite uma perigosa aplicação de regras e princípios penais não alicerçada na correspondente reflexão acerca de uma tal escolha, sua razão de ser e respetivas consequências.

2. A progressiva compreensão do cartel enquanto fenómeno delinquente

Parece, pois, ser indesmentível estarmos perante uma progressiva alteração da imagem do cartel, que gravita agora, cada vez mais, em torno de uma fenomenologia criminal. Esta tendência, que ficou já sobejamente retratada, segundo cremos, na descrição do processo evolutivo da política e do direito da concorrência que fizemos, parece ser sintomática de uma transformação do paradigma político-normativo até agora vigente.

Ao longo dos últimos anos, tem vindo, de facto, a aumentar a perceção, por parte das instâncias formais de controlo e dos demais intervenientes na execução da política da concorrência (economistas, advogados especialistas, académicos votados à matéria), de que os participantes nestas práticas restritivas da concorrência têm a consciência da ilegalidade da sua conduta e, ainda assim, persistem na atuação, desafiando diretamente a lei e os seus aplicadores. Uma tal atitude de indiferença ou mesmo de voluntária e expressa contraditoriedade com a lei, aliada a atos materiais de dissimulação dos acordos, decisões e práticas concertadas em causa, fez surgir, entre estes corpo de especialistas, um discurso de matriz criminalizadora.

penal: *"[m]ais, on realité, les choses sont un peu compliquées, car la dépénalisation évoquée a souvent consisté en un deplacement de pouvoir répressif vers d'autres instances, et spécialement les autorités administratives indépendantes. On a ainsi assisté au développment d'un droit quasi-pénal, ou d'un droit administrato--répressif non pénal"* (p. 326). Como sublinha o Autor, muito embora, partindo de uma conceção orgânica, se possa considerar que estas matérias já não pertencem ao direito penal, a verdade é que, materialmente elas devem ser tratadas dentro do direito penal económico (como, por exemplo, o direito da concorrência). Cf. também, a propósito das vantagens e desvantagens da (des) criminalização, Patrick Maistre di Chambon, "Rapport Introductif sur la Dépénalisation", in *Dépénalisation de la vie des affaires et responsabilité pénale des personnes morales*, Paris: Puf, 2009, pp. 9-15.

2.1. A linguagem da criminalização

Efetivamente, esta mudança no paradigma regulatório da concorrência manifestou-se, desde logo, na linguagem, na forma de falar sobre e discutir o problema do cartel[517]. A uma utilização relativamente neutra do substantivo cartel – cuja etimologia, aliás, não é de fácil análise, apresentando-se ambígua[518] – sucedeu rapidamente a aposição de uma conotação negativa ou pejorativa, frequentemente associada a comportamentos criminais graves e altamente organizados (como é nítido na expressão vulgar «cartel de drogas»).

Também no âmbito do direito da concorrência, o termo é hoje usado para significar os mais graves comportamentos ilícitos, adquirindo um sentido cada vez mais coincidente com o de comportamento delinquente. Como, aliás, é visível através da escolha vocabular usualmente feita para acompanhar a palavra cartel: *hard core*, *egregious*, violação, ofensa, combate, dissuasão. Na verdade, se compulsarmos a literatura a respeito da matéria, ou bem assim a posição assumida ao longo dos tempos pelas autoridades concorrenciais (em particular, a da UE ou as dos diversos Estados Membros), verificamos com facilidade a evolução semântica que acompanhou a profunda transformação de pensamento.

Confrontem-se, a título de exemplo, os diversos relatórios anuais sobre a política da concorrência na UE, onde se traduzem, muito claramente, as modificações de perceção e de posicionamento que referimos. No XXV Relatório, referente ao ano de 1995[519], *v.g.*, a palavra cartel surge apenas cinco vezes nas suas mais de trezentas e cinquenta páginas, não sendo utilizada em toda a parte descritiva, analítica e programática inicial, mas apenas como elemento identificador de casos concretos avaliados pelos Estados Membros.

[517] Chamando a atenção para esta manifestação criminalizadora e sublinhando muito apropriadamente o papel que a linguagem aí desempenha, CHRISTOPHER HARDING, "Business Collusion as a Criminological Phenomenon: Exploring the Global Criminalisation of Business Cartels", *Critical Criminology*, 14, 2006, pp. 183 e ss. Refletindo igualmente sobre esta transformação retórica, CHRISTINE PARKER, "Criminal Cartel Sanctions and Compliance: The Gap between Rhetoric and Reality", in *Criminalising Cartels: Critical Studies of an International Regulatory Movement*, Oxford: Hart Publishing, 2011, pp. 239-262, embora concluindo em sentido diverso.

[518] Na verdade, como sublinham CHRISTOPHER HARDING e JULIAN JOSHUA, *Regulating Cartels in Europe. A Study of Legal Control of Corporate Delinquency*, Oxford: Oxford University Press, 2003, pp. 11 e ss., *cartel*, na sua origem linguística, significava a suspensão de hostilidades, de rivalidade. Terá sido com essa base etimológica que, na Alemanha, se vulgarizou a referência a *Kartell* para denominar o acordo entre comerciantes rivais no sentido de limitar a produção ou moderar a concorrência extrema de qualquer outro modo (o *trust* norte-americano).

[519] Disponível em http://ec.europa.eu/competition/publications/annual_report/1995/pt.pdf.

A Comissão, como aliás, começa logo por afirmar, estava empenhada em criar "um enquadramento favorável às empresas, necessário ao crescimento duradouro da economia europeia e à criação de postos de trabalho"[520], sem descurar, naturalmente, a defesa dos consumidores, utilizando para tal a política da concorrência. Dez anos depois, no XXXV Relatório sobre a Política de Concorrência[521], a narrativa havia sido profundamente alterada, assumindo já o direito *antitrust* relevo muito claro, espelhado quer no número de páginas do documento que versam sobre esta matéria[522], quer na importância que lhe foi conferida logo na introdução: "[n]a aplicação da legislação no domínio *antitrust*, a DG Concorrência atribuiu a maior prioridade à deteção, desmantelamento e sanção dos cartéis, a forma mais prejudicial de comportamento anticoncorrencial. Os cartéis aumentam artificialmente os preços dos produtos e serviços, reduzem a oferta e entravam a inovação (de modo que os consumidores acabam por pagar mais por menos qualidade) e podem aumentar significativamente os custos das matérias-primas para as empresas europeias. O êxito do programa de clemência da Comissão, que conduziu a um maior número de investigações sobre os cartéis, constitui um sinal encorajador da eficácia da nossa política"[523].

Mas se é indubitável que o termo cartel assume, nos nossos dias, um sentido claramente negativo, já a sua definição exata, a delimitação dos comportamentos abrangidos pela designação, se apresenta bastante nebulosa. Na verdade, se parece haver algum consenso quanto a uma noção ampla e a-jurídica do que deve entender-se por cartel – será o acordo feito entre empresários com o objetivo de não competirem entre si, usualmente versando a fixação de preços, o estabelecimento de limites de produção ou a distribuição de mercado –, a sua concreta descrição jurídica tem-se mostrado muito mais difícil.

O cartel corresponde, afinal, a um tipo de acordo ou contrato específico, a um agrupamento ou coligação de empresários ou industriais ou a uma organização com uma finalidade criminal? A expressão é vulgarmente utilizada em todos estes sentidos, muitas vezes, aliás, de modo simultâneo[524], o que em nada auxilia o esclarecimento do problema. Problema que não é, deve precaver-se, meramente semântico, mas tem antes profundas repercussões

[520] *XXV Relatório sobre a Política de Concorrência 1995*, introdução do comissário KAREL VAN MIERT, p. 7.

[521] Disponível em http://ec.europa.eu/competition/publications/annual_report/2005/pt.pdf.

[522] Cerca de cem, de um total inferior a duzentas e trinta.

[523] *XXXV Relatório sobre a Política de Concorrência*, introdução do diretor geral da concorrência, p. 13.

[524] Veja-se o que se passa, por exemplo, com a legislação europeia e, por via dela, com as correspondentes normas nacionais, naquela que ficou conhecida como distinção «acordo efeito ou acordo objeto», sobre que nos debruçaremos *infra* pp. 289 e ss.

legais, que se refletem, invariavelmente, na dificuldade em saber qual é, afinal, o comportamento proibido pela norma, seja qual fora a sua natureza, pois que o legislador pode ter tido em mente qualquer uma daquelas atividades ou todas elas[525]. Dificuldade que, naturalmente, se agudiza se estivermos no âmbito de uma legislação penal, dadas as especiais exigências decorrentes do princípio da legalidade.

É claro que esta variação de sentidos na utilização do vocábulo cartel estará também relacionada com as diferentes perspetivas de que partem as distintas disciplinas científicas que lidam com a matéria. Não será de estranhar, assim, que um economista tenha uma visão do cartel como um acordo que permite baixar custos e riscos, encarando-o portanto como uma forma rentável de organização económica, enquanto um jurista seja mais sensível aos seus aspetos eticamente reprováveis de voluntário desrespeito pela lei, tendendo a ignorar os seus benefícios financeiros. Esta diferenciação entre abordagens desempenha igualmente um papel importante na análise do referido discurso de criminalização, pois que seguramente fará variar o seu sentido e o seu tom, de acordo com a pré-compreensão de que se parte.

2.2. A pressão internacional

Não foi, seguramente, pouco significativa para este movimento de consciencialização internacional, para este endurecimento da própria linguagem relativa ao cartel, a pressão que, irradiando dos Estados Unidos da América, se fez sentir um pouco por todo o mundo, com um ênfase particular na Europa (melhor talvez, no espaço da União Europeia). De facto, tal como sublinhámos a seu tempo[526], um dos problemas mais graves que o sistema norte-americano[527]

[525] Como salienta Christopher Harding, "Business Collusion as a Criminological Phenomenon: Exploring the Global Criminalisation of Business Cartels", *Critical Criminology*, 14, 2006, p. 184, essas diferentes conceções espelham-se bem se tomarmos por exemplo a lei europeia, por um lado, e o *Sherman Act*, por outro: o art. 101.º do TFUE (no texto do Autor ainda art. 81.º do Tratado CE) proibe o acordo de fixação de preços, bem como a legislação norte-americana, mas esta, além desse acordo, lança igualmente mão da noção de *conspiracy*.

[526] Cf. aquilo que dissemos *supra* a respeito da internacionalização do cartel como uma das grandes preocupações da política norte-americana da concorrência nos últimos anos, pp. 70 e ss.

[527] Naturalmente, o problema não é apenas dos EUA, mas de todos os Estados, sobretudo os mais industrializados e com comércio internacional mais vigoroso. O problema colocou-se porventura primeiro naquele país dado o seu desenvolvimento industrial e comercial e, obviamente, a dimensão das respetivas empresas. Sobre este problema, acompanhar a reflexão de Christopher Harding, "Business Collusion as a Criminological Phenomenon: Exploring the Global Criminalisation of Business Cartels", *Critical Criminology*, 14, 2006, pp. 181-205.

da concorrência enfrenta hoje é o da internacionalização das empresas e das consequentes dificuldades erigidas ao efetivo cumprimento das regras concorrenciais, especificamente das normas anticartel.

É preciso não esquecer que os EUA, como um dos países economicamente mais desenvolvidos do mundo, constitui um atrativo muito forte para empresas estrangeiras, desejosas de se implementarem num mercado de enormes dimensões e com uma margem de progressão relevante. A verdadeira abertura à globalização que um tal movimento impõe deixa qualquer ordem jurídica particularmente vulnerável, uma vez que se torna extremamente difícil regular e controlar as atividades em causa e, em particular, investigar e porventura reprimir os atos ilícitos praticados em desrespeito pela norma estabelecida.

Esta dificuldade – já de si suficientemente séria quando estamos a falar de um domínio como o da concorrência – apresenta-se como particularmente complexa quando nos movemos no âmbito do direito penal. De facto, a natureza estadual, tendencialmente rígida e propositadamente ritualística deste ramo do direito, aliada ao seu tempo próprio, não são facilmente compagináveis com a celeridade e a volatilidade específicas de um atuação económica de nível multinacional, sempre atenta às vantagens diferenciais que a deslocalização ou relocalização lhes pode proporcionar[528].

Os EUA viram-se, portanto, no final do século passado, a braços com uma situação peculiar: as suas empresas, num contexto de economia de mercado internacional, estavam a ser prejudicadas, quer internamente, quer externamente. Dentro do seus país porque, muito embora a legislação *antitrust* fosse – seja – apertada, não era respeitada pelas empresas estrangeiras, cientes de que a eficácia na sua perseguição deixaria muito a desejar, sendo até altamente dúbia à luz do regime dos países onde tinham sede (imagine-se, por exemplo, a circunstância de a autoridade norte-americana precisar de consultar certos documentos arquivados na sede da empresa por suspeitar de uma prática de cartel – teria fundamento para requerer tal consulta ao país da sede? E, ainda que se entendesse que sim, como o faria cumprir?). As empresas americanas,

[528] Chamam a atenção para o problema MANUEL ABANTO VÁSQUEZ, *El Derecho de la Libre Competencia*, Perú: Editorial San Marcos, 1997, pp. 66 e ss.; JOHN M. CONNOR, "Effectiveness of Antitrust Sanctions on Modern International Cartels", *Journal of Industry, Competition and Trade*, 2006, pp. 195-223; MICHAEL O'KANE, *The Law of Criminal Cartels: Practice and Procedure*, Oxford: Oxford University Press, 2009, pp 239 e ss.; MICHAEL O'KANE, "International Cartels, Concurrent Criminal Prosecutions and Extradition: Law, Practice and Policy", in *Criminalising Cartels: Critical Studies of an International Regulatory Movement*, Oxford: Hart Publishing, 2011, 397-418; ou MARK MARTYNISZYN, "A Comparative Look at Foreign State Compulsion as a Defence in Antitrust Litigation", *The Competition Law Review*, 8, 2012, pp. 143-167.

todavia, viam-se obrigadas a cumprir escrupulosamente o quadro normativo estabelecido, sob pena de lhes serem aplicadas sanções penais. Estavam também em desvantagem externa, por outro lado, uma vez que num grande número de Estados o regime jurídico respeitante às restrições de concorrência era bastante mais permissivo do que o norte-americano, autorizando às empresas desses países um modelo de atuação com o qual as congéneres da América do Norte não estavam habituadas a lidar e que, além de tudo, podia gerar responsabilização dentro de portas[529].

Não é, pois, de estranhar que os EUA tenham reconhecido a importância de agir sobre o contexto internacional, exportando a sua conceção a respeito das práticas restritivas e exercendo uma fortíssima pressão internacional no sentido da necessidade de intolerância em relação aos comportamentos *antitrust*, sobretudo, claro, quanto aos cartéis. As autoridades norte-americanas[530] iniciaram, assim, um esforço muito significativo – um verdadeiro programa de internacionalização do problema – de consciencialização dos outros países (sobretudo, naturalmente, daqueles com quem mantinham relações comerciais mais desenvolvidas) para a ameaça decorrente dos cartéis, salientando os danos que tais práticas eram suscetíveis de gerar e chamando a atenção para as caraterísticas delinquentes desses acordos ou práticas concertadas.

Este movimento teve eco um pouco por todo o mundo, acabando por conduzir a uma verdadeira mudança de conceção a respeito da matéria *antitrust*. Na Europa[531], diversos países (a começar, naturalmente, por aqueles que histórica, cultural e juridicamente sempre estiveram mais próximos do EUA, como o Reino Unido) introduziram alterações aos seus regimes concorrenciais, caminhando em direção ao modelo utilizado do outro lado do Atlântico. A própria União Europeia, muito embora não tenha – ao menos ainda – optado por uma via criminalizadora, não deixou, todavia, de proceder a uma aproximação àquele modelo, visível, sobretudo, na adoção do programa

[529] Dependendo da configuração da ofensa e do mercado em que se fizessem sentir os efeitos da prática restritiva em causa.

[530] Para se compreender o nível de empenho das autoridades norte-americanas nesta internacionalização do discurso anticartel, cf. Christopher Harding, "Business Collusion as a Criminological Phenomenon: Exploring the Global Criminalisation of Business Cartels", *Critical Criminology*, 14, 2006, pp. 194 e ss., considerando que o DoJ norte-americano foi o verdadeiro «motor da criminalização».

[531] Esta tendência de aproximação ao modelo norte-americano não foi, todavia, exclusiva dos países europeus, antes de verificou um pouco por todos o mundo. Veja-se que, como já referimos, países tão distintos como o Japão, a Austrália, a África do Sul ou o Brasil criaram, nos últimos anos, normas penais para responder ao problema do cartel, caminhando no mesmo sentido.

de clemência e no alargamento dos poderes de investigação atribuídos às entidades responsáveis pela deteção e repressão dos cartéis[532].

Assim, esta pressão internacional exercida, fundamentalmente, pelos EUA – e entretanto secundada pelos países que se foram juntando ao grupo daqueles que criminalizaram os comportamentos em causa –, conduziu a uma verdadeira alteração das conceções prevalecentes a respeito do cartel. Esta prática restritiva passou a ser encarada como fortemente ilícita, interiorizando-se não só o seu caráter eticamente reprovável como a dimensão dos seus efeitos. O discurso assumido, não só por estes países como pelas próprias organizações internacionais[533], passou então a jogar-se em torno da ideia de delinquência.

3. Os crimes económicos e o seu agente sob a perspetiva criminológica

A intensidade da discussão a respeito da necessidade e da utilidade de criminalização de comportamentos classificados como de cartel[534] é, todavia, muito diferente – como se reconhece generalizadamente[535] – quando saímos do núcleo de especialistas e voltamos a nossa lente para a população em geral ou, mesmo, para os meios de comunicação social. No que respeita a estes grupos, o grau de consciência e reflexão acerca dos comportamentos anticoncorrenciais parece ser muito mais baixo, podendo mesmo dizer-se que, em grande medida, eles primam por uma certa indiferença quanto à regulação da matéria[536].

[532] Aquilo a que, como referimos, se vem chamando o processo de «americanização» do direito europeu da concorrência. Cf. o que a este respeito dissemos *supra*, pp. 122 e ss.

[533] Veja-se o caso paradigmático da OCDE e das suas recomendações respeitantes aos cartéis «*hard core*», a que já por várias vezes nos referimos.

[534] Refletida na bibliografia que, a este propósito, temos vindo a indicar.

[535] Ver, por todos, Christopher Harding, "Business Collusion as a Criminological Phenomenon: Exploring the Global Criminalisation of Business Cartels", *Critical Criminology*, 14, 2006, pp. 197 e ss., e "The Anti-Cartel Enforcement Industry: Criminological Perspectives on Cartel Criminalisation", in *Criminalising Cartels: Critical Studies of an International Regulatory Movement*, Oxford: Hart Publishing, 2011, pp. 359-380; Andreas Stephan, "'The Battle for Hearts and Minds': The Role of the Media in Treating Cartels as Criminal", in *Criminalising Cartels: Critical Studies of an International Regulatory Movement*, Oxford: Hart Publishing, 2011, pp. 381-394; e Christine Parker, "Criminal Cartel Sanctions and Compliance: The Gap between Rhetoric and Reality", in *Criminalising Cartels: Critical Studies of an International Regulatory Movement*, Oxford: Hart Publishing, 2011, pp. 239-262.

[536] Cf., quanto à perceção dos média e ao seu papel na compreensão criminalizadora do cartel, Andreas Stephan, "'The Battle for Hearts and Minds': The Role of the Media in Treating Cartels as Criminal", in *Criminalising Cartels: Critical Studies of an International Regulatory Movement*, Oxford: Hart Publishing, 2011, pp. 381-394.

Na verdade, se excecionarmos os EUA (país onde a cultura criminal relativa ao cartel está bastante desenvolvida há mais de um século)[537], o grau de perceção pública acerca dos problemas relacionados com as práticas restritivas da concorrência é bastante diminuto, não sendo comum a colocação do problema respeitante à sua criminalização. Para um tal alheamento a respeito da matéria muito contribui naturalmente, numa época em que o domínio da informação é fulcral[538], o pouco relevo que os média têm atribuído à questão, quando não mesmo a apresentação e tratamento de alguns casos públicos com uma visão distorcida e pessoalizada[539].

Torna-se, pois, necessário dilucidar as razões pelas quais um tal desinteresse tem lugar, na tentativa de descobrir se estamos perante um fenómeno que nada diz à consciência coletiva da comunidade ou que esta considera mesmo lícito e aceitável, ou se, ao invés, estamos perante uma daquelas realidades que, por ter uma componente técnica muito elevada, se distancia da generalidade do público, que não domina os termos em que a matéria é tratada nem tem facilidade em acompanhar os debates a propósito do tema. Neste caso, não estaremos perante uma indiferença da sociedade, mas face a uma incompreensão, que causa, naturalmente, uma entorse na perceção do justo e do injusto.

[537] E, segundo alguns Autores, mesmo aqui, pois que, apesar da legislação criminal existente desde o *Sherman Act*, a atitude generalizada – quer da população, quer mesmo dos juízes – é a da não aplicação das sanções criminais, sobretudo da pena de prisão. Decorrerá uma tal atitude, sustentam KENNETH G. ELZINGA e WILLIAM BREIT, *The Antitrust Penalties: A Study in Law and Economics*, New Haven and London: Yale University Press, 1976, pp. 30 e ss., entre outras razões, da dificuldade que a sociedade continua a ter em encarar os homens de negócios como criminosos: *"[b]ut until judges and juries are convinced beyond a reasonable doubt that the well-dressed, wealthy, articulate pillar of the community facing them is in actuality the real instigator and director of conspiracy to cut bach production, rig prices, and rob consumers and taxpayers just as effectively as a common mugger or bank robber, it is unlekely that prision sentences often will be imposed for violations of the antitrust laws"* (p. 43).

[538] A era da informação em que vivemos se nos permite, por um lado, um acesso generalizado e quase imediato a um conjunto praticamente inabarcável de informações, impõe-nos, igualmente, uma certa «ditadura dos média», na medida em que são eles quem filtra, seleciona e colige os dados a que temos acesso. Nos últimos anos, diga-se em abono da verdade, este estado de coisas tem-se alterado ligeiramente, sobretudo devido à disseminação de um conjunto muito alargado de redes sociais, que transformaram cada um de nós em um jornalista.

[539] Ver, a este propósito, o que nos diz CARON BEATON-WELLS, "Cartel Criminalisation and the Australian Competition and Consumer Comission: Opportunities and Challenges", in *Criminalising Cartels. Critical Studies of an International Regulatory Movement*, Oxford: Hart Publishing, 2011, pp. 183-199, a respeito do que sucedeu na Austrália aquando da criminalização do cartel. Cf. igualmente, no mesmo sentido, CARON BEATON-WELLS e CHRISTINE PARKER, "Justifying criminal sanctions for cartel conduct: a hard case", *Journal of Antitrust Enforcement*, 1, 2013, pp. 198-219.

Ora, uma tal análise exige que nos debrucemos um pouco sobre a perspetiva criminológica da questão (muito embora não se pretenda, com este trabalho, fazer um estudo especificamente criminológico das muitas interrogações colocadas pelo direito penal económico, em geral, e pelo direito penal da concorrência, em particular[540]), tentando descortinar se existe, por um lado, uma sensibilidade comunitária que possa sustentar a criminalização destes comportamentos e, por outro, um conjunto de predicados específicos que permitam caraterizar os participantes num cartel (os «cartelistas»[541]) como criminosos.

3.1. A consciência comunitária em relação ao cartel

Como deixámos indiciado, parece a generalidade da doutrina estar de acordo quanto à circunstância de haver, a respeito das atividades concorrenciais, um relativamente baixo grau de sensibilidade comunitária ao problema[542]. Pelo menos aparentemente. De facto, muito embora faltem estudos ou pesquisas fidedignos nos quais possa alicerçar-se uma posição mais sustentada[543], poderíamos afirmar certamente todos, de acordo com o nosso senso comum, que as práticas restritivas da concorrência não configuram propriamente um dos pontos nucleares das preocupações dos cidadãos (portugueses, mas não só).

Não se nos afigura, todavia, que isso signifique, só por si, que os comportamentos em causa sejam pacificamente tolerados pela comunidade, considerados lícitos ou, pelo menos, de relativa gravidade. Afirmar a primeira premissa

[540] O que, em boa verdade, justificaria por si só um outro trabalho autónomo.

[541] Não existindo, entre nós, uma expressão sintética e impressiva para significar o agente participante num cartel, optamos aqui por utilizar a designação «cartelista» por nos parecer incorporar de modo satisfatório a qualidade que se pretende sublinhar.

[542] Cf., neste sentido, CHRISTOPHER HARDING, "Business Collusion as a Criminological Phenomenon: Exploring the Global Criminalisation of Business Cartels", *Critical Criminology*, 14, 2006, pp. 181-205, e "The Anti-Cartel Enforcement Industry: Criminological Perspectives on Cartel Criminalisation", in *Criminalising Cartels: Critical Studies of an International Regulatory Movement*, Oxford: Hart Publishing, 2011, pp. 359-380; e INGEBORG SIMONSSON, "Criminalising Cartels in the EU: Is There a Case For Harmonisation?", in *Criminalising Cartels: Critical Studies of an International Movement*, Oxford: Hart Publishing, 2011, pp. 203-216.

[543] Faltam tais estudos genericamente, mas inexistem em absoluto em Portugal. Em termos internacionais, chamamos a atenção para os trabalhos de CARON BEATON-WELLS e CHRISTINE PARKER, "Justifying criminal sanctions for cartel conduct: a hard case", *Journal of Antitrust Enforcement*, 1, 2013, pp. 198-219; especificamente sobre esta questão, no quadro da realidade australiana, e de NICOLE LEEPER PIQUERO E DAVID WEISBURD, "Developmental Trajectories of White-Collar Crime", in *The Criminology of White-Collar Crime*, New York: Springer, 2009, pp. 153-171, numa persptiva mais ampla, voltada para a compreensão do «crime de colarinho branco».

(aparente falta de alarme público a respeito de condutas anticoncorrenciais) não nos parece implicar, sem mais, a segunda (valoração positiva ou ausência de valoração negativa de tais ações), mas antes impor uma análise mais profunda.

De facto, se é relativamente pacífico o entendimento da população de que a causação de danos sérios a um determinado conjunto de bens ou valores caraterizadores do indivíduo (que, jurídico-penalmente, reconduziríamos aos bens jurídicos pessoais[544]) deve ser considerada pela sociedade como uma ameaça grave ao seu funcionamento e, por isso, sancionada, não significa isso, naturalmente, que todos os demais comportamentos ofensivos, ainda que não afetem tais bens, sejam tolerados. Muitos deles – porque não atinentes à proteção de uma pessoa em particular, mas antes à defesa do Estado ou da própria comunidade enquanto ente coletivo – são muitas vezes mais difíceis de percecionar pelo cidadão, mas nem por isso menos importantes para a manutenção da sociedade enquanto tal.

Entre estes, ocupam lugar de destaque os bens jurídicos relacionados com a atividade económica, que assumiram, a partir de meados do século passado, uma importância muito significativa, à medida que a economia se tornou cada vez mais regulada pelo direito. Bens que se apresentam como particularmente complexos dadas as suas caraterísticas de não exclusividade, não rivalidade no consumo e não distributividade ou indivisibilidade[545], e que, por isso mesmo, nem sempre são facilmente apreensíveis pelo cidadão comum – o que não significa, todavia, que não exista uma consciência latente da sua importância e da necessidade de intervenção do Estado para a sua proteção.

[544] Para a maioria dos cultores do direito penal, o crime não é apenas um conceito formal, destinado a significar todo o comportamento proibido por lei e para o qual esta prescreve uma pena como consequência jurídica, mas corresponde antes a um substrato material, que se pode reconduzir, em última linha, aos bens, interesses ou valores fundamentais da comunidade. Cf., a este respeito, por todos, Claus Roxin, *Strafrecht. Algemeiner Teil. Band I.*, 4.ª ed., München: Verlag C. H. Beck, 2006, pp. 8 e ss., e, mais recentemente e com *nuances* distintas, "El concepto de bien jurídico como instrumento de crítica legislativa sometido a examen", *Revista Electrónica de Ciencia Penal y Criminología*, 15, 2013, pp. 1-27; e Jorge de Figueiredo Dias, *Direito Penal, Parte Geral, Tomo I: Questões Fundamentais. A Doutrina Geral do Crime*, 2.ª ed., Coimbra: Coimbra Editora, 2007, pp. 106 e ss. Este bem jurídico-penal será, desde logo, de matriz pessoal ou individual sempre que corresponda a um valor ou interesse perfeitamente individualizável, que possa ser identificado com a esfera jurídica de um ou vários indivíduos concretos.

[545] A este propósito refletimos aprofundadamente na nossa dissertação de mestrado, Flávia Loureiro, *A legitimação do direito penal do ambiente enquanto tutela de bens jurídicos colectivos - subsídio para o estudo da figura da acumulação*, Coimbra: dissertação de mestrado, 2007, pp. 124 e ss. Retomaremos o problema *infra* pp. 243 e ss.

No que respeita às práticas restritivas da concorrência – ou, em termos mais genéricos, a todas os comportamentos relacionados com o mercado, com o exercício de uma certa atividade económica – esta falta de perceção dos indivíduos é porventura ainda mais acentuada[546], pois que todos os comportamentos se desenrolam dentro do «mundo dos negócios»[547], um espaço fechado, ao qual o cidadão comum não tem acesso e onde se desenvolvem mesmo um conjunto de mecanismos para manter afastados todos aqueles que são estranhos à atividade, surgindo uma específica mentalidade de grupo[548]. Os comportamentos anticoncorrenciais não são, por isso, na maioria das vezes, conhecidos sequer do grande público, que confia no funcionamento e regulação do sistema e não consegue configurar nem as condutas violadoras que possam suceder nem os seus efeitos.

Não significa isto, todavia, que quando existe a perceção deles – ou, se quisermos mesmo, *se* existisse uma tal consciência – os cidadãos lhe sejam indiferentes ou pouco sensíveis. Bem pelo contrário. Na verdade, se há um vetor que, nos anos mais recentes, podemos identificar como caraterístico da relação entre a comunidade e a atividade económica desempenhada por alguns dos seus elementos, este é certamente o da desconfiança em relação ao funcionamento do modelo regulador implementado e a exigência de outras formas, mais graves e mais eficazes, de intervenção. Os cidadãos começam a compreender, apesar do distanciamento que ainda existe em relação à realidade económico-financeira – e que é alargado pelo discurso político e

[546] Do que sucede, por exemplo, com o ambiente.

[547] Não é insignificante, neste sentido, a escolha francesa para a designação deste âmbito: *droit des affaires* e *droit pénal des affaires*, sublinhando especificamente esta caraterística de ser uma área jurídica especificamente voltada para os negócios.

[548] Veja-se, a título de exemplo, a reflexão muito interessante feita por ROWAN BOSWORTH-DAVIES, "Deviant Legitimacy - A Theory of Financial Crime", *Journal of Financial Crime*, 4, 1996, pp. 7-16, a respeito dos mercados financeiros de futuros e derivados, com especial ênfase sobre a indústria relacionada com os seguros de vida e pensões. O Autor, partindo da análise de um conjunto de caraterísticas específicas partilhadas por aqueles que têm uma certa profissão (os indivíduos que trabalham com mercados financeiros, especificamente com os mercados de futuros e derivados), apresenta aquilo que denomina por «teoria da criminogénese», segundo a qual certos grupos definidos de indivíduos têm propensão para se comportar de modo que, não sendo necessariamente criminal, tem todavia todos os atributos para se tornar criminal, se as circunstâncias se proporcionarem. Partindo da cultura de risco assumida pos aqueles que desempenham estas funções (*risk-taking culture*), o Autor sustenta tratarem-se de indivíduos predispostos para violar as regras: *"[p]sychologically, many of these men and women can be defined as being 'regulatorily resistent'. Their is a primarly deviant, norme-evasive, criminogenic culture, not much given to the willing acceptance of regulatory control"* (p. 7).

técnico[549] –, que os danos causados pelos comportamentos ilícitos ocorridos neste âmbito são muitíssimo sérios e afetam toda a comunidade, quando não mesmo vários países[550].

E, concomitantemente, vão tomando forma exigências de atuação adequada sobre esta realidade, nomeadamente através da aplicação de sanções efetivas e dissuasoras a todos quantos se envolvam em atividades ilícitas suscetíveis de lesionar interesses comuns. Será certo que não se vislumbra, neste domínio, um clamor pela intervenção penal tão forte como pode detetar-se noutros âmbitos, mas afigura-se-nos que tal sucede mais devido à falta de notícia a respeito dos atos lesivos de tais bens e interesses[551], do que propriamente por causa da falta de consciência coletiva da importância dos bens em causa. Isto não olvidando, naturalmente, que a perceção cidadã do risco varia muito consoante esteja em causa um bem tangível, imediato, cuja ofensa se traduza numa consequência próxima e visível, ou, ao invés, um bem coletivo, de afetação fragmentária, cuja violação produz um efeito desconhecido do grande público, quando não mesmo diferido no tempo[552].

Por outro lado, é igualmente usual que, face à ainda relativamente baixa sensibilidade social à criminalidade económica e às suas especificidades técnicas, o processo de criminalização se dê através de um movimento *top-down*[553], sendo liderado – e, em certa medida, moldado – pela opinião dos especialistas

549 São reconhecidas e inegáveis as relações particularmente estreitas entre o poder político e o poder económico. Tais relações, como sublinhámos já noutra ocasião, penderam definitivamente para o lado do poder económico, uma vez que a moderna economia capitalista globalizada levou à perda de capacidade dos Estados para controlar os agentes económicos, tornando a economia verdadeira matriz quer do político, quer do social. Cf. Flávia Loureiro, "Os problemas económico--finaceiros transnacionais e o encurtamento dos direitos humanos - que papel para o direito penal?", in *Direitos humanos e sua efetivação na era da transnacionalidade: debate luso-brasileiro*, Curitiba: Juruá, 2012, pp. 197-199.

550 Como temos vindo a chamar a atenção, um dos mais delicados problemas colocados hoje pela necessidade de regulação da atividade económica é o da sua transnacionalização que, a um tempo, repercute os efeitos de um certo comportamento na esfera de vários Estados e torna muito difícil o respetivo controlo e eventual perseguição.

551 Na verdade, como bem sabemos, um dos fatores mais importantes na consciencialização a respeito da necessidade de proteção de determinado bem é o alarme social causado pela sua violação. Para esta compreensão de que o interesse ou valor em causa está em perigo, sendo necessário colocar ao serviço da sua defesa o aparelho próprio do direito penal, muito contribui o papel dos meios de comunicação social, como referimos já.

552 A respeito destes bens jurídicos coletivos, falaremos com detença no próximo capítulo. Cf. *infra* pp. 243 e ss.

553 Pedimos emprestado a expressão a Christopher Harding, "Business Collusion as a Criminological Phenomenon: Exploring the Global Criminalisation of Business Cartels", *Critical Criminology*, 14, 2006, p. 200. O Autor chama a atenção para este problema de reduzida sensibilidade

na área, em vez de partir (numa perspetiva a que chamaríamos *bottom-up*) de uma disseminada consciencialização pública a respeito da reprovação ética dos atos em causa. O legislador, ao optar pela criminalização, «nivela por cima» a consciência ética comunitária, ajudando a formar uma mais clara perceção acerca do que está em causa.

Não o faz, obviamente, de acordo com o seu livre-arbítrio, mas respeitando os critérios legais e constitucionais existentes, de modo a que a sua ação possa considerar-se densificadora da consciência comunitária, mas não criadora dela ou funcionando em sua substituição. Se assim fosse, aliás, além de não ser legitimada a intervenção do legislador por não estarmos perante um bem jurídico-penal[554], surgiria seguramente uma descontinuidade entre a letra da lei e a opinião pública a respeito da eticidade do comportamento subjacente, o que suscitaria situações de conflito social ou de desaplicação da norma.

3.2. A criminalidade económica e a criminalidade empresarial: relevância criminológica e principais caraterísticas

Não é nova a reflexão acerca da criminalidade económica a partir de uma perspetiva sociológico-criminológica, que busca explicações a respeito das causas deste tipo de crimes e, simultaneamente, dos seus agentes. Quando Sutherland, em 1939, apresentou o conceito de *white-collar crime*, no seu discurso dirigido à Sociedade Americana de Sociologia[555], inaugurou um longo debate a respeito da criminalidade praticada por indivíduos pertencentes a estratos sociais mais altos[556], matéria que, até então, era bastante negligenciada

social aos problema, também ele considerando que esse facto, só por si, não afasta a necessidade e/ ou a propriedade da intervenção penal.

[554] Cf. Jorge de Figueiredo Dias, *Direito Penal, Parte Geral, Tomo I: Questões Fundamentais. A Doutrina Geral do Crime*, 2.ª ed., Coimbra: Coimbra Editora, 2007, pp. 117 e ss.; e Maria da Conceição Ferreira da Cunha, *«Constituição e Crime» - Uma Perspectiva da Criminalização e da Descriminalização*, Porto: Universidade Católica Portuguesa - Editora, 1995, pp. 131 e ss.

[555] Cf. Edwin H. Sutherland, "White Collar-Criminality", *American Sociological Review*, 5, 1940, pp. 1-12. Na verdade, antes de optar por esta formulação, Sutherland havia ultilizado a expressão *"white-collar criminaloid"* (no seu manual *Principles of Criminology*, em 1934) por influência de um artigo publicado alguns anos antes pelo sociólogo Edward Alsworth Ross, "The Criminaloid", *Atlantic Monthly*, 99, 1907, pp. 44-50.

[556] Muito embora, como se verá, não pretendesse o Autor delimitar a *white collar criminality* de acordo com o nível económico ou social do seu agente, mas tendo antes como critério o âmbito dentro do qual os factos eram praticados, a atividade económica empresarial. Tendo em atenção, todavia, que esta era sobretudo praticada por pessoas pertencentes àquelas estratos sociais, acabou por derivar para uma discussão também sobre esse tema, numa certa confusão de fronteiras que nem sempre é fácil de discernir.

pelos estudiosos do crime[557]. O delinquente deixa de ser necessariamente o indivíduo pertence a uma classe económico-social baixa, motivado pela falta de recursos ou por razões de ordem psicológica e social relacionadas com a pobreza (debilidade mental, desvios psicopáticos, «bairros de lata», famílias desestruturadas e deterioradas).

Ao lado dessa criminalidade tradicional, esmagadoramente representada na população prisional[558], surge, então, esta «nova» criminalidade ocupacional, ligada à atividade profissional das elites económicas[559], sobretudo relacionada com os denominados «homens de negócios»[560] e com as respetivas empresas e indústrias. Falamos, portanto, de comportamentos que são usualmente dissimulados na atuação legítima de empresas e que são praticados por pessoas com poder económico e político, que frequentemente usam essa influência quer para a perpetração dos atos delinquentes, quer para a sua posterior

[557] Se Edwin H. Sutherland cunhou definitivamente o estudo deste tipo de criminalidade, promovendo uma discussão académica sem precedentes em seu redor, tal não significa, obviamente, que tenha sido ele o primeiro a considerar a criminalidade própria das classes privilegiadas. Já antes dele, ainda no século XIX, o jurista e sociólogo francês Gabriel Tarde havia refletido sobre o modo como as pessoas de estratos sociais mais baixos cometiam transgressões imitando as de classes superiores. Do mesmo modo, também Charles Henderson e Albert Morris tinham, antes do trabalho de Edwin H. Sutherland, estudado o problema. Cf. as referências históricas de enquadramento feitas por Ronald J. Berger, *White-Collar Crime: The Abuse of Corporate and Government Power*, Boulder: Lynne Rienner Publishers, 2011, pp. 3 e ss.

[558] Como sublinha Edwin H. Sutherland, "White Collar-Criminality", *American Sociological Review*, 5, 1940, pp. 1-2, *"[t]he criminal statistics show unequivocally that crime, as popularly conceived and officially measured, has a high incidence in the lower class and a low incidence in the upper class; less than two percent of the persons committed to prisons in a year belong to the upper class. These statistics refer to criminals handled by the police, the criminal and juvenile courts, and the prisons, and to such crimes as murder, assault, burglary, robbery, larcency, sex offenses, and drunkenness, but exclude traffic violations"*, o que conduziu os criminólogos a uma explicação do crime baseada nas condições sócio-psicológicas associadas à probreza. Mas, como o Autor alerta também *"[t]he conventional explanations are invalid principally because they are derived from biased samples. The samples are biased in that they have not included vast areas of criminal behavior of persons not in the lower class. One of these neglected areas is the criminal behavior of business and professional men"*.

[559] Esta criminalidade é também conhecida por criminalidade de elite. Cf., *v,g.*, David R. Simon, *Elite Deviance*, 6.ª ed., Boston: Allyn and Bacon, 1999, *passim*.

[560] Como salienta Christopher Harding, "Business Collusion as a Criminological Phenomenon: Exploring the Global Criminalisation of Business Cartels", *Critical Criminology*, 14, 2006, p. 182, há ainda nesta tipologia de crime uma marcada perspetiva de género, sendo raras as mulheres que, até hoje, têm sido relacionadas com estas práticas. Muito embora o Autor não avente hipóteses explicativas para o fenómeno, parece-nos que – sem prejuízo das idiossincrasias da criminalidade feminina – a principal causa para uma tal disparidade está relacionada com a ainda difícil ascensão da mulher aos cargos de topo da atividade empresarial.

dissimulação, quer, ainda, para escapar às malhas da justiça, quando o problema venha eventualmente a ser suscitado.

Naturalmente, ficam de fora desta classificação – como ficavam, aliás, já na análise de Sutherland – uma grande quantidade de crimes praticados por pessoas pertencentes à classes socioeconómicas elevadas (*v.g.* homicídio, ofensas à integridade física, violência doméstica, *etc.*), na medida em que não está aqui em causa, específica e unicamente, a pertença a um determinado estrato social, mas a criminalidade ocupacional dele decorrente. Os «crimes de colarinho branco» não são, por isso, todos aqueles que são praticados por um determinado conjunto de indivíduos, mas, mais propriamente, aqueles que são praticados por todos aqueles que exerçam um certo tipo de profissões ou funções[561].

A sua exata delimitação (quais sejam, afinal, os comportamentos que pertencem a esta categoria) não é, todavia, inequívoca e suscita ainda hoje algumas dificuldades. Havendo relativo consenso quanto aos dois grandes grupos inicialmente apresentados pelo referido criminólogo norte-americano – *corporate crime* e *government crime* –, a enumeração exata das condutas que quadram a cada uma dessas espécies apresenta-se um pouco mais difícil[562].

Além deste problema concetual, as principais dificuldades conexionadas com este tipo de criminalidade podem ser agrupadas em dois grandes núcleos: por um lado, a deteção e investigação das atos em causa, dada a sua natureza altamente técnica e o secretismo e dissimulação que os acompanha; por outro, a aplicação de sanções adequadas, consideradas as especificidades dos agentes em causa, a sua atuação usualmente mediada por uma organização (pessoa coletiva) e as necessidades impostas pelas finalidades da punição.

Na verdade, dadas as caraterísticas específicas da criminalidade em causa, o mero conhecimento do facto suscetível de configurar um crime é relativamente raro e, quando sucede, já passou habitualmente um largo período de tempo sobre a data em que tal ato ocorreu. Isto sucede quer porque estamos

[561] Ver, a propósito, MICHAEL L. BENSON e SALLY S. SIMPSON, *White-Collar Crime: An Opportunity Perspective*, New York: Routledge, 2009, p. 5. Os Autores partem da definição de SUTHERLAND para depois encetarem uma análise baseada na estrutura de oportunidades necessária para o cometimento de «crimes de colarinho branco».

[562] Ver, a este propósito, MARSHALL B. CLINARD E PETER C. YEAGER, *Corporate Crime*, New York: The Free Press, 1980; pp. 1 e ss.; JAMES GOBERT e MAURICE PUNCH, *Rethinking Corporate Crime*, London: Lexis Nexis Butterworths, 2003, pp. 115 e ss.; RONALD J. BERGER, *White-Collar Crime: The Abuse of Corporate and Government Power*, Boulder: Lynne Rienner Publishers, 2011, p. xi e ss.; ou ERNESTINA SICILIA, *Economia, Impresa e Criminalità dei Colletti Bianchi*, Bari: Cacucci Editore, 2001, pp. 23 e ss.

perante comportamentos que são usualmente levados a cabo dentro de estruturas organizacionalmente complexas, camuflados sob a aparente legalidade do exercício da atividade de uma empresa, e, por isso mesmo, sujeitos aos particulares laços de silêncio, de lealdade e de secretismo próprios destes organismos, quer porque as vítimas de tais ações são usualmente difusas ou, quando determinadas ou individualizáveis, muitas vezes nem sabem que o são, tendo em conta o nível técnico dos atos em causa[563] e a dissimulação dos mesmos[564].

A este desconhecimento ou notícia tardia dos comportamentos ilícitos, junta-se, por outro lado, a especial dificuldade na investigação e recolha de provas, pois que, tratando-se de domínios técnicos especializados, a prova se apresenta como particularmente complexa, normalmente dependente de perícias e da análise de um muito extenso conjunto de documentos, quase sempre relacionado com dados contabilísticos e bancários. Se juntarmos a estes, fatores como a internacionalização das empresas e a globalização económica, geradoras de uma liberdade de circulação de pessoas e bens e de um fluxo de capitais sem precedentes, e a imaterialidade das transações decorrente da velocíssima capacidade de inovação tecnológica (com os problemas resultantes, por exemplo, da necessidade de prova digital), compreendemos sem dificuldade a razão pela qual o apuramento destes factos se torna muito difícil, sobretudo face à falta de meios humanos especializados.

Por outro lado, como veremos com mais detalhe no capítulo seguinte, ainda que se ultrapasse o problema da averiguação e recolha de prova, um outro conjunto de dificuldades se apresenta quanto à possibilidade de punição dos comportamentos em causa. Em primeiro lugar, surge a questão de saber quem é o agente, uma vez que estamos perante criminalidade ocupacional ou organizacional e os factos suscetíveis de serem considerados criminosos são normalmente praticados no âmbito de uma pessoa coletiva. Estaremos, assim, perante um criminoso individual, que apenas opera no seio de uma organização, devendo aquele ser responsabilizado nos moldes habituais, ou enfrentaremos, antes, um «criminoso coletivo», isto é, a atuação em causa,

[563] Imagine-se, por exemplo, o caso dos investidores ou dos pequenos acionistas de uma empresa que se evade ao pagamento de impostos.

[564] Será o caso, que em particular nos interessa, dos consumidores afetados por uma prática restritiva da concorrência, por exemplo um acordo entre empresas para a fixação do preço de certo bem.

não podendo ser reconduzida a cada um dos indivíduos participantes na organização, não deverá ser antes imputada ao próprio ente coletivo[565]?

A resposta a esta questão coloca dúvidas sérias do ponto de vista da dogmática jurídico-penal[566], mas também não menos relevantes perplexidades sob a perspetiva criminológica, uma vez que importará aferir se existe uma especial qualidade «criminogenética» por parte destas estruturas organizacionais, ou se, pelo contrário, as causas e explicações do desvio continuam a dever procurar-se no indivíduo ou no conjunto de indivíduos que as compõem[567].

De acordo com alguns autores[568], na verdade, há uma cultura própria nestas organizações que rege, desde logo, o seu relacionamento com a lei e a capacidade para fazer uma leitura mais ou menos tolerante das imposições normativas quando estão em causa benefícios para o ente coletivo. Empresas que aceitam ou toleram atos pouco éticos ou mesmo ilícitos praticados pelos seus funcionários ou agentes quando tais comportamentos geram uma vantagem para a própria empresa, criam uma cultura de desrespeito pela lei,

[565] Colocando estas questões e buscando hipóteses de resposta, assentes quer em pressupostos criminológicos, quer em regras jurídico-dogmáticas, cf. Christopher Harding, *Criminal Enterprise: Individuals, organisations and criminal responsability*, Devon: Willan Publishing, 2007, pp. 121 e ss.

[566] Questões que têm vindo a ser muito debatidas no âmbito da possibilidade e adequação dos regimes de responsabilidade penal de pessoas coletivas que, tendo sido negados durante tanto tempo, têm recentemente vindo a ser introduzidos em muitas legislações. No caso português, cf., por todos, Manuel António Lopes Rocha, "A Responsabilidade Penal das Pessoas Colectivas - Novas Perspectivas", in *Direito Penal Económico*, Coimbra: Centro de Estudos Judiciários, 1995, pp. 107-187; Jorge dos Reis Bravo, *Direito Penal de Entes Colectivos. Ensaio sobre a Punibilidade de Pessoas Colectivas e Entidades Equiparadas*, Coimbra: Coimbra Editora, 2008, *passim*; Germano Marques da Silva, *Responsabilidade Penal das Sociedades e dos seus Administradores*, Lisboa: Editorial Verbo, 2009, *passim*; e Fernando Torrão, *Societas Delinquere Potest? da Responsabilidade Individual e Colectiva nos "Crimes de Empresa"*, Coimbra: Almedina, 2010, *passim*.

[567] Cf. Robert Apel e Raymond Paternoster, "Understanding 'Criminogenic' Corporate Culture: What White-Collar Crime Researchers Can Learn from Studies of the Adolescent Employment-Crime Relationship", in *The Criminology of White-Collar Crime*, New York: Springer, 2009, pp. 15-33; Petter Gottschalk, "Stages of financial crime by business organizations", *Journal of Financial Crime*, 15, 2008, pp. 38-48; George Gilligan, "The Relevance of White Collar Criminlology to Financial Services Regulation", *Journal of Financial Crime*, 3, 1995, pp. 46--48; ou Edward Swan, "Derivatives Market Manipulation by 'Wash Sales' in Violation of the US Commodity Exchange Act", *Journal of Financial Crime*, 3, 1995, pp. 53-56.

[568] Ver, por todos, Christopher Harding, *Criminal Enterprise: Individuals, organisations and criminal responsability*, Devon: Willan Publishing, 2007, pp. 221 e ss.; e James Gobert e Maurice Punch, *Rethinking Corporate Crime*, London: Lexis Nexis Butterworths, 2003, pp. 15 e ss.

de contradição com as regras estabelecidas que é aprendida e interiorizada como todas as demais práticas empresariais[569].

Assentam, pois, estas teorias na natureza social do comportamento coletivo, que se repercute na divergência de atuação do indivíduo quando age não enquanto tal mas dentro de uma estrutura associativa, assimilando as caraterísticas, os objetivos e os meios de agir da organização e encarando-a como um ente «real», que influencia a sua conduta pessoal e profissional[570]. Ora, dentro dessa outra realidade que a empresa, a organização económica, constitui, o indivíduo age de acordo com os padrões coletivos que lhe foram transmitidos, com a aculturação a que esteve sujeito, com o *ethos* específico da entidade em causa.

De tal modo que podem mesmo identificar-se, segundo Gobert e Punch[571], dois tipos de indústrias ou de atividades empresariais, conforme a sua tendência mais ou menos vincada para a prática de atos penalmente relevantes: as *«crime-facilitative industries» e as «crime-coercive industries»*. No primeiro caso, as atividades são facilitadoras de crimes, uma vez que, pela sua natureza ou caraterísticas, oferecem oportunidades de obtenção de benefícios através da prática de atos criminosos com baixo risco de deteção[572]; na segunda hipótese, estaremos a falar de atividades no seio das quais as empresas se veem praticamente forçadas a cometer crimes de modo a assegurarem a sua sobrevivência[573].

[569] Cf. as reflexões de Maurice Punch, "The organizational component in corporate crime", in *European Developments in Corporate Criminal Liability*, London: Routledge, 2011, pp. 101-113, onde o Autor sublinha a existência de um sistema organizacional paralelo, de um código operacional dissimulado dentro das empresas, que efetivamente rege o modo como a atividade deve ser levada a cabo e, entre outras coisas, a interação com as imposições e proibições legais: *"[f]irstly, empirical analysis of corporate criminality is problematic because virtually every study of organizations reveals that, apart from the formal structure, there is an informal system or 'shadow' organization where, behind the glossy corporate front and the public relations rhetoric, there is an* 'operational code' *about how the company really operates and how things really get done. Under the surface there are practices which may enhance organizational aims – such as price-fixinig mentioned above or using bribery to ensure contracts in certain markets – or may, as in some forms of fraud or industrial enterprise, expose the organization to legal liability"* (p. 103).

[570] *Idem*, p. 102.

[571] Ver James Gobert e Maurice Punch, *Rethinking Corporate Crime*, London: Lexis Nexis Butterworths, 2003, pp. 23 e ss.

[572] Quanto à análise destas oportunidades, fizemos já referência ao trabalho de Michael L. Benson e Sally S. Simpson, *White-Collar Crime: An Opportunity Perspective*, New York: Routledge, 2009.

[573] Este é, aliás, mesmo do ponto de vista histórico, um dos argumentos mais habitualmente apresentados pelos participantes em práticas restritivas da concorrência – sobretudo em cartéis – para explicar a razão da sua atuação: a estreitíssima margem de lucro e os altos custos que os forçavam a repartir quotas de mercado de modo a garantir um determinado nível de produção para

Não significa isto, naturalmente, que se afirme sem mais que todas as empresas são inerentemente criminógenas, antes se pretende chamar a atenção para a existência de um conjunto de fatores situacionais específicos que podem ajudar a compreender as causas e os formatos da criminalidade empresarial[574]. Não corresponderá, pois, a criminalidade empresarial a uma atuação penalmente ilícita vulgar, levada a cabo por um qualquer delinquente (por um criminoso comum), à qual apenas se apõe uma condição de lugar: a sua prática decorra no seio de uma atividade empresarial. Aquilo que estas teorias pretendem sublinhar é a existência de uma natureza e de uma estrutura próprias das organizações económicas que, aliadas a fatores sociais, económicos e culturais específicos do meio em que aquelas estão inseridas, ajudam a promover uma atitude de aceitação do risco e de flexibilização ética que faz com que a prática de atos ilegais e, mesmo, criminosos, se torne um ato banal e não autocensurado[575].

Ora, considerar que assim é – que as empresas não são apenas um instrumento acessório na prática de um determinado ato ilícito, mas podem antes desempenhar um papel determinante na decisão criminosa e na sua configuração, revertendo, aliás, para elas o benefício obtido com a conduta – impõe, como dissemos, uma reflexão acerca da dogmática jurídico-penal implicada e das suas consequências práticas. De facto, não deveremos falar aqui de responsabilidade penal da própria empresa, uma vez que o crime é «produto» dela, resultado, afinal, da sua específica «realidade», em prol de quem, para mais, correm os ganhos? Fará sentido tentar imputar a responsabilidade pelos atos em causa ao diretor, ao executivo, ao agente que estará (se se conseguir apurar quem é) por trás da manifestação exterior do ato?

O problema, se convoca a tão intricada e debatida questão da responsabilidade penal das pessoas coletivas[576], tem igualmente uma perspetiva causal-explicativa de base, sobretudo quando a empresa em causa seja

todas as empresas, sob pena de não poderem garantir a sobrevivência da empresa; ou, por outro lado, a circunstância – muitas vezes aliada à anterior – de entrarem num mercado onde virtualmente todos os competidores praticam atos restritivos, impondo-se-lhes uma atuação semelhante e muitas vezes coligada. Cf., a propósito, Christine Parker, "Criminal Cartel Sanctions and Compliance: The Gap between Rhetoric and Reality", in *Criminalising Cartels: Critical Studies of an International Regulatory Movement*, Oxford: Hart Publishing, 2011, pp. 239-262.

[574] E que, desde logo, nos podem ajudar a compreender porque razão uma empresa embarca em atuações criminosas enquanto outra, colocada num circunstancialismo similar, o não faz.

[575] Vejam-se, a este propósito, as considerações expendidas por James Gobert e Maurice Punch, *Rethinking Corporate Crime*, London: Lexis Nexis Butterworths, 2003, pp. 14 e ss.

[576] A que nos referiremos com mais detalhe *infra*, pp. 264 e ss.

«reincidente»[577] e utilize um processo de substituição[578] dos agentes que, entretanto, tenham porventura vindo a ser implicados na prática de um qualquer ato proibido. Parece acentuar-se, nestes casos, aquela caraterística criminógena da organização, que independe mesmo dos concretos indivíduos que contribuam para a levar a cabo. O que, além do enfoque etiológico, suscita ainda uma outra questão fundamental: a das penas a aplicar à empresa e/ou aos seus agentes quando o ato for considerado crime[579].

3.3. O «cartelista» como criminoso

Abstraindo, para já, das considerações respeitantes à adequação de uma responsabilidade coletiva (da empresa) ou individual (do agente) ou da possível cumulação de ambas, importa-nos ainda, nesta tentativa de colocação do problema sob a perspetiva criminológica, procurar atributos específicos do criminoso empresarial e, encontrando-os, verificar se tais predicados podem igualmente identificar-se na pessoa que pratica atos de restrição da concorrência, em particular atos de cartelização.

É comum afirmar-se, a este propósito, que quer as empresas, quer os seus executivos atuam de acordo com padrões de racionalidade e de análise de riscos, plenamente conscientes, portanto, tanto das suas ações como dos respetivos resultados. Vulgarizou-se, aliás, não apenas em relação aos crimes económicos mas muito especialmente quanto a eles, a ponderação de custos e benefícios própria da análise económica do direito, assente nessa particular lógica e objetividade supostamente caraterizadora da atividade empresarial.

Uma tal compreensão do processo decisório das empresas e dos seus executivos pode afigurar-se relevante em termos de análise da responsabilidade criminal, pois que para a averiguação da imputação penal se mostra essencial a intencionalidade do agente, o seu dolo ou negligência na prática dos factos relevantes – o que seria certamente mais fácil de demonstrar se nos

[577] Não usamos aqui o termo em sentido técnico-jurídico exato, sobretudo à luz da nossa legislação penal. Lançamos mão da sua significância mais lata, querendo apenas indicar a circunstância de a empresa em causa repetir o comportamento ilícito (que pode, em boa verdade, nem ser considerado crime à luz da legislação em vigor num dado tempo e lugar).

[578] Este processo de substituição é relativamente comum, sobretudo em empresas de grande dimensão, que, face a uma investigação por prática de atos ilícitos, imputam ou deixam ser imputada a responsabilidade a um seu agente (normalmente um alto quadro executivo), que é afastado, usualmente recebendo uma compensação muito significativa, e depois substituído por outro – que agirá também dentro da estrutura e da cultura procedimental da organização.

[579] Analisaremos também este problema no próximo capítulo – cf. *infra* pp. 271 e ss.

baseássemos nesta racionalidade intrínseca da decisão empresarial. Sendo certo que a tomada de decisões no seio de uma organização económica se pauta habitualmente por fatores que têm em linha de conta a avaliação de ganhos e prejuízos, não pode, todavia, escamotear-se que é frequente as decisões refletirem igualmente outro tipo de preocupações, não facilmente mensuráveis em termos de custos e benefícios, como por exemplo os danos que certo comportamento pode causar ao bom nome e reputação da empresa[580].

Por outro lado, é preciso ter em linha de conta que certos fatores contextuais e institucionais podem afetar essa racionalidade própria do processo de decisão empresarial, tornando-a limitada ou diminuída[581], desde logo porque não será comum que uma organização possua toda a informação relevante para uma dada resolução, mas antes que trabalhe sobre dados incompletos. Além de que, por vezes, as decisões tomadas podem apresentar-se mesmo plenamente irracionais, sobretudo quando o decisor em causa entra numa espiral patológica ou mesmo de autodestruição, tomando decisões a todos os níveis absurdas apenas com o único objetivo de esconder ou adiar a descoberta de um problema existente[582].

Ainda que não se atinja este nível de irracionalidade próprio de quem já nada tem a perder, a verdade é que muitos outros fatores que não a análise lógico-objetiva dos custos e benefícios económicos para a empresa entram em linha de conta no processo decisório de um determinado executivo ou dirigente. Muitos deles relacionados, aliás, com atributos individuais, como sejam a específica competência em determinada matéria ou a particular sensibilidade ou aversão ao risco[583], ou com interesses pessoais, nomeadamente quanto à carreira e respetiva remuneração.

[580] Chamando a atenção para estes aspeto, James Gobert e Maurice Punch, *Rethinking Corporate Crime*, London: Lexis Nexis Butterworths, 2003, p. 18 e ss.; Christopher Harding, "Business Collusion as a Criminological Phenomenon: Exploring the Global Criminalisation of Business Cartels", *Critical Criminology*, 14, 2006, pp. 181-205, e "The Anti-Cartel Enforcement Industry: Criminological Perspectives on Cartel Criminalisation", in *Criminalising Cartels: Critical Studies of an International Regulatory Movement*, Oxford: Hart Publishing, 2011, pp. 359-380.

[581] De *"bounded rationality"* nos falam James Gobert e Maurice Punch, *Rethinking Corporate Crime*, London: Lexis Nexis Butterworths, 2003, p. 19, afirmando que *"organizations rarely possess total information on a given topic and are forced to make choices on the basis of incomplete data"*.

[582] James Gobert e Maurice Punch, *op. et loc. ult.cit*, dão o exemplo de Robet Maxwell, um proeminente empresário do setor da imprensa e membro do Parlamento inglês, que acabou por perder o controlo sobre as suas finanças e tomar um conjunto de decisões desesperadas que conduziram à sua fuga e talvez mesmo ao seu eventual suicídio.

[583] Na verdade, é comum apontar-se aos altos dirigentes empresariais uma específica falta de perceção do risco ou uma muita seletiva compreensão dos factos e das suas consequências. *Idem, ibidem.*

Todos estes elementos acabam por constituir um grande feixe de determinantes na atuação dos empresários e executivos, condicionando a sua decisão quanto ao respeito ou violação pela norma e correspondente prática de atos ilícitos, porventura penalmente relevantes. E por se refletir, igualmente, nos mecanismos de defesa e técnicas de dissociação que vão ser empregues, quer pelos indivíduos, quer pelas próprias empresas, na tentativa de se distanciarem dos crimes que eventualmente acabem por cometer.

Efetivamente, a generalidade dos estudos votados a este tipos de criminalidade costuma sublinhar que o executivo de uma empresa que comete um crime não corresponde ao estereótipo comum do delinquente de rua (apesar das limitações inerentes a uma tal classificação), que é usualmente jovem, profundamente hedonista, muito provavelmente fazendo parte de um grupo de pares fortemente unidos e com uma predileção para a quebra de regras e o desafio à autoridade[584]. Estes indivíduos exibem frequentemente uma tendência para serem impulsivos, insensíveis e temerários, obtendo prazer com o desrespeito pela norma, mas a tendência para a prática de atos com relevo criminal tende a decrescer com a idade[585].

Segunda esta abordagem «clássica»[586], os dirigentes empresariais que se envolvem na prática de atos criminosos (*white-collar criminals*) não partilham da maioria destas caraterísticas, apresentando um comportamento completamente distinto e sendo determinados por motivos muito diferentes. Na maioria das vezes, correspondem a «cidadãos-modelo», de estratos económicos médios ou altos, bem educados, com estudos, perfeitamente integrados na comunidade (onde usualmente até desempenham papéis de destaque

[584] Cf. James Gobert e Maurice Punch, *Rethinking Corporate Crime*, London: Lexis Nexis Butterworths, 2003, pp. 18 e ss; Christopher Harding, "Business Collusion as a Criminological Phenomenon: Exploring the Global Criminalisation of Business Cartels", *Critical Criminology*, 14, 2006, pp. 181-205, e *Criminal Enterprise: Individuals, organisations and criminal responsability*, Devon: Willan Publishing, 2007; e Nicole Leeper Piquero e David Weisburd, "Developmental Trajectories of White-Collar Crime", in *The Criminology of White-Collar Crime*, New York: Springer, 2009, pp. 153-171.

[585] *Idem.*

[586] Como veremos em seguida, tem vindo a chamar-se a atenção para a estreiteza desta leitura, defendendo-se um estudo muito mais aprofundado dos «criminosos de colarinho branco» de modo a permitir a descoberta das variáveis que existem debaixo desta classificação genérica. Têm sido propostas, aliás, como exporemos *infra*, análises que distinguem espécies diferentes dentro deste género, sendo que, em algumas delas (pelo menos, na dos criminosos persistentes ou de alta frequência), o afastamento em relação à criminalidade dita comum ou de rua é muito menos vincado do que poderia julgar-se.

sociopolítico) e sem antecedentes criminais[587]. A sua atitude diária não é de confrontação com a norma, mas de respeito e defesa dela, sendo pessoas ponderadas e capazes de lidar com o mecanismo de adiamento da recompensa, pois que estão habituados a fazê-lo ao longo da sua progressão profissional. Por todas estas razões, este é também um agente que tende a praticar os atos delinquentes mesmo numa idade mais avançada, aparecendo como um criminoso oportunista: é face ao surgimento de específicas oportunidades empresariais que ele equaciona a possibilidade de violar a lei, de modo temporário e instrumental[588].

Ao contrário do delinquente que têm orgulho na sua carreira criminal, o executivo de empresa quer usualmente evitar o estigma penal, seja para preservar a sua imagem, seja simplesmente para furtar-se à responsabilidade. Assim, estes agentes procuram dissociar-se do ato, de modo a afastar-se das consequências criminais das suas decisões. É, por isso, comum que não sejam eles a executar a conduta proibida, mas que criem condições para que os que estão à sua volta, trabalhando para si, o façam em seu lugar, mantendo eles a possibilidade de negar qualquer envolvimento: será o caso, por exemplo, de estabelecerem objetivos demasiado ambiciosos para os seus subordinados, normalmente associados a um esquema de recompensas, deixando-lhes liberdade para escolherem os meios necessários para atingir tais metas.

Como sublinhámos, todavia, têm vindo a desenvolver-se uma corrente criminológica que sustenta ser necessário aprofundar o estudo desta criminalidade, de modo a fazer luz sobre as suas variáveis, afirmando que a *white-collar criminality* engloba um conjunto muito grande e diferenciável de delinquentes. Para estes Autores, o tratamento indistinto dos delinquentes que cabem dentro deste género prejudica o conhecimento rigoroso acerca das suas verdadeiras caraterísticas e, concomitantemente, das causas dos crimes.

Assim, Nicole Leeper Piquero e David Weisburd[589], por exemplo, desenvolveram, com base num estudo de *follow-up*, por mais de dez anos, de um conjunto de criminosos de colarinho branco condenados, uma proposta ti-

[587] Ver James Gobert e Maurice Punch, *Rethinking Corporate Crime*, London: Lexis Nexis Butterworths, 2003, pp. 21 e ss.: *"[t]ipically, the corporate executive who commits an offence is, in most respects, a model citizen, with no criminal record or any of the stereotypical character traits of the common criminal"* (p. 21).

[588] *Idem.*

[589] Cf. Nicole Leeper Piquero e David Weisburd, "Developmental Trajectories of White-Collar Crime", in *The Criminology of White-Collar Crime*, New York: Springer, 2009, pp. 153-171. Como os próprios Autores explicam, o seu estudo tem por base outros trabalhos anteriores, cujos presupostos eles pretenderam reanalisar e aprofundar.

pológica e classificatória para estes delinquentes: os «*low rate offenders*», os «*intermittent offenders*» e os «*persistent offenders*» (que poderemos traduzir livremente por ofensores de baixa frequência, ofensores intermitentes e ofensores persistentes, respetivamente). Esta investigação, partindo do paradigma da carreira criminosa e da consequente abordagem desenvolvimentista, pretendeu verificar se era possível identificar um padrão longitudinal na atividade criminal deste tipo de delinquentes, avaliando a sua evolução ao longo da vida do agente.

Da análise levada a cabo (e que versa em particular, como decorre do seu objeto de estudo e da amostra escolhida, sobre a reincidência, sobre a repetição do padrão criminal depois da condenação), os Autores concluíram que podem autonomizar-se três grandes grupos de criminosos, de acordo com a frequência da prática dos atos proibidos.

Num primeiro grupo, claramente maioritário (cerca de 70% dos indivíduos acompanhados), podiam encontrar-se os criminosos de baixa frequência, que episodicamente se haviam envolvido na prática de crimes, mas em relação aos quais não se podia falar, em sentido exato, em carreira criminosa. Estes indivíduos serão «*crisis responders*»[590] ou «*opportunity-takers*»[591], conforme a sua ação criminosa derive da necessidade de lidar com uma crise experienciada na sua vida profissional ou pessoal, aproveitando para tal uma oportunidade pré-existente de violar a lei de modo a subsistir, ou resulte, antes, do aproveitamento de uma oportunidade de ganho inusual que surge repentinamente, apesar do conhecimento do caráter criminoso do comportamento em causa[592].

Já os criminosos de frequência média ou intermitentes corresponderão habitualmente aos «*opportunity-seekers*»[593]. Neste caso, o agente não aproveita apenas uma oportunidade que se lhe apresenta, ele procura-a ativamente, ele envida esforços no sentido de criar a situação para praticar certos tipos específicos de ofensas. Há aqui, pois, ao contrário do que sucedia com o primeiro tipo, um claro padrão criminal, muito embora o envolvimento dos indivíduos no concretos atos criminosos seja intermitente[594].

590 Poderíamos talvez chamar-lhes «criminosos movidos pela crise».

591 Seriam os «criminosos aproveita oportunidades».

592 Cf. Nicole Leeper Piquero e David Weisburd, "Developmental Trajectories of White-Collar Crime", in *The Criminology of White-Collar Crime*, New York: Springer, 2009, p. 162.

593 Já neste caso, talvez pudéssemos chamar-lhes "criminosos busca oportunidades".

594 Ver Nicole Leeper Piquero e David Weisburd, "Developmental Trajectories of White-Collar Crime", in *The Criminology of White-Collar Crime*, New York: Springer, 2009, p. 163. De acordo com estes Autores, a este grupo poderiam reconduzir-se cerca de 25% dos indivíduos que compunham a amostra.

Num terceiro conjunto, por sua vez, englobar-se-iam os criminosos de colarinho branco de alta frequência ou persistentes, correspondendo ao criminoso estereotipado, na medida em que demonstram um grande empenho no desrespeito pela lei. Estes indivíduos evidenciaram, de acordo com o estudo, uma tendência para persistirem no comportamento criminoso ao longo do período em análise, bem como uma propensão para iniciarem cedo a carreira criminosa. Os delinquentes pertencentes a este terceiro grupo, de acordo com a conclusão a que chegaram os referidos Autores, não se diferenciam significativamente dos criminosos comuns ou de rua, que começaram a sua atividade criminal ainda jovens e a desenvolveram ao longo da vida[595].

Este esforço de mais profunda compreensão da tessitura da «criminalidade de colarinho branco» tem vindo, pois, a permitir conhecer mais detalhadamente os perpetradores destes crimes, reconhecendo nomeadamente a heterogeneidade existente dentro desta classificação e, ao contrário do que poderia prever-se, a sobreposição de carreiras criminosas entre «delinquentes comuns» e «delinquentes de colarinho branco». A assimilação destes postulados permitirá, a um tempo, constatar a necessidade de procurarmos diferentes modelos explicativos para distintos tipos de criminosos, bem como a consequente exigência de que essas variações terão de refletir-se quer nas opções político-criminais, quer nas correspondentes soluções dogmático-penais[596].

Ora, assim sucintamente delineados os principais traços do criminoso empresarial, resta-nos ainda uma última reflexão, que equacione a possibilidade de inferir de tudo quanto ficou dito premissas aplicáveis aos comportamentos que aqui em concreto pretendemos analisar. Poderemos nós, pois, reconduzir os atos próprios de uma participante num cartel, de um «cartelista», a este modelo? E, se assim for, apresentará este criminoso algum conjunto de atributos que permita aprofundar a sua caraterização e análise? Tentemos, pois, a partir das considerações que até aqui fizemos, avançar um pouco mais no conhecimento das feições próprias desta criminalidade[597].

[595] *Idem*, p. 167.

[596] Muito embora não caiba dentro do escopo deste trabalho uma teorização a respeito da «criminalidade de colarinho branco», razão pela qual não aprofundaremos muito mais o problema – que é, antes de tudo, de matriz criminológica –, não podemos deixar de chamar a atenção para as consequências ínsitas nesta nova compreensão deste tipo de criminalidade, sobretudo no que tange com a necessidade de adequação do *instrumentarium* penal a esta multiplicidade de formas. Não nos coibiremos, por isso, de voltar à questão sempre que se afigurar necessário, nomeadamente quando adiante tratarmos das sanções possíveis face a crimes deste género.

[597] Uma vez mais, extrapolamos aqui a partir da experiência e dos estudos realizados noutros países, sobretudo os pertencentes à comunidade anglo-saxónica, uma vez que não existe em Portugal, tanto quanto pudemos apurar, nenhuma investigação a respeito desta matéria. É, nesse sentido,

Ninguém nega que, até do ponto de vista da emergência histórica da figura, o cartel está muitas vezes associado a momentos de crise, quer de determinado setor económico, quer da própria economia como um todo[598]. Não é, por isso, difícil de compreender que muitos empresários que embarcam nesta prática restritiva da concorrência pertençam ao primeiro grupo apontado, sendo verdadeiros «*crisis responders*», uma vez que praticam o ato em causa na tentativa de estabilizar os preços e resistir à instabilidade do mercado causada, por exemplo, por um depressão económica severa[599].

Se muitos «cartelistas» estão seguramente dentro deste núcleo, não pode todavia refutar-se que tantos outros veem na cartelização uma oportunidade de maximizar lucros ou minimizar perdas, apresentando-se recetivos à participação que lhes é oferecida («*opportunity-takers*») ou buscando mesmo as condições para a criar («*opportunity-seekers*»). Na primeira hipótese, o empresário é, por exemplo, confrontado com um cartel já existente e sedimentado na prática comercial de um determinado setor e convidado ou pressionado pelos seus pares para fazer parte dele – não há aqui, pois, uma procura deliberada do ato criminoso, mas uma adesão a um comportamento em execução ou a

óbvio, que a esmagadora maioria das análises efetuadas a este propósito provenham dos EUA e da Inglaterra, países onde, além de uma tradição criminológica muito mais aprofundada e desenvolvida do que a nossa, os comportamentos em causa são considerados crime e têm sido muito discutidos – o que, naturalmente, tem também alimentado a reflexão criminológica. Por essa razão, como é óbvio, as conclusões a que tais trabalhos chegaram não podem ser extrapoladas, sem mais, para a realidade portuguesa. Conscientes disso, afigura-se-nos, todavia, que poderão constituir um contributo de relevo para a análise do problema.

598 Cf. *supra* o que dissemos a respeito do fenómeno de cartelização na Alemanha, pp. 75 e ss., bem como acerca do surgimento da preocupação concorrencial na UE, pp. 101 e ss.

599 No mesmo sentido, Christine Parker, "Criminal Cartel Sanctions and Compliance: The Gap between Rhetoric and Reality", in *Criminalising Cartels: Critical Studies of an International Regulatory Movement*, Oxford: Hart Publishing, 2011, p. 256. A Autora sublinha, ademais, em sentido crítico, as implicações que um tal facto tem em termos de efetividade da criminalização do comportamento, pois que as pessoas que tomam uma decisão nestas circunstâncias estão sujeitas a uma tal pressão que não se pode considerar a sua opção racional e, por isso, os efeitos dissuasores das penas serão francamente limitados: *"[t]his has important implications for the effectiveness of criminalisation. People deciding to break the law in a crisis might be quite impervious to deterrence: they are not making, and perhaps are not capable of making, a considered rational decision to engage in cartel activity, and therefore the theoretical availability of increased sanctions might not make a difference to them"*. Muito embora não discordemos da conclusão – o aumento das sanções não implicará necessariamente um crescimento do efeito dissuasor –, não podemos aceitar sem mais as premissas: não nos parece que as pessoas que decidem num momento de crise aderir a um cartel estejam despojadas da sua capacidade de decidir racionalmente, nem que a circunstância de o ato em causa poder ser crime seja irrelevante para o empresário decisor.

uma decisão criminosa proposta por outrem[600]. No segundo caso, estamos já perante um agente que premedita a sua ação criminosa, que explora as circunstâncias concretas de mercado e a sua posição empresarial no sentido de encontrar a melhor forma de implementar o cartel ou que busca nele participar[601].

Como resulta do que dissemos quanto ao terceiro grupo de ofensores em causa – os ofensores persistentes ou de alta-frequência –, os participantes num cartel podem também enquadrar-se aqui, sendo que este comportamento será usualmente apenas mais um de entre uma grande variedade de atos criminosos. Dada a apetência destes indivíduos para o desrespeito pela norma, a prática deste ato restritivo da concorrência configurará apenas mais um crime de entre um leque muito provavelmente amplo de ofensas, sejam de «colarinho branco» ou não[602].

De uma outra perspetiva – que, segundo cremos, entronca nesta em larga medida – Christopher Harding[603] chama a atenção para a necessidade de atendermos às principais linhas motivacionais do «cartelista», de modo a melhor compreendermos a sua atuação. Este pode ter uma motivação empresarial (*«business driven»*), uma motivação política ou de poder (*«power driven»*) ou uma motivação pessoal (*«personal need»*).

Assim, o impulso para a prática do ato pode, desde logo, ser económico, envolvendo-se o agente em comportamentos cartelizadores pelas mesmas razões empresariais que determinam a organização enquanto ator económico: o controlo do mercado, a maximização de lucro, a minimização de perdas ou a garantia de sobrevivência da empresa, por exemplo. Nestes casos, o indivíduo vê-se, sobretudo, como homem de negócios, identificando-se fortemente com

[600] Também aqui Christine Parker, *op. et loc. cit.*, entende que o efeito de dissuasão pretendido pela criminalização não será atingido, por entender que os *«opportunity takers»* respondem impulsivamente e não racionalmente à oportunidade que se lhes apresenta. Por maioria de razão, não nos parecem proceder também aqui os motivos indicados pela Autora.

[601] Considerando que estes tipo de «cartelistas» são racionais e estão permanentemente a ponderar as suas possibilidades de ganhos, Christine Parker, *op. et. loc. cit.*, entende que estes agentes são os que mais provavelmente podem ser afetados pelo objetivo dissuasor das consequências criminais.

[602] Mais uma vez aqui, tendo em atenção a propensão para o cometimento de crimes destes ofensores persistentes, Christine Parker, *ibidem*, sustenta que *"[c]riminal activity is a sign of fundamental psycho-social problems that should be adressed in a holistic way that might include deterrence, incapacitaion, rehabilitation and personal and social development. But deterrence alone is unlikely to be effective in preventing or resolving their carterl conduct"*.

[603] Christopher Harding, "The Anti-Cartel Enforcement Industry: Criminological Perspectives on Cartel Crminalisation", in *Criminalising Cartels: Critical Studies of an International Regulatory Movement*, Oxford: Hart Publishing, 2011, pp. 368-370.

os interesses da empresa (que confunde com os seus) e permitindo que estes se sobreponham a quaisquer considerações éticas a respeito da legalidade da conduta em causa. O que está em causa aqui é, sempre, a melhor decisão do ponto de vista estritamente empresarial.

Já na segunda hipótese, aquilo que moverá o indivíduo é a sensação de poder, o sentimento de realização pessoal e de alguma emoção que o exercício desse domínio lhe transmite. Trata-se, naturalmente, do poder de controlo sobre as incertezas e variações do mercado (fim primeiro da atuação), mas igualmente da emoção obtida com a participação numa organização sofisticada e secreta, que desafia permanentemente os limites e as capacidades do sistema legal.

O terceiro impulso é de natureza mais personalizada e está intimamente relacionado com as necessidades emocionais e psicológicas individuais. Segundo o Autor, deparamo-nos aqui, na verdade, com uma mistura de insegurança e necessidade de emoção, uma vez que, por um lado, há o medo de não ter o controlo – seja sobre o mercado, seja sobre os demais empresários, seja mesmo sobre a sua própria carreira –, mas, simultaneamente, e de modo porventura um pouco contraditório, há uma certa excitação que decorre quer do elemento conspirativo do cartel, quer do jogo com a lei[604].

Feitas, pois, estas reflexões acerca quer da criminalidade empresarial, por um lado, quer do próprio participante no cartel, por outro, parece-nos bem estar a desenvolver-se uma compreensão da prática de cartel como «crime de colarinho branco», perfeitamente enquadrável nos postulados que Sutherland começou por enunciar e que têm vindo a ser desenvolvidos pela doutrina posterior. Na verdade, tanto a perceção das motivações que podem guiar estes indivíduos, como a discussão a respeito das condições que os levam a praticar os atos legalmente proibidos, parecem apontar para dentro dos limites do direito penal, colocando as suas ações sob a alçada dos mecanismos repressivos de *ultima ratio.*

Veremos, em seguida, se uma tal perceção se confirma, sobretudo quando a cotejamos com os estritos critérios jurídico-dogmáticos da ciência criminal e as suas específicas exigências principiológicas.

[604] Como sublinha Christopher Harding, *ibidem*, a aplicação da teria do jogo a este problema tem vindo a relevar-se cada vez mais importante: *"there may be sense of excitement, deriving first from cartel conduct in itself (the element of clever conspiracy) and, secondly and increasingly now, the legal gamble, playing with the risk of detection, engaging on prisioner's dilema leniency calculations and even imagining the celebrity of being an Interpol fugitive, as some compensation for the otherwise mundane lifestyle of sales manager"* (p. 369).

Capítulo VI: Fundamentos jurídico-dogmáticos para a criminalização das ofensas à liberdade de concorrência

1. Delimitação do problema: a insuficiência do direito administrativo ou a questão da necessidade de tutela penal

Ora, como vimos detalhadamente até aqui, muito embora possa questionar-se a necessidade de intervenção do direito penal para a tutela da liberdade concorrencial, a verdade é que, entre nós, a manutenção da ordem e estabilidade do mercado e a correspondente garantia da livre concorrência competem ao direito administrativo[605] (com o eventual auxílio do direito civil[606]). Cabe, pois, ao direito contraordenacional averiguar e sancionar os comportamentos violadores das regras concorrenciais, não havendo lugar para a intervenção do direito penal, por se entender não ser justificável ou não ser necessário lançar mão do mais gravoso dos ramo da ordem jurídica – apesar de esta não ter sido sempre a opção portuguesa[607], a verdade é que, por influência das escolhas levadas a cabo supranacionalmente, no quadro da União Europeia, o direito

[605] Cf. *supra* capítulo IV, pp. 155.

[606] Como sublinhámos já (ver referência da nota anterior), muito embora a utilização dos mecanismos próprios do direito civil não esteja vedada aos cidadãos portugueses, uma vez que a ação de indemnização por danos exige apenas a demonstração dos pressupostos da responsabilidade civil, a verdade é que a sua utilização em casos de práticas restritivas da concorrência não tem entre nós tradição.

[607] Como analisámos no capítulo IV desta obra, os primeiros diplomas nacionais sobre a matéria consideravam ser crime o desrespeito pelas proibições de práticas restritivas (tanto a lei n.º 1:926, de 18 de março de 1936, sobre coligações económicas, como a lei n.º 1/72, de 24 de março, sobre a defesa da concorrência), mas não chegaram sequer a ter vigência efetiva. Cf. *supra* pp. 161 e ss.

de mera ordenação social impôs-se como ramo sancionatório das práticas restritivas da concorrência[608].

Uma tal preferência tem vindo, todavia, a ser questionada, não faltando quem lhe identifique defeitos substanciais e processuais, quem alerte para problemas tanto de eficiência como de eficácia e venha apontando novos caminhos. A questão da (in)suficiência dos remédios de natureza não penal tem-se colocado com cada vez maior acuidade e vem desvendando múltiplas perspetivas, que permitem enfrentar o tema a partir de diversos argumentários.

1.1. A crise do paradigma regulatório

Num primeiro enfoque, não podemos deixar de equacionar a hoje tão propalada crise do paradigma regulatório[609]. Encarada durante muito tempo como a forma ideal de relacionamento entre o Estado e a economia, a regulação tem vindo a ser sucessivamente questionada, quer por aqueles que materialmente duvidam da validade horizontal e da tendencial generalização dos seus postulados, quer por todos quantos a acusam de estar a falhar na sua finalidade, sendo permissiva no controlo que devia exercer e pouco eficaz nas sanções que se vê obrigada a aplicar[610].

Efetivamente, se é certo que o intervencionismo estatal na economia tem, de há muito, sido recusado, por se entender que a atividade económica deve ser exercida de modo tão livre quanto possível, deixada nas mãos dos particulares que a levarão a cabo e competindo ao Estado a mera criação de garantias para que uma tal liberdade de empresa possa ser efetivada, a verdade é que não só estes axiomas estão longe de ser universais, como têm vindo a ser sucessivamente colocados em cheque, face a um conjunto de acontecimentos recentes que vêm projetando sombras e dúvidas sobre a capacidade

608 Hoje implementado, como já explicámos, através da lei n.º 19/2012, de 8 de maio, que veio estabelecer o novo regime jurídico da concorrência (em substituição daquele que havia sido estabelecido pela lei n.º 18/2003, de 11 de junho). Cf., em detalhe, o que sobre esta lei expendemos *supra* pp. 184 e ss.

609 Referimo-nos já às razões do surgimento deste paradigma e sua caraterização no capítulo I deste trabalho – cf. *supra* pp. 46 e ss.

610 Cf. as considerações apresentadas por DAVID J. GERBER, *Law and Competition in Twentieth Century Europe: Protecting Prometheus*, Oxford: Clarendon Press, 1998, pp. 434 e ss.; CHRISTOPHER HARDING e JULIAN JOSHUA, *Regulating Cartels in Europe. A Study of Legal Control of Corporate Delinquency*, Oxford: Oxford University Press, 2003, pp. 140 e ss.; e ALBERTO DE VITA, "La 'crisi di razionalità' dell' opzione punitiva nel diritto penale dell'economia", in *Il Nuovo Sistema sanzionatorio del Diritto Penal dell'Economia: Decriminalizzazione e Porblemi di Effettività*, Napoli: Jovene Editore, 2002, pp. 3-80.

das agências ou entidades reguladoras para lidar com os desafios próprios da economia hodierna.

Na verdade, sobretudo a partir da, denominada, crise das dívidas soberanas[611], que teve início em 2008, repetidas vozes se têm feito ouvir no sentido de chamar a atenção para as falhas consecutivas – e, porventura mesmo, estruturais – do sistema regulatório dominante, sublinhando a sua influência no momento económico que o mundo atravessa[612]. A incapacidade dos supervisores para exercerem cabalmente a sua função de monitorização e controlo da atividade económica, *maxime* no setor bancário, não tendo sido capazes de antever e agir preventivamente sobre as fragilidades profundas que depois se manifestaram, abriu caminho para um coro muito sonoro de críticas, que se viram ainda avolumadas em face do modo como aqueles agentes lidaram com o incumprimento dos regulados e lhes aplicaram as respetivas sanções.

Pela primeira vez em dezenas de anos, os próprios defensores das virtudes do modelo regulatório compreenderam as suas debilidades e limitações e encetaram uma reflexão acerca das mudanças a introduzir para correção dos erros detetados. Para alguns outros, todavia, mais do que discutir alterações de pormenor ou modificações pontuais de regime, o que interessa é compreender a insuficiência do próprio paradigma regulatório e a premência da sua superação. O que se coloca em causa é, afinal, a própria crença ilimitada no

[611] Tendo-se acentuado a partir desta crise, a desconfiança em relação ao modelo económico e regulatório vigente vinha-se fazendo sentir já há algum tempo, sobretudo catalisada a partir de uma sucessão de escândalos económicos, ocorridos dos dois lados do Atlântico. Para uma reflexão acerca destes acontecimentos e das formas de reação adotadas pelos diversos países, cf. Luigi Foffani, "Escándalos económicos y reformas penales: Prevención y represión de las infracciones societarias en la era de la globalización", *Revista Penal*, 23, 2009, pp. 33-40. O Autor parte dessa análise para depois se centrar, em concreto, nos delitos societários e no seu tratamento dentro da União Europeia. Ver também a reflexão levada a cabo por Jésus-María Silva Sánchez, *Tiempos de Derecho penal. Escritos breves sobre teoria y práctica, vida social y economia*, Montevideo: B de F, 2009, pp. 157 e ss., naquilo a que chamou a normativização do direito patrimonial e económico; bem como a de Cesare Pedrazzi, "Problemi di tecnica legislativa", in *Comportamenti Economici e Legislazione Penale*, Milano: Dott. A. Giuffrè Editore, 1979, pp. 17-41; e Cesare Pedrazzi, *Diritto Penale IV. Scritti di Diritto Penale dell'Economia. Disciplina Penale dei Mercati, Diritto Penale Bancario, Diritto Penale Industriale, Diritto Penale Fallimentare, Varia*, Milano: Dott. A. Giuffrè Editore, 2003, pp. 3 e ss.; e a de Carlos Martínez-Buján Pérez et. all., *Derecho Penal Económico*, Valecia: Tirant lo blanch, 2002, pp. 60 e ss.

[612] Em boa verdade, a crise da dívida soberana é uma realidade essencialmente ocidental, produzida sobretudo nos EUA e na Europa, por um conjunto de fatores económicos, políticos e sociais que não cabe aqui analisar e têm sido, aliás, alvo de profunda escalpelização. Sem pretender apresentar uma visão eurocêntrica ou ocidentalizada (a que, em sentido verdadeiro, não podemos escapar), afirmamos a importância mundial desta crise dada a repercussão dela em todas as partes do globo.

funcionamento do mercado[613] e a correspondente defesa da *corporate governance*[614] como forma ideal de controlo da atividade económica, que apenas teria de ser supervisionada por entidades reguladoras, de preferência independentes.

Na verdade, além de se compreender como nunca antes – sobretudo face a casos concretos como os da *Enron*[615] ou da *Parmalat*[616] – que as empresas e os seus dirigentes não estão usualmente preocupados com o bem-estar comum ou com o respeito pelas regras de uma sã concorrência, ficaram igualmente claras as falhas das agências reguladoras e supervisoras, também elas postas em causa, seja pela sua incapacidade de gerir efetivamente a atividade, seja pela sua suscetibilidade de captura pelo poder económico, seja, ainda, pela sua permeabilidade aos atores políticos (tantas vezes demasiado próximos dos económicos). Os instrumentos administrativos em que a atividade destas

[613] Nas palavras de LUIGI FOFFANI, "Escándalos económicos y reformas penales: Prevención y represión de las infracciones societarias en la era de la globalización", *Revista Penal*, 23, 2009, p. 33, *"el cambio de siglo, con el final de la optimista e ilimitada fé en el «dios mercado», ha ofrecido en pocos años un impresionante abanico de desviaciones patológicas y criminales"*.

[614] A expressão vulgarizou-se para significar a autorregulação da atividade económica, cabendo às empresas o seu próprio controlo através da criação de mecanismos internos de cumprimento, verificação e sancionamento das atividades ilícitas (os códigos de conduta e de ética transformaram-se em alguns dos instrumentos privilegiados desta *soft law*). Cf. MICHAEL GALANIS, "Vicious Spirals in Corporate Governance: Mandatory Rules for Systemic (Re)Balancing?", *Oxford Journal of Legal Studies*, 31, 2011, pp. 327-363, onde o Autor chama a atenção para os problemas suscitados no texto, sublinhando o enfraquecimento da posição dos pequenos acionistas e investidores gerado pela falta de regras públicas a respeito da matéria, deixando-se toda a regulação a ser decidida através dos mecanismos contratuais (onde, naturalmente, estes se encontram em desvantagem). Ver igualmente, a este propósito, LAURA HORN, "Corporate Governance in Crisis? The Politics of EU Corporate Governance Regulation", *European Law Jounal*, 18 , 2012, pp. 83-107, com um enfoque específico na atuação da UE neste domínio.

[615] A *Enron Corporation* era uma companhia de energia norte-americana, localizada em Houston, Texas, que empregava cerca de 21.000 pessoas, e era uma das companhias líderes no mundo em distribuição de energia (eletricidade, gás natural) e comunicações. Nos anos de 2000 e 2001, a empresa foi alvo de uma série de denúncias de fraudes contabilísticas e fiscais. Tendo uma dívida que ascendia a mais de dez mil milhões de dólares, a *Enron* acabou por declarar falência. As investigações que, na altura, se levaram a cabo revelaram que a empresa havia manipulado os seus balanços financeiros, com a ajuda de empresas e bancos, e escondido dívidas de 25 mil milhões de dólares por dois anos consecutivos, tendo os seus lucros sido aumentados artificialmente. O governo dos Estados Unidos abriu dezenas de investigações criminais contra executivos da *Enron* e da *Arthur Andersen* (responsável pela contabilidade e auditoria da empresa). A braços com vários escândalos financeiros empresariais, como o da Enron, em 2002, foi aprovado o *Sarbanes-Oxley Act*, com vista a evitar a verificação de casos semelhantes.

[616] A *Parmalat*, empresa italiana do setor dos laticínios, por sua vez, esteve envolvida num escândalo próximo deste, acabando por falir em 2003. Calisto Tanzi, ex-presidente do grupo, foi mesmo condenado a uma pena de prisão.

entidades assenta (seja no que respeita aos seus poderes regulatórios, aos de supervisão ou aos sancionatórios[617]) apresentam-se, pois, como insuficientes ou inadequados, reclamando-se uma maior intervenção estatal.

1.2. O direito administrativo «*quasi*-penal»

A opção pelo direito administrativo como ramo jurídico apropriado para lidar com as matérias respeitantes às práticas restritivas da concorrência correspondeu, ademais, a um movimento internacional de retração ou estabilização do próprio âmbito do direito penal económico. Na verdade, a incriminação de comportamentos ilícitos relacionados com a economia – surgida, sobretudo, na segunda metade do século XX[618] – conheceu um expansão assinalável durante as suas últimas décadas, alastrando-se a um conjunto muito grande de domínios (sociedades comerciais, mercado, ambiente, fisco, *etc.*) e constituindo rapidamente um «corpo especial» dentro do direito penal, a reclamar estudo particular. Este crescimento veloz do direito penal, que ficou conhecido por *big bang*, na metáfora utilizada por Buján Perez[619], aventurando-se por áreas até aí distantes dos seus limites[620] e que vieram desafiar alguns dos seus postulados, conduziu ao surgimento de uma crítica muito forte, assente quer na

[617] Cf. o que dissemos *supra* a respeito destes poderes, quando nos referimos às entidades reguladoras independentes – capítulo I, pp. 46 e ss.

[618] Cf., por todos, Jorge de Figueiredo Dias, "Para uma dogmática do direito penal secundário. Um contributo para a Reforma do Direito Penal Económico e Social Português", *Revista de Legislação e Jurisprudência*, 116 e 117, 1983-4; 1984-5, pp. 7 e ss. e 263 e ss., respetivamente; e Manuel da Costa Andrade, "A «dignidade penal» e a «carência de tutela penal» como referências de uma doutrina teleológico-racional do crime", *Revista Portuguesa de Ciência Criminal*, 2, 1992, pp. 173-205; e "Contributo para o Conceito de Contra-Ordenação (A Experiência Alemã)", *Revista de Direito e Economia*, 6/7, 1980/81, pp. 81-121. Ver, igualmente, Eduardo Correia, "Direito penal e direito de mera ordenação social", *BFDUC*, 49, 1973, pp. 257-81; e "Introdução ao direito penal económico", *Revista de Direito e Economia*, 3, 1977, pp. 3-35.

[619] Cf. Carlos Martínez-Buján Pérez, "Algunas reflexiones sobre la moderna teoria del Big Crunch en la selección de bienes jurídico-penales (especial referencia al ámbito económico)", in *La Ciencia del Derecho Penal ante el Nuevo Siglo. Libro Homenaje al Professor Doctor Don José Cerezo Mir*, Madrid: Tecnos, 2002, pp. 395-431.

[620] Refletindo sobre as fronteiras do interdito e chamando a atenção para o reajustamento dos seus limites, ver, por exemplo, Aude Laquerrière-Lacroix, "L'evolution des frontières du droit pénal. Jalons historiques", *Revue Pénitentiaire et de Droit Pénal*, 1, janvier-mars 2011, pp. 71-81. Cf. igualmente Bernardo Feijoo Sánchez, "Sobre a 'administrativização' do direito penal na 'sociedade do risco'. Notas sobre a política criminal no início do século XXI", in *Direito Penal Económico e Financeiro: Conferências do Curso Pós-Graduado de Aperfeiçoamento*, Coimbra: Coimbra Editora, 2012, pp. 25-65.

ilegitimidade, quer na ineficácia de um direito penal de *prima ratio* – e que foi cristalizada nas posições reducionistas da Escola de Frankfurt[621].

Estas críticas, disseminadas um pouco por todo o lado, rapidamente impuseram um movimento de sentido oposto, sustentando uma operação mais ou menos generalizada de descriminalização de condutas económicas ilícitas, por se entender que o direito penal não era o meio adequado para lidar com tais comportamentos (além do direito da concorrência, que referimos já por diversas vezes[622], pense-se no que se passou em matérias como os cheques sem provisão). Naturalmente, esta contração do direito penal não correspondeu, na esmagadora maioria das vezes, a uma passagem das ações em causa para o universo jurídico da licitude, antes impôs uma verdadeira deslocação do poder repressivo para outras instâncias, especialmente para as já referidas autoridades administrativas independentes.

A atribuição desta competência a entidades administrativas reconfigurou, todavia, ao menos em certa medida, a distinção tradicionalmente apontada entre direito penal e direito de mera ordenação social[623], quer por causa das (diríamos já, habituais) dúvidas suscitadas a respeito do bem jurídico em causa e da (des)necessidade da intervenção penal, quer sobretudo devido aos poderes que lhes foram sendo concedidos para agir contra este tipo de comportamentos. Como vimos já[624], a importância crescente de determinados bens, aliada à particular sofisticação das práticas relacionadas com a atividade económica, colocaram desafios inauditos ao direito administrativo e levaram aquelas entidades a clamar por uma «mão mais longa e mais pesada» no combate aos atos ilícitos em causa.

[621] Ver, a propósito, WINFRIED HASSEMER, "La autocompressión de la Ciencia del Derecho Penal frente a las exigencias de su tiempo", in *La ciencia del derecho penal ante el nuevo milenio*, Valencia: Tirant lo Blanch, 2004, pp. 21-52.

[622] Veja-se o que dissemos *supra* quer a respeito do direito português (cf. pp. 155), quer a respeito do que sucedeu noutros países europeus.

[623] Apesar das muitas dúvidas doutrinárias que ainda persistem a respeito da delimitação exata desta linha divisória. Cf. JORGE DE FIGUEIREDO DIAS, *Direito Penal, Parte Geral, Tomo I: Questões Fundamentais. A Doutrina Geral do Crime*, 2.ª ed., Coimbra: Coimbra Editora, 2007, pp. 160 e ss.; FREDERICO DE LACERDA DA COSTA PINTO, "O ílicito de mera ordenação social e a erosão do princípio da subsidiariedade da intervenção penal", *Revista Portuguesa de Cência Criminal*, 7, 1997, pp. 7-100; e ALEXANDRA VILELA, *O Direito de Mera Ordenação Social: Entre a Ideia de "Recorrência" e a de "Erosão" do Direito Penal Clássico*, Coimbra: Coimbra Editora, 2013, com profusa bibliografia sobre o tema.

[624] Cf. o que dissemos a propósito quando fizemos uma viagem pela evolução do direito concorrencial da UE, pp. 101.

Surgiram, assim, na esfera destas entidades, poderes que até aí apenas eram outorgados em sede de prevenção ou repressão criminal a órgãos policiais ou autoridades judiciárias[625], esbatendo-se ainda mais a linha já ténue entre os dois ramos do direito. De tal modo que há mesmo quem sustente estarmos perante um direito administrativo-repressivo não penal ou um direito *quasi--penal*[626], cuja natureza se afigura dúbia e gera muitas perplexidades. De facto, segundo esta corrente doutrinária, para aqueles que adotem uma visão formal ou orgânica, este matéria não pertencerá ao direito penal (económico) uma vez que escapa à jurisdição penal (veja-se que das decisões das autoridades administrativas independentes cabe recurso para um tribunal não penal – um tribunal de comércio ou, no caso português, da concorrência[627]); por seu turno, todos quantos assumam uma conceção material não poderão deixar de atender quer aos bens ou interesses em causa, quer aos poderes que são concedidos às referidas entidades administrativas, quer à importância e severidade das sanções que podem ser aplicadas neste âmbito – muito frequentemente superiores às próprias penas – e de entender, por isso, que este direito deve ser tratado em sede de direito penal económico[628].

Mais importante, se bem vemos, do que a catalogação da área em causa, é o reconhecimento – que não se nos afigura poder ser seriamente recusado – de que, de facto, estamos perante a atribuição de poderes de natureza penal a

[625] Como é o caso, na área que aqui nos ocupa em particular, da possibilidade de levar a cabo diligências de busca, exame, recolha e apreensão de documentos (art. 18.º da LdC) ou mesmo verdadeiras buscas domiciliárias (art. 19.º da LdC). Cf., a respeito, José Lobo Moutinho e Pedro Duro, "Anotação ao artigo 18.º", in *Lei da Concorrência. Comentário Conimbricense*, Coimbra: Alemdina, 2013, pp. 205-216; e "Anotação ao artigo 19.º", in *Lei da Concorrência. Comentário Conimbricense*, Coimbra: Almedina, 2013, pp. 217-223, onde os Autores suscitam igualmente muitas dúvidas a respeito da consonância destas normas com o direito constitucional e da sua aproximação ao regime penal.

[626] Cf., desde logo, o já referido trabalho de Philippe Bonfils, "Les frontières du droit pénal des affaires", *Revue Penitentiaire et de Droit Pénal*, 2, avril-juin 2011, pp. 325-330.

[627] Era para o tribunal de comércio que cabia recurso até se ter implementado, em 2012, através do decreto-lei n.º 67/2012, de 20 de março, o tribunal da concorrência, regulação e supervisão, com competência especializada na matéria (que havia sido criado pela lei n.º 46/2011, de 2 de junho).

[628] Ver o que a este propósito expõe Philippe Bonfils, "Les frontières du droit pénal des affaires", *Revue Penitentiaire et de Droit Pénal*, 2, avril-juin 2011, pp. 326-327, chamando especificamente a atenção para o problema do direito da concorrência: *"[p]our d'autres auteurs, au contraire, ce droit administrato-répressif mérite d'être étudié en droit pénal des affaires, en raison de la rigueur qu'il peut revêtir à l'égard des justiciables. C'est particuliérement vrai en droit de la concurrence, car l'Autorité de la Concurrence peut prononcer des sanctions pécuniaires à hauteur de 3 milions d'euros si le contravenant n'est pas une enterprise, et, pour une enterprise, à hauteur de 10% du chiffres d'affaires mondial hors taxes de plus élevé réalisé au cours d'un des derniers exercises clos depuis l'exercise précédant celui au cours duquel les pratiques ont été mises en oeuvre"*.

instâncias (formalmente) não penais, permitindo-lhes uma intervenção na esfera jurídica dos particulares (pessoas singulares ou pessoas coletivas) que até aqui era específica do universo penal, por este ser o ramo do direito que lida com os mais graves atentados aos bens jurídicos fundamentais da comunidade. Ora, a concessão destas faculdades a entidades administrativas não coloca apenas em causa uma possível «criminalização do direito administrativo»[629], com o endurecimento do seu aparelho repressivo e a aproximação aos mecanismos limitadores de direitos, liberdades e garantias próprios do direito penal, mas, segundo cremos, põe sobretudo em destaque uma questão a que não se poderá continuar a escapar: se são necessários os instrumentos mais intrusivos e limitadores que a nossa ordem jurídica apresenta para lidar com os comportamentos em causa, não será porque se reconhece a importância fulcral do bem jurídico a proteger e a sua necessidade de tutela (penal)?

Este problema coloca-se, como temos vindo a sublinhar, com particular acuidade quando falamos de direito da concorrência, uma vez que se trata de uma área em que a necessidade de tutela repressiva se acentuou muito rapidamente, demandando respostas cada vez mais eficientes e interventivas para fazer face a um conjunto de práticas que se têm tornado progressivamente mais complexas e sofisticadas. Claramente demonstrativo desta necessidade é o percurso evolutivo que traçámos em capítulos precedentes quer do direito concorrencial da União Europeia, quer do português (inspirado naquele), ilustrando bem o caminho que tem sido feito em matéria contraordenacional, tanto no que respeita ao alargamento das condutas típicas (com a criação de uma série de ilícitos relacionados com a falta de cooperação com a entidade reguladora[630]), como ao agravamento de sanções (não só o alargamento substancial da moldura abstrata da coima[631], como o endurecimento e multiplicação

[629] Fala-se, de há muito, num processo de «administrativização do direito penal», pretendendo sublinhar os problemas suscitados com a multiplicação de tipos penais em branco e a correspetiva acessoriedade administrativa. Apontámos aqui um fenómeno que nos parece ser de sentido inverso, mas, em certa medida, complementar, pois que estamos perante um fenómeno em que é o direito penal e o seu específico manancial que adentram o direito administrativo.

[630] Vejam-se, a este propósito, as contraordenações previstas nas alíneas h), i), j) e k) do n.º 1 do art. 68.º da LdC, todas elas respeitando à não prestação ou à prestação de informações falsas, inexatas ou incompletas à AdC, à não colaboração com esta ou, mesmo, à falta injustificada de comparência em diligência para que tenha sido regularmente notificado. Cf., quanto a estes preceitos, a análise apresentada por Jorge de Figueiredo Dias e Flávia Loureiro, "Anotação ao artigo 68.º", in *Lei da Concorrência. Comentário Conimbricense*, Coimbra: Almedina, 2013, pp. 684-698.

[631] Sobre as molduras previstas para as distintas coimas estabelecidas da LdC, bem como a respeito da respetiva determinação, cf. Jorge de Figueiredo Dias e Flávia Loureiro, "Anotação ao artigo 69.º", in *Lei da Concorrência. Comentário Conimbricense*, Coimbra: Almedina, 2013, pp. 699-706.

de sanções acessórias[632]), à ampliação dos meios de investigação e obtenção de prova (veja-se o caso, já referido, da busca domiciliária[633]), ou ainda à criação de instrumentos processuais destinados a agilizar a obtenção de uma solução para o processo (tenham-se em consideração os programas de clemência[634] e outros mecanismos de transação implementados[635]).

Em todo este processo de aperfeiçoamento do direito administrativo aplicável à práticas restritivas da concorrência (e em particular, como já vimos, ao cartel) o que se tem, na verdade, verificado é uma tomada de empréstimo de mecanismos próprios do direito penal, de tal modo evidente, aliás, que se tem vindo a questionar com progressiva insistência se não deveríamos considerar o direito repressivo de tais condutas como um direito material ou substancialmente penal[636]. E, simultaneamente, os cidadãos que a ele são sujeitos (em moldes individuais ou através de empresas que constituíram ou representam) sentem que a restrição dos seus direitos é cada vez maior e exigem, por isso, mecanismos de defesa adequados, levando perante os tribunais a questão – prática – de um direito formalmente não penal que, todavia, lhes limita tantos ou mais direitos e garantias do que a *ultima ratio* repressiva de um ordenamento jurídico[637].

[632] Ver a reflexão que a este propósito levamos a cabo em Jorge de Figueiredo Dias e Flávia Loureiro, "Anotação ao artigo 71.º", in *Lei da Concorrência. Comentário Conimbricense*, Coimbra: Almedina, 2013, pp. 712-715.

[633] Permitida, agora, pelo art. 19.º da nova LdC. Cf., para uma análise quer do preceito, quer dos problemas que ele suscita, como já dissemos, José Lobo Moutinho e Pedro Duro, "Anotação ao artigo 19.º", in *Lei da Concorrência. Comentário Conimbricense*, Coimbra: Almedina, 2013, pp. 217-223.

[634] No nosso caso, como referimos já, previstos agora nos art. 75.º a 79.º da LdC. Cf. o que a este propósito dissemos *supra* a pp. 180 e ss.

[635] Como as, já referidas, possibilidade de transação do inquérito (art. 22.º da LdC) e na instrução (art. 27.º da LdC). Cf. Gonçalo Anastácio e Marta Flores da Silva, "Anotação ao artigo 22.º", in *Lei da Concorrência. Comentário Conimbricense*, Coimbra: Almedina, 2013, pp. 244-260; e Gonçalo Anastácio e Diana Alfafar, "Anotação ao artigo 27.º", in *Lei da Concorrência. Comentário Conimbricense*, Coimbra: Almedina, 2013, pp. 303-314.

[636] Ver, a este respeito, as considerações tecidas por Wouter P.J. Wils, "Is criminalization of EU competition law the answer?", in *Criminalization of Competition Law Enforcement. Economic and Legal Implications for the EU Member States*, Cheltenham: Edward Elgar, 2006, pp. 61-109; e Christopher Harding, "The Anti-Cartel Enforcement Industry: Criminological Perspectives on Cartel Criminalisation", in *Criminalising Cartels: Critical Studies of an International Regulatory Movement*, Oxford: Hart Publishing, 2011, pp. 359-380.

[637] Chamando a atenção para este problema, Wouter P.J. Wils, *Principles of European Antitrust Enforcement*, Oxford and Portland, Oregon: Hart Publishing, 2005, pp. 61 e ss., refletindo sobre os direitos de defesa destes sujeitos e chamando especialmente a atenção para as decorrências da Convenção Europeia dos Direitos do Homem e da Carta dos Direitos Fundamentais da União Europeia.

1.3. A necessidade de proteção penal e a garantia dos direitos fundamentais

Este último aspeto leva-nos diretamente a uma outra ponderação que não pode deixar de ser feita a este respeito e que, se quisermos, troca a lente com que vemos o problema, passando de uma perspetiva objetiva ou orgânico-institucional para um enfoque subjetivo. De facto, para além da questão da «burla de etiquetas» que podemos, porventura, assacar a este direito de mera ordenação social de pendor criminal que se afirma administrativo mas se exerce penal, um problema de fundo permanece: o das garantias dos cidadãos face ao aparelho repressivo posto em marcha.

Não é desprezável, na verdade, para os defensores do atual modelo (português ou europeu[638]) a circunstância de ser o processo atualmente implementado menos formal, menos moroso, menos procedimentalizado e, logo, menos garantístico, pois que isso se transforma em ganhos de tempo e de resultados. De um lado, a flexibilização das normas procedimentais permite resolver os processos em análise mais rapidamente e, muitas vezes, através de meios desformalizados e transacionados; do outro, a inexigibilidade de uma prova que cumpra os requisitos penais facilita em muito a tomada de decisões e a aplicação das sanções tidas como adequadas[639].

Caraterísticas que, sendo próprias do direito administrativo e, por isso, partilhadas naturalmente pelo direito contraordenacional, têm vindo a ser progressivamente colocadas em causa em sede de direito da concorrência, à medida que a mão das entidades administrativas se vai tornando mais pesada, quer quanto às sanções aplicadas, quer quanto aos meios utilizados para averiguar os factos e recolher a respetiva prova. Os cidadãos envolvidos nas atividades económicas que constituem objeto material da atuação daquelas autoridades tem vindo, por isso, a clamar pela utilização do «standard» penal também em termos de garantias dos particulares intervenientes nos processos, de modo a permitir-lhes o exercício pleno dos direitos de defesa que usualmente estavam associados àqueles meios invasivos[640].

638 Ou de outros países de fora da UE, naturalmente.

639 Sublinhando o problema da prova neste âmbito, Christopher Harding e Julian Joshua, *Regulating Cartels in Europe. A Study of Legal Control of Corporate Delinquency*, Oxford: Oxford University Press, 2003, p. 143 e ss.; e Wouter P.J. Wils, *Principles of European Antitrust Enforcement*, Oxford and Portland, Oregon: Hart Publishing, 2005, pp. 129 e ss.

640 Chamando a atenção para este problema, Wouter P.J. Wils, *Principles of European Antitrust Enforcement*, Oxford and Portland, Oregon: Hart Publishing, 2005, pp. 68 e ss.

Tornou-se, pois, comum, como enunciámos já anteriormente[641], invocar junto dos tribunais (normalmente em reação a uma decisão condenatória por parte da autoridade administrativa competente) a violação de princípios penais ou de matriz primacialmente jurídico-criminal, como o princípio *nemo tenetur se ipsum accusare*, o direito ao silêncio ou o princípio de presunção da inocência. Naturalmente, o problema coloca-se com especial pertinência quando estejamos perante os direitos do arguido (pessoa singular ou pessoa coletiva), pois que é em relação a ele que se exercem a maioria dos poderes invasivos daquelas entidades[642] e sobre ele que recai o gravame da eventual aplicação da sanção correspondente.

Embora a violação destes princípios e regras[643] possa ser suscitada a respeito de diferentes aspetos processuais, a maioria dos problemas parece estar relacionada com a natureza híbrida dos poderes das entidades reguladoras independentes e com os correspondentes deveres que, na interação com tais autoridades, nascem para os particulares. Na verdade, a questão central anda habitualmente em torno do dever de colaboração que se impõe a todos os administrados na relação com a entidade administrativa e que exige que as empresas submetidas aos poderes de supervisão da autoridade forneçam a esta todas as informações e elementos de suporte que lhe sejam requeridos – a partir dos quais aquelas entidades podem considerar existir indícios da prática de atos ilícitos e iniciar, com base neles, um procedimento sancionatório[644].

[641] Cf. *supra* pp. 110 e ss.

[642] A maioria, de facto, mas não a sua totalidade. Veja-se, por exemplo, que a AdC pode, no exercício dos seus poderes sancionatórios, não só "interrogar a empresa e demais pessoas envolvidas, pessoalmente ou através de representante legal, bem como solicitar-lhes documentos e outros elementos de informação que entenda convenientes ou necessários para o esclarecimentos doa factos" (al. a) do n.º 1 do art. 18.º da LdC), como igualmente "inquirir quaisquer outras pessoas, pessoalmente ou através de representantes legais, cujas declarações considere pertinentes, bem como solicitar-lhes documentos e outros elementos de informação" (al. b) do n.º 1 do art. 18.º da LdC).

[643] Como sublinhámos, a indicação feita no texto é meramente exemplificativa – se bem que significativa –, pois que vários outros princípios ou regras podem ser (são) invocados pelos intervenientes processuais. Pense-se, por exemplo, no que sucede a respeito das provas proibidas. Cf., a este respeito, Frederico de Lacerda da Costa Pinto, "Supervisão do Mercado, Legalidade da Prova e Direito de Defesa em Processo de Contra-Ordenação", in *Supervisão, Direito ao Silêncio e Legalidade da Prova*, Coimbra: Almedina, 2009, pp. 57-125.

[644] Sobre este problema, se bem que especificamente trabalhado a respeito do mercado de valores mobiliários e dos poderes da CMVM, cf., referência contida na nota anterior e Jorge de Figueiredo Dias e Manuel da Costa Andrade, "Poderes de Supervisão, Direito ao Silêncio e Provas Proibidas", in *Supervisão, Direito ao Silêncio e Legalidade da Prova*, Coimbra: Almedina, 2009, pp. 11-56. Cf. também, com relevância particular neste tema, Frederico de Lacerda da Costa Pinto, "A tutela dos mercados de valores mobiliários e o regime do ilícito de mera ordenação social", in

Tem-se suscitado, por isso, a respeito deste mecanismo, quer o desrespeito pelo direito à não-autoincriminação, sustentando que as empresas em causa não podem ser obrigadas a fornecer elementos ao supervisor que venham depois a ser usados contra si, quer a violação das regras relativas à obtenção de provas, considerando-se que este seria um meio enganoso e, por isso, proibido[645]. Mais do que analisar, todavia, a procedência ou não destes argumentos, o que importa sobretudo sublinhar é o resultado processual de aproximação do direito administrativo ao direito penal, com a correspondente ponderação dos direitos de defesa do arguido, bem como dos direitos dos demais participantes processuais.

Ponderação que, aliás, de há muito foi reconhecida pelo Tribunal Europeu dos Direitos do Homem, que desde o aresto *Engel* c. *Países Baixos*, de 8 de junho de 1976[646], tem vindo a considerar que os processos respeitantes a ramos do direito que exerçam uma tutela repressiva e apliquem sanções próximas das criminais, muito embora formalmente não-penais, devem ser tratados de acordo com os princípios vigentes no direito penal, aplicando-se-lhes, entre outros, o art. 6.º, §1[647], da Convenção Europeia dos Direitos do

Direito dos Valores Mobiliários, I, Coimbra: Coimbra Editora, 1999, pp. 285-321; "A supervisão no novo Código dos Valores Mobiliários", *Cadernos do Mercado de Valores Mobiliários*, 7, 2000, pp. 89-103; e "Crimes e contra-ordenações no novo Código dos Valores Mobiliários", *Cadernos do Mercado de Valores Mobiliários*, 7, 2000, pp. 375-413.

645 Para uma colocação dos diferentes problemas que tem vindo a ser suscitados, sua análise e reflexo jurisprudencial, cf. Jorge de Figueiredo Dias e Manuel da Costa Andrade, "Poderes de Supervisão, Direito ao Silêncio e Provas Proibidas", in *Supervisão, Direito ao Silêncio e Legalidade da Prova*, Coimbra: Almedina, 2009, pp. 11-56; Frederico de Lacerda da Costa Pinto, "Supervisão do Mercado, Legalidade da Prova e Direito de Defesa em Processo de Contra-Ordenação", in *Supervisão, Direito ao Silêncio e Legalidade da Prova*, Coimbra: Almedina, 2009, pp. 57-125; Paulo de Sousa Mendes, "As garantias de defesa no processo sancionatório especial por práticas restritivas da concorrência confrontadas com a jurisprudência do Tribunal Europeu dos Direitos do Homem", *Revista da Concorrência e Regulação*, ano I, n.º 1, jan.-mar. 2010, pp. 121-144; e Catarina Anastácio, "O dever de colaboração no âmbito dos processos de contra-ordenação por infracção às regras de defesa da concorrência e o princípio *nemo tenetur se ipsum accusare*", *Revista da Concorrência e Regulação*, ano I, n.º 1, jan.-mar. 2010, pp. 199-235.

646 Este acórdão do TEDH está acessível em: http://hudoc.echr.coe.int/sites/eng/pages/search.aspx?i=001-106438#{"fulltext":["engel%20c.%20pays%20bas"],"itemid":["001-62037"]}

647 Este artigo, epigrafado de direito a um processo equitativo, estabelece o seguinte no seu n.º 1: "[q]ualquer pessoa tem direito a que a sua causa seja examinada, equitativa e publicamente, num prazo razoável por um tribunal independente e imparcial, estabelecido pela lei, o qual decidirá, quer sobre a determinação dos seus direitos e obrigações de carácter civil, quer sobre o fundamento de qualquer acusação em matéria penal dirigida contra ela. O julgamento deve ser público, mas o acesso à sala de audiências pode ser proibido à imprensa ou ao público durante a totalidade ou parte do processo, quando a bem da moralidade, da ordem pública ou da segurança nacional numa

Homem[648]. Muito embora a decisão em causa dissesse respeito à aplicação de sanções disciplinares (militares), o TEDH rapidamente estendeu a sua posição a outras áreas, nomeadamente às relacionadas com o direito de mera ordenação social e as respetivas sanções.

Recentemente, através do acórdão *Menarini Diagnostics S.R.L. c. Itália*, de 27 de setembro de 2011[649], aquele Tribunal confirmou claramente a aplicação do artigo 6.º da Convenção a processos jusconcorrenciais sancionatórios. Apesar de ter decidido contra a pretensão do requerente, considerando que a decisão do Estado italiano não violava aquele preceito da CEDH, o TEDH afirmou, sem margem para dúvidas, a submissão das regras relativas aos procedimentos sancionatórios concorrenciais aos ditames da Convenção, sublinhando que estas afetam transversalmente os interesses gerais da sociedade usualmente protegidos pelo direito penal[650] (apesar da sua natureza não-penal no direito interno italiano – critério que não considerou definitivo em face dos demais).

sociedade democrática, quando os interesses de menores ou a proteção da vida privada das partes no processo o exigirem, ou, na medida julgada estritamente necessária pelo tribunal, quando, em circunstâncias especiais, a publicidade pudesse ser prejudicial para os interesses da justiça". A CEDH foi, entre nós, aprovada para ratificação pela lei n.º 65/78, de 13 de outubro.

648 Ponderando a qualificação penal ou não penal da infração em causa pelo Estado (que lhe cabe internamente), o Tribunal considera todavia que a aplicação da CEDH não pode ficar vinculada à vontade *doméstica* e consequente catalogação de infrações, sob pena de subordinar as disposições da Convenção ao entendimento nacional. Assim, como se expõe no § 82 da decisão, *"[i]l se révélerait en général illusoire s'il ne prenait pas également en considération le degré de sévérité de la sanction que risque de punir l'intéressé. Dans une société attachée à la prééminence du droit, ressortissent à la 'mati violation a été reprochée àrence.iva insistf. o q'e a este propa LdC, cf. uas açramente, sobretudo devido ère pénale' les privations de liberteé susceptibles d'être infligées à titre répressif, hormis celles qui par leur nature, leur durée ou leurs modalités d'exécution ne sauraient causer un préjudice important. Ainsi le veulent la gravité de l'enjeu, les traditions des États contractants et la valeur que la Convention attribue au respect de la liberté physique de la personne"*. Este acórdão acaba, na verdade, por fornecer três critérios alternativos para aferir se o procedimento em causa tem ou não natureza penal nos termos da CEDH: *(i)* a qualificação da infração pela legislação nacional; *(ii)* a natureza da infração; e *(iii)* a natureza e gravidade da sanção aplicada.

649 Este acórdão pode ser consultado em http://hudoc.echr.coe.int/sites/eng/pages/search.aspx?i=001-106438#{"fulltext":["menarini"],"itemid":["001-106438"]}

650 No § 40 da decisão, o Tribunal avança: *"[q]uant à la nature de l'infraction, il apparaît que les dispositions dont la violation a été reprochée à la société requérante visaient à préserver la libre concurrence sur le marché. La Cour rappelle que l'AGCM [Autorità Garante della Concorrenza e del Mercato], autorité administrative indépendante, a comme but d'exercer une surveillance sur les accords restrictifs de la concurrence ainsi que sur les abus de position dominante. Elle affecte donc les intérêts généraux de la société normalement protégés par le droit pénal (Stenuit c. France, précité, § 62). En outre, il convient de noter que l'amende infligée visait pour l'essentiel à punir pour empêcher la réitération des agissements incriminés. On peut dès lors en conclure que l'amende infligée était fondée sur des normes poursuivant un but à la fois préventif et répressif (mutatis mutandis, Jussila, précité, § 38).".*

Mais relembrou que, em outras ocasiões, havia já decidido que a aplicação de normas atinentes a matérias deste âmbito beneficiava de natureza penal, para efeitos de aplicação do artigo 6.º da Convenção[651]. Por outro lado, o Tribunal levou igualmente em consideração o montante efetivo da coima aplicada à empresa (seis milhões de euros) e a circunstância de a sanção aplicada ter também um caráter dissuasor e de prevenção geral, considerando que estas circunstâncias justificam a submissão da matéria às regras penais[652].

Como referimos noutro ponto deste trabalho, a jurisprudência que o TEDH foi criando a este respeito acabou por influenciar igualmente o Tribunal de Justiça, pois que também perante ele (ou, até, sobretudo perante ele) se foi suscitando a questão do desrespeito pelos direitos fundamentais dos indivíduos ou das pessoas coletivas no decurso de processos sancionatórios levados a cabo pela Comissão Europeia. O Tribunal europeu teve, pois, também ele, que equacionar o problema da «equiparação penal» destes procedimentos, fazendo acrescidas exigências probatórias ao trabalho levado a cabo pela Comissão e analisando o respeito pelas garantias dos arguidos[653], aproximando-se do sentido das decisões do TEDH.

Ora, se assim foi sempre, uma tal vinculação material à interpretação daquele Tribunal mais se acentuou com a entrada em vigor do Tratado de Lisboa, uma vez que, por força deste, a Carta dos Direitos Fundamentais da União Europeia passou a incorporar o acervo legislativo europeu, com valor

[651] O Tribunal fez, neste sentido, menção a decisões anteriores nas quais havia já considerado que os poderes sancionatórios de algumas autoridades administrativas competentes em direito económico e financeiro francês, em especial do *Conseil de la concurrence*, eram considerados criminais, para efeitos do art. 6.º da CEDH (*acórdão Lilly c. França*, de 3 de dezembro de 2002; acórdão *Didier c. França*, de 27 de Agosto de 2002, referente ao *Conseil des marchés financiers*, e Comissão Bancária; e acórdão *Dubus SA c. França*, de 11 de junho de 2009, respeitante à *Comission bancaire*).

[652] Nos pontos 41 e 42 da decisão, o TEDH explica: *"Quant à la nature et à la sévérité de la sanction «susceptible d'être infligée» à la requérante (Ezeh et Connors c. Royaume-Uni [GC], nos 39665/98 et 40086/98, § 120, CEDH 2003-X), la Cour constate que l'amende en question ne pouvait pas être remplacée par une peine privative de liberté en cas de non-paiement (a contrario, Anghel c. Roumanie, no 28183/03, § 52, 4 octobre 2007). Cependant, elle note que l'AGCM a prononcé en l'espèce une sanction pécuniaire de six millions d'euros, sanction qui présentait un caractère répressif puisqu'elle visait à sanctionner une irrégularité, et préventif, le but poursuivi étant de dissuader la société intéressée de recommencer. En outre, la Cour note que la requérante souligne que le caractère punitif de ce type d'infraction ressort aussi de la jurisprudence du Conseil d'Etat. A la lumière de ce qui précède et compte tenu du montant élevé de l'amende infligée, la Cour estime que la sanction relève, par sa sévérité, de la matière pénale (Öztürk précité, § 54, et, a contrario, Inocêncio c. Portugal (déc.), no 43862/98, CEDH 2001-I)".* Cf. Peter Whelan, "Criminal Cartel Enforcement in the EU: Avoiding a Human Rights Trade-Off", in *Criminalisin Cartels: Critical Studies of an International Regulatory Movement*, Oxford: Hart Publishing, 2011, pp. 217-235.

[653] Cf. aquilo que dissemos noutro ponto deste trabalho, a pp. 110 e ss.

equiparado ao de um ato originário[654], e esta, nos termos do seu art. 52.º, n.º 3, deve ser interpretada e aplicada em sentido convergente com o das normas estabelecidas na CEDH[655]. Assim, quer o art. 47.º, que regula o direito à ação e a um tribunal imparcial[656], quer o art. 48.º da Carta, que rege a presunção de inocência e direitos de defesa[657], estabelecem direitos dos cidadãos da UE que tem de ter, pelo menos, a mesma proteção conferida pela Convenção, devendo ser aplicados pelos tribunais europeus (Tribunal de Justiça e tribunais nacionais) em conformidade com um tal «standard».

Donde, também quanto a este aspeto parecem erigir-se cada vez mais argumentos que militam no sentido da necessidade de uma tutela penal face à patente insuficiência dos meios administrativos tradicionais. Em boa verdade, muito embora continue a afirmar-se que o regime sancionatório do direito da concorrência é, entre nós como ao nível da UE, administrativo, a verdade é que este tem propendido para a utilização de mecanismos penais – o que, obviamente, suscita como reação a exigência de garantias idênticas às criminais. Poderemos, porventura, continuar a defender que o direito penal deve manter-se arredado deste âmbito por não se mostrar necessário à tutela dos interesses em causa. Resta saber, todavia, se assim for, se não estamos apenas a tentar evitar a plena garantia dos direitos de defesa dos cidadãos, mascarando a realidade. E, já agora, será também preciso apurar se uma tal posição teórica ou de princípio não se vê ultrapassada pela realidade, sobretudo decorrente da atividade judiciária.

654 De acordo com o art. 6.º, n.º 1, do TUE, "[a] União reconhece os direitos, as liberdades e os princípios enunciados na Carta dos Direitos Fundamentais da União Europeia, de 7 de dezembro de 2000, com as adaptações que lhe foram introduzidas em 12 de dezembro de 2007, em Estrasburgo, e que tem o mesmo valor jurídico que os Tratados".

655 Nos termos do n.º 3 do art. 52.º da CDFUE, "[n]a medida em que a presente Carta contenha direitos correspondentes aos direitos garantidos pela Convenção Europeia para a Proteção dos Direitos do Homem e das Liberdades Fundamentais, o sentido e o âmbito desses direitos são iguais aos conferidos por essa Convenção. Esta disposição não obsta a que o direito da União confira uma proteção mais ampla". Ver, a propósito deste preceito, ALESSANDRA SILVEIRA, "Comentário ao artigo 52.º", in *Carta dos Direitos Fundamentais da União Europeia Comentada*, Coimbra: Almedina, 2013, pp. 590-605.

656 Cf., a propósito deste preceito, MARIA JOSÉ RANGEL DE MESQUITA, "Comentário ao artigo 47.º", in *Carta Dos Direitos Fundamentais da União Europeia Comentada*, Coimbra: Almedina, 2013, pp. 537-544.

657 Cf. FLÁVIA LOUREIRO e ANDRÉ PITON, "Comentário ao artigo 48.º", in *Carta dos Direitos Fundamentais da União Europeia Comentada*, Coimbra: Almedina, 2013, pp. 545-552.

2. A finalidade da proteção: o bem jurídico tutelado ou a questão da dignidade e da subsidiariedade penais

Afirmar que o direito administrativo não se tem mostrado solução satisfatória para os problemas gerados pelas práticas restritivas da concorrência – *maxime*, o cartel – não significa, todavia, traspor imediata e inquestionavelmente as fronteiras do direito penal. Para que tal suceda há de fundamentar-se a intervenção deste ramo do direito de uma perspetiva material, demonstrando que se justifica recorrer ao braço armado do Estado por estarem em causa interesses que sustentem uma tal ingerência.

Para o afiançar torna-se imperioso discutir a questão do bem jurídico que uma tal intromissão viria tutelar, pois que, como sabemos, desde Birnbaum tem sido esse conceito operador central de todo o direito penal[658]. Muito embora outras propostas tenham sido apresentadas[659], sobretudo a partir do momento em que a equação penal passou a contar com a incógnita «sociedade do risco» e respetivos desafios, a verdade é que, até aos dias de hoje, nenhuma outra alternativa vingou efetivamente na substituição da essencialidade do bem-jurídico penal no conceito material de crime[660]. O direito penal tem, pois, também para nós, a função exclusiva de tutela subsidiária de bens jurídico-penais[661], sendo por isso necessário dilucidar o que possa entender-se por bem jurídico com dignidade penal (e verificar se uma tal realidade existe quando falamos de proteção da liberdade de concorrência).

Também sobre este aspeto muito tem refletido a doutrina, tendendo a apresentar o conceito como uma realidade evolutiva[662], não sendo o seu conteúdo

[658] Já sobre este aspeto trabalhámos na nossa dissertação de mestrado, para a qual não poderemos, por isso, deixar de remeter – cf. FLÁVIA LOUREIRO, *A legitimação do direito penal do ambiente enquanto tutela de bens jurídicos colectivos - subsídio para o estudo da figura da acumulação*, Coimbra: dissertação de mestrado, 2007, pp. 81 e ss.

[659] Cf. a síntese apresentada por JORGE DE FIGUEIREDO DIAS, *Direito Penal, Parte Geral, Tomo I: Questões Fundamentais. A Doutrina Geral do Crime*, 2.ª ed., Coimbra: Coimbra Editora, 2007, pp. 133 e ss.

[660] Não significa isso, naturalmente, que o entendimento em torno do «direito penal do bem jurídico» seja unívoco.

[661] Nas palavras de JORGE DE FIGUEIREDO DIAS, *Direito Penal, Parte Geral, Tomo I: Questões Fundamentais. A Doutrina Geral do Crime*, 2.ª ed., Coimbra: Coimbra Editora, 2007, pp. 113-114, trata-se de uma perspetiva teleológico-funcional e racional, que busca a densificação do conceito material de crime na função atribuída ao direito penal: a tutela subsidiária (ou de *ultima ratio*) de bens jurídicos dotados de dignidade penal. Cf., no mesmo sentido, CLAUS ROXIN, *Strafrecht. Algemeiner Teil. Band I.*, 4.ª ed., München: Verlag C. H. Beck, 2006, pp. 8 e ss.

[662] Cf. as reflexões de CLAUS ROXIN, *Strafrecht. Algemeiner Teil. Band I.*, 4.ª ed., München: Verlag C. H. Beck, 2006, pp. 32-33, acerca da mutabilidade do conceito de bem jurídico. Ver, igualmente MANUEL A. ABANTO VÁSQUEZ, "Acerca de la Teoría de Bienes Jurídicos", in *Modernas Tendencias de*

absolutamente apreensível por não estático, e recorrendo usualmente a *topoi* para apresentar as suas principais caraterísticas definidoras. Nesse sentido, Figueiredo Dias, sublinhando a impossibilidade de transformar a noção em causa num conceito fechado, lançou mão dos elementos nucleares relativamente aos quais se deteta um consenso alargado entre a doutrina e propôs a seguinte definição de bem jurídico: "a expressão de um interesse, da pessoa ou da comunidade, na manutenção ou integridade de um certo estado, objecto ou bem em si mesmo socialmente relevante e por isso juridicamente reconhecido como valioso"[663].

Um tal conceito quadra, na verdade, quer aos bens jurídicos pessoais ou de cariz individual – de recorte marcadamente iluminista, identificados com os interesses primeiros dos indivíduo, ou seja, vida, corpo, liberdade e património –, que começaram por preencher todo o conteúdo da definição, quer aos bens jurídicos supra-individuais, institucionais ou coletivos[664], que surgiram mais tarde ao lado daqueles, sobretudo como resposta para a tutela de novas

Dogmática Penal y Política Criminal. Libro Homenage al Dr. Juan Bustos Ramírez, Lima: Idemsa, 2007, pp. 1-78, e, com uma ligeira alteração de posição, "Hacia un nuevo Derecho penal de las empresas. Más allá de la solución penal y meramente administrativa del «delito económico»", *Revista Penal*, 21, 2008, pp. 3-23.

663 Jorge de Figueiredo Dias, *Direito Penal, Parte Geral, Tomo I: Questões Fundamentais. A Doutrina Geral do Crime*, 2.º ed., Coimbra: Coimbra Editora, 2007, p. 114. Já bem antes, todavia, o Autor tinha apontado este caminho – cf. Jorge de Figueiredo Dias, *O Problema da Consciência da Ilicitude em Direito Penal*, 6.ª ed., Coimbra: Coimbra Editora, 2009, *passim*, mas sobretudo pp. 83 e ss.

664 Muito embora os conceitos de bem jurídico supra-individual e de bem jurídico coletivo surjam muitas vezes como sinónimos na literatura jurídico-penal, já em outro momento explicámos tratarem-se, do nosso ponto de vista, de realidades diferentes, se bem que partilhando um mesmo substrato. Na verdade, a sua utilização indistinta (bem assim como a de outras expressões: bens jurídicos meta-individuais, bens jurídicos trans-individuais ou bens jurídicos institucionais, por exemplo) assenta nas circunstâncias particulares da sua emergência e na correspondente necessidade de os distinguir dos bens jurídicos individuais – de acordo com um critério estribado na titularidade e fruição do bem. Se analisarmos estes bens supra-individuais em detalhe, todavia, podemos detetar uma diferença entre *bens jurídicos supra-individuais institucionais* e *bens jurídicos supra--individuais coletivos*, sendo que, nos primeiros, o interesse da comunidade aparece mediatizado na figura do Estado enquanto, por seu lado, nos segundos, isso não acontece, pertencendo a titularidade do bem em causa à própria comunidade enquanto tal, de modo difuso. Cf., para uma reflexão aprofundada sobre este aspeto, Flávia Loureiro, *A legitimação do direito penal do ambiente enquanto tutela de bens jurídicos colectivos – subsídio para o estudo da figura da acumulação*, Coimbra: dissertação de mestrado, 2007, pp. 124 e ss., e referêncas bibliográficas aí identificadas, em particular, Dulce María Santana Vega, *La protección penal de los bienes jurídicos colectivos*, Madrid: Dykinson, 2000, pp. 77 e ss. Voltámos a este tema, ainda a respeito do ambiente, em Flávia Loureiro, "Estudo breve do art. 279.º do Código Penal - Após a revisão de setembro de 2007", in *Estudos em Homenagem ao Prof. Doutor Jorge de Figueiredo Dias*, Coimbra: Coimbra Editora, 2010, III, pp. 455-482.

realidades, exigida pela moderna sociedade globalizada. E, nesse sentido, permite uma compreensão de direito penal que, apesar das suas alterações morfológicas, sobretudo resultantes de movimentos de expansão e de contração do espaço criminal, assenta ainda e sempre na delimitação da sua função, como parâmetro político-criminal essencial que se repercute inelutavelmente nas opções dogmáticas a realizar.

Esta plasticidade fenomenológica que o conceito de bem jurídico empresta à definição de crime, sem prescindir, todavia, de uma substancialidade nuclear única, possibilita, pois, que também quanto à liberdade de concorrência nos questionemos acerca da possibilidade da sua tutela criminal, sob uma perspetiva de dignidade e subsidiariedade penais. Importa saber, assim, numa análise que é epistemologicamente prévia daquela que levamos a cabo no ponto precedente deste trabalho (e que refletiu sobre a necessidade penal), se podemos detetar um bem jurídico com dignidade penal quando enfrentamos a questão da concorrência e da necessidade de evitar as suas práticas restritivas.

2.1. A concorrência como bem jurídico-penal?

Ora, se conseguimos todos ter uma ideia clara do que é a concorrência em sentido económico e da sua indissociável ligação com o mercado, a procura pelo bem jurídico que esta pode incorporar ou refletir não se apresenta tão simples. Afinal, será a concorrência, em si mesma, um valor ou interesse fundamental da comunidade que pode ser tutelado pelo direito penal[665]? Se sim, em que sentido: no da proteção da concorrência enquanto fator económico chave ou no da sua repercussão política e social? O que se pretenderá, afinal, proteger quando se afirma – para aqueles que o fazem – a necessidade de tutela penal da (liberdade de) concorrência?

[665] Com uma reflexão a este propósito, e a posterior análise de alguns delitos específicos (o de alteração dos preços de mercado e o de abuso de informação privilegiada), cf. Elena Íñigo Corroza, "La relevancia del fraude en los delitos de competencia. En concreto: maquinaciones para elevar el precio de las cosas (art. 284 CP) y uso de información privilegiada (art. 285 CP)", in *¿Libertad Económica o Fraudes Punibles? Riesgos penalmente relevantes e irrelevantes en la actividad económico-empresarial*, Madrid: Marcial Pons, 2003, pp. 283-305. Ver também, a partir do enfoque argentino, mas fazendo uma viagem pelo mundo da concorrência, nomeadamente comparando modelos, Jaime Malamud Goti, *Derecho penal de la competencia: Abastecimiento - Monopolios*, Buenos Aires: Editorial Hammurabi, 1984, pp. 28 e ss.; e, agora a partir de Itália, Angelo Carmona, *Premesse a un Corso di Diritto Penale dell'Economia. Mercato, regole e controllo penale nella postmodernità*, Padova: CEDAM, 2002, pp. 141. Cf., ainda, com expressa análise da concorrência com o bem jurídico-penal, Klaus Tiedemann, *Derecho Penal y nuevas formas de criminalida*, 2.ª ed., Lima: Grijley, 2007, pp. 165 e ss.

2.1.1. A liberdade de concorrência

Numa primeira aproximação, devemos equacionar a questão de saber se, quando nos referimos a concorrência, estamos apenas a significar uma determinada realidade económica, melhor, um certo modelo económico que assenta na ideia de livre mercado sustentado na concorrência, ou se, pelo contrário, a concorrência é mais do que isso, e visa, na verdade, atingir outros fins. Parece hoje claro, como aliás resulta de tudo quanto refletimos no primeiro capítulo deste trabalho[666], que a concorrência não é apenas um elemento económico de um determinado modelo, mas constitui antes uma opção que se repercute política e socialmente, pois que através dela se asseguram direitos quer dos participantes no processo económico, em sentido estrito, quer da própria comunidade.

Assim sendo, muito embora se possa discutir a opção político-económica que está na base da economia de mercado e do consequente sistema capitalista[667], a verdade é que a partir do momento em que uma tal escolha é feita a concorrência tem de ser vista a partir dos fins que ela visa assegurar: o equilíbrio entre os diversos grupos de interesses, as empresas e os consumidores, de modo a permitir o exercício da liberdade de empresa e comércio, como manifestação que é do princípio da liberdade de desenvolvimento da pessoa. A necessidade de garantia legal da concorrência surge, assim, a partir da consideração destes interesses num determinado plano espácio-temporal (que é a atual economia de mercado) e resulta da compreensão – que a própria ciência económica aceitou há muito – de que a concorrência tende à sua autodestruição[668].

[666] Cf. *supra* pp. 29 e ss.

[667] Refutámos já as conceções que entendem que a proteção da concorrência equivale à tutela de um determinado modelo económico, ideologicamente traçado, e que, por isso, não seria legítima. Cf. HERNÁN HORMAZÁBAL MALARÉE, *La proteción penal del mercado competitivo: una teoria general desde el bien jurídico*, Barcelona: Facultat de Dret Universitat de Barcelona, 1984; e *Bien Juridico y Esatdo Social de Derecho. El objeto protegido por la norma penal*, Santiago do Chile: Editorial Jurídica Conosur, 1992.

[668] Neste sentido, cf. MANUEL ABANTO VÁSQUEZ, *Derecho Penal Económico. Parte Especial*, Lima: IDEMSA, 2000, pp. 27 e ss. Como o Autor sublinha, a liberdade de concorrência é um instrumento que permite, simultaneamente, a realização de fins económicos (o aumento do bem-estar) e de fins políticos (o desenvolvimento da liberdade individual). E continua: *"[t]ampoco puede existir libertad de competencia, si ésta no tiene una mínima protección legal, pues se sabe por experiencia que un sistema, el cual en sus inicios puede ser competitivo, tiende a ser destruido por los propios agentes económicos mediante prácticas restrictivas, si éstas no son controladas administrativa y/o penalmente. Las ideas ultraliberales (basándose en la hipótesis de un mercado perfecto y atomizado) creían que la competencia se protege a sí misma, sin necessidad de*

Desempenhando, pois, a concorrência um papel económico que se reflete na garantia de determinados direitos fundamentais, não se pode, por isso, sem mais, afastar a sua dignidade penal, afirmando que de nenhum modo corresponde ela a um bem, valor ou interesse fundamental da comunidade[669]. Na verdade, antes pelo contrário. Se se pretende, através dela, assegurar um determinado conjunto de efeitos económicos e políticos, temos de nos perguntar necessariamente se os comportamentos lesivos da concorrência justificarão uma tal intervenção jurídico-criminal.

O que estará em causa, portanto, quando procuramos o bem jurídico a tutelar é a própria liberdade dos participantes no processo económico, verdadeiro propósito político-social da concorrência numa economia de mercado. Parte já esta conceção, como vemos, da assunção do postulado que referíamos no parágrafo precedente: a concorrência, tendo uma natureza económica, é estabelecida (e garantida pelo Estado) com a finalidade de assegurar um determinado conjunto de objetivos político-económicos e político-sociais. Ninguém negará, na verdade, que o estabelecimento de um mercado concorrencial tenha efetivamente como desiderato garantir, desde logo e em primeiro lugar, a liberdade de todos aqueles que nele participam, fazendo parte do processo económico em causa.

Se bem vemos, todavia, esta conceção, partindo de um pressuposto verdadeiro e de relevo, não é exata na configuração das suas consequências, apresentando-se como incompleta, na medida em que parece justificar apenas a proteção daqueles cidadãos que têm efetivo e concreto acesso ao mercado[670]. A ser assim, não só estaríamos perante um bem jurídico individual – a liberdade de cada um enquanto participante no processo económico –, o que se nos afigura como uma visão distorcida daquilo que efetivamente a concorrência vista proteger, como isso poderia conduzir, em última linha, a que se deixasse nas mãos dos eventuais ofendidos a tutela das infrações em causa[671].

intervención estatal alguna. En contra de ello ha quedado demonstrado que se necesita un marco legal mínimo para garantizar la existencia de dicha competencia, pues la teoría económica ha demonstrado que ella tiende a sua autodestrcción y, en un regimén capitalista, puede llevar a la protección de grupos de interés y empresas transnacionales en perjuicio de pequeñas empresas y de los consumidores" (pp. 27-28).

[669] Cf., a este propósito e com uma perspectiva crítica (que em vários aspetos se afasta da nossa), Jesús-María Silva Sánchez, "Hacia el Derecho Penal del 'Estado de la Prevención'", in *¿Libertad Económica o Fraudes Punibles? Riesgos penalmente relevantes e irrelevantes en la actividad económico-empresarial*, Madrid: Marcial Pons, 2003, pp. 307-332.

[670] Acompanhamos Manuel Abanto Vásquez, *El Derecho Penal de la Libre Competencia*, Perú: Editorial San Marcos, 1997, pp. 25 e ss.

[671] E isto não apenas no sentido de se transformar numa pergunta político-criminalmente relevante a de saber qual a natureza do(s) crime(s) em causa, podendo considerar-se que se deve optar por um

Por outro lado, uma segunda perspetiva, mais ampla, encara a concorrência não apenas como instrumento para a concretização da liberdade dos agentes envolvidos no processo comercial em causa, mas já como meio para proporcionar o livre desenvolvimento da personalidade do indivíduo. Passamos aqui para a tutela das condições funcionais e de surgimento da concorrência, enquanto ferramenta da liberdade económica privada e garante da eficiência económico-produtiva[672]. Este enfoque, muito embora chame a atenção para a importância da concorrência como fator social, muito para lá de mero instrumento económico, encara-a como um meio e não como uma finalidade em si mesma. A concorrência surge-nos, aqui, como reguladora das relações contratuais que se estabelecem no mercado, como coordenadora do funcionamento do mercado.

Nessa medida, as práticas que a restringem são socialmente danosas porquanto, ao afetar a concorrência, estão na verdade a colocar em causa um determinado ordenamento socioeconómico (a economia de mercado), em relação ao qual aquela funciona como meio de direção e limitação de poder de distribuição de bens[673]. A concorrência surge aqui, portanto, como bem jurídico implícito, intermédio ou instrumental[674], uma vez que só merece proteção na exata medida em que possibilita a realização de um direito fundamental pessoal: a liberdade do indivíduo. Esta conceção ainda não encara, pois, a concorrência como um bem que, em si mesmo considerado, é merecedor de

crime particular *lato sensu* (seja um crime semipúblico, seja um crime particular em sentido estrito), mas igualmente devido à relevância que a vítima assume como propulsora do processo, pois que é na sua esfera jurídica que se tem de verificar o perigo ou dano em causa e é ela, por isso, quem está em melhor condição de carrear para um eventual procedimento todos os elementos necessários.

[672] Nestes termos, Klaus Tiedemann, *Kartellrechtsverstöße und Strafrecht*, Köln: Carl Heymans Verlag KG, 1976, pp. 98 e ss.

[673] Cf. Manuel Abanto Vásquez, *El Derecho Penal de la Libre Competencia*, Perú: Editorial San Marcos, 1997, p. 27, sustentando a congruência deste entendimento com a noção de bem jurídico como valor, interesse ou unidade de função, vinculado aos valores fundamentais reconhecidos pela Constituição, ainda hoje maioritária. Como veremos mais adiante, muito embora partilhemos a mesma posição de princípio quer em relação à definição de bem jurídico, quer quanto ao seu necessário referente constitucional, não concordamos necessariamente com a conclusão a que este setor da doutrina chega quanto à natureza do bem jurídico em causa.

[674] Para uma análise acerca da construção teórica destes bens jurídicos, cf. Ricardo M. Mata y Martín, *Bienes juridicos intermedios y delitos de peligro. Aproximación a los pressupestos de la técnica de peligro para los delitos que protegen bienes jurídicos intermedios (tutela penal de medio ambiente, delitos económicos, seguridad del tráfico)*, Granada: Editorial Comares, 1997, pp. 21 e ss.; e, entre nós, António Manuel de Almeida Costa, "A propósito do novo Código do Trabalho: bem jurídico e pluralidade de infracções no âmbito das contraordenações relativas ao «trabalho suplementar»", in *Liber Discipulorum para Jorge de Figueiredo Dias*, Coimbra: Coimbra Editora, 2003, pp. 1035-1066.

tutela penal, mas apenas não medida em que esse valor seja funcionalizado a um outro interesse, reconduzível ainda ao conceito de bem jurídico individual.

Este segundo enfoque, assim, se bem que equacione a importância da concorrência num contexto de liberdade e a compreenda como fator de ordenação social, mais do que apenas de regulação económica, continua a tentar reduzir a tutela penal à proteção de bens jurídicos individuais, pelo que a encara como um «valor-meio»[675], como um bem intermédio ou instrumental, que há de ainda poder reconduzir-se a um referente pessoal. Neste esforço, lança mão da latíssima noção de liberdade do indivíduo, enquanto liberdade geral de decisão e realização da vontade, tentando considerar a concorrência como uma forma de a assegurar – se quisermos, antecipadamente[676].

Sucede, todavia, se bem vemos, que esta liberdade individual não é protegida enquanto tal, mas num conjunto múltiplo de manifestações que conduzem, aliás, aos tipos penais clássicos de tutela da liberdade e que lhe fornecem adequada e suficiente proteção[677]. Esta liberdade do indivíduo, sendo um valor fundamental de qualquer sociedade democrática, desdobra-se num conjunto de bens jurídicos (liberdade de ação, de decisão, de movimentos, sexual, religiosa, política), cuja tutela se fragmenta em tipos legais com objetos de ação distintos.

Ora, se esta liberdade do indivíduo se manifesta usualmente em bens jurídicos pessoais, de matriz individual portanto, nada a impede, todavia, de ter repercussões mais latas, justificando o reconhecimento e a tutela de bens jurídicos supra-individuais ou coletivos. A liberdade que aqui está em causa, a liberdade de concorrência, apresenta-se, se bem vemos, neste moldes, pois que enquanto manifestação moderna da liberdade individual tradicional[678] vai para além da mera proteção daqueles que participam no processo económico de mercado, pretendendo assegurar o funcionamento de um mecanismo de liberdade competitiva, na medida em que ele é garante quer do modelo

675 Cf. também, a este propósito, Jorge de Figueiredo Dias, *Direito Penal, Parte Geral, Tomo I: Questões Fundamentais. A Doutrina Geral do Crime*, 2.ª, Coimbra: Coimbra Editora, 2007, pp. 143 e ss.

676 Na verdade, os defensores das teorias que encaram os bens jurídicos supra-individuais como apenas aceitáveis na medida em que estes tenham ainda um referente pessoal tendem a considerar que estes surgem apenas como modo de assegurar uma tutela antecipada de bens jurídicos individuais de matriz clássica.

677 Veja-se o capítulo IV do título I do Livro II do nosso Código Penal, dedicado aos crimes contra a liberdade pessoal (arts. 153.º a 162.º). E, logo depois, na I secção do capítulo seguinte, os crimes contra a liberdade sexual (arts. 163.º a 170.º).

678 Cf. Manuel Abanto Vásquez, *El Derecho Penal de la Libre Competencia*, Perú: Editorial San Marcos, 1997, p. 27.

económico selecionado por uma determinada comunidade, quer das refrações sociais e políticas que decorrem de uma tal eleição[679].

A liberdade de concorrência parece configurar, pois, um verdadeiro bem jurídico supra-individual coletivo, pois que destinado a proteger, de modo direto e imediato, o próprio mecanismo concorrencial e o seu funcionamento, na exata medida em que este corresponde a um interesse da comunidade. O interesse em assegurar não apenas um determinado modelo económico – e que não nos choca, à partida, poder ser tutelado pelo direito penal, na medida em que corresponde a um traço caraterístico fundamental de uma dada comunidade[680] –, mas, sobretudo, os fins de ordem política que se pretendem atingir através desse modelo, mormente o da possibilidade de desenvolvimento de uma importantíssima faceta da liberdade individual: a liberdade económica. Esta liberdade de decisão e de ação no sentido de tentar obter vantagens económicas dentro do processo competitivo[681] permite ao ser humano a sua realização enquanto *homo aeconomicus*, uma das suas exteriorizações fundamentais enquanto pessoa.

A garantia de que as mais graves restrições à liberdade de concorrência serão criminalmente relevantes assegura, pois, a realização do ser humano enquanto tal, nas suas diversificadas manifestações que o constituem enquanto pessoa e entre as quais não pode ser diminuída a sua realidade enquanto ser económico. A tutela legal, em alguns casos penal, dessa liberdade pretende, pois, não deixar uma tal realização fazer-se de acordo com puros critérios de

[679] No fundo, retoma-se aqui a longa discussão levada a cabo pela doutrina alemã a respeito do objeto de proteção da GWB, que opunha a proteção individual à proteção de instituições. Cf. as considerações que a este respeito tece MANUEL ABANTO VÁSQUEZ, *El Derecho de la Libre Competencia*, Perú: Editorial San Marcos, 1997, pp. 27-28. Em nossa opinião, os dois fatores em causa não são contraditórios, pretendendo-se a superação da oposição aparente através da compreensão do bem jurídico como bem coletivo, com refrações individuais e supra-individuais.

[680] Sobretudo quando, como entre nós, tem até respaldo constitucional, como veremos detalhadamente no ponto seguinte.

[681] Não perdemos de vista as reflexões de MANUEL ABANTO VÁSQUEZ, *El Derecho Penal de la Libre Competencia*, Perú: Editorial San Marcos, 1997, p. 26 e ss., que equipara liberdade de concorrência a liberdade económica ou liberdade do consumidor, muito embora não seja absolutamente claro quanto à natureza individual ou supra-individual do bem jurídico em causa. Parece resultar, todavia, se bem vemos, das considerações que o Autor faz a respeito do modelo alemão que a sua compreensão aponta para a existência de um bem jurídico supra-inidividual, pois que ele não o equaciona como mera proteção das partes de um contrato, mas como garantia das possibilidades de eleição de outros sujeitos económicos: *"Si se conceptúa la protección individual no solamente como protección de las partes de un contrato (p. e. en el caso de un acuerdo de cártel), sino, además, como la protección de las possibilidades de elección de outros sujetos económicos en la etapa previa o posterior, la antítesis con la protección institucional desaparece. Ambas no son más que formas de aparición del mismo problema"* (p. 28).

eficiência económica, sobretudo quando estes possam conduzir ao desrespeito pelos direitos dos demais membros da comunidade, afirmando os valores fundamentais de uma sã convivência em sociedade.

2.1.2. Excurso: a lealdade de concorrência

Delimitámos este trabalho logo à partida, afirmando que nos dedicaríamos, especificamente, a trabalhar a concorrência no sentido que ela tem comummente assumido na dogmática jurídica nacional e internacional, deixando, por isso, de fora a problemática atinente à concorrência desleal – que, em boa verdade, tem vindo a ser encarada como constituindo um distinto e efetivo corpo autónomo, com regras próprias e cultores dedicados[682]. Não podemos, todavia, deixar de a referir brevemente aqui, pois que, apesar da referida autonomia, também ela reflete uma específica perspetiva da economia de mercado e, nessa medida, há de contribuir, ainda que de modo negativo ou por exclusão, para a delimitação do bem jurídico que pretendemos levar a cabo.

Assim, ao lado da liberdade da concorrência (historicamente até, como vimos, antes dela[683]) encontramos uma outra vertente do processo competitivo, também ela legalmente tutelada – e mesmo, em alguns casos, penalmente assegurada: a lealdade de concorrência. Este bem jurídico (que, entre nós, perdeu dignidade penal com a reforma de 2003 do Código da Propriedade Industrial[684]) já não diz respeito ao exercício livre da concorrência numa economia de mercado, mas antes à honestidade e correção com que se age nesse mercado e se executam os respetivos negócios. A prática ilícita por excelência neste âmbito é a concorrência desleal, instituto de longa tradição continental que, como vimos, chamou mesmo a atenção do legislador antes de este se debruçar sobre as práticas restritivas da concorrência. E que continua hoje ainda – apesar da multiplicação de condutas proibidas, sobretudo relacionadas

[682] Cf. o que a este propósito explica José de Oliveira Ascensão, *Concorrência Desleal*, Coimbra: Almedina, 2002, pp. 15 e ss.

[683] Cf. *supra* aquilo que dissemos a respeito do surgimento da questão concorrencial na Europa, mais concretamente, na Alemanha (ver pp. 75 e ss.)

[684] O atual CPI, aprovado pelo decreto-lei n.º 36/2003, de 5 de março (e posteriormente alterado pelos decretos-leis n.º 318/2007, de 26 de setembro, n.º 360/2007, de 2 de novembro, e n.º 143/2008, de 25 de julho, e pela lei n.º 16/2008, de 1 de abril) descriminalizou a concorrência desleal, passando a tratá-la como uma contraordenação (arts. 317.º e 331.º do CPI). Manteve, todavia, outros comportamentos dentro do leque de ilícitos criminais (arts. 321.º e ss.).

com a violação direitos exclusivos dos agentes económicos[685] – a polarizar a ilicitude específica deste tipo de comportamentos.

Uma e outra, liberdade e lealdade, são duas faces da mesma moeda, podendo questionar-se até que ponto fará sentido dividir a concorrência nestas duas perspetivas distintas: não seria mais consentâneo encarar a concorrência como um bem jurídico uno em vez de a decantar nestas suas manifestações fenomenológicas?[686] Vimos já que, de facto, muito embora liberdade e lealdade pressuponham ambas a concorrência económica, erigiram-se enquanto valores fundamentais tendo em atenção razões de ser muito distintas[687]. Enquanto a lealdade de concorrência se forjou na necessidade de garantir um conjunto de direitos individuais dos agentes económicos, inicialmente entendidos, aliás, como verdadeiros direitos de propriedade[688], a liberdade de concorrência nasceu e ganhou forma com uma nítida orientação social, sendo encarada como um instrumento de política económica[689].

Assim, muito embora a conceção de lealdade de concorrência tenha conhecido um profundo movimento evolutivo, apresentando-se hoje como tutela

[685] Ver, por exemplo, o CPI português, que considera crime os atos de violação de exclusivo de patente, de modelo de utilidade ou de topografia de produtos semicondutores (art. 321.º), de violação de direitos exclusivos relativos a desenhos ou modelos (art. 322.º), contrafação, imitação e uso ilegal de marca (323.º) ou violação e uso ilegal de denominação de origem ou de indicação geográfica (art. 325.º), entre vários outros.

[686] Proposta que, em boa verdade, tem vindo a colocar-se em cima da mesa com acuidade crescente, sobretudo a partir do momento em que se ultrapassou a conceção «ultra-privatista» que encarava a concorrência (leal) como um direito subjetivo e esta começou a ser perspetivada a partir de uma teoria social. Cf., a propósito, a evolução histórica e concetual apresentada por Concepción Molina Blásquez, *Protección Juridica de la Lealtad en la Competencia*, Madrid: Editorial Montecorvo, S.A., 1993, pp. 23 e ss.

[687] Cf., por todos e em relação a diferentes ordenamentos jurídicos, Concepción Molina Blásquez, *Protección Juridica de la Lealtad en la Competencia*, Madrid: Editorial Montecorvo, S.A., 1993, pp. 64 e ss.; Manuel Abanto Vásquez, *El Derecho Penal de la Libre Competencia*, Perú: Editorial San Marcos, 1997, pp. 31 e ss.; e José de Oliveira Ascensão, *Concorrência Desleal*, Coimbra: Almedina, 2002, pp. 87 e ss.

[688] Como sublinha Concepción Molina Blásquez, *Protección Juridica de la Lealtad en la Competencia*, Madrid: Editorial Montecorvo, S.A. , 1993, pp. 23-25, a legislação sobre concorrência desleal surge como um direito subjetivo absoluto, inserida numa conceção económica de puro recorte liberal, em que o mercado era visto como autorregulado e eficiente, de acordo com as autopoiéticas regras de concorrência. O fundamento para a tutela da concorrência leal nasce, por isso, de considerações relacionadas com a violação de direitos adquiridos sobre patentes e uso de sinais distintivos, apresentando-se, assim, como um verdadeiro problema de propriedade (industrial).

[689] Na superação, a que já atrás nos referimos, do modelo económico liberal, operada, desde logo, através da compreensão das limitações do modelo de mercado concorrencial e da sua auto-sustentabilidade.

não apenas dos individuais agentes económicos mas também do próprios consumidores (do interesse geral), a verdade é que só agora ela começa a ganhar contornos que a afastam da sua propalada neutralidade político-económica. Para alguns, na esteira de Hefermelh[690], podemos já identificar um mesmo interesse comum, partilhado por ambos os ramos deste lato direito concorrencial, na medida em que tanto a lealdade como a liberdade pretenderão garantir a própria instituição concorrência económica (e os interesses gerais ou sociais que lhe subjazem).

Esta afirmação de interesses e objeto de proteção comuns às duas disciplinas milita, naturalmente, no sentido da superação deste entendimento bipartido da concorrência e, muito embora tenha vindo a ganhar adeptos, continua todavia a defrontar-se com a implementação dual dos campos normativos, aos quais segue a atribuir-se uma função distinta: a da proteção da liberdade de concorrência, por um lado, e a de garantia da lealdade, por outro. Segundo os críticos, esta opção continua a partir do dogma clássico da neutralidade da matéria da concorrência desleal e apenas torna mais difícil a proteção eficaz dos consumidores e dos interesses gerais da comunidade. Propõem, por isso, uma conceção que assente também numa identidade de funções entre as duas perspetivas concorrenciais, que visariam, então, o controlo do poder económico do mercado[691]. A tutela da lealdade da concorrência aparecer-nos-ia, nesta hipótese, como realidade dentro a qual se manifestariam aspetos de liberdade concorrencial, também eles, afinal, entendidos como desleais em sentido amplo.

Muito embora esta conceção parta, efetivamente, de um princípio de base a que ninguém nega validade – tanto a liberdade como a lealdade exigem como matriz a concorrência económica, encarada como instrumento de realização de uma determinado modelo de Estado (social de Direito) e, nessa medida, de plena realização do ser humano –, a verdade é que esta realidade una se desdobra num conjunto de interesses fundamentais, cuja tutela tem

690 Cf. Baumbach e Hefermehl, *Wettbewerbsrecht: Gesetz gegen den unlauteren Wettbewerb, Zugabeverordnung, Rabattgesetz und Nebengesetze*, 16.ª ed., München: C.H. Beck'sche Verlagsbuchhandlung, 1990, pp. 21 e ss. Ver também as considerações de Evaristo Mendes, "Direito da concorrência desleal e direito da concorrência", in *Concorrência Desleal*, Coimbra: Almedina, 1997, pp. 87-98; José de Faria Costa, "O Direito Penal e a Tutela dos Direitos da Propriedade Industrial e da Concorrência (Algumas observações a partir da concorrência desleal)", in *Direito Industrial*, Coimbra: Almedina, 2003, III, pp. 33-44; e Enrique Bacigalupo Zapater, "La Protección Penal de los Derechos Industriales", *Revista Electrónica de Ciencia Penal y Criminología*, 03, 2001, pp. 1-13.

691 Ver o que este respeito explica José de Oliveira Ascensão, *Concorrência Desleal*, Coimbra: Almedina, 2002, pp. 65 e ss.

– tem tido –, na verdade, por objetivo a garantia de bens jurídicos distintos. Se pensarmos, por exemplo, nos concretos atos atentatórios da lealdade da concorrência, verificamos que não só eles são muito distintos daqueles que estão em causa quando pretendemos proteger a liberdade concorrencial como estão mesmo, por vezes, em contradição direta com esta. Efetivamente, a proteção da honestidade e da correção no processo concorrencial pode por vezes impor limitações à própria liberdade – veja-se, desde logo, o caso da proteção de direitos exclusivos de algum ou alguns concorrentes.

Por outro lado ainda, no que ao direito penal especificamente respeita, não deixa de ser curioso – e sintomático – que o ato desleal por excelência (que, aliás, dá até nome ao ramo normativo em causa) tenha sido retirado, em muitas legislações, do âmbito jurídico-penal, enquanto um conjunto de outro comportamentos, tendencialmente voltados à proteção de interesses individuais, tenham permanecido dentro deste grupo ou a ele sido alcandorados[692].

Também, portanto, por uma razão de clareza epistemológica e coerência sistémica, somos da opinião que é ainda de manter a distinção operativa entre liberdade e lealdade concorrenciais, sem prejuízo da evolução que reconhecemos estar a verificar-se neste domínio. Mais uma vez afirmamos, portanto, que o bem jurídico em causa é, especificamente, a liberdade de concorrência, enquanto conjunto de pressupostos necessários para o exercício livre das decisões e ações económicas de cada indivíduo e da própria opção comunitária. Num sentido latíssimo, como dissemos, também aqui poderíamos entrever um determinado sentido de lealdade, de correção na atuação, mas que não corresponde à conceção de lealdade concorrencial (diremos, nesta medida, estrita) com que o direito está habituado a trabalhar. Por isso, a lealdade de concorrência fica excluída da noção de bem jurídico que aqui tentamos delimitar.

2.2. O referente constitucional: a Constituição da República Portuguesa e a tutela da economia

Assim compreendida a essência do bem jurídico que julgamos estar em causa quando falamos de liberdade de concorrência, falta-nos ainda aferir da sua relação com o texto constitucional – em particular, no nosso caso, com a Constituição da República Portuguesa –, verdadeiro diapasão dos valores fundamentais de um certa comunidade. Derradeiro teste à dignidade penal

[692] Assim se passou na nossa, como explicámos já, onde a concorrência desleal já foi considerada crime, tendo entretanto sido considerada mero ilícito contraordenacional.

de um determinado bem jurídico, a lei fundamental de uma sociedade permite aquilatar da importância que os seus membros atribuem a um certo bem, interesse ou valor e, nessa medida, simultaneamente legitima e limita a intervenção criminalizadora do legislador ordinário[693].

Para lá, portanto, de tudo quanto dissemos já a respeito da liberdade de concorrência e da compreensão que temos dela, importa sublinhar que a CRP se debruça especificamente sobre alguns aspetos da vida e organização económica, afirmando, desde logo, que "a iniciativa económica privada exerce-se livremente nos quadros definidos pela Constituição e pela lei e tendo em conta o interesse geral" (art. 61.º, n.º 1), constituindo a democracia económica um dos objetivos do Estado de Direito Democrático em que vivemos[694]. Nessa medida, impõe-se uma análise, ainda que perfunctória, da Constituição económica portuguesa[695], das suas principais premissas e da repercussão que dessas diretrizes fundamentais se possa retirar quanto ao entendimento e tratamento devido à concorrência.

Assim, como seria de esperar, dentro de uma Constituição que, como a nossa, parte de um princípio abstrato de economia livre[696] manifestado através

[693] Cf., a este propósito, o estudo de Maria da Conceição Ferreira da Cunha, *«Constituição e Crime» - Uma Perspectiva da Criminalização e da Descriminalização*, Porto: Universidade Católica Portuguesa - Editora, 1995, pp. 195 e ss.

[694] Nos termos no art. 2.º da CRP, "[a] República Portuguesa é um Estado de Direito Democrático, baseado na soberania popular, no pluralismo de expressão e organização política democráticas, no respeito e na garantia de efetivação dos direitos e liberdades fundamentais e na separação e interdependência de poderes, visando a realização da democracia económica, social e cultural e o aprofundamento da democracia participativa".

[695] A reflexão acerca da Constituição económica (*Wirtschaftsverfassung*) surgiu, sobretudo, na doutrina germânica, em meados do século passado, referindo-se às normas constitucionais ou fundamentais da economia e contrapondo a este direito constitucional económico o direito administrativo económico, que estabeleceria o regime jurídico da intervenção económica do Estado. Cf., a este propósito, António L. Sousa Franco e Guilherme D'Oliveira Martins, *A Constituição Económica Portuguesa. Ensaio interpretativo*, Coimbra: Almedina, 1993, pp. 11 e ss.; Maria Manuel Leitão Marques, "A Constituição Económica Portuguesa depois da Revisão Constitucional de 1989", *Oficina do CES*, 16, 1990; João Pacheco de Amorim, "A Constituição Económica Portuguesa. Enquadramento Dogmático e Princípios Fundamentais", *Revista da Faculdade de Direito da Universidade do Porto*, 8, 2011, pp. 31-106; e Maria Eduarda Gonçalves, "A Constituição (Económica) Revista", in *A Constituição Revista*, Lisboa: Fundação Francisco Manuel dos Santos, 2011, pp. 43-48.

[696] Cf. António L. Sousa Franco e Guilherme D'Oliveira Martins, *A Constituição Económica Portuguesa. Ensaio interpretativo*, Coimbra: Almedina, 1993, pp. 26 e ss., onde os Autores contrapõem sistemas económico-sociais abstratos a sistemas económico-sociais concretos, conforme estejamos a falar de tipos ideais de organização da economia ou de modelos reais de estruturação de cada

de um sistema capitalista[697] – mas que não deixa de o temperar com múltiplas intervenções estatais, que fazem mesmo com que a doutrina considere que estejamos perante um sistema misto[698] –, a propriedade privada e a livre iniciativa económica são princípios fundamentais do modelo que merecem atenção particular do legislador constituinte. A afirmação de uma e de outra[699], todavia, não é absoluta, antes resulta clara do texto constitucional a sua submissão ao interesse geral da comunidade, refletido quer no texto expresso do n.º 1 do art. 61.º (que citámos já), quer na limitação ao direito de propriedade privada que o n.º 2 do art. 62.º prevê, ao estabelecer a possibilidade de requisição e expropriação por utilidade pública[700].

Ora, este princípio da liberdade económica – que, como vemos, se articula particularmente com o da propriedade privada[701], mas que aqui nos interessa

sociedade. Nenhuma economia é, pois, totalmente livre ou absolutamente planificada, mas antes se encontra, em cada comunidade, o equilíbrio necessário e possível entre carateres dos dois sistemas.

[697] Sistema que, muito embora fosse já formalmente consagrado na versão originária da CRP em 1976, era muito limitado, em termos concretos, sobretudo tendo em atenção o nível de intervenção sobre a economia que se reservava para o Estado e algumas manifestações de proteção da participação dos trabalhadores. Essas caraterísticas «socialistas», repercussões idiossincráticas dos tempo e lugar de surgimento da Constituição de abril, foram sendo afastadas nas revisões constitucionais posteriores, sobretudo nas de 1982 e 1989. Cf. ANTÓNIO L. SOUSA FRANCO, "A Revisão da Constituição Económica", *Revista da Ordem dos Advogados*, 42, 1982, pp. 601-687; MARIA MANUEL LEITÃO MARQUES, "A Constituição Económica Portuguesa depois da Revisão Constitucional de 1989", *Oficina do CES*, 16, 1990; e JOÃO PACHECO DE AMORIM, "A Constituição Económica Portuguesa. Enquadramento Dogmático e Princípios Fundamentais", *Revista da Faculdade de Direito da Universidade do Porto*, 8 , 2011, pp. 31-106.

[698] Assim, v.g., MARIA EDUARDA GONÇALVES, "A Constituição (Económica) Revista", in *A Constituição Revista*, Lisboa: Fundação Francisco Manuel dos Santos, 2011, pp. 43-48, que afirma expressamente "[a] Organização Económica (Parte II da CRP) é construída sobre a dicotomia Estado/mercado à luz de um modelo de economia mista assente na coexistência dos sectores de propriedade e de iniciativa económica (art. 80.º, alíneas b), c), d) e f)). O mercado é, sobretudo, presumido quando se encarrega o Estado de assegurar o seu funcionamento eficiente (art. 81.º, alínea f)). O papel do Estado é, em contrapartida, densamente explanado em obediência ao princípio fundamental do 'planeamento democrático do desenvolvimento económico e social' (art. 80.º, alínea e))". Debruçando-se sobre o problema teórico-ideológico das «constituições mistas», ANTÓNIO L. SOUSA FRANCO e GUILHERME D'OLIVEIRA MARTINS, *A Constituição Económica Portuguesa. Ensaio interpretativo*, Coimbra: Almedina, 1993, pp. 98 e ss.

[699] A consagração destes direitos está prevista nos arts. 61.º e 62.º da CRP.

[700] O art. 62.º da CRP estatui o seguinte: "1. A todos é garantido o direito à propriedade privada e à sua transmissão em vida ou por morte nos termos da Constituição. 2. A requisição e a expropriação por utilidade pública só podem ser efetuadas com base na lei e mediante o pagamento de justa indemnização".

[701] Como sublinham ANTÓNIO L. SOUSA FRANCO e GUILHERME D'OLIVEIRA MARTINS, *A Constituição Económica Portuguesa. Ensaio interpretativo*, Coimbra: Almedina, 1993, pp. 41 e ss.,

nas suas específicas manifestações – pode ser reconduzido a um conjunto nuclear de expressões jurídicas: a liberdade de contratar, a liberdade de trabalho, a liberdade de iniciativa ou liberdade de empresa e a liberdade de consumo[702]. Todas elas têm, naturalmente, reflexo específico na nossa Constituição, constituindo um feixe de normas que densificam aquela liberdade, mas aquela que nos interessa aqui explorar, em especial, é a que respeita à liberdade de iniciativa *stricto sensu* ou liberdade de empresa.

A iniciativa económica privada é, pois, um direito fundamental[703] que "consiste em tomar todas as iniciativas que sejam conformes ao ordenamento (a Constituição e a lei) para produzir bens e serviços"[704] e que, em boa verdade, muito embora costume identificar-se com a liberdade de empresa[705], não se reconduz exatamente a ela. Efetivamente, muito embora a empresa, enquanto modelo organizacional típico capitalista, seja hoje o paradigma da iniciativa privada – uma vez que, como temos forçosamente de reconhecer, as formas não empresariais de iniciativa em economias capitalistas tendem a ser residuais –, este direito, esta liberdade de iniciativa, não se consome na possibilidade de decidir criar e fazer viver uma empresa[706], mas antes abarca todas as formas de produção, individuais ou coletivas (o que, aliás, é sublinhado pelo art. 80.º da CRP, que na sua alínea b) estabelece como princípio fundamental da orga-

as "instituições-quadro" típicas do capitalismo, no plano jurídico, assentam em dois grandes princípios, o da propriedade privada e o da liberdade, nomeadamente de iniciativa privada. Estes princípios são, no sistema capitalista, entendidos de forma individualista, dada a tendência severa à integração da atividade económica em instituições de teor individual.

702 Mais uma vez acompanhamos António L. Sousa Franco e Guilherme D'Oliveira Martins, *A Constituição Económica Portuguesa. Ensaio interpretativo*, Coimbra: Almedina, 1993, pp. 53 e ss.

703 Muito embora a localização sistemática do preceito na versão originária da CRP de 1976 (art. 85.º) tenha suscitado dúvidas a respeito da natureza da iniciativa privada – Gomes Canotilho e Vital Moreira, por exemplo, consideravam tratar-se de uma mera forma de organização económica –, a inclusão do preceito do art. 61.º, através da revisão constitucional de 1982, veio clarificar a questão (no sentido já anteriormente defendido por Jorge Miranda), colocando-a decisivamente entre o leque de direitos fundamentais. Cf. António L. Sousa Franco e Guilherme D'Oliveira Martins, *A Constituição Económica Portuguesa. Ensaio interpretativo*, Coimbra: Almedina, 1993, pp. 195 e ss.

704 Esta a definição avançada por António L. Sousa Franco e Guilherme D'Oliveira Martins, *A Constituição Económica Portuguesa. Ensaio interpretativo*, Coimbra: Almedina, 1993, p. 196.

705 É a própria CRP que, na alínea c) do art. 80.º, ao estabelecer os princípios fundamentais da organização económico-social, afirma a "liberdade de inciativa e de organização empresarial no âmbito de uma economia mista".

706 Que, todavia, nas palavras do legislador constituinte, o Estado deve estimular: "[o] Estado incentiva a atividade empresarial, em particular das pequenas e médias empresas, e fiscaliza o cumprimento das respetivas obrigações legais, em especial por parte das empresas que prossigam atividades de interesse económico geral" (art. 86.º, n.º 1).

nização económico-social a coexistência do setor público, do setor privado e do setor cooperativo e social de propriedade dos meios de produção).

Dentro deste quadro, não estranha por isso que a Constituição – na sua versão atual e, portanto, em muito devedora da evolução legislativa operada nesta matéria através das diferentes revisões constitucionais – faça referência ao mercado enquanto instrumento regulador por excelência da economia, mas (e por isso mesmo) continue a atribuir ao Estado a tarefa de zelar pelo seu funcionamento eficiente, nomeadamente com base no mecanismo concorrencial. Nestes termos, o art. 81.º da CRP, na sua alínea f), estipula claramente como incumbência prioritária do Estado "assegurar o funcionamento eficiente dos mercados, de modo a garantir a equilibrada concorrência entre as empresas, a contrariar as formas de organização monopolistas e a reprimir os abusos de posição dominante e outras práticas lesivas do interesse geral"[707].

Sublinha, pois, a Lei Fundamental a centralidade da figura do mercado bem como a importância da concorrência para o seu funcionamento adequado e eficiente, considerando-a mesmo, mais adiante, como objetivo da política comercial. De facto, no art. 99.º, a CRP insiste na necessidade de assegurar uma concorrência salutar entre os agentes mercantis (logo na al. a) do preceito), reforçando igualmente (na al. c) do mesmo artigo) a importância do combate às atividades especulativas e às práticas comerciais restritivas[708]. Assim, parece claro que, apesar do sistema económico misto que a nossa Constituição consagra, onde convivem em paralelo a livre iniciativa privada, a intervenção/conformação do Estado e a proteção dos trabalhadores, a concorrência surge nitidamente como fator essencial para a existência e manutenção do mercado, que deve, por isso, ser assegurado pelo Estado no sentido de garantir o interesse geral.

De facto, afigura-se-nos resultar evidente que o texto constitucional encara a concorrência como um elemento económico decisivo, não apenas na medida em que funda uma relação sã entre agentes económicos, mas sobretudo tendo em conta que a sua violação prejudica toda a comunidade. Não são, se bem vemos, irrelevantes – bem pelo contrário – as sucessivas menções ao "interesse geral" ou ao "interesse económico geral"[709], *maxime* a respeito das práticas lesivas ou restritivas da concorrência, sendo a própria Constituição

[707] Cf. J. J. Gomes Canotilho e Vital Moreira, *Constituição da República Portuguesa Anotada. Vol. I. Arts. 1.º a 107.º*, 14.ª ed., Coimbra: Coimbra Editora, 2007, pp. 964-973.

[708] Além dos dois objetivos enunciados, o art. 99.º erige igualmente a finalidades da política criminal a racionalização dos circuitos de distribuição (al. b)), o desenvolvimento e a diversificação das relações económicas externas (al. d)) e a proteção dos consumidores (al. e)).

[709] Vejam-se as referências que fizemos aos arts. 61.º, 62.º e, sobretudo, 81.º, al. f), da CRP.

a assumir o relevo comunitário de tais comportamentos e o seu caráter de ofensividade social, na exata medida em que atribui ao Estado o dever de agir no sentido de os debelar.

Esta referência – repetida, aliás – às práticas restritivas da concorrência e à necessidade de se garantir um processo competitivo são e equilibrado dá conta da importância da liberdade concorrencial enquanto princípio económico-social, no sentido que atrás explorámos. E que é reforçado, na verdade, pelo próprio texto constitucional na medida em que propositadamente alia a Constituição económica à social, mostrando a interdependência entre as duas e a subordinação da atividade económica à realização de uma finalidade de aumento do bem-estar e da qualidade de vida das pessoas – afinal, a mais ampla realização possível do ser humano enquanto tal.

Parece-nos, pois, que não falta «referente constitucional»[710] a um bem jurídico construído no sentido que apontámos no ponto precedente, e que compreenda a liberdade de concorrência como valor essencial da comunidade, de estrutura coletiva, pois que destinado a tutelar o interesse societário geral na manutenção de uma concorrência sã, livre e equilibrada, na exata medida em que só através dela se atingem finalidades económicas e político-sociais que permitem a integral realização da pessoa. E não se diga, contra este entendimento, que a referência à concorrência feita na Constituição o é apenas a título de mera regra de organização económica, não constituindo, por isso, alicerce suficiente para sustentar a dignidade do bem em causa e legitimar a intervenção penal. É que não só a liberdade de concorrência decorre, como vimos, da liberdade de iniciativa privada – uma das manifestações da liberdade económica, em sentido lato – como, se bem vemos, verdadeiramente a sustenta.

Ainda que assim não fosse, todavia, a circunstância de se entender que a liberdade de concorrência não está expressamente consagrada enquanto direito fundamental no texto da CRP (mas apenas como regra de organização económica) não permite concluir, implicativamente, que esta não possa ser considerada um bem, valor ou interesse de relevo comunitário fundamental e, por isso, merecedor de tutela penal. A relação de mútua referência[711] que existe entre o direito penal e o direito constitucional não pode ser entendida num sentido estrito de correspondência exata[712], como se só pudessem ser

[710] Nas palavras, mais uma vez, de Jorge de Figueiredo Dias, *Direito Penal, Parte Geral, Tomo I: Questões Fundamentais. A Doutrina Geral do Crime*, 2.ª ed., Coimbra: Coimbra Editora, 2007, pp. 120 e ss.

[711] *Idem*.

[712] De "analogia material" nos fala Jorge de Figueiredo Dias, *op. et loc. ult. cit.*, significando uma essencial correspondência de sentido e de fins: "[é] nesta acepção que os bens jurídicos protegidos pelo direito penal devem considerar-se concretizações dos valores constitucionais expressa ou

considerados bens jurídico-penais aqueles interesses ou valores que estejam consagrados na Constituição enquanto direitos fundamentais. Uma perspetiva como esta seria demasiado restritiva e, em certa medida, depreciadora do direito penal, na medida em que esquece as distintas relações que se estabelecem entre este e a axiologia do texto fundamental e que, na verdade, funda a diferenciação entre direito penal primário, clássico ou de justiça e direito penal secundário.

De facto, quando buscamos a diferença substancial entre direito penal primário e direito penal secundário somos remetidos, a final, para a Constituição e para a forma como esta repercute a sua ordem axiológica em termos de bens jurídico-penais: os crimes do direito penal de justiça relacionam-se com os direitos, liberdades e garantias, enquanto os do direito penal secundário têm como referente fundamental os direitos sociais e económicos e a organização económica[713]. O que, naturalmente, há de refletir-se também quer na configuração do bem jurídico quanto à sua titularidade (os crimes do direito penal clássico ou de justiça tutelam, por regra, bens jurídicos individuais e os do direito penal secundário bens jurídicos supra-individuais), quer na definição do momento da intervenção penal (com a habitual antecipação da tutela penal própria do direito penal secundário através da utilização de crimes de perigo)[714].

Naturalmente, afirmar que um valor com este recorte tem assento constitucional, não significa – sem mais – supor a sua necessária criminalização, uma vez que, como bem sabemos, a nossa Constituição não opta por mandatos expressos de criminalização[715], antes deixando ao legislador ordinário a decisão a respeito da necessidade de intervenção subsidiária do direito penal,

implicitamente ligados aos direitos e deveres fundamentais e à ordenação social, política e económica". Cf., do mesmo Autor, "Os novos rumos da política criminal e o direito penal português do futuro", *Revista da Ordem dos Advogados*, 43, 1983, pp. 5-40; "Para uma dogmática do direito penal secundário. Um contributo para a Reforma do Direito Penal Económico e Social Português", *Revista de Legislação e Jurisprudência*, 116 e 117, 1983-4; 1984-5; e "Vom Verwaltungsstrafrecht zum Nebenstrafrecht. Eine Betrachtung im Lichte der neuen portugiesischen Rechtsordnung", in *Festschrift für Hans-Heinrich Jescheck zum 70. Geburtstag*, Berlin: Duncker e Humblot, 1985, pp. 79-103.

[713] Assim, Jorge de Figueiredo Dias, *Direito Penal, Parte Geral, Tomo I: Questões Fundamentais. A Doutrina Geral do Crime*, 2.ª ed., Coimbra: Coimbra Editora, 2007, pp. 120 -121, e demais referências indicadas nas notas precedentes, mas igualmente Mário Ferreira Monte, *Da legitimação do direito penal tributário - em particular, os paradigmáticos casos de facturas falsas. Reflexões a partir, sobretudo, dos direitos portugês e espanhol*, Coimbra: Coimbra Editora, 2007, pp. 87 e ss.

[714] *Idem.*

[715] A propósito das imposições constitucionais expressas de criminalização, cf. Maria da Conceição Ferreira da Cunha, *«Constituição e Crime» - Uma Perspectiva da Criminalização e da Descriminalização*, Porto: Universidade Católica Portuguesa - Editora, 1995, pp. 271 e ss.

que terá por base os critérios de carência e dignidade penal a que nos temos vindo a referir. O reconhecimento, portanto, de que a concorrência – a liberdade de concorrência, especificamente – é um valor comunitário de tal forma valioso que merece proteção constitucional abre apenas um espaço de legitimação para que o legislador penal avalie se um tal bem jurídico carece ou não de tutela criminal.

2.3. A liberdade de concorrência como bem jurídico-penal coletivo carente de tutela penal: a fragmentariedade penal

Assim sendo, tendo em consideração o que fomos expondo quer a respeito da configuração do bem jurídico em causa, quer da sua tutela jurídica atual (em especial, no ordenamento jurídico português), impõe-se agora uma reflexão que nos permita aferir da necessidade e da extensão da intervenção penal no âmbito da tutela da liberdade de concorrência. Fazemo-lo neste momento porque se nos afigura essencial assentar sobre um conjunto de premissas basilares a este respeito, antes de passar para a discussão de aspetos concretos de uma tal tutela, pois que este exercício se veria inapelavelmente prejudicado pela consideração – necessariamente prévia – de que o direito penal não pode ou não deve intervir para proteger um tal bem ou valor.

Considerando, pois, como vimos nos pontos antecedentes deste trabalho, que a liberdade de concorrência se nos apresenta como um bem jurídico-penal, uma vez que corresponde a um valor ou interesse fundamental da comunidade como tal refletido na Constituição (dignidade penal), e que se apresenta hoje como necessitando da intervenção penal, por não ser convenientemente tutelada pelos demais ramos do direito, em particular pelo direito contraordenacional (necessidade ou carência penal), resta questionarmo-nos acerca da extensão de uma tal tutela. Na verdade, a afirmação de que a liberdade de concorrência merece e precisa de proteção penal não significa, sem mais, que todo a lesão ou colocação em perigo daquele bem seja suscetível de justificar a ingerência criminal, antes sendo necessário definir quais os comportamentos que legitimarão o recurso a um direito de *ultima ratio* como é o direito penal.

A subsidiariedade do direito penal não opera, pois, somente em relação à decisão da necessidade ou não de tutela deste ramo do direito, antes se repercute igualmente na intensidade e na extensão da atuação criminal, que deve limitar-se aos comportamentos mais graves (aquilo a que alguns autores convencionaram chamar a fragmentariedade penal[716]). De acordo com

[716] Cf. José de Faria Costa, *O Perigo em Direito Penal*, Coimbra: Coimbra Editora, 2000, pp. 252 e ss.

este princípio, a tutela penal não é contínua, mas antes intermitente e parcelar, mesmo dentro do âmbito de um específico bem jurídico, deixando um grande número de atuações ilícitas arredadas da proibição penal – que apenas abrangerá um conjunto restrito dos mais graves comportamentos ofensivos. Fenómeno que é particularmente relevante, aliás, no âmbito do direito penal económico, que apresenta grandes zonas de descontinuidade, quer porque há comportamentos que, apesar de lesionarem o bem jurídico, são considerados lícitos pela ordem jurídica por serem necessários ao desenvolvimento do bem estar económico-social, quer porque, mesmo quando ilícitos, não justificam a intervenção penal[717].

O que vale, portanto, por dizer que a afirmação da liberdade de concorrência como bem jurídico-penal não implica – sem que exista nisso qualquer tipo de contradição – que todos os comportamentos restritivos da concorrência tenham ou devam ter tutela penal. Apenas aos mais graves destes uma tal consequência pode ser assacada e somente nos casos em que as demais normas existentes (nomeadamente, as de direito contraordenacional) não sejam suficientes para proteger o bem jurídico em causa. A proteção da liberdade de concorrência gozará, portanto, de uma proteção que se desdobra em distintos e sucessivos ramos do direito (como sucede, na verdade, com os demais bens jurídicos), abrangendo um conjunto de comportamentos que se vai necessariamente estreitando à medida que as consequências previstas para ele se vão agravando.

Restar-nos-á saber, pois, neste âmbito, quais as condutas ofensivas do bem jurídico em causa que relevarão em termos jurídico-penais, quais serão, afinal, os comportamentos tão gravemente lesivos ou perigosos para a liberdade de concorrência que exijam a tutela do mais severo ramo do direito. Sobre este aspeto, já fomos deixando várias pistas ao longo deste trabalho, sinalizando as ações que consideramos mais graves de entre todas aqueles que constituem o campo de atuação do direito da concorrência.

Falamos, pois, daqueles comportamentos que, em si mesmo considerados, parecem conter uma específica antijuridicidade, sendo pensados, planeados e cuidadosamente executados para tornear ou diretamente contrariar a lei, obtendo com isso uma determinada vantagem e causando prejuízo aos outros concorrentes e aos consumidores, em geral. Estará em causa, na verdade, a prática restritiva de cartel (de acordo, prática concertadas ou decisão de associação de empresas), naquelas configurações que são globalmente

[717] Ficando, pois, na maior parte das vezes, dentro do âmbito do direito contraordenacional.

consideradas como especialmente nefastas: a fixação de preços, a repartição de mercados, a limitação de quotas de produção e as licitações fraudulentas[718].

A este aspeto voltaremos, todavia, no capítulo seguinte desta dissertação, quanto tentarmos a construção do ilícito criminal em causa[719], pelo que não exploraremos agora em detalhe estas condutas.

3. Responsabilidade de pessoas singulares e responsabilidade de pessoas coletivas ou a questão do merecimento de pena

Como bem sabemos, um dos problemas mais acutilantes que o direito penal económico sempre suscitou foi o da necessidade de se estabelecer a responsabilidade penal das pessoas coletivas, uma vez que a generalidade dos comportamentos relevantes no seu âmbito se passam dentro de uma organização empresarial, tendo a responsabilização individual evidenciado sucessivas lacunas. Muito embora não se pretenda – nem se possa, naturalmente, dada a dimensão e a dificuldade da matéria – tratar nesta sede da responsabilidade criminal das pessoas coletivas, não podemos deixar de fazer aqui algumas reflexões atinentes ao problema, na exata medida em que se mostram, a um tempo, relevantes e específicas para o tema que aqui nos ocupa.

3.1. As limitações da responsabilidade das pessoas singulares no direito penal económico

De há muito se vem salientando, na verdade, as limitações do modelo clássico de imputação quando estejamos a trabalhar no âmbito do direito penal secundário, sobretudo em matéria de criminalidade económica. De facto, a especificidade de esta suceder, na sua fatia mais relevante, dentro de uma organização empresarial, descaraterizando a habitual relação entre agente e objeto de ação e, mesmo, entre agente e vítima, levaram a doutrina a questionar-se sobre a adequação dos cânones de responsabilização singular[720], assentes na

[718] Afinal, como repetidamente vimos afirmando, aquilo que se considera hoje o cartel «*hard core*».

[719] Cf. *infra* pp. 285 e ss.

[720] Christopher Harding, *Criminal Enterprise: Individuals, organisations and criminal responsability*, Devon: Willan Publishing, 2007, *passim*, fala, a este propósito, de um problema que começa por ser da própria ontologia das organizações (poderá uma organização ser encarada como um ator independente, do ponto de vista da sua responsabilização ética e legal?) e depois se repercute numa vertente de alocação de responsabilidade (onde deve, afinal, traçar-se a fronteira entre responsabilidade individual e responsabilidade organizacional, numa sociedade globalizada que

culpa, e a propor novas tentativas de solução. Naturalmente, o problema não é exclusivo do direito penal económico[721], mas tem nela uma particular importância, facilmente demonstrada pela circunstância de ter sido a seu respeito que o problema surgiu – entre nós, foi o decreto-lei n.º 28/84, de 20 de janeiro, que estabelece o regime jurídico das infrações antieconómicas e contra a saúde pública, aquele que primeiro consagrou este tipo de responsabilidade[722].

cada vez mais é dominada por estruturas organizacionais complexas?) e de impacto organizacional (em que medida deve a responsabilidade criminal dos indivíduos, quando ajam num contexto organizacional, ser afetada pelo seu papel dentro da organização?). Estas questões afiguram-se-nos particularmente bem colocadas numa sociedade em que as estruturas organizacionais são hoje claramente dominantes, tendo-lhes sido reconhecida «realidade jurídica» pelos mais variados ramos do direito e permitindo-se-lhes, portanto, com base nessas personalidade e capacidade jurídicas, praticar todo o tipo de atos. A resistência do direito penal ao acomodamento destas figuras dentro dos seus cânones não pode senão suscitar graves problemas de ordem teórica e prática. Cf., ainda, na doutrina francesa, a discussão em torno desta questão refletida em MIKÄEL BENILLOUCHE, "La porsuite des personnes morales", in *Dépénalisation de la vie des affaires et responsabilité pénale des personnes morales*, Paris: Puf, 2009, pp. 17-35; CRISTINA MAURO, "Dépénalisation de la vie des affaires et responsabilité pénale des personnes morales. Éléments de droit comparé", in *Dépénalisation de la vie des affaires et responsabilité pénale des personnes morales*, Paris: Puf, 2009, pp. 61-79; HARITINI MATSOPOULOU, "Responsabilité pénale des personnes morales et infractions du droit pénal des affaires", in *Dépénalisation de la vie des affaires et responsabilité pénale des personnes morales*, Paris: Puf, 2009, pp. 81-89; MIREILLE DELMAS-MARTY, "Le droit pénal des sociétés commerciales et la discipline pénale des marchés mobiliers en France", in *Penale, Comportamenti Economici e Legislazione*, Milano: Dott. A. Giuffrè Editore, 1979, pp. 43-61; e, especialmente no que à concorrência tange, IRÈNE LUC, "La responsabilité des personnes morales en droit de la concurrence", in *Dépénalisation de la vie des affaires et responsabilité pénale des personnes morales*, Paris: Puf, 2009, pp. 119-132; e JACQUES AZEMA, "La dépénalisation du droit de la concurrence", *Revue de Science Criminelle et Droit Pénal Comparé*, 4, 1989, pp. 651-57.

[721] Que assim é demostra à saciedade a introdução, em 2007, da responsabilidade penal de pessoas coletivas em sede de direito penal primário ou de justiça, através do art. 11.º do Código Penal português. Se é certo que alguns dos tipos abrangidos por essa norma podem ainda reconduzir-se ao direito penal secundário – uma vez que a distinção entre direito penal primário e direito penal secundário não é absolutamente convergente com aquela que diferencia normas do Código Penal de normas penais avulsas ou extravagantes (cf., a este propósito, MÁRIO FERREIRA MONTE, *Da legitimação do direito penal tributário - em particular, os paradigmáticos casos de facturas falsas. Reflexões a partir, sobretudo, dos direitos portugês e espanhol*, Coimbra: Coimbra Editora, 2007, pp. 138 e ss.) –, como será, por exemplo, o caso do crime de poluição, previsto no art. 279.º, do CP, a verdade é que a intenção do legislador foi seguramente a de abrir a possibilidade de responsabilizar pessoas coletivas a determinados tipos de ilícito clássicos (pense-se nos maus tratos, art. 152.º-A, ou no tráfico de pessoas, art. 160.º).

[722] Não é, pois, pouco significativa a circunstância de ter sido igualmente este diploma que inaugurou o direito penal económico português, encarado enquanto tal. Cf. JORGE DE FIGUEIREDO DIAS, "Para uma dogmática do direito penal secundário. Um contributo para a Reforma do Direito Penal Económico e Social Português", *Revista de Legislação e Jurisprudência*, 116 e 117 , 1983-4; 1984-5.

A importância da figura da empresa como entidade organizativa central do modelo económico capitalista atual transformou profundamente a realidade criminal, na medida em que, por um lado, fez surgir um conjunto muito largo de preocupações com a manutenção de certos interesses ou valores até aí tidos por seguros (*v.g.*, o ambiente) ou cuja relevância ainda não havia sido suscitada (p. ex., a liberdade de concorrência), ao mesmo tempo que, por outro, fez obscurecer a imagem do agente por trás da estrutura logística e hierárquica destes organismos[723]. O direito penal viu-se – vê-se cada vez mais – perante um dilema cuja solução continua a buscar, num equilíbrio muito difícil de encontrar: se a sociedade o desafia constantemente para novos campos (sobretudo económicos) onde até aqui ele não interferia, clamando pela sua intervenção de *ultima ratio* face a modernos valores ou interesses que importa proteger, uma tal atuação dificilmente pode ser levada a cabo através dos instrumentos penais típicos, de recorte liberal, exigindo-se do direito penal que se «reinvente» ou, pelo menos, que se «reformule» em determinados aspetos.

E se uma das facetas em que tal necessidade é mais premente é, claro, na de impedir que os agentes individuais se escondam atrás de um empresa ou que esta use os indivíduos para cumprir os seus desideratos específicos, sem assumir a respetiva responsabilidade, poucas áreas são exemplo tão acabado desta dificuldade como a que respeita à concorrência. De facto, se a generalidade dos tipos de ilícito que constituem o direito penal económico fazem particular sentido quando estejamos a falar de uma pessoa coletiva como agente, a verdade é que quase todos eles podem – são – praticados igualmente por pessoas singulares. A caraterística de o agente ser coletivo é um seu traço comum, habitual, mas não essencial. No caso da concorrência, todavia, as coisas não são exatamente assim, aprofundando-se esta marca distintiva.

Sendo, pois, certo que podemos pensar em concorrência entre dois agentes comerciais individuais, não constituindo, portanto, empresas, a verdade é que, além de um tal cenário ser cada vez mais raro, os comportamentos por

[723] Cf. Christopher Harding, *Criminal Enterprise: Individuals, organisations and criminal responsability*, Devon: Willan Publishing, 2007, pp. 29 e ss., que pondera não apenas a circunstância de as organizações estarem a ganhar terreno enquanto atores sociais, mas igualmente a importância que a sua estrutura tem na própria determinação e modelagem do comportamento dos agentes individuais quando atuam dentro de um contexto organizativo. Sobre estes assunto refletimos já noutro ponto deste trabalho – cf. pp. 213 e ss. Cf., igualmente, Ana-Maria Pascal, "A legal person's conscience: philosophical underpinnings of corporate criminal liability", in *European Developments in Corporate Criminal Liability*, London: Routledge, 2011, pp. 33-52; e Giancarlo Spagnolo, "Criminalization of cartels and their internal organization", in *Criminalization of Competition Law Enforcement. Economic and Legal Implications for the EU Member States*, Cheltenham: Edward Elgar, 2006, pp. 133-149.

eles levados a cabo dificilmente conseguem afetar a concorrência a um nível tal que justifique (que seja suscetível de justificar) a intervenção do direito penal[724]. A concorrência económica é, na sua essência (que caraterizámos no Capítulo I[725]), uma realidade própria de um determinado modelo que assenta na unidade produtiva empresa. É, pois, do relacionamento entre estas entidades que tratamos quando cuidamos da concorrência, é dos seus atos enquanto entes organizados em estruturas próprias que o direito da concorrência se ocupa[726].

Ora, assim sendo, correspondendo os atos concorrenciais a verdadeiros atos de empresa, não podemos deixar de nos perguntar quem deve por eles ser responsabilizado quando constituam comportamentos ilícitos: o indivíduo específico que os praticou (trabalhador, funcionário ou agente da empresa), o dirigente ou executivo que os ordenou ou é responsável pela gestão e opções estratégicas da empresa ou a própria empresa enquanto tal? Ou, porventura, todas ou algumas destas opções cumuladas?

Já sobre este aspeto refletimos um pouco quando analisámos a evolução criminológica do conceito de cartel e a compreensão do «criminoso de colarinho branco», sublinhando aí o papel desempenhado pela estrutura empresarial quer na prática dos crimes, quer na própria criação de uma cultura permeável à atuação criminosa. A opção por uma destas soluções não passa, pois, apenas pela ponderação baseada em razões de eficiência ou de facilitação de imputação e de prova, mas antes pela perceção exata do que é a criminalidade de empresa e em que medida esta é praticada por agentes individuais a coberto de uma empresa ou, antes, por estes no cumprimento de um específico

[724] Veja-se, no caso português, o que se passou recentemente com a aprovação do novo regime jurídico das práticas individuais restritivas da concorrência, a que já nos referimos em ponto anterior. Neste caso, mesmo estando em causa empresas, os comportamentos em relevo são considerados tão pouco relevantes que o decreto-lei n.º 166/2013, de 27 de dezembro, assumiu claramente o afastamento destas práticas daquelas que ofendem as regras concorrenciais, retirando mesmo o seu controlo à AdC e atribuindo-o à ASAE, nos termos do art. 19.º, considerando-se que, no caso, não está em causa a proteção da concorrência e da sua liberdade, mas a tutela dos próprios agentes económicos e dos consumidores.

[725] Cf. *supra* pp. 29 e ss.

[726] Razão pela qual não deixa de ser impressiva a escolha terminológica feita pela doutrina de alguns países, que opta falar por um direito penal da empresa em vez do nosso direito penal económico. Embora o âmbito de um e outro possam não ser, como decorre do que dissemos no texto, absolutamente coincidentes, a verdade é que a designação direito penal de empresa põe o acento tónico no agente por excelência deste tipo de crimes e chama a atenção para um dos problemas centrais desta criminalidade. Cf., a este propósito, a doutrina italiana, *v.g.*, Paolo Patrono, *Diritto Penale dell'Impresa e Interessi Umani Fondamentali*, Padova: CEDAM, 1993; e Adelmo Manna, *Corso di Diritto Penale dell' Impresa*, Padova: CEDAM, 2010.

desiderato empresarial, que só dentro desta orgânica faz sentido e que por ela é promovido ou desculpabilizado[727].

Quando isto aconteça – como nos parece que é efetivamente o caso nas hipóteses de verdadeira e própria criminalidade empresarial – não será suficiente, se bem vemos, a responsabilização singular dos agentes que hajam praticado o crime ou que por eles sejam responsáveis por deterem o poder de decisão. Nestes casos, as finalidades perseguidas pelo direito penal – nomeadamente, as de prevenção geral positiva[728] – só serão efetivamente atingidas se a própria empresa, verdadeiro agente catalisador da prática criminal, for (igualmente[729]) punida.

3.2. A responsabilidade penal das pessoas coletivas como alternativa ou como cumulação nos crimes concorrenciais?

Se esta premissa se apresenta hoje com mediana clareza do ponto de vista teorético, a verdade é que a sua implementação continua a suscitar um número elevado de dificuldades, algumas delas de solução muito complexa[730]. Mais do que debruçarmo-nos aqui sobre os diferentes modelos ensaiados para a justificação e a implementação jurídico-dogmática da responsabilidade penal de pessoas coletivas[731], o que nos interessa, pois, sublinhar é a medida

[727] Como temos vindo a referir, acompanhamos as considerações de CHRISTOPHER HARDING, *Criminal Enterprise: Individuals, organisations and criminal responsability*, Devon: Willan Publishing, 2007, sobretudo, no que à delinquência empresarial respeita, pp. 121 e ss., e também CHRISTOPHER HARDING, "Business Collusion as a Criminological Phenomenon: Exploring the Global Criminalisation of Business Cartels", *Critical Criminology*, 14, 2006, pp. 181-205.

[728] Sobre as sanções e a discussão que a seu respeito se tem alimentado, debruçar-nos-emos no ponto seguinte deste trabalho.

[729] Quanto ao modelo que deve ser utilizado para alocar ou distribuir a responsabilidade, refletiremos ainda mais adiante. O que queremos aqui afirmar é a necessidade – que se nos afigura evidente, no mundo dominado por uma economia globalizada e transnacional – de se responsabilizarem também as pessoas coletivas (as empresas, em particular), por serem elas verdadeiros atores socioeconómicos autónomos. A discussão acerca do formato que uma tal responsabilidade deve assumir – concorrente, exclusiva ou cumulativa – é posterior a esta afirmação e tem de ser pensada à luz de outras premissas (que tentaremos alinhar no ponto seguinte deste trabalho).

[730] Cf. GIUSEPPE AMARELLI, "'Crisi' del Diritto Penale Societario e prospettive di reforma: la responsabilità (penale?) delle persone giuriche", in *Il Nuovo Sistema Sanzionatório del Diritto Penale dell'Economia: Decriminalizzazione e Problemi di Effetività*, Napoli: Jovene Editore, 2002, pp. 83-342; e ALBERTO ALESSANDRI, *Diritto penale e attività ecomoniche*, Bologna: Il Mulino, 2010, pp. 131 e ss.

[731] E que passa por soluções tão distintas como o modelo analógico, o modelo de imputação, o modelo de culpabilidade da organização, o modelo de prevenção ou o modelo da culpa analógica. Cf., além da bibliografia que já *supra* indicámos, para uma síntese das diversas hipóteses – que, como afirmámos, não pretendemos aqui tratar em detalhe – JORGE DE FIGUEIREDO DIAS, *Direito*

da necessidade de uma tal responsabilização em matéria concorrencial. E, se possível, apontar caminhos para a solução de alguns problemas particulares.

Ora, a primeira questão que se suscita neste âmbito é, por isso, como deixámos dito, não propriamente um problema estrito de responsabilização da pessoa coletiva, mas, mais propriamente, a importância e o reflexo que a estrutura organizacional própria de uma empresa (a pessoa coletiva que nos interessa em particular, neste âmbito) desempenha na determinação e definição do comportamento criminoso de uma agente individual. Em que medida, portanto, é um determinado indivíduo que faz parte de uma organização empresarial moldado por ela, nomeadamente no que respeita à prática de comportamentos anticoncorrenciais graves – é aquilo a que Christopher Harding apelidou de «questão do impacto organizacional»[732].

Já noutro ponto do presente trabalho[733] refletimos sobre este fenómeno, que poderemos chamar de assimilação. O indivíduo passa por um verdadeiro processo de «aculturação» dentro de uma determinada organização a que pertence – no caso, a empresa onde trabalha ou presta serviços –, assumindo como seus os objetivos do ente coletivo e interiorizando um determinado padrão de comportamento, que adota como seu (muito embora frequentemente apenas dentro do âmbito da sua atividade profissional). Se a empresa em causa tem uma prática permeável, facilitadora ou mesmo premiadora em relação a comportamentos ilícitos, ignorando, não perseguindo ou mesmo promovendo a obtenção de resultados quaisquer que sejam os meios utilizados para os atingir, o indivíduo começa a diminuir a sua autocensura ou mesmo a criar mecanismos de justificação do seu comportamento, alinhando-o pela prática comum na empresa.

Nestes casos, que serão porventura a maioria significativa, não é (não seria) suficiente a responsabilização da pessoa singular, pois que isso apenas geraria o referido movimento de substituição, continuando a empresa em causa a investir no comportamento criminoso dos seus funcionários ou agentes, segura de que tais atos não poderiam nunca repercutir-se na sua esfera jurídica, e procedendo à substituição do indivíduo em causa, sempre que um problema se suscitasse. Nesse caso, a pessoa que pratica o ato concreto não teria qualquer relevância, na medida em que seria absolutamente fungível e

Penal, Parte Geral, Tomo I: Questões Fundamentais. A Doutrina Geral do Crime, 2.ª ed., Coimbra: Coimbra Editora, 2007, pp. 295 e ss.

[732] Cf. Christopher Harding, *Criminal Enterprise: Individuals, organisations and criminal responsability*, Devon: Willan Publishing, 2007, p. 4 e pp. 28 e ss.

[733] Cf. *supra* pp. 213 e ss.

rapidamente trocada, na eventualidade das práticas restritivas em causa virem a ser descobertas e investigadas.

Ainda que se desse a condenação de um tal indivíduo, isso não evitaria o futuro cometimento de atos semelhantes, pois que, por um lado, à empresa bastava substituir o funcionário ou agente de modo a poder dar continuidade ao comportamento proibido em causa, e, por outro, aquele indivíduo concreto seria porventura recompensado e auxiliado pela empresa, não se convencendo, portanto, a não mais levar a cabo condutas idênticas (numa outra empresa, por exemplo), e, tendo em conta os dois aspetos anteriores, os eventuais substitutos do agente que viesse a ser condenado não ficariam intimidados com o facto, pois que estariam conscientes não só das suas vantagens como da atitude compensatória da empresa, em caso de deteção. A responsabilidade individual não chega, portanto, devendo somar-se-lhe a responsabilidade da pessoa coletiva (nas circunstâncias, naturalmente, em que os pressupostos legalmente estabelecidos se tivessem por verificados).

Dizemos propositadamente somar, uma vez que somos da opinião que a responsabilização da empresa não deve afastar, sem mais, a responsabilidade singular do agente que praticou o facto (imediata ou mediatamente), nos termos gerais. Se assim não fosse, estaríamos no extremo oposto daquele a que nos referimos na hipótese anterior, com consequências igualmente negativas. Imputar toda a responsabilidade apenas às empresas, redundaria em permitir que indivíduos (em particular aqueles que atrás caraterizámos como *«persistent offenders»* e, mesmo, alguns *«opportunity seekers»*[734]) usassem as empresas e as suas estruturas para atingir determinado fim, para cumprir mesmo, no limite, uma certa «agenda pessoal», ficando completamente imunes às consequências dos seus atos.

Em nossa opinião, por isso, considerados, naturalmente, os pressupostos de uma e outra responsabilidade, estas duas alternativas deveriam funcionar – poder funcionar – cumulativamente, cobrindo assim toda a distinta fenomenologia do ato em causa. Não que com isso queiramos afirmar que essa cumulação deva funcionar sempre ou automaticamente – o que não poderá suceder sob pena de se colocarem em causa os princípios estruturantes do direito penal. A decisão de cada caso só poderá fazer-se tendo em atenção os concretos elementos e a correspondente subsunção às regras e requisitos de uma e outra responsabilização.

[734] Cf. *supra* pp. 220 e ss.

4. As consequências jurídicas: a adequação e a proporcionalidade em vista à prevenção

Num último ponto a respeito da reflexão que nos ocupa neste capítulo, parece-nos importante determo-nos ainda em algumas considerações a respeito das consequências jurídicas que podem ser cominadas às práticas restritivas da concorrência de que vimos falando, quando estas sejam consideradas ilícitos penais. A discussão do problema, além da sua incindível perspetiva teleológica, que convoca as doutrinas relativas aos fins das penas, traz particularmente à colação uma vertente que se cruza com a análise económica do direito[735], sobretudo no que respeita à ponderação levada a cabo nos países cujo ordenamento jurídico é de matriz anglo-saxónica (e que são, porventura, aqueles que mais se têm dedicado à análise desta questão).

Muito embora não partilhemos a conceção – em boa medida, na verdade, tendencialmente ultrapassada hoje, mesmo nesses países[736] – de constituir a análise económica do direito uma hipótese explicativa e operativa do universo jurídico perfeitamente válida, não descuramos, todavia, quer a importância que lhe é reconhecida por alguns autores, sobretudo das referidas latitudes, quer, especificamente, o papel auxiliar que pode – e porventura deve mesmo – ter na compreensão do fenómeno da criminalidade económica. No que respeita, portanto, às práticas limitadoras da liberdade de concorrência – *maxime*, ao cartel – afigura-se-nos relevante considerar os contributos que uma tal perspetiva pode fornecer, sem, porém – repete-se –, nos atermos a uma tal visão das coisas.

[735] Ver, desde logo, Gary S. Becker, "Crime and Punisment: An Economic Approach", in *Essays in the Economics of Crime and Punishment*, New York: Columbia University Press, 1974, pp. 1-54; Kenneth G. Elzinga e William Breit, *The Antitrust Penalties: A Study in Law and Economics*, New Haven and London: Yale University Press, 1976, *passim;* Amarthya Sen, "The Discipline of Cost-Benefit Analysis", in *Cost-Benefit Analysis. Legal, Economic and Philosophical Perspectives*, Chicago: The University of Chicago Press, 2011, pp. 95-116; Kevin Albertson e Chris Fox, *Crime and Economics: An introduction*, London and New York: Routledge, 2012; *passim*: e Marice E. Stucke, "Am I a Price Fixer? A Behavioural Economics Analysis os Cartels", in *Criminalising Cartels: Critical Studies of an International Regulatory Movement*, Oxford: Hart Publishing, 2011, pp. 263-288.

[736] Cf. Robert H. Frank, "Why is Cost-Benefit Analysis so Controversial?", in *Cost-Benefit Analysis. Legal, Economic and Philisophical Perspectives*, Chicago: The Chicago University Press, 2011, pp- 77-94; e Henry S. Richardson, "The Stupidity of Cost-Benefit Analysis", in *Cost-Benefit Analysis. Legal, Economic, and Philosophical Perspectives*, Chicago: The Chicago University Press, 2011, pp. 135-168.

4.1. A análise de custos e benefícios: a dissuasão efetiva e a determinação da sanção

Na generalidade da doutrina anglo-saxónica, como se sabe, a pedra de toque da discussão a respeito das finalidades da penas é a dissuasão. Fator primacial na ponderação quer do modelo político-criminal de consequências jurídicas, quer na escolha concreta da medida a aplicar ao agente. De uma perspetiva que poderemos talvez contrapor à assumida pelo legislador penal português, parecem figurar entre as preocupações cimeiras daqueles modelos aquilo a que chamaríamos (de acordo com o cânone continental) as finalidade de prevenção negativa, quer geral, quer especial[737]. Efetivamente, a tónica geral do discurso dogmático-metodológico a este propósito põe em destaque a importância de obter, através da pena, o convencimento do agente concreto de que não mais pode praticar factos semelhantes (prevenção da reincidência, quando não mesmo neutralização), bem como a comunicabilidade de uma tal dissuasão à comunidade, passando a mensagem de que quem desrespeitar a norma será identicamente punido.

Naturalmente, o funcionamento destes efeitos de prevenção negativa produz de modo reflexo alguns resultados que consideraríamos de prevenção geral positiva, pois que não deixam de implicar uma certa afirmação de vigência dos bens jurídicos comunitários e a respetiva proteção através do direito penal. Uma tal consequência, sem bem vemos, é todavia residual ou indireta, pois que o desiderato fundamental da pena – à volta do qual, aliás, parece trabalhar a generalidade da doutrina – é, assumidamente, o da dissuasão de futuros comportamentos criminais, quer do agente, quer dos demais elementos da comunidade.

Ora, a este propósito, é usual a utilização de instrumentos que podemos remeter à designada análise económica do direito para a aferição quer da natureza da pena a escolher (em sede legislativa ou em sede judicial), quer da sua graduação (duração, quantidade ou montante). Os elementos decorrentes de uma análise custo-benefício constituem um argumentário corrente, na medida em que fornecem informações quantitativas ou quantificáveis que permitem – em certa medida, naturalmente – relacionar a pena com o seu pretendido efeito dissuasor. No que respeita ao direito penal económico, como sublinhámos já, esta análise parece apresentar-se a muitos autores

[737] Sobre as teorias dos fins das penas, cf. Jorge de Figueiredo Dias, *Direito Penal, Parte Geral, Tomo I: Questões Fundamentais. A Doutrina Geral do Crime*, 2.ª ed., Coimbra: Coimbra Editora, 2007, pp. 43 e ss.

como particularmente profícua, na medida em que partem do princípio de que, ao menos por regra, o agente económico age de acordo com padrões de racionalidade, tendo como instrumento privilegiado essa ponderação de vantagens e desvantagens[738].

Se atentarmos, especificamente, nos atos relacionados com a concorrência e os ataques à respetiva liberdade, uma das primeiras questões colocadas quando se discute a necessidade e a utilidade de lançar mão do direito penal para a sua tutela é a de saber se, face ao direito constituído, o atual manancial de soluções é adequado para lidar com as infrações concorrenciais (sobretudo no que respeita ao cartel, comummente entendido como o mais grave ilícito contra a liberdade de concorrência). Surgem imediatamente os referidos argumentos atinentes à eficácia e à efetividade das sanções administrativas[739], nomeadamente enquanto instrumento de dissuasão da prática de futuros ilícitos.

A este propósito, é pois comum aplicar-se este método para concretizar qual o montante ou valor que as sanções administrativas (coimas, para nós; *fines*, nos ordenamentos de raiz ango-saxónica) devem atingir de modo a poderem ser consideradas como efetivamente dissuasoras – para tal, naturalmente, terão que dar origem a um custo que suplante o valor do benefício obtido através do comportamento ilícito. Wouter Wils[740], por exemplo, defende mesmo que para que se conseguisse a efetiva dissuasão através somente de sanções pecuniárias não penais[741], mesmo que aplicadas a empresas (pois que são estas que obtêm os benefícios decorrentes dos comportamentos ilícitos em contexto empresarial ou económico), seria necessário aplicar coimas que se

[738] Para uma análise, histórica e normativamente determinada, das consequências jurídicas dos crimes económicos, cf. Álvaro da Cunha Gomes Rodrigues, "As consequências jurídicas do crime nos delitos antieconómicos", *Direito e Justiça*, XIII, 1999, pp. 217-55.

[739] Já em pontos anteriores deste trabalho referimos, parcelarmente e a propósito dos temas que em concreto se desenvolviam, a problemática da insuficiência do direito administrativo, nomeadamente para lidar com infrações concorrenciais. Voltamos agora ao problema sob uma nova perspetiva, que se nos afigura, todavia, complementar daquelas que fomos expondo.

[740] Wouter P.J. Wils, "Is criminalization of EU competition law the answer?", in *Criminalization of Competition Law Enforcement. Economic and Legal Implications for the EU Member States*, Cheltenham: Edward Elgar, 2006, pp. 78 – 81.

[741] O Autor fala, naturalmente, em "*fines*", aliás na linha da nomenclatura utilizada na própria União Europeia. Como sabemos, todavia, a maior parte dos países europeus não conhece a figura portuguesa da coima, nem os seus carateres distintivos em relação à sanção pecuniária penal, a multa. Trabalharemos aqui no pressuposto de que a sanção pecuniária em causa, por ser não penal, corresponde à coima, abstendo-nos de problematizar a sua natureza, a não ser se e quando tal se mostrar necessário à explanação do nosso pensamento.

situassem em cerca de 150% do volume de negócios respeitantes aos produtos relacionados com a violação[742].

Ora, tais sanções seriam ou inaceitáveis ou impossíveis de aplicar, quer porque, por um lado, ultrapassariam em muito os limites máximos existentes nas diversas legislações (questão que poderia, porém, ser contornada de modo relativamente fácil), quer porque, por outro, excederiam muitas vezes a capacidade das empresas para pagar, o que redundaria numa dissuasão incompleta e em elevados efeitos colaterais. Na verdade, o facto de as empresas participantes de um cartel, por exemplo, terem obtido lucros extraordinários correspondentes a 10% do volume anual de negócios durante cinco anos (na hipótese trabalhada por Wouter Wils) não significa, naturalmente, que estas terão, no momento em que lhes for aplicada a coima, a capacidade para pagar o seu valor. Aliás, ainda que tais empresas não tivessem utilizado esses proveitos e os mantivessem porventura disponíveis, o seu valor ascenderia a cerca de 50% do volume anual de negócios (10% x 5 anos), o que não ultrapassaria um terço do valor da coima efetivamente dissuasora. Muitas empresas não poderiam sequer pagar tais coimas através da liquidação dos seus bens, insuficientes para quitar tal valor, pelo que seriam empurradas para a insolvência, o que se traduziria em indesejáveis custos sociais, uma vez que isso afetaria

[742] Esta conclusão, que foi apresentada em 2001 no *European University Institute* e posteriormente desenvolvida, baseia-se num conjunto de premissas hipotéticas, que o Autor reputa como conservadoras: a de que a concertação de preços resulta num aumento médio do preço de venda de 10%; a de que este aumento de 10% no preço conduz a um aumento nos lucros em 5% do volume de negócios (uma vez que a concertação de preços produzirá, provavelmente, uma redução na procura dos produtos dos membros do cartel); a de que a duração média de um cartel se situa nos 5 anos; e, finalmente, a de que a probabilidade de deteção e punição do cartel se situa nos 16%. Com base neste conjunto de hipóteses (resultantes quer da análise dos estudos e bibliografia norte-americanos, quer das decisões relativas a cartéis da Comissão Europeia), o Autor sustenta que o limite abaixo do qual as coimas não impedirão a fixação de preços se situa nos 150% do volume anual de negócios respeitantes aos produtos abrangidos pela concertação. Dados posteriores resultantes do relatório de 2002 da OCDE e da pesquisa realizada por John M. Connor, "Price-Fixing Overcharges: Legal and Economic Evidence" <SSRN: http://ssrn.com/abstract=787924>, – que este entretanto reviu: John M. Connor, "Price Fixing Overcharges: Revised 2nd Edition" <SSRN: http://ssrn.com/abstract=1610262> –, levam o Autor a considerar que as suas estimativas conservadoras poderiam duplicar-se, falando-se de um aumento nos lucros resultantes da fixação de preços cifrado em 10% do volume de negócios, face a um aumento do preço de cerca de 20%, e uma probabilidade de deteção não superior a 33% Cf. Wouter P.J. Wils, "Is criminalization of EU competition law the answer?", in *Criminalization of Competition Law Enforcement. Economic and Legal Implications for the EU Member States*, Cheltenham: Edward Elgar, 2006, p. 79.

não apenas administradores e acionistas, mas igualmente empregados, fornecedores, clientes, credores e autoridades tributárias[743].

Por outro lado, e tal como decorre das reflexões que fomos gizando, a aplicação de sanções pecuniárias a pessoas coletivas, no caso, às empresas participantes na concertação anticoncorrencial, constituindo a opção central dos modelos assentes no direito administrativo e no direito contraordenacional, não assegura necessariamente o incentivo adequado para que aqueles que atuam em seu nome ajam responsavelmente e dentro dos limites da lei. De facto, a lógica subjacente à aplicação de coimas a empresas assentará, ao menos em certa medida[744], no pressuposto de que a ameaça de aplicação de uma sanção à pessoa coletiva a leve a impor aos seus agentes o cumprimento da lei, estreitando as exigências de responsabilidade e aumentando o nível de monitorização daqueles que atuam em seu nome. O que usualmente sucede.

Em determinadas situações, contudo, a empresa não é capaz de controlar o comportamento dos seus agentes, seja porque não lhes impõe sanções suficientemente graves, seja porque os administradores responsáveis pela violação podem já ter deixado a empresa ao tempo em que o ilícito foi detetado. Nestes casos, a aplicação de coimas às empresas participantes no comportamento anticoncorrencial não produz, necessariamente, os desejados efeitos de dissuasão e prevenção, ao menos em toda a sua extensão, uma vez que não é já possível fazê-los repercutir na esfera individual daquele ou daqueles que tomaram a decisão de praticar a concreta violação em causa.

Para não falar já, naturalmente, da circunstância de ser a própria empresa a promotora da cultura de desrespeito pela norma, usualmente considerando as vantagens avultadas que pode recolher através da prática de atos ilícitos. Nestes casos, a aplicação de coimas às empresas – ainda que de valor muito significativo – não produzirá o desejado efeito dissuasor, não só porque estas

[743] Ainda que as empresas mantivessem a sua capacidade para pagar, a imposição de coimas demasiado elevadas poderia conduzir a efeitos colaterais indesejados. Uma vez que o mercado não é perfeito, coimas muito elevadas impostas a empresas acabariam igualmente por repercutir-se em credores e trabalhadores (aqueles porque veriam diminuído o valor das suas garantias, estes porque poderiam sofrer uma política de corte de custos decorrente da necessidade de arcar com o pagamento da coima), bem como sobre os consumidores, que poderiam acabar por suportar parte do valor da coima através do aumento de preços. WOUTER P.J. WILS, "Is criminalization of EU competition law the answer?", in *Criminalization of Competition Law Enforcement. Economic and Legal Implications for the EU Member States*, Cheltenham: Edward Elgar, 2006, p. 81.

[744] Não esquecendo, todavia, a circunstância de poder entender-se, como já vimos, que a pessoa coletiva «merece» uma sanção própria (uma pena, mesmo) nos casos em que seja ela que facilite ou promova a prática criminal e as vantagens dela decorrentes se destinem específica e autonomamente a produzir-se na sua esfera jurídica.

obviamente não repercutirão tais consequências nos seus agentes, como porque, por regra, já contabilizam entre os seus custos a possibilidade de lhes poderem vir a ser aplicadas coimas por força da sua atuação (ilícita)[745]. Nestes casos, portanto, a aplicação de uma sanção pecuniária à pessoa coletiva acaba, em grande medida, por refletir-se sobre os consumidores finais (a quem aquela tenderá a imputar os custos), não produzindo o seu desejado efeito preventivo nem sobre a empresa, nem sobre os seus concretos funcionários, agentes ou administradores.

De uma perspetiva diferente, a superação do paradigma assente na aplicação de coimas a empresas através da criação de sanções individuais[746] pode produzir igualmente outros efeitos positivos, uma vez que tais sanções funcionarão como incentivo para que as pessoas singulares cooperem com as investigações relativas a práticas anticoncorrenciais, mesmo que contra os interesses dos seus empregadores. Na verdade, a existência de penas destinadas aos indivíduos pode muito frutuosamente ser aliada a programas de clemência que promovam a colaboração destas pessoas singulares com as autoridades investigatórias em matéria concorrencial[747].

Mais do que pela delação individual – que pode, obviamente, trazer informações relevantes ao procedimento em causa –, esta possibilidade representa uma verdadeira mais-valia enquanto forma de pressão sobre as empresas para que estas venham denunciar os cartéis de que fazem parte. Face à possibilidade de qualquer empregado ou agente poder lançar mão deste benefício de clemência, fornecendo informações sobre atividades restritivas da concorrência em que certa empresa (a sua empregadora ou mesmo uma concorrente dela) esteja envolvida, estas estarão permanentemente em alerta e preferirão avançar, usufruindo da dispensa total ou parcial de pena, do que correr o risco de chegar tarde de mais.

Um argumento adicional, agora de sinal positivo, vem juntar-se a estes, no sentido de ultrapassar o mero sancionamento administrativo das pessoas

[745] A chamada «internalização de externalidades negativas».

[746] É preciso notar que o direito português conhece sanções individuais para violações concorrenciais (veja-se o artigo 73.º do atual regime jurídico da concorrência, lei n.º 19/2012, de 8 de maio), muito embora assente preferencialmente nas coimas sobre pessoas coletivas. Ver, a propósito, José Lobo Moutinho e Pedro Garcia Marques, "Anotação ao artigo 73.º", in *Lei da Concorrência. Comentário Conimbricense*, Coimbra: Almedina, 2013, pp. 723-750.

[747] Como referimos já *supra*, o instituto de clemência não depende, em todos os ordenamentos jurídicos, da existência de uma incriminação – veja-se o que se passa com o direito da União Europeia, onde a clemência foi instituída no âmbito de um processo administrativo (contraordenacional). Embora assim seja, como deixámos expresso, não nos parece que essa opção seja correta ou faça sentido do ponto de vista ético-valorativo.

coletivas por práticas anticoncorrenciais e avançar para uma intervenção de natureza penal, nomeadamente sobre pessoas singulares. A pena privativa de liberdade constituirá, na verdade, um mecanismo dissuasor extremamente forte quanto a potenciais violações *antitrust*. Na esteira da experiência norte-americana, tem vindo a realizar-se uma constatação, que em certa medida contraria até algumas correntes doutrinais[748]: criminologicamente, aplicar penas de prisão à «criminalidade de colarinho branco» produz um efeito preventivo significativo, pois que um homem de negócios, um gestor ou um administrador de uma empresa, têm muito mais receio de cumprir uma pena de prisão do que um carteirista[749]. Para este, a ponderação risco-benefício desequilibra-se claramente quando o risco é a prisão, pelo que, nesta perspetiva, a pena privativa de liberdade seria mesmo o meio mais eficaz de prevenção contra a criminalidade anticoncorrencial[750].

Num último ponto ainda, intrinsecamente ligado a este, é inegável o argumento de que a pena de prisão traduz uma mensagem ética mais forte do que qualquer outra sanção em todos os ordenamentos jurídicos. Não podemos esquecer que a análise económica do direito, em concreto aquela que respeita à referida ponderação entre custos e benefícios no momento de praticar em ato ilícito, é reconhecidamente limitada. Se é certo que os agentes económicos (mesmo quando atuam criminalmente) têm maior tendência para subordinar a ela as suas decisões, outros fatores podem fazer igualmente parte da sua avaliação. Um homem de negócios, apenas porque o é, não tem necessariamente de pensar somente na maximização do lucro. Pode ser (e será na maior parte das vezes) guiado por princípios éticos de obediência a lei, independentemente do grau de probabilidade de ser detetado e julgado se o não fizer. Uma tal identificação com a norma, com a regra de comportamento, é, aliás, o mais importante fator de obediência à lei, como é comummente reconhecido.

[748] Refletindo sobre as posições que defendem que a pensa de prisão não é nem adequada nem eficaz para os criminosos económicos, cf. BRIAN K. PAYNE, *Incarcerating White-Collar Offenders*, Springfield: Charles C. Thomas, 2003, *passim*, que sustenta a posição oposta, analisando os efeitos da prisão sobre estes criminosos (pp. 21 e ss.). Ver igualmente, a este respeito, WILLIAM ANDREW STADLER, *White-Collar Offenders and the Prison Experience: An Empirical Examination of the "Special Sensitivity" to Imprisonment Hypothesis*, Kansas: University of Missouri. 2010.

[749] Cf. BRIAN K. PAYNE, *op. et. loc. ult. cit.*

[750] De acordo ainda com WOUTER P.J. WILS, "Is criminalization of EU competition law the answer?", in *Criminalization of Competition Law Enforcement. Economic and Legal Implications for the EU Member States*, Cheltenham: Edward Elgar, 2006, p. 83, assim tem vido a demonstrar claramente a experiência norte-americana, onde os cartéis domésticos têm vindo a regredir face aos internacionais.

Ora, na construção desta normatividade social, na configuração da consciência coletiva quanto às regras de comportamento, a estatuição de uma pena privativa de liberdade passa uma mensagem clara como nenhuma outra acerca da gravidade da violação em causa e, concomitantemente, da importância da norma de conduta ínsita na proibição. E passa-a de forma particularmente nítida aos potenciais «criminosos de colarinho branco», já que a aplicação de uma pena de prisão a um homem de negócios obtém uma repercussão mediática e pública muito mais elevada do que a aplicação de uma coima ou de uma pena de multa.

4.2. A diversidade de sanções face à multiplicidade de condutas e à pluralidade de agentes

Este leque de considerações parece, pois, conduzir-nos a concluir que a aplicação de sanções de natureza criminal a comportamentos restritivos da concorrência será aceitável, afigurando-se mesmo como desejável num determinado número de circunstâncias. De entre as distintas consequências jurídico-criminais existentes, parece assumir particular relevância, especificamente, a possibilidade de aplicação de pena privativa de liberdade, dadas as considerações apresentadas a respeito das limitações próprias das sanções pecuniárias – e que, muito embora tendo sido expendidas mais diretamente a respeito das sanções não penais (das coimas), valem em larguíssima medida também para as penas de multa.

O mesmo não vale por dizer, evidentemente, que todas as condutas anticoncorrenciais são iguais e, portanto, que todas elas merecem ou têm como ajustada uma sanção penal, sobretudo a mais grave delas. Na verdade, como supomos se tornou claro ao longo da explanação, os argumentos da doutrina aqui acompanhados têm como modelo um particular atentado contra a concorrência: o cartel (sobretudo, mas não só, o de preços)[751]. Estas conclusões serão válidas, pois, quando estejamos perante uma atuação restritiva da liberdade concorrencial que gere elevada lucratividade e que seja de fácil dissimulação, bastando, em princípio, para os demais comportamentos o sistema baseado em sanções pecuniárias aplicadas sobre as empresas e sobre indivíduos – e que poderão, porventura ser de multa ou somente de coima,

[751] Acompanhamos, como vimos referindo, WOUTER P.J. WILS, "Is criminalization of EU competition law the answer?", in *Criminalization of Competition Law Enforcement. Economic and Legal Implications for the EU Member States*, Cheltenham: Edward Elgar, 2006, pp. 61-109, que baseia a sua análise, como o próprio reconhece, na figura paradigmática da concertação para fixação de preços.

de acordo com a gravidade do comportamento em causa e a respetiva lesividade em relação ao bem jurídico protegido. Devemos, pois, por outro lado, ter igualmente em atenção que a gravidade inerente a uma pena privativa de liberdade impõe que esta seja aplicada somente nos casos mais sérios, naquele conjunto de violações que não encontrem adequada resposta entre os demais meios de reação, quer específicos do direito de mera ordenação social, quer mesmo dentro já do âmbito penal[752].

Aplicando estes dois critérios, temos que a pena de prisão se configura como sanção possivelmente adequada para indivíduos que participem em cartéis de fixação de preços, limitação de produção, licitações fraudulentas ou repartição de quotas de mercado (aquilo que, afinal, tem vindo a caraterizar-se de há alguns anos a esta parte como cartel «*hard core*»), pois que são seguramente aqueles que se configuram como os mais graves comportamentos restritivos da concorrência, quer se considerarmos os lucros que geram (e que representam, inversamente, um prejuízo seja para os demais concorrentes, seja para os próprios consumidores), quer se os analisarmos sob a perspetiva da censurabilidade do comportamento em relação à lesão ou colocação em perigo do bem jurídico liberdade de concorrência[753].

Todos os demais tipos de violações concorrenciais, nomeadamente os acordos verticais e demais concertações horizontais, parecem ser de deteção mais fácil, uma vez que as vítimas estão frequentemente conscientes delas, e comportam um risco grande de comportamento desobediente à lei, já que a linha de fronteira entre comportamento anti-competitivo e pró-competitivo é frequentemente muito ténue. Para todos estes comportamentos, bastará, por isso, um modelo sancionatório não privativo de liberdade, porventura mesmo completamente não penal[754].

Se é certo que a argumentação acima expendida milita pela aplicação de sanções criminais, especificamente penas de prisão, a indivíduos que participem em violações *antitrust*, apresentando um leque de razões que fundamenta

[752] Cf. Jorge de Figueiredo Dias, *Direiro Penal Português. As Consequências Jurídicas do Crime.*, Coimbra: Coimbra Editora, 2005, pp. 74 e ss.

[753] Como concluiremos, em mais detalhe, no capítulo seguinte desta obra.

[754] Continuamos a seguir de perto Wouter P.J. Wils, "Is criminalization of EU competition law the answer?", in *Criminalization of Competition Law Enforcement. Economic and Legal Implications for the EU Member States,* Cheltenham: Edward Elgar, 2006, p, 85, muito embora para o Autor se contraponham claramente "*imprisonment*" e "*fine*" como sanção penal e não penal. Entre nós, todavia, podemos pensar num outro degrau (ou em mais do que um), uma vez que conhecemos as sanções pecuniárias penais (multas) e temos mesmo um leque de penas pensado para a punição de pessoas coletivas (nos termos dos arts. 11.º e 90.º-A a 90.º-M do CP).

essa opção e que se reconduz, no seu cerne, à efetiva prevenção de futuras violações concorrenciais, temos, todavia, de perguntar-nos se não conseguiria atingir-se essa efetividade através de medidas alternativas, menos constritoras dos direitos fundamentais dos cidadãos. Como, aliás, nos impõe o nosso modelo político-criminal, que tem como uma das suas premissas fundamentais a preferência por penas não privativas de liberdade, e resulta claramente da tessitura constitucional[755].

Na verdade, o exercício anterior assenta em duas premissas essenciais: por um lado, na constatação de que os cartéis mais complexos não podem ser demovidos apenas através da aplicação de coimas às empresas participantes; e, por outro, na verificação de que a prisão é um mecanismo de efetiva dissuasão. Mas, sendo embora a pena privativa de liberdade um meio de efetiva dissuasão, será o único? Ou, melhor, poderá a prevenção desejada neste tipo de comportamentos ser atingida através de outras medidas, que porventura se cumulem com as coimas aplicadas às empresas?

4.2.1. Sanções pecuniárias aplicadas a indivíduos

Ao lado das coimas aplicadas a empresas, podemos ter – temos em Portugal, ao contrário do que acontece em outros sistemas jurídicos – coimas aplicadas a determinados indivíduos que desempenham certo papel na economia de uma concentração ou acordo anticoncorrencial[756]. Embora pudesse afigurar-se que uma sanção deste tipo cumpriria suficientemente a necessária função dissuasora (ao menos, em algumas circunstâncias), uma vez que faria repercutir no gerente ou no administrador da empresa, por exemplo, a consequência da participação na colusão, a verdade é que a maior parte das vezes não será assim.

As empresas, sobretudo as de alguma dimensão, podem com relativa facilidade indemnizar os seus agentes por qualquer ameaça de coima ou coima efetivamente imposta, repondo o valor da sanção ou oferecendo mesmo, para

[755] Cf. Jorge de Figueiredo Dias, *Direiro Penal Português. As Consequências Jurídicas do Crime.*, Coimbra: Coimbra Editora, 2005, pp. 52 e ss.

[756] De acordo com o artigo 73.º da nossa LdC, como referimos já, podem ser responsabilizados pelos atos lesivos ou atentatórios da liberdade de concorrência quer pessoas coletivas, quer pessoas singulares. No caso das violações mais graves – a violação do disposto nos artigos 9.º, 11.º e 12.º da LdC (alínea a) do n.º 1 do artigo 68.º) e a violação do disposto nos artigos 101.º e 102.º do TFUE (alínea b) do n.º 1 do artigo 68.º) –, às pessoas singulares é aplicável uma coima que não pode exceder 10% da respetiva remuneração anual auferida pelo exercício das suas funções na empresa infratora, no último ano completo em que se tenha verificado a prática proibida (artigo 69.º, n.º 4, LdC). Cf., a este propósito, Jorge de Figueiredo Dias e Flávia Loureiro, "Anotação ao artigo 69.º", in *Lei da Concorrência. Comentário Conimbricense*, Coimbra: Almedina, 2013, pp. 699-706.

lá dessa quantia, um incentivo suplementar (o que pode ser feito apenas face à aplicação de uma coima na sequência de um processo – *ex post*, portanto –, ou mesmo em momento anterior, *ex ante*, compensando o risco da decisão de participação num cartel). Através deste mecanismo, afasta-se, então, o efeito preventivo pretendido pela aplicação de uma coima a uma pessoa singular, pois qua a empresa faz repercutir na sua esfera o valor da coima aplicada.

O mesmo raciocínio valerá, como se compreende, para as demais sanções pecuniárias, mesmo que com natureza jurídico-penal, como será o caso da multa. A pena de prisão apresenta, por isso, uma vantagem incomparável neste domínio, pois que além de ser impossível deslocar os seus efeitos *ex post*, é muito difícil encontrar um prémio ou incentivo *ex ante* que compense o risco.

4.2.2. Proibições para o exercício de funções ou profissões

Em alguns ordenamentos jurídicos, como o do Reino Unido[757], a entidade com competência para zelar pela observância das regras da concorrência (no caso, o *Office of Fair Trading*) pode apresentar junto do tribunal respetivo um pedido para que o diretor de uma empresa que cometeu uma violação concorrencial seja proibido do exercício da sua função enquanto dirigente de empresas, por o considerar inapto para o cumprimento de uma tal função. Esta proibição tem como máximo legal o período de quinze anos, durante os quais a pessoa a quem tal proibição foi aplicada não pode assumir qualquer função de direção de uma empresa, sob pena de incorrer em responsabilidade penal.

Ora, a proibição do exercício de profissões ou funções – como bem sabemos, uma vez que em Portugal conhecemos esta sanção, muito embora com outros contornos[758] – é uma das sanções não privativas de liberdade com

[757] As *Competition Disqualification Orders (CDOs)* foram introduzidas no regime concorrencial britânico através do *Enterprise Act 2002*, que criou igualmente o crime de cartel.

[758] Estamos, no nosso caso, a falar de uma sanção penal acessória, que pode ser cumulada com uma outra pena principal, no caso de crimes praticados por titulares de cargos públicos, funcionários públicos, agentes da administração ou pessoa que desempenhe profissão ou atividade cujo exercício dependa de título público ou de autorização ou homologação da autoridade pública, quando o facto a) for praticado com flagrante e grave abuso da função ou com manifesta e grave violação dos deveres que lhe são inerentes, b) revelar indignidade no exercício do cargo, ou c) implicar a perda de confiança necessária ao exercício da função. Esta pena acessória de proibição do exercício de função, prevista no art. 66.º do CP (e cujos efeitos estão estabelecidos no art. 68.º do mesmo diploma), é fixada por um período de dois a cinco anos e, como se especificou, é destinada apenas àqueles que exerçam funções públicas, não existindo norma paralela para aqueles que exerçam funções privadas. Em termos contraordenacionais, no que especificamente ao direito concorrencial respeita, não existe sanção acessória semelhante. Nos termos do art. 71.º da LdC, em simultâneo com a coima

mais poder dissuasor, pois que não pode ser esvaziada, como eventualmente sucede com a coima sobre pessoa individual, e é suscetível de configurar para aquele que a ela é sujeito não apenas uma lesão patrimonial como, porventura sobretudo, um dano no seu bom nome no mercado em que se move.

Estas medidas, por isso, muito embora continuem a poder ser manipuladas pelas empresas (sobretudo se o diretor está já perto de se retirar ou aposentar e for compensado devidamente) e tenham o senão de apenas poderem ser aplicadas a diretores, constituem um elemento de prevenção relativamente forte, que não deve ser esquecido. Por outro lado, ainda, é preciso não esquecer que estas *CDOs* não são replicadas no nosso ordenamento jurídico, não podendo a nossa proibição do exercício de profissão ou função ser aplicada a quem exerça atividades privadas, o que – sendo resolúvel *de iure condendo* – constitui um problema sério na matéria em causa.

4.2.3. Ações de responsabilidade civil

De um último ponto de vista, poderíamos perguntar-nos se não seria mais fácil evitar a formação de cartéis se cumulássemos com as coimas aplicadas a empresas a possibilidade de ações civis de indemnização por danos, de acordo com a inspiração do modelo dos Estados Unidos da América a que já nos referimos noutros pontos deste trabalho, que permitissem a fixação de valores indemnizatórios que constituíssem um verdadeiro mecanismo dissuasor. Nesse sentido avançou, pois, o direito norte-americano ao prever a possibilidade de indemnização por *treble damages* – a triplicação do valor do dano pretende, exatamente, não apenas reparar os danos emergentes e lucros cessantes causados a um determinado indivíduo ou conjunto de indivíduos (outros concorrentes ou consumidores), mas exercer igualmente

poderão ser aplicadas as seguintes sanções acessórias: publicação no Diário da República e num dos jornais de maior circulação nacional, regional ou local, consoante o mercado geográfico relevante, a expensas do infrator, do extrato de decisão de condenação, ou, pelo menos, da parte decisória da decisão de condenação proferida no âmbito de um processo instaurado ao abrigo da presente lei, após o trânsito em julgado; privação do direito de participar em procedimentos de formação de contratos cujo objeto abranja prestações típicas dos contratos de empreitada, de concessão de obras públicas, de concessão de serviços públicos, de locação ou aquisição de bens móveis ou de aquisição de serviços ou ainda em procedimentos destinados à atribuição de licenças ou alvarás, desde que a prática que constitui contraordenação punível com coima se tenha verificado durante ou por causa do procedimento relevante. Cf., para análise deste preceito, Jorge de Figueiredo Dias e Flávia Loureiro, "Anotação ao artigo 71.º", in *Lei da Concorrência. Comentário Conimbricense*, Coimbra: Almedina, 2013, pp. 712-715.

um efeito preventivo sobre o agente, convencendo-o a não mais praticar atos semelhantes.

De acordo com aquilo que se tem vindo a explanar, esta também não seria a solução adequada, uma vez que se levantam aqui os meus óbices que Wouter Wils apontava quanto ao valor das coimas a aplicar para atingir um efeito dissuasor eficaz. Se para tal seria necessário atingir 150% do lucro anual obtido com os produtos relacionados com a violação, o que se considerou ser impraticável por colocar mesmo em causa a própria subsistência da empresa, idêntico problema existe na hipótese de adicionarmos às coimas o valor a pagar por indemnização a particulares. Por outro lado, aditar às coimas as indemnizações civis continua a não trazer para a equação a vantagem relacionada com a sanção individual que atrás referimos, uma vez que também estas impenderiam sobre as empresas e não sobre os seus agentes.

Mas, sobretudo, parece-nos não ser coadunável com a distinta natureza de direito civil e direito penal pretender que seja aquele a cumprir finalidades que expressamente devem ser assacadas a este, sob pena de se descaraterizarem ambos os ramos do jurídico e se confundirem as funções próprias do Estado com aquelas que podem ser atribuídas aos particulares. Na verdade, segundo cremos, se estamos perante comportamentos tão graves que lesionam ou colocam em perigo bens fundamentais da comunidade que têm de ser protegidos enquanto tais, para lá, portanto, do dano concreto que causam a uma ou várias vítimas específicas, mas tendo antes em consideração o efeito sobre toda a comunidade, o direito civil manifestamente não será suficiente nem poderá extrapolar os seus limites típicos (e que, em caso de responsabilidade, estão de há muito cuidadosamente detalhados nos seus pressupostos).

Para obter uma tutela adequada desses bens, teremos, pois, que avançar no sentido do direito sancionatório, primeiro ponderando a possibilidade de atuação do direito contraordenacional (cujas limitações, no caso concreto da concorrência, temos vindo a apontar), e, na sua insuficiência, questionando a necessidade de intervenção penal.

Capítulo VII: Os contornos específicos de um (eventual) direito penal da concorrência português

1. A criação de um tipo incriminador de práticas restritivas da concorrência

Partindo, portanto, da premissa, que explorámos nos capítulos precedentes, de que um determinado conjunto de práticas restritivas da concorrência merecem e necessitam de tutela penal, resta-nos, pois, neste último ponto do trabalho, refletir sobre a forma de concretização de uma tal intervenção. Mais do que apresentar uma proposta fechada sobre como seria ou deveria ser o tipo incriminador (ou tipos) em causa, pretendemos deixar aqui uma reflexão propositadamente flexível a respeito do problema, que possa fornecer elementos para a futura discussão da questão.

1.1. A delimitação do comportamento criminal: o cartel «*hard core*»

Dissemos já, pois, que não defendemos a intervenção do direito penal para tutela de todas as práticas restritivas da concorrência, mas, antes, em função do princípio da subsidiariedade, apenas para aquelas que, de forma mais grave, afetam a liberdade concorrencial, pondo em causa este bem jurídico. Poderá, naturalmente, haver alguma discussão a respeito de quais as práticas que tão seriamente lesam ou colocam em causa aquele valor, sustentando-se, porventura, um leque mais ou menos alargado de comportamentos criminalmente relevantes.

Como fomos referindo ao longo das nossas reflexões, afigura-se-nos que, no atual momento de desenvolvimento legislativo e doutrinário, esses comportamentos devem restringir-se àquilo que tem ficado conhecido como cartel «*hard core*» e que engloba, na verdade, as mais importantes violações das normas que asseguram a liberdade de concorrência. Falamos, portanto, de cartéis de fixação de preços, de cartéis de repartição de quotas de mercado, de cartéis de distribuição de quotas de produção e de cartéis para licitações fraudulentas. Estamos, pois, face a um conjunto de comportamentos que indiscutivelmente merece censura de princípio[759], quer porque prejudica os demais agentes económicos do setor de atividade em causa que não estejam envolvidos na prática colusória, quer porque causa danos aos consumidores (por exemplo, através de uma fixação artificial do preço de um bem ou serviço) ou ao Estado (pense-se no exemplo dos cartéis para licitações fraudulentas em contratos públicos), quer porque gera entorses sérias no modelo de mercado, pondo em risco a liberdade concorrencial[760].

Todos estes comportamentos, generalizadamente aceites como as mais graves práticas restritivas da concorrência, estão consagrados nas legislações concorrenciais da maioria dos países, bem como, naturalmente, no ordenamento jurídico da UE. As definições legais em causa podem, desde já, auxiliar-nos na definição do objeto que pretendemos tratar, não só porque a designação «cartel»[761] não é usual nas diferentes latitudes, como porque, mesmo onde ela é comummente aceite e utilizada, nem sempre está vertida no texto legal (como é o caso do nosso país).

Assim, de acordo com a legislação portuguesa (art. 9.º da lei n.º 19/2012, de 8 de maio), são proibidos "os acordos entre empresas, as práticas concertadas entre empresas e as decisões de associações de empresas que tenham

[759] Questão diferente é a de sabermos, como veremos *infra*, se estes comportamentos serão proibidos de *per se* ou se faremos entrar na equação a possibilidade de justificação (dizemos ainda sem sentido jurídico-penal) do comportamento, quando se trate de uma ação com efeitos pró-competitivos (a tantas vezes referida regra da «*rule of reason*», ou, de acordo com a nomenclatura europeia, o balanço económico).

[760] Acerca dos objetivos que podem ser perseguidos por uma política de concorrência, ver a reflexão de Massimo Mota, *Competition Policy: theory and practice*, Cambridge: Cambridge University Press, 2004, pp. 17 e ss., onde o Autor elenca aqueles que têm sido traçados nos diferentes países: o bem estar económico, o bem estar do consumidor, a defesa das empresas mais pequenas, a promoção da integração do mercado, a liberdade económica, o combate à inflação, a justiça e a equidade. Além do objetivo (ou objetivos) que cada Estado trace para si, podem ainda entrar em consideração, no momento do delineamento da política da concorrência, razões sociais, razões políticas, razões ambientais, ou razões industriais ou comerciais estratégicas. Como vimos em detalhe no capítulo precedente, entendemos que o desiderato último do direito da concorrência é a proteção da respetiva liberdade – o que, naturalmente, não significa que outras razões não possam também fazer parte da motivação do legislador.

[761] Veja-se o caso da França e das *ententes* ou o dos *trusts* dos Estados Unidos da América.

por objeto ou como efeito impedir, falsear ou restringir de forma sensível a concorrência no todo ou em parte do mercado nacional". A exaustiva descrição legal apresenta vantagens na perspetiva do princípio da legalidade – compreensíveis uma vez que o preceito constitui, simultaneamente um tipo contraordenacional por força do art. 68.º, n.º 1, a) – que nos poderão auxiliar na determinação dos elementos do, eventual, tipo criminal[762].

Temos, por isso, *i)* a existência de duas ou mais empresas; *ii)* a necessidade de coligação entre empresas, através de uma das três formas identificadas (acordos, práticas concertadas ou decisões de associações de empresas); *iii)* a restrição sensível da concorrência, seja pelo seu objeto, seja pelos seus efeitos; e *iv)* a afetação do mercado nacional ou de uma sua parte substancial.

1.1.1. Pluralidade de empresas

Exige-se, pois, desde logo, uma pluralidade de empresas – a noção de empresa é-nos dada pelo art. 3.º da LdC[763] –, pelo que temos necessariamente de estar em presença de pelo menos duas empresas, uma vez que o legislador não se preocupou aqui com as práticas individuais (que, como já vimos, são aliás alvo de legislação autónoma), mas apenas com comportamentos colusórios de empresas distintas e independentes[764]. Estas empresas têm, então, de expressar um encontro de vontades através de um dos três meios previstos na norma: o acordo, a prática concertada ou a decisão de associação de empresas. Muito embora a nossa legislação identifique estas três formas de coligação, parece seguro que estamos apenas a falar de intensidades distintas

[762] Para uma análise do preceito contido no art. 9.º da lei n.º 19/2012, de 8 de maio, cf. Miguel Gorjão-Henriques e Catarina Anastácio, "Anotação ao artigo 9.º", in *Lei da Concorrência. Comentário Conimbricense*, Coimbra: Almedina, 2013, pp. 82-108.

[763] Nos termos do n.º 1 do preceito, "[c]onsidera-se empresa, para efeitos da presente lei, qualquer entidade que exerça uma atividade económica que consista na oferta de bens ou serviços num determinado mercado, independentemente do seu estatuto jurídico e do seu modo de financiamento". Esta definição segue de perto aquela que o Tribunal de Justiça sustentou por diversas vezes, a partir do acórdão *Höfner e Elser* c. *Macroton GmbH*, de 23 de abril de 1991 (proc. C-41/90). Para uma análise do preceito e a caraterização da empresa, com críticas, cf. Jorge M. Coutinho de Abreu, "Anotação ao artigo 3.º", in *Lei da Concorrência. Comentário Conimbricense*, Coimbra: Almedina, 2013, pp. 33-38.

[764] No entender, aliás, da Comissão Europeia, as empresas não são consideradas concorrentes (por não serem independentes) quando uma delas exerce uma influência decisiva sobre a outra, constituindo aí uma única entidade económica. Cf. *Comunicação da Comissão Orientações sobre a aplicação do art. 101.º do Tratado sobre o Funcionamento da União Europeia aos acordos de cooperação horizontal*, JO C11, de 14 de janeiro de 2011.

e formatos diferentes de uma mesma realidade[765]. Essencial é, pois, que haja um comportamento coordenado entre duas ou mais empresas, decorrente de uma vontade comum – que não tem de ser expressa – de assumirem uma determinada atuação restritiva da concorrência em certo mercado.

1.1.2. Coligação entre empresas

Por essa razão, muito embora a legislação continue a identificar os três modos possíveis de colusão, a destrinça entre acordo e prática concertada têm-se esbatido, tendo a jurisprudência europeia vindo a assumir progressivamente a desnecessidade de determinar se o comportamento em causa enquadra a categoria de acordo ou de prática concertada, pois que o critério decisivo é o de saber se existe, pelo menos, uma prática concertada (uma vez que esta corresponderá à forma mais frouxa de vinculatividade entre as empresas) destinada a produzir os efeitos que a norma pretende evitar (a restringir, portanto, a concorrência). O que importa, sobretudo, é saber se estaremos perante uma prática concertada ou, antes, face a um comportamento paralelo, sem repercussão na proibição legal[766].

Por último, a coligação em causa pode ainda tratar-se de um decisão de associações de empresas. Não se quer, naturalmente, afirmar com isto que as associações de empresas (que podem ser, na sua forma mais comum, verdadeiras associações empresariais ou comerciais, mas que podem igualmente corresponder a cooperativas, associações não lucrativas, federações ou ordens profissionais) sejam originariamente anticoncorrenciais – como obviamente não serão –, mas apenas prevenir atuações associativas que venham interferir com o processo competitivo (como por exemplo, numa hipótese muito comum, através de atos que criam obstáculos ao acesso de outros concorrentes

[765] Cf. o acórdão do Tribunal de Justiça *T.Mobile e outros* c. *Raad van bestuur van de Nederlandse Mededingingautoriteit,* de 4 de junho de 2009 (poc. C.-8/08), e a decisão do Tribunal de Comércio de Lisboa *Baxter e Glintt* c. *Autoridade da Concorrência,* de 12 de setembro de 2011, onde se esclarecia claramente que "[a] noção de acordo não resulta expressamente da Lei da Concorrência, mas quer a doutrina quer a jurisprudência, nacional e comunitária, são unânimes no conteúdo a dar a este conceito: está em causa uma noção muito ampla, que abrange todos os contratos de que derivem obrigações juridicamente vinculativas para as partes, bem como os simples acordos, independentemente da forma que revistam", concluindo que "[u]m acordo relevante para efeitos da Lei da Concorrência é, pois, qualquer comportamento coordenado de empresas, sob qualquer forma jurídica, em que pelo menos uma se obriga a uma determinada prática ou em que se elimina a incerteza de comportamento da outra; seja ele expresso ou tácito, simétrico ou assimétrico".

[766] Acompanhamos aqui Miguel Gorjão-Henriques e Catarina Anastácio, "Anotação ao artigo 9.º", in *Lei da Concorrência. Comentário Conimbricense,* Coimbra: Almedina, 2013, pp. 82-108.

ao mercado em causa). Estas decisões não têm de ser obrigatórias, podendo tratar-se de meras orientações, desde que estas sejam suscetíveis de influenciar o equilíbrio concorrencial do mercado.

Por último, deve ainda sublinhar-se que estas práticas, proibidas, entre nós, pelo art. 9.º da LdC e, a nível europeu, pelo art. 101.º do TFUE, tanto podem ser horizontais (ou seja, entre empresas concorrentes) como verticais (entre empresas não concorrentes que, no que ao acordo respeita, atuem em fases distintas do processo de produção ou distribuição).

1.1.3. A restrição sensível da concorrência

O que seja restrição sensível da concorrência é questão que tem sido profusamente tratada na doutrina e na jurisprudência, nacional e europeia, pelo que nos limitaremos, dado o objeto do presente trabalho, a deixar aqui algumas notas sintéticas a este respeito[767]. Assim, estaremos perante uma limitação deste tipo sempre que seja coartada a liberdade de concorrência e contratual das partes coligadas (aquilo a que tem vindo a chamar-se restrição formal) e seja igualmente afetada a posição de terceiros, quer estes sejam concorrentes, fornecedores ou consumidores (restrição material)[768]. O que está aqui em causa é, pois, a afetação da liberdade concorrencial, tal como a caraterizámos *supra*[769].

A análise a respeito da restrição da concorrência pressupõe, nestes termos, a avaliação sobre o facto de o acordo, a prática concertada ou a decisão da associação de empresas corresponder ou não a uma limitação à concorrência que ao Estado, enquanto tal, cabe defender, ou seja, à concorrência que, de acordo com o texto constitucional, aquele tem a incumbência de garantir. O que interessa, por isso, mais do que saber se se trata de uma concorrência perfeita ou imperfeita, praticável ou efetiva, é analisar o comportamento em relação à situação concorrencial que existiria se ele não fosse praticado.

[767] Cf., sobre este tema, Miguel Gorjão-Henriques, *Da restrição da concorrência na Comunidade Europeia: a franquia de distribuição*, Coimbra: Almedina, 1998, pp. 178 e ss.; Okeoghene Odudu, "Interpreting Article 81 (1): Demonstrating Restrictive Effect", *European Law Journal*, 26, 2001, pp. 261-274, e, "Interpreting Article 81 (1): Object as subjective intention", *European Law Review*, 26, 2001, pp. 60-75; e Luís D. S. Morais, *Os Conceitos de Objecto e Efeitos Restritivos da Concorrência e a Prescrição de Infracções de Concorrência*, Coimbra: Almedina, 2009, *passim*.

[768] Como decorre do acórdão do Tribunal de Justiça *LTM/MBU* c. *Comissão*, de 30.6.1966 (proc.56/65).

[769] Cf. o que a este propósito dissemos a pp. 246 e ss. deste trabalho.

Como sublinham Miguel Gorjão-Henriques e Catarina Anastácio[770], teria sido porventura útil fazer verter na nova LdC a obrigatoriedade de a Autoridade da Concorrência adotar orientações quanto ao que deve entender-se por restrição sensível da concorrência, de modo a aumentar a segurança dos agentes económicos no momento de tomarem as suas decisões com possível efeito concorrencial. Poder-se-ia ter avançado, como sustentam, para o estabelecimento de um limite de quota de mercado abaixo do qual se presumiria não existir afetação sensível da concorrência (o *safe harbour*). Ou, ao menos, teria sido certamente muito vantajoso prever a aplicação subsidiária das comunicações e diretrizes emanadas quer pela Comissão Europeia, quer pelos Tribunais da União, nomeadamente a *Comunicação da Comissão relativa aos acordos de pequena importância que não restringem a concorrência nos termos do n.º 1 do artigo 81.º do Tratado que institui a Comunidade Europeia (de minimis)*[771], que estabelece o limiar abaixo do qual se considera que os acordos, *lato sensu*, não afetam de modo sensível a concorrência, nos termos e para os efeitos do art. 101.º do TFUE (antes art. 81.º do TCE).

1.1.3.1. Restrição pelo objeto

Quanto, ainda, ao conteúdo do acordo, prática concertada ou decisão de associações de empresas, exige o legislador (à semelhança do que faz o seu congénere europeu) que aquela prática restritiva vise a restrição sensível da concorrência, seja por força do próprio objeto do acordo, seja pelos efeitos que pretende produzir. Importa-nos, pois, refletir também um pouco a propósito deste pressuposto, uma vez que, segundo cremos, a interpretação que dele se faça repercutirá na eventual construção do tipo incriminador.

[770] Miguel Gorjão-Henriques e Catarina Anastácio, "Anotação ao artigo 9.º", in *Lei da Concorrência. Comentário Conimbricense*, Coimbra: Almedina, 2013, pp. 82-108, em particular pp. 92-93.

[771] JO C368, de 22 de dezembro de 2001. As regras *de minimis* estabelecem, exatamente, o limiar abaixo do qual se entende que a prática em causa não restringe sensivelmente a concorrência: "[a] Comissão considera que os acordos entre empresas que afectam o comércio entre os Estados-Membros não restringem sensivelmente a concorrência na acepção do n.º 1 do artigo 81.º [agora 101.º do TFUE] quando: a) a quota de mercado agregada das partes no acordo não ultrapassar 10 % em qualquer dos mercados relevantes afectados pelo acordo, quando este for concluído entre empresas que sejam concorrentes efectivos ou potenciais em qualquer desses mercados (acordos entre concorrentes); ou b) A quota de mercado de cada uma das partes no acordo não ultrapassar 15 % em qualquer dos mercados relevantes afectados pelo acordo, quando este for concluído entre empresas que não sejam concorrentes efectivos nem potenciais em qualquer desses mercados (acordos entre não concorrentes)" – ponto 7 da *Comunicação.*

Estamos, pois, perante uma dupla possibilidade de se impedir, falsear ou restringir de forma sensível a concorrência através de um daqueles acordos, *lato sensu* considerados: ou porque o seu objeto (objetivo) é, em si mesmo, anticoncorrencial nos termos fixados na norma, ou porque o são os efeitos que ele produza. Há, por isso, que ter aqui em atenção esta natureza bimodal da possibilidade de afetação da concorrência e considerar as suas diferenças em termos de tipo objetivo de ilícito em causa (contraordenacional, no modelo vigente; mas com repercussões necessárias na tipologia penal que aqui propomos).

Deste modo, podemos constatar que estão, na verdade, consagrados dois tipos de ilícito no art. 9.º da LdC – bem como, concomitantemente, no art. 101.º do TFUE –, um que diz respeito às práticas restritivas (acordos, práticas concertadas ou decisões de associações de empresas) que têm por objeto a restrição sensível da concorrência[772], e outro que corresponde às práticas restritivas que têm como efeito uma tal limitação. Os dois tipos, como veremos, podem e devem funcionar consecutivamente, mas são estruturalmente diversos e protegem o bem jurídico em causa do modo distinto.

Na primeira hipótese, legal e fática, a coligação celebrada entre duas ou mais empresas pode ter diretamente como objeto aquela restrição concorrencial. Ou seja, o objetivo (termo significativamente utilizado no texto da norma europeia e que na tradução portuguesa foi substituído por «objeto») daquele acordo é, ele próprio, de *per se*, o falseamento, o impedimento ou a restrição sensível da concorrência, a obter mediante a prática de um ou vários dos atos exemplificativamente enumerados nas diversas alíneas do n.º 1 do preceito[773].

[772] É ainda hoje muito discutido na doutrina o conteúdo a atribuir a este «objeto restritivo da concorrência», opondo-se posições de cariz objetivo a outras de ordem subjetiva, e havendo ainda modelos mistos que lhe reconhecem uma dupla dimensão subjetiva e objetiva. Cf., a este respeito, as posições e bibliografia indicada em Okeoghene Odudu, "Interpreting Article 81 (1): Object as subjective intention", *European Law Review*, 26, 2001, pp. 60-75; "Interpreting Article 81 (1): The Object Requirement Revisited", *European Law Review*, 26, 2001, pp. 379-390; "Interpreting Article 81 (1): Demonstrating Restrictive Effect", *European Law Journal*, 26, 2001, pp. 261-274; Daniel Zimmer, "§ 1", in *Wettbewersrecht. Band 2. GWB. Komentar zum Deutschen Kartellrecht*, München: Verlag C.H. Beck, 2007, p. pp. 24 e ss.; e, entre nós, Luís D. S. Morais, *Os Conceitos de Objecto e Efeitos Restritivos da Concorrência e a Prescrição de Infracções de Concorrência*, Coimbra: Almedina, 2009, p. 28 e ss.; e Miguel Mendes Pereira, *Lei da Concorrência Anotada*, Coimbra: Coimbra Editora, 2009, pp. 79 e ss. (embora feita a propósito do art. 4.º da anterior lei da concorrência – lei n.º 18/2003, de 11 de junho –, a reflexão pode ser transcrita para o texto legal atual em quase toda a sua extensão).

[773] Ver, quanto ao acordo que tenha por objeto a restrição da concorrência, Okeoghene Odudu, "Interpreting Article 81 (1): The Object Requirement Revisited", *European Law Review*, 26, 2001, pp. 379-390, e Luís D. S. Morais, *Os Conceitos de Objecto e Efeitos Restritivos da Concorrência e a Prescrição de Infracções de Concorrência*, Coimbra: Almedina, 2009, pp. 17 e ss.

O legislador reconhece, portanto, a natureza perigosa de tais atos negociais, independentemente dos efeitos concretos que se venham ou não a produzir sobre a concorrência num dado mercado relevante.

O que não significa, todavia, como tanto a jurisprudência como a doutrina sublinham[774], que estejamos a defender uma absoluta subjetivização dos pactos anticoncorrenciais, considerando apenas o propósito concordante das empresas pactuantes de restringir a concorrência, ainda que escolham para atingir tal objetivo meios totalmente inidóneos. Tem-se vindo, por isso, a sublinhar, tanto no Tribunal de Justiça como na própria Comissão Europeia, a necessidade de constatar a específica e concreta idoneidade da prática acordada para restringir sensivelmente a concorrência[775].

Ora, assim sendo, como efetivamente parece resultar da letra e do espírito da lei, somos levados a concluir que estamos aqui no domínio dos tipos de perigo, concretamente dos tipos de perigo abstrato, pois que o elevado risco potencial para o bem jurídico reconhecido àqueles acordos é suficiente para justificar a intervenção sancionatória do legislador[776], ainda que, em concreto, tais riscos não se venham a verificar. Nestes casos, o perigo de ofensa ao bem jurídico constitui motivo suficiente para a proibição determinada pelo legislador, atento o elevado risco para aquele bem que o comportamento proibido encerra em si próprio.

Dentro, todavia, da grande categoria dos tipos de perigo abstrato, parece-nos que estamos aqui a lidar, especificamente, com os denominados tipos de aptidão[777]. De facto, ao contrário do que acontece nos tipos de perigo abstrato de recorte clássico, onde está subtraída ao julgador a análise da idoneidade ou aptidão da conduta para colocar em perigo o bem jurídico, por esta já ter sido aferida e definida pelo legislador, nos tipos de aptidão o aplicador tem de

[774] Cf. o que a este propósito é dito por Luís D. S. Morais, *Os Conceitos de Objecto e Efeitos Restritivos da Concorrência e a Prescrição de Infracções de Concorrência*, Coimbra: Almedina, 2009, pp. 30 e ss. Ver, igualmente, os acórdãos do TJCE *NV IAZ International Belgium e outros c. Comissão*, de 8 de novembro de 1983 (processos apensos n.ºs 96, 102, 104, 105, 108 e 110/82), *e CRAM e Rheinzink c. Comissão*, de 28 de março de 1984 (processos apensos 29/83 e 30/83).

[775] Idoneidade essa que, em boa verdade, não será do próprio acordo, mas das práticas que em concreto se pactuem, pois que só através delas poderemos aferir da possibilidade de afetação ou não da concorrência.

[776] Cf. Jorge de Figueiredo Dias, *Direito Penal, Parte Geral, Tomo I: Questões Fundamentais. A Doutrina Geral do Crime*, 2.ª ed., Coimbra: Coimbra Editora, 2007, pp. 308 e ss.

[777] Cf. Jorge de Figueiredo Dias, *Direito Penal, Parte Geral, Tomo I: Questões Fundamentais. A Doutrina Geral do Crime*, 2.ª Coimbra: Coimbra Editora, 2007, pp. 310-311. Os tipos de aptidão são também chamados de tipos de perigo abstrato-concreto ou de tipos de conduta concretamente perigosa.

apurar a concreta perigosidade da conduta para o bem jurídico em causa. Este só considerará, pois, preenchido o tipo legal se, num juízo *ex ante*, demonstrar que o facto era concretamente idóneo a colocar em causa o bem jurídico – sem que, todavia, como sabemos, se torne necessário ao juiz comprovar, numa análise *ex post*, que aquela perigosidade se materializou na efetiva criação de um perigo concreto ou mesmo de um dano para o bem protegido pela norma[778].

Parece-nos, pois, notório ser este entendimento o que melhor quadra à previsão legal em causa e ao desiderato do legislador na proteção da concorrência. É certo que, no caso concreto da nossa legislação (bem como da europeia), este raciocínio é feito tendo por base o regime contraordenacional, mas ele mantém absoluta validade se o quisermos transferir para o campo de atuação jurídico-penal.

1.1.3.2. Restrição pelos efeitos

Resta-nos, pois, por outro lado, a previsão de o pacto em causa não ter por objeto a restrição da concorrência (caso em que, logicamente, cairia na primeira hipótese enunciada), mas ter antes como efeito uma tal coartação. Neste caso, parece incontestado que estaremos perante um tipo de dano, pois que se exige a verificação de uma efetiva lesão do bem jurídico ("acordos que tenham como efeito impedir, falsear ou restringir a concorrência", nos termos no n.º 1 do art. 9.º e, em moldes semelhantes, do art. 101.º do TFUE).

Há, aqui, uma exigência de que a concorrência seja efetivamente afetada, não bastando a sua colocação em perigo, através de comportamento idóneo, mas sendo antes necessário que o agente económico efetivamente prejudique, lesione o bem jurídico liberdade de concorrência[779]. Não é, pois, esta conceção

[778] *Idem.*

[779] Até porque, como referimos já, a análise da lesão ao bem jurídico se fará comparando a situação concorrencial existente (após a prática do ato proibido) com aquela que existiria se tal comportamento não tivesse sido praticado. É, pois, necessário demonstrar o dano causado com a prática anticoncorrencial. Cf., a este respeito, MIGUEL MENDES PEREIRA, *Lei da Concorrência Anotada*, Coimbra: Coimbra Editora, 2009, pp. 104-105 (ao abrigo, como dissemos já, da lei anterior) e LUÍS D. S. MORAIS, *Os Conceitos de Objecto e Efeitos Restritivos da Concorrência e a Prescrição de Infracções de Concorrência*, Coimbra: Almedina, 2009, pp. 44 e ss. Ambos os Autores sustentam serem consideráveis na noção de restrição da concorrência por efeito do acordo os efeitos potenciais, nos termos das *Orientações interpretativas realtivas à aplicação do n.º 3 do art. 81.º CE*, da Comissão Europeia, como cobertos ainda, portanto, pela norma os efeitos negativos do pacto que tenham um grau de probabilidade razoável de ser verificarem. Como sublinhamos no texto, discordamos desta posição, pois que se nos afigura contraditória quer com a teleologia da norma, quer com a sua construção.

compaginável com uma interpretação que pretende ter ainda em linha de conta, no preenchimento deste tipo legal, os efeitos potenciais do comportamento, na linha da decisão da Comissão Europeia de 17 de fevereiro de 1992 no caso do "Intercâmbio de registo de tratores agrícolas no Reino Unido"[780], que foi depois sustentada pelo próprio Tribunal de Justiça, nos *acórdãos John Deere* c. *Comissão*[781].

1.1.4. A afetação do mercado

Por último, o legislador exige ainda um pressuposto geográfico para a análise da prática restritiva. Nos termos do art. 9.º da LdC, que temos vindo a analisar, requer-se que o falseamento ou a restrição sensível da competência causada pela prática concertada se produza no todo ou em parte do mercado nacional. Não podemos, todavia, deixar de ter em consideração neste ponto a modernização do direito europeu da concorrência e a sua tendência descentralizadora[782], cristalizadas no regulamento n.º 1/2003.

De acordo com este regulamento, as autoridades de concorrência nacionais têm de aplicar os arts. 101.º e 102.º do TFUE sempre que estejam perante atos que possam afetar o comércio entre Estados Membros. Assim sendo, o art. 9.º da LdC acaba por aplicar-se, na verdade, não apenas às hipóteses em que o efeito da prática restritiva se faz sentir em parte ou na totalidade do mercado nacional, mas igualmente (em cumulação com as normas europeias) aos casos em que os comportamentos em causa têm por objeto ou produzam efeitos no comércio entre os Estados Membros, de acordo com o âmbito de aplicação do diploma, previsto no seu art. 2.º [783].

[780] Decisão 92/157/CEE, de 17 de fevereiro de 1992, JO L 68/19, de 13 de março de 1992. E depois, novamente, nas Orientações 2011/C 11/01, n.ºs 20, 26 e ss. e 75 e ss., por referência àquela decisão.

[781] Ver acórdão do TPI *John Deere* c. *Comissão*, de 27 de outubro de 1994 (Proc. T-35/92), e, seguidamente, acórdão do TJ de 28 de maio de 1998 (Proc. C-7/95).

[782] Cf. o que dissemos *supra* a este propósito, pp. 117 e ss.

[783] Ver, quanto a este preceito, as considerações feitas por José Luís Cruz Vilaça e José Luís Caramelo Gomes, "Anotação ao artigo 2.º", in *Lei da Concorrência. Comentário Conimbricense*, Coimbra: Almedina, 2013, pp. 20-32.

1.2. A justificação da incriminação

Já muito dissemos, nos dois capítulos precedentes, a propósito das razões que sustentam a nossa posição de defesa da criminalização dos mais graves comportamentos atentatórios da liberdade concorrencial. Não pretendemos, por isso, repetir aqui os argumentos que atrás aduzimos, mas antes, com base neles, tecer algumas considerações a respeito da justificação da incriminação que propomos, em atenção ao bem jurídico que julgamos estar em causa.

Sendo a liberdade de concorrência, no sentido que atrás traçámos e atenta a sua dimensão político-social, o bem jurídico que entendemos estar em causa quando falamos de práticas concorrenciais restritivas, afigura-se-nos que o cartel (entendido, pois, como o acordo, prática concertada ou decisão de associações de empresas com o objeto ou os fins que acabámos de analisar), sobretudo quando estejamos a falar de pactos para fixação de preços, para repartição de quotas de produção, para distribuição de mercado ou para licitações fraudulentas, deve ser considerado um crime. Sustentámo-lo baseando-nos nos princípios de dignidade e necessidade penal que *supra* analisámos, e sem pretender com isso adotar uma conceção expansionista do direito penal, mas antes de acordo com um entendimento da subsidiariedade penal não como um princípio estático, que haja cristalizado as fronteiras do direito penal na sua velha matriz liberal, mas dinâmico e adaptável às necessidades de cada comunidade, num dado tempo e lugar.

Efetivamente, o desvalor (tanto de ação como de resultado) que vai ínsito numa prática restritiva desta natureza nega a própria sociedade enquanto tal, num dos bens que é hoje pilar fundamental do nosso Estado de Direito, tal como ele está configurado na Constituição. E não se diga, como sustentam alguns[784], que estamos com isto a tutelar comportamentos que são, na sua matriz, verdadeiras atuações – e, por isso, opções – de ordem económica, pois que, como julgamos ter demostrado, a concorrência representa hoje (se é que não representou sempre) muito mais do que elemento caraterizador do modelo de economia de mercado.

Não significa isto, todavia, adotar uma conceção que encare o direito penal como *prima ratio*, bem pelo contrário. Motivo pelo qual, aliás, se defende a criminalização de apenas alguns dos comportamentos atualmente proibidos,

[784] Esta é uma das críticas apontadas por HERNÁN HORMAZÁBAL MALARÉE, *La proteción penal del mercado comptitivo: una teoria general desde el bien jurídico*, Barcelona: Facultat de Dret Universitat de Barcelona, 1984, *passim*; e igualmente em *Bien Juridico y Esatdo Social de Derecho. El objeto protegido por la norma penal*, Santiago do Chile: Editorial Jurídica Conosur, 1992, pp. 155 e ss.

deixando os demais – como deve ser – sob a égide do direito contraordenacional (e, porventura, do próprio direito civil[785]). Assim, passar-se-ia em matéria de liberdade de concorrência o mesmo que se passa em relação a tantos outros bens jurídicos, sobretudo coletivos, que gozam de uma tutela partilhada e gradual: a maioria dos comportamentos permaneceria tutelado, do ponto de vista sancionatório, pelo direito de mera ordenação social; um pequeno leque deles, particularmente graves, atentatórios de bens jurídico-penais, passaria a ser tutelado pelo direito penal[786].

Poder-se-á dizer, de uma perspetiva diversa, que, face às opções que aqui fazemos, ficam de fora deste juízo agravado de desvalor comportamentos que podem ser muito seriamente limitativos da concorrência, como é o caso do abuso de posição dominante ou mesmo de (alguns casos de) concentração de empresas. Não nos parece, porém, que uma tal crítica proceda. De facto, se é verdade que através dessas práticas podemos porventura atingir uma restrição inaceitável da concorrência, o objetivo perseguido pelas normas respeitantes a estes comportamentos é diametralmente oposto daquele que preside às regras respeitantes às práticas restritivas da concorrência, em sentido estrito.

Na verdade, mesmo no caso do abuso de posição dominante, o legislador não parte, como nas pactos colusórios, da sua ilicitude ou antijuridicidade, antes aceita que a empresa possa estar naturalmente numa posição de domínio (seja por força da sua capacidade de inovação e gestão, seja por ter herdado historicamente a sua posição de domínio com base em monopólios ou direitos exclusivos) e quer somente evitar que, dessa sua posição, possa decorrer um obstáculo à concorrência livre e efetiva em determinado mercado. Por essa razão, o art. 11.º da LdC não proíbe a posição dominante (que, em boa verdade, nem sequer define[787]), mas apenas a sua exploração abusiva.

[785] Muito embora, como sublinhámos, o *private enforcement* não tenha muito tradição entre nós, o papel do direito civil na tutela da liberdade de concorrência não deve ser desconsiderado, sobretudo quanto à possibilidade de intentar ações de indemnização.

[786] O que, em boa verdade, corresponderia à salutar distinção, cada vez mais abandonada, entre direito penal e direito contraordenacional, assente num diferente conteúdo material do ilícito em causa, numa axiologia específica do direito criminal. Cf. Jorge de Figueiredo Dias, *Direito Penal, Parte Geral, Tomo I: Questões Fundamentais. A Doutrina Geral do Crime*, 2.ª, Coimbra: Coimbra Editora, 2007, pp. 160 e ss.; e ver igualmente Alexandra Vilela, *O Direito de Mera Ordenação Social: Entre a Ideia de "Recorrência" e a de "Erosão" do Direito Penal Clássico*, Coimbra: Coimbra Editora, 2013, pp. 255 e ss.

[787] Para uma análise da figura do abuso de posição dominante, cf. Gonçalo Anastácio, "Anotação ao artigo 11.º", in *Lei da Concorrência. Comentário Conimbricense*, Coimbra: Almedina, 2013, pp. 123-163.

De modo ainda mais notório, as concentrações de empresas não possuem em si mesmas um qualquer desvalor jurídico, podendo até, sob muitas perspetivas – entre as quais a histórica de que já demos conta[788] – ser muito benéficas. O que está em causa é a suscetibilidade de, por força dessas operações de concentração, uma empresa passar (nomeadamente através de uma fusão ou de uma aquisição – art. 36.º) a exercer o controlo efetivo e duradouro sobre outra ou outras[789], acabando por, por essa via, dominar todo o mercado ou uma parte substancial dele. Por isso mesmo se sujeitam tais operações a um regime de notificação prévia, de modo a que a AdC possa avaliar a viabilidade da concentração em causa, tendo em conta a possibilidade de afetação da estrutura concorrencial do mercado e a necessária compatibilidade com o princípio da liberdade concorrencial.

Num e noutro caso, portanto, embora com dimensões distintas, não está em causa um desvalor imanente ao próprio comportamento, em si mesmo considerado, como sucede na situação de cartel, mas antes a necessidade de a entidade reguladora – no nosso caso, a Autoridade da Concorrência – poder fiscalizar e controlar as alterações estruturais do mercado, impedindo atuações que possam vir a gerar a mudança significativa dos equilíbrios necessários à garantia de uma livre concorrência. Em ambos os casos, por isso, considerar estas ações como crime poderia suscitar questões sérias quer do ponto de vista dogmático, quer do ponto de vista prático-judiciário, introduzindo um grau de dúvida e insegurança incompatível com o direito penal.

[788] Cf., desde logo, aquilo que dissemos *supra*, pp. 134 e ss., a respeito do movimento concrentracionista na Europa, por altura da formação do Tratado de Roma, a justificar a ausência da matéria entre a legislação comunitária.

[789] Para uma síntese das principais notas do modelo de controlo das operações de concentração de empresas, cf. Sofia Oliveira Pais, *O controlo das concentrações de empresas do direito comunitário da concorrência*, Coimbra: Almedina, 1996, *passim*; e "Controlo das concentrações de empresas no direito comunitário - Algumas notas sobre as alterações introduzidas ao regulamento n.º 4064/89 de 21.12.89 pelo regulamento n.º 1310/97 de 30.6.97", *Direito e Justiça*, XII , 1998, pp. 275-93; Gonçalo Machado Borges, "O controlo comunitário das concentrações de empresas e os interesses legítimos dos Estados-membros", *Direito e Justiça*, XVII , 2003, pp. 115-70; Alexander Riesenkanmpff, "New E.C. Merger Control Test under Article 2 of the Merger Control Regulation, The Symposium on European Competition Law", *Northwestern Journal of International Law & Business*, 24, 2004, pp. 715-28; Werner Berg, "New EC Merger Regulation: A First Assessment of Its Practical Impact, The Symposium on European Competition Law", *Northwestern Journal of International Law & Business*, 24 , 2004, pp. 683-714; e Carolina Cunha, "Anotação ao artigo 36.º", in *Lei da Concorrência. Comentário Conimbricense*, Coimbra: Almedina, 2013, pp. 398-407.

2. A construção do tipo objetivo de ilícito

Partindo, portanto, do tipo de ilícito contraordenacional – desde logo para manter alguma coerência sistémica que auxilie a compreensão do ilícito –, cumpre-nos agora, no seguimento daquilo que fomos já dizendo, tecer algumas considerações a respeito do tipo objetivo de ilícito. Não pretendemos fazer, devemos advertir desde já, uma análise exaustiva dos diversos elementos que constituem este tipo, mas antes chamar a atenção para um certo número de problemas que especificamente se suscitam quando pensamos a criminalização de um comportamento como este. Em larga medida, os apontamentos que deixaremos aqui resultam já de tudo quanto fomos dizendo nas reflexões precedentes, pelo que tencionamos somente agora proceder à sua concretização em formato jurídico-penal típico.

2.1. O autor: pessoa singular ou/e pessoa coletiva

O autor do facto penalmente relevante pode hoje, como sabemos, ser uma pessoa singular ou uma pessoa coletiva. Muito embora a responsabilização penal das pessoas coletivas continue a suscitar grandes e variadas dificuldades, a verdade é que, de há muito, o legislador compreendeu a necessidade de, ao menos em sede de direito penal económico, lhes imputar factos criminalmente relevantes[790], sob pena de excluir do seu âmbito um leque muito diversificado de atuações ofensivas dos bens jurídicos, usualmente, aliás, as mais lesivas.

No caso concreto das prática restritivas da concorrência que aqui analisámos, essa necessidade é notória e enquanto tal reconhecida, uma vez que os sujeitos destinatários das normas, precetivas e proibitivas, são eles próprios, diretamente, pessoas coletivas (as empresas ou as associações de empresas, como vimos, de acordo com o sentido amplo de empresa enquanto unidade económica usada pelo legislador) e só de modo mediato as pessoas singulares. De facto, de tal modo assim é que, mesmo em termos de ilícito contraordenacional, o tipo parece especificamente construído a pensar nas pessoas jurídicas (o art.9.º da LdC declara proibidos – e nulos – os acordos, práticas concertadas e decisões de associações de empresas). A corroborá-lo estão, depois, as normas relativas à delimitação das infrações e respetivas sanções, que consideram contraordenação a violação do disposto naquele preceito (art.

[790] Cf. aquilo que a este propósito dissemos noutros pontos destes trabalho, nomeadamente a pp. 264 e ss.

68.º, n.º 1, al. a) e b)[791]) e que punem, primeira e principalmente, as pessoas coletivas, tanto a título principal como acessório (art. 69.º, n.º 2 e n.º 3[792], art. 71.º[793] e art. 72.º[794], bem como arts. 70.º e 75.º e ss., *maxime* art. 76.º[795]).

A passagem, pois, para uma tutela penal não pode nem deve, segundo cremos, alterar este estado de coisas, uma vez que, como tentámos demonstrar noutro momento desta obra[796], a opção por uma responsabilização das pessoas singulares no sentido tradicional, fazendo-as responder quer pelos seus atos concretos no seio de uma pessoas coletiva da qual façam parte, quer pelas decisões que aí tenham de tomar, não se nos afigura corresponder à realidade subjacente nem nos parece ser suficiente e adequada para lidar com a criminalidade em causa. A necessidade de assacar às pessoas coletivas (às empresas) a responsabilidade pelos atos que, em seu nome e para seu benefício, sejam praticados pelos seus funcionários e agentes impõe-se, segundo cremos, quer pelos motivos criminológicos que apontámos[797], quer

[791] Para uma análise da contraordenação em causa cf. Jorge de Figueiredo Dias e Flávia Loureiro, "Anotação ao artigo 68.º", in *Lei da Concorrência. Comentário Conimbricense*, Coimbra: Almedina, 2013, pp. 684-698.

[792] A respeito da determinação da medida da coima, ver aquilo que dissemos em Jorge de Figueiredo Dias e Flávia Loureiro, "Anotação ao artigo 69.º", in *Lei da Concorrência. Comentário Conimbricense*, Coimbra: Almedina, 2013, 699-706.

[793] A legislação portuguesa prevê, como referimos já, a possibilidade de aplicação de sanções acessórias, cumulativamente com a sanção principal de coima. Estas sanções acessórias, na configuração legal, tanto podem ser aplicadas a pessoas singulares como a pessoas coletivas. *Vide* Jorge de Figueiredo Dias e Flávia Loureiro, "Anotação ao artigo 71.º", in *Lei da Concorrência. Comentário Conimbricense*, Coimbra: Almedina, 2013, pp. 712-715.

[794] Está igualmente prevista na LdC a possibilidade de a Autoridade da Concorrência aplicar, em determinados casos, uma sanção pecuniária compulsória num montante não superior a 5% da média diária do volume de negócios do ano imediatamente anterior à decisão – especificamente destinada, portanto, a empresas. Para uma leitura, crítica, do dispositivo, cf. Jorge de Figueiredo Dias e Flávia Loureiro, "Anotação ao artigo 72.º", in *Lei da Concorrência. Comentário Conimbricense*, Coimbra: Almedina, 2013, pp. 716-722.

[795] A possibilidade de dispensa ou redução de coima (o chamado programa de clemência) está prevista nestes preceitos. Nos termos da alínea a) do art. 76.º, podem beneficiar desta dispensa ou redução de pena as empresas, na aceção do n.º 1 do art. 3.º Cf. Jorge de Figueiredo Dias e Flávia Loureiro, "Anotação ao artigo 76.º", in *Lei da Concorrência. Comentário Conimbricense*, Coimbra: Almedina, 2013, pp. 770-772.

[796] Cf. *supra* pp. 207 e ss. e, depois, pp. 264 e ss.

[797] Ver aquilo que a este propósito dissemos a pp. 213 e ss. Cf., igualmente, a reflexão aprofundada de Christopher Harding, *Criminal Enterprise: Individuals, organisations and criminal responsability*, Devon: Willan Publishing, 2007, *passim*; e, do mesmo Autor, "Business Collusion as a Criminological Phenomenon: Exploring the Global Criminalisation of Business Cartels", *Critical Criminology*, 14, 2006, pp. 181-205.

por razões de ordem dogmática relacionadas com as finalidades das penas e a função do direito penal[798].

Efetivamente, não podemos desconsiderar a circunstância de as empresas serem elas próprias promotoras ou facilitadoras do comportamento criminoso, podendo mesmo criar dentro da sua estrutura uma verdadeira cultura de desrespeito pela norma. No caso concreto do cartel, dadas as suas caraterísticas de opacidade e secretismo, esta marca é por demais evidente, pois que as empresas ou associações de empresas envolvidas escondem o seu pacto ou acordo, instruem os respetivos agentes ou funcionários para o dissimular, geram mecanismos internos que permitam ocultar dos concorrentes, dos consumidores e das instâncias de supervisão e controlo a existência de uma prática concertada. De tal modo assim é, aliás, que há mesmo quem questione se não deveria responsabilizar-se o próprio cartel[799], enquanto entidade autónoma, criada pela vontade convergente das empresas participantes, à qual deveriam ser imputados os comportamentos que, efetivamente, leva a cabo.

Não nos parecendo que essa solução seja desejável ou exequível – quer pelas dificuldades de personalização do cartel enquanto sujeito suscetível de responder criminalmente, quer pela aditivo de complexificação que traria ao já de si difícil terreno da responsabilidade penal das pessoas coletivas –, afigura-se-nos, todavia, que uma tal proposta deixa bem claro o grau de autonomia da empresa enquanto tal dentro do problema das práticas restritivas da concorrência. A empresa não é apenas – pode não ser – um meio que certo indivíduo ou conjunto de indivíduos utiliza para cometer um determinado crime ou obter uma específica vantagem indevida (caso que, obviamente, poderá suceder e deverá ser avaliado enquanto tal). Ela apresenta-se, inversamente, como o motor de tal prática, como a razão pela qual o ato criminoso é praticado, e é na sua esfera jurídica (autónoma) que se produzem as vantagens decorrentes da conduta em causa. Deve, por isso, ser responsabilizada diretamente pela facto criminoso.

[798] Que também já considerámos noutro ponto deste trabalho (cf. *supra* pp. 271 e ss.) e que, por isso, agora apenas enunciamos de forma sintética e com finalidade sistemática.

[799] Ver, a este propósito, as considerações de Christopher Harding, *European Community Investigations and Sanctions: The Supranational Control of Business Delinquency*, Leicester: Leicester University Press, 1993, pp. 91 e ss.; "Forging the European Cartel Offence: The Supranational Regulation of Business Conspiracy", *European Journal of Crime, Criminal Law and Criminal Justice*, 2004, pp. 275-300; e "The Anti-Cartel Enforcement Industry: Criminological Perspectives on Cartel Criminalisation", in *Criminalising Cartels: Critical Studies of an International Regulatory Movement*, Oxford: Hart Publishing, 2011, pp. 359-380.

Até porque, se assim não fosse – o que nos leva ao segundo núcleo de razões – e se se condenassem pelos atos em causa apenas as pessoas singulares que, dentro da estrutura da empresa, os decidiram ou executaram, estariam a comprometer-se as próprias finalidades das penas e, consequentemente, a função última do direito penal de proteção dos bens jurídicos essenciais da comunidade. De facto, se as consequências jurídicas de um ato como o de, através de um acordo entre empresas, se fixar o preço de certo produto num determinado mercado se fizessem sentir apenas sobre os agentes ou funcionários, as empresas em causa poderiam, por um lado, tentar compensar essas pessoas, no sentido de ultrapassar, ou, ao menos, diluir os efeitos necessariamente negativos das sanções aplicadas[800]. Ao mesmo tempo que, por outro lado, manteriam a atividade criminosa em causa ou reincidiriam, substituindo aqueles indivíduos por outros que, dentro da cultura própria da empresa, tomariam as mesmas decisões, tornando totalmente fungível a pessoa que desempenha o cargo respetivo.

O que, naturalmente, entronca com as dificuldades de efetividade prática que sublinhávamos. A perseguição de um funcionário ou agente dentro de uma estrutura complexa e hierarquizada como habitualmente é a de uma empresa enfrenta significativos escolhos, tanto ao nível da imputação como da recolha de prova[801]. Identificar o agente concreto que deu a ordem ou executou o facto é tarefa árdua quando os circuitos de decisão e execução são particularmente opacos, sobretudo se se disseminam – como é hoje habitual – numa cadeia longa de atos, de proveniências distintas e praticados por pessoas diferentes, muitas vezes não decorrendo de ordens expressas mas de comportamentos repetidos e com aquiescência tácita dos superiores, que só, em boa verdade, no final da linha se conjugam inteiramente, formando o ato criminoso.

A imputação individual pode, pois, tornar-se absolutamente diabólica, acabando o comportamento por esbater-se por trás destas estruturas e

[800] Já aqui falámos, a este propósito, da possibilidade de as empresas compensarem monetariamente os seus agentes, seja através do pagamento de valores que visem reparar o prejuízo causado pelas sanções em causa (a assunção do valor correspondente à multa, por exemplo, ou, no caso da pena de prisão, mais difícil de ressarcir naturalmente, pelo estabelecimento de «cláusulas indemnizatórias»), seja por via de da fixação de uma retribuição pós-contrato (uma «reforma dourada»), que tenha por finalidade garantir a desnecessidade daquele indivíduo voltar ao mercado de trabalho (onde a sua imagem foi, naturalmente, comprometida), assegurando um nível de vida elevado.

[801] E que, aliás, de há muito são reconhecidas e apontadas como uma das principais dificuldades geradas pela criminalidade de empresa. Cf., a propósito, Michael O'Kane, *The Law of Criminal Cartels: Practice and Procedure*, Oxford: Oxford University Press, 2009, pp. 239 e ss. O Autor chama, sobretudo, a atenção para a agudização destes problemas decorrente da internacionalização.

procedimentos e ficando, tantas vezes, impune. Se assim é quanto à mera identificação do sujeito, extrapole-se para o que sucederá com a atividade de recolha de prova, sujeita não só às dificuldades próprias de ter que lidar com áreas de atividade de alta especificidade técnica, mas também aos mecanismos internos das empresas.

Tudo isto não vale por dizer, todavia, que a responsabilização das pessoas coletivas deve ser única em matéria de (eventuais) crimes concorrenciais, deixando-se de lado a possibilidade de agir diretamente contra as pessoas singulares. Na verdade, de acordo, aliás, com aquela que é a opção habitual do nosso legislador[802], esta responsabilidade não afasta e pode ser cumulada com a responsabilização singular dos agentes individuais. E afirmá-lo não contraria o que vai dito, antes, se bem vemos, o concretiza, pois que, como não pode deixar-se que uma empresa, através da substituição dos indivíduos que possam ser responsabilizados, continue a sua atividade criminosa, igualmente não pode permitir-se o inverso, que alguns indivíduos mudem de empresa (ou criem mesmo sucessivas pessoas coletivas) por forma a serem capazes de manter o comportamento em causa, furtando-se à responsabilização.

É claro que, nos casos em que isto suceda, estaremos perante cenários em que ganha peso a conduta individual em face à atuação da pessoa coletiva no seu todo, podendo mesmo concluir-se, perante a factualidade concreta, que a pessoa singular usa a pessoa coletiva no seu desígnio criminoso, funcionalizando a respetiva estrutura ao cumprimento de objetivos que são, em última linha, individuais. Mas essa é, obviamente, uma análise que só pode fazer-se tendo em consideração os dados concretos de uma específica situação, dependendo, por isso, de avaliação casuística.

O que importa assegurar, segundo cremos, é que a lei preveja a possibilidade (como, em boa verdade, a nossa prevê, quer no atual Código Penal, quer na legislação concorrencial, embora com natureza não penal) de poderem ser responsabilizadas por estes crimes tanto as pessoas singulares como as pessoas coletivas, de modo a garantir-se uma tutela efetiva da liberdade concorrencial. A possibilidade de se cumularem ambas as responsabilidades, verificados naturalmente os devidos pressupostos de cada uma delas, permitiria, em nossa opinião, a proteção adequada do bem jurídico em causa e o cumprimento das finalidades preventivas, gerais e especiais, que têm de presidir à aplicação de qualquer pena.

[802] Nos termos, por exemplo, do n.º 7 do art. 11.º do nosso CP, "[a] responsabilidade das pessoas coletivas e entidades equiparadas não exclui a responsabilidade individual dos respetivos agentes nem depende da responsabilização destes".

2.2. O objeto da conduta

Tudo isto considerado, tentemos pois concretizar um pouco mais o objeto da conduta do crime de cartel. Dissemos já, repetidamente, que nos parece dever avançar-se, cautelosamente, para a criminalização do cartel quando estejam em causa aqueles comportamentos que, indubitavelmente, são os mais gravemente lesivos da liberdade de concorrência e têm vindo, aliás, a ser considerados fortemente ilícitos em diversas ordens jurídicas. Parece-nos, pois, que apenas quanto a estes podemos falar, ao menos para já, de uma consciência suficientemente alargada da sua antijuridicidade intrínseca que venha justificar a intervenção penal[803].

Não queremos com isto afastar, todavia, a possibilidade de outras condutas poderem vir a ser consideradas igualmente prejudiciais para o bem jurídico e merecedoras de tutela penal (hipótese que não se nos afigura sequer como demasiado remota), mas apenas que agora, nestas condições de tempo e lugar, a fixação de preços, a distribuição de quotas de produção, a repartição de mercado e as licitações fraudulentas são os comportamentos que se apresentam como possíveis objetos de ação do crime (proposto) de cartel.

Para que uma tal delimitação seja clara e cumpra os preceitos impostos pelo princípio da legalidade penal, talvez fosse conveniente criar de raiz um tipo incriminador, em vez de utilizar o modelo que está atualmente vertido no art. 68.º da LdC (que estipula ser contraordenação, entre outras, a violação do estabelecido no art. 9.º da mesma lei). Uma tal opção, que partiria sempre quer dos conceitos concorrenciais, quer das regras estatuídas naquele art. 9.º, teria porventura a vantagem de ser mais esclarecedora e de traçar nitidamente uma linha delimitadora em relação ao direito de mera ordenação social.

A título de exercício, propomos que o preceito em causa – que podia juntar-se, na LdC, ao capítulo VII, dedicado às infrações e sanções – pudesse ter uma redação próxima da seguinte: *quem, através de acordos entre empresas, práticas concertadas ou decisões de associações de empresas, que tenham por objetivo ou como efeito impedir, falsear ou restringir de forma sensível a concorrência, no todo ou em parte do mercado nacional, a) fixar, de forma direta ou indireta, os preços de compra ou de venda; b) limitar ou controlar a produção ou a distribuição; c) repartir os mercados ou as fontes de abastecimento; ou d) licitar em concursos públicos.*

[803] Como dissemos já, quanto a este aspeto, pensamos não poder confundir-se a falta ou o baixo nível de alarme social (se considerarmos, na verdade, que assim é), causados, essencialmente, pela falta de cobertura mediática do tema, com a ausência de sensibilidade coletiva ao bem jurídico em causa e a consciência de que estes comportamentos devem ser punidos como atentatórios de valores comunitários fundamentais. Cf. *supra* pp. 201 e ss.

Esta formulação permitiria, por um lado, afastar todos aqueles comportamentos que, pertencendo ainda à categoria dos cartéis, não fazem parte do núcleo duro destas práticas restritivas da concorrência, nem produzem o mesmo tipo de danos, pelo que continuariam a ser tutelados pelo direito contraordenacional (razão pela qual seria, obviamente, necessário corrigir a norma correspondente em conformidade[804]). Ao mesmo tempo que, por outro, manteria o referente sistémico da atual LdC, de modo a evitar zonas de descontinuidade ou conflito entre dispositivos de ramos jurídicos distintos.

Essa também a razão pela qual, segundo cremos, uma norma daquele tipo deveria incorporar-se no regime jurídico da concorrência. Desde logo, estando nós no âmbito do direito penal secundário por excelência, a opção por legislação extravagante em vez da sua inserção no Código Penal parece fazer mais sentido, tendo até em consideração a probabilidade de se vir a precisar de introduzir ajustes ou correções à norma. Ao que se adita a circunstância, diríamos até histórica, de o ordenamento jurídico português ter já uma tradição estabelecida no tratamento autónomo, conjunto e articulado das matérias respeitantes à liberdade de concorrência[805].

Os crimes em causa poderiam, pois, constituir crimes de mera atividade[806] – quando as circunstâncias fáticas fossem tais que permitissem a consideração de haver um acordo, prática concertada ou decisão cujo objetivo fosse, em si próprio, o de coartar significativamente a concorrência (através de um dos comportamentos especificados no objeto de ação), bastando aí o simples acordo, a convergência de vontades – ou de resultado[807] – naqueles casos, portanto, em que os elementos do caso concreto nos remetessem para a análise

[804] A al. a) do n.º 1 do atual art. 68.º poderia, de forma muito simples, passar a dizer: [constitui contraordenação punível com coima] a violação do disposto no art. 9.º, 11.º e 12.º, *quando não for considerada crime por força de outra disposição legal.*

[805] Houve, como assinalámos também, alguma titubeação a respeito do tratamento sistemático das, chamadas, práticas individuais restritivas do comércio, que ora se juntaram às coletivas, ora estiveram autonomizadas em diploma próprio (como sucede, aliás, hoje). As considerações que fizemos, todavia, quanto a esse ponto e, em particular, quanto à circunstância de não ser a liberdade concorrencial o bem que se quer em especial proteger com tais normas, permitem-nos, segundo cremos, manter a afirmação. Ver o que a este propósito dissemos *supra*, pp. 180 e ss.

[806] Nos crimes de mera atividade, como é usual dizer-se, o tipo incriminador preenche-se através da mera execução de um determinado comportamento. Cf. JORGE DE FIGUEIREDO DIAS, *Direito Penal, Parte Geral, Tomo I: Questões Fundamentais. A Doutrina Geral do Crime*, 2.ª ed., Coimbra: Coimbra Editora, 2007, p. 306.

[807] Já neste caso, o tipo pressupõe a produção de um evento como consequência da atividade do agente, só se dando a consumação quando se constata "uma alteração externa espácio--temporalmente distinta da conduta". *Idem.*

de um pacto que tivesse como efeito uma tal restrição, sendo aí preciso aferir se uma tal limitação ocorreu de facto.

2.3. Crime de perigo e crime de dano

Quanto à tutela do bem jurídico em causa, dissemos já, muito embora a respeito do preceito contraordenacional, que nos parece coexistirem na norma uma infração de perigo e uma infração de dano – o que entendemos manter-se à luz da proposta de criminalização que aqui apresentamos.

Estaremos, pois, face a um crime de perigo[808] quando esteja em causa a existência de um cartel que tenha por objeto, por objetivo, a limitação da concorrência através de uma (ou várias) das ações descritas, desde que as concretas condutas pactuadas sejam idóneas, aptas, a produzir um risco para o bem jurídico liberdade da concorrência, mas ainda que se não demonstre, *ex post*, a verificação concreta do perigo presumido. Trata-se, pois, como sublinhámos, de um crime de perigo abstrato, mais exatamente, de um crime de aptidão.

O bem jurídico, nesta primeira hipótese, não tem de ser efetivamente lesionado, ou seja, o efeito de restrição da concorrência não tem de ocorrer, pois que o comportamento em causa é em si próprio considerado perigoso para aquele bem, desde que, através de um juízo *ex ante*, o julgador considere que as condutas projetadas eram suscetíveis de afetar a tranquilidade do bem jurídico (e mesmo que, em concreto, o não tenham feito[809]).

No caso, todavia, de o acordo estabelecido entre os participante no cartel não constituir ele próprio, pelo seu objeto, um impedimento, falseamento ou restrição sensível da concorrência, mas tais efeitos decorrerem da execução do conteúdo programado, estaremos, então, perante um crime de dano[810]. Nesta hipótese, a conduta (o acordo) não basta para considerar que as em-

[808] Uma vez que "a realização do tipo não pressupõe a lesão, mas antes se basta com a mera colocação em perigo do bem jurídico". Cf. Jorge de Figueiredo Dias, *Direito Penal, Parte Geral, Tomo I: Questões Fundamentais. A Doutrina Geral do Crime*, 2.ª ed., Coimbra: Coimbra Editora, 2007, pp. 308-309.

[809] Cf., a propósito dos crimes de aptidão, Augusto Silva Dias, "Entre 'Comes e Bebes': Debate de algumas questções polémicas no âmbito da protecção jurídico-penal do consumidor (a propósito do Acórdão da Relação de Coimbra de 10 de julho de 1996", *RPCC*, 8, 1998, pp. 515-592; e Jorge de Figueiredo Dias, *Direito Penal, Parte Geral, Tomo I: Questões Fundamentais. A Doutrina Geral do Crime*, 2.ª ed., Coimbra: Coimbra Editora, 2007, pp. 310-311.

[810] No crime de dano, naturalmente, a realização do tipo incriminador tem como consequência a efetiva lesão do bem jurídico tutelado. Cf. Jorge de Figueiredo Dias, *Direito Penal, Parte Geral, Tomo I: Questões Fundamentais. A Doutrina Geral do Crime*, 2.ª ed., Coimbra: Coimbra Editora, 2007, pp. 308-309.

presas em causa cometeram um crime concorrencial, mas antes se exige a efetiva produção de uma lesão ao bem jurídico. Só a comprovação – a fazer naturalmente em sede de processo – da causação deste dano à liberdade de concorrência (do efeito) poderá justificar, nesta situação, a consideração de que o bem jurídico foi ofendido, dado por preenchido (desde que verificados os demais pressupostos) o tipo objetivo de ilícito.

Uma última nota para sublinhar ainda que verificamos aqui uma coincidência entre um crime de perigo que é igualmente de mera atividade e um crime de dano que se configura também como um crime de resultado.

3. As causas de justificação: o balanço concorrencial positivo ou a análise do contexto económico e jurídico

Problema autónomo que, segundo julgamos, merece consideração particular é aquele que está relacionado com a possibilidade de o cartel em causa, muito embora preenchendo todos os pressupostos do tipo objetivo de ilícito e tendo sido praticado com dolo do facto[811], ainda assim possa considerar-se justificado, de acordo, aliás, com aquela que é a posição da generalidade das legislações e da nossa jurisprudência, nacional e europeia. Na verdade, como resulta diretamente do art. 10.º da LdC[812], "[p]odem ser justificados os acordos entre empresas, as práticas concertadas entre empresas e as decisões de associações de empresas referidas no artigo anterior que contribuam para melhorar a produção ou a distribuição de bens ou serviços ou para promover o desenvolvimento técnico ou económico desde que, cumulativamente: a) reservem aos utilizadores desses bens ou serviços uma parte equitativa do benefício daí resultante; b) não imponham às empresas em causa quaisquer restrições que não sejam indispensáveis para atingir esses objetivos; c) não deem a essas empresas a possibilidade de eliminar a concorrência numa parte substancial do mercado dos bens ou serviços em causa"[813].

A regra, que em boa verdade remonta já, no essencial, ao decreto-lei n.º 422/83, e que encontra paralelo (não total) no contexto do direito da União Europeia, vai beber inspiração na, já muitas vezes por nós referida, *rule of reason*

811 Pois que se nos afigura que o crime em causa é necessariamente doloso, não podendo ser praticado por negligência.

812 E também do n.º 3 do art. 101.º do TFUE.

813 Assim reza o n.º 1 do art. 10.º da LdC. Para uma análise do preceito, cf. Manuel Lopes Porto e Victor Calvete, "Anotação ao artigo 10.º", in *Lei da Concorrência. Comentário Conimbricense*, Coimbra: Almedina, 2013, pp. 109-122.

do direito concorrencial norte-americano. O que se pretendeu, à altura, com a introdução desta regra – e, em boa verdade, continua a ser procurado hoje com a ideia de balanço económico ou balanço concorrencial – foi assegurar alguma flexibilidade na análise das práticas restritivas, tendo em consideração que, em certas circunstâncias, estas podem produzir um efeito benéfico para o mercado. Na verdade, a inserção desta possibilidade de justificação do comportamento anticoncorrencial visou, com base em postulados de ordem económica, temperar a compreensão dos delitos em causa e fazer depender a sua proibição – melhor talvez, a sua ilicitude – da avaliação e ponderação dos respetivos efeitos.

Esta contraposição entre as restrições *per se* e aquelas que serão ponderadas face à *rule of reason*, que depois ingressou nas normas europeias (comunitárias, primeiro) e nas portuguesas, vem exigir, em boa verdade, que certas limitações à concorrência sejam toleradas na medida em que produzem efeitos positivos, sobretudo em termos de melhoria das condições de produção ou distribuição de certos bens e de promoção de desenvolvimento técnico e económico – aquilo que é conhecido como balanço económico ou concorrencial positivo e a que a jurisprudência europeia já denominou também de análise do contexto económico e jurídico[814]. A introdução destes critério, todavia, não deixa de colocar certas dúvidas, sobretudo relacionadas com a subordinação da análise jurídica a considerações de ordem económica e o efeito que isso pode ter na compreensão da ilicitude dos atos em causa.

De facto, este balanço concorrencial – que visará, na verdade, ponderar se o comportamento restritivo em causa produz mais benefícios do que prejuízos – põe em causa a antijuridicidade intrínseca das condutas proibidas, parecendo relegá-las para a categoria de «*delicta mere prohibita*». Ao partir de uma análise económica, baseada na chamada *effects based approach*[815], centrada, portanto, nos efeitos económicos que certo comportamento terá sobre o mercado, nós não estamos apenas a complexificar a solução concreta de um conflito (uma vez que quer as entidades reguladoras da concorrência, quer os próprios tribunais têm de operar com conceitos e modelos económicos

[814] Cf. o já referido acórdão *LTM/MBU* c. *Comissão*, onde o Tribunal de Justiça precisa, a respeito da definição do que sejam acordos que tenham como efeito a restrição da concorrência, a necessidade de os avaliar no contexto económico em que deve ser aplicado. Ver igualmente o acórdão *Brasserie de Haecht (Haecht I)*, de 6 de fevereiro de 1973 (proc. 48/72). Ver ainda, na doutrina, MIGUEL GORJÃO-HENRIQUES e CATARINA ANASTÁCIO, "Anotação ao artigo 9.º", in *Lei da Concorrência. Comentário Conimbricense*, Coimbra: Almedina, 2013, pp. 82-108.

[815] Que, como vimos já, é herança da «Escola de Chicago» e da sua influência na última alteração do regime europeu de direito da concorrência.

cada vez mais intrincados), estamos igualmente a diminuir a certeza jurídica e a confiança dos agentes (uma vez que a decisão do problema dependerá da análise casuística de tais efeitos) e, consequentemente, a tornar mais lassa a vinculação ao princípio da legalidade – circunstância que, evidentemente, será agravada na passagem do (atual) modelo contraordenacional para um (eventual) sistema penal.

Ora, o que dizer de tudo isto quando equacionamos a possibilidade de criminalizar alguns destes comportamentos? Poderemos continuar a falar de comportamentos justificados – e, se sim, em que termos? Segundo cremos, há, desde logo, uma primeira distinção a fazer. Vimos já que a nossa legislação, à semelhança do que sucede com as normas europeias, distingue ou acordos, práticas concertadas ou decisões de associações de empresas que tenham por objeto (por objetivo, de acordo com o texto do TFUE) a restrição sensível da concorrência daqueles que tenham esse efeito.

Tendo em consideração essa diferenciação, bem como tudo aquilo que já aqui dissemos a respeito da construção do respetivo tipo incriminador, parece-nos não fazer sentido aplicar a ideia de balanço concorrencial às práticas restritivas que o são em função do objeto acordado. Na verdade, como explicámos, neste caso o legislador basta-se com o teor do pacto, com o seu desiderato, prescindindo de analisar os efeitos que ele possa produzir, na exata medida em que o considera intrinsecamente antijurídico e, por isso, proibido (e sancionado). Pretender que, sobre este juízo de restritividade da liberdade concorrencial feito acerca do objeto do acordo celebrado por determinadas empresas, há de o aplicador fazer, posteriormente, um juízo que avalie os seus efeitos (e pondere os prós e os contras do comportamento) é negar a infração de perigo, que atrás caraterizámos[816].

No entendimento criminalizador que aqui expressámos, estaríamos a recusar o crime de perigo abstrato e a sua tutela antecipada[817] do bem jurídico em causa e a consumi-lo no crime de dano subsequente, concluindo, afinal, que só o dano efetivo contra a liberdade concorrencial poderia justificar a intervenção penal e, ainda aí, apenas se tal dano fosse considerado superior às possíveis vantagens que o comportamento geraria. O que, como apontámos, corresponderia a negar a ilicitude imanente a algumas das mais graves práticas

[816] Em sentido que lemos como fundamentalmente convergente, ver as considerações expendidas por Miguel Gorjão-Henriques e Catarina Anastácio, "Anotação ao artigo 9.º", in *Lei da Concorrência. Comentário Conimbricense*, Coimbra: Almedina, 2013, pp. 82-108, sobretudo pp. 94-100.

[817] Acerca da questão da tutela antecipada do bem jurídico nos crimes de perigo abstrato, cf. Blanca Mendoza Buergo, *Limites dogmáticos y político criminales de los delitos de perigo abstracto*, Granada: Editorial Comares, 2001.

anticoncorrenciais, aquelas que foram pensadas de modo a diretamente afetar a liberdade de concorrência[818].

Não nos parece que, tudo isto considerado, nem esse balanço concorrencial positivo deva constituir causa de justificação na hipótese de crime de cartel por força do objeto do acordo, nem, tão pouco, que uma tal opção seja necessária. De facto, considerámos já que esse crime constituiria um específico tipo de delito de perigo abstrato, um crime de aptidão, dada a necessidade de não nos bastarmos com a pressuposição de risco para o bem jurídico do legislador, mas de exigir, antes, ao julgador a verificação da idoneidade concreta do comportamento pactuado para causar restrição à concorrência num dado mercado. Afigura-se-nos, pois, que a análise do contexto económico e jurídico em que o comportamento ocorra – que não, sublinhe-se, a avaliação dos seus efeitos – será suficientemente acautelada nesta verificação de aptidão da conduta, sem a qual, aliás, se gerará o próprio afastamento da tipicidade (solução que se nos apresenta como muito mais adequada à circunstância equacionada[819]).

O mesmo, todavia, já não se pode dizer sem mais para os casos de acordos, práticas concertadas ou decisões de associações de empresas que tenham como efeito a coartação sensível da concorrência. Aqui, uma vez que o dano se produziu já através do resultado afetação da liberdade concorrencial, não se nos mostra adequado colocar o problema ao nível da tipicidade, pois que a lesão ao bem jurídico ocorreu de facto. Nesta hipótese, portanto, talvez faça sentido equacionar-se a possibilidade de afastamento da ilicitude (de justificação do ato, na própria letra da LdC), uma vez que temos de entrar em linha de conta com os efeitos provocados. Aqui, como o que é reprovado é a consequência de certa ação sobre a concorrência, fará sentido ponderar resultados positivos e negativos e excluir a ilicitude quando se considere que aqueles são francamente superiores.

Para que assim fosse, poder-se-ia partir do próprio art. 10.º da LdC, uma vez que as causas de justificação não têm de possuir natureza especificamente penal, podendo decorrer da globalidade do ordenamento jurídico. Necessário seria apenas que, em termos de aplicação da norma à matéria

[818] Pois que o limite, restrição ou falseamento da concorrência é o próprio objeto do acordo celebrado.

[819] Efetivamente, se por força da avaliação, *ex ante*, do contexto jurídico e económico em relação ao qual os comportamentos foram programados, se concluir que eles não produziriam um efeito negativo sobre a concorrência (por, por exemplo, se lhe sobrepor um efeito de sentido positivo) não há qualquer razão que justifique considerar tal comportamento típico, não sendo pois necessário entrar em linha de conta com a possibilidade de aplicação de uma causa de justificação.

contraordenacional, se fizesse uma leitura consentânea com a que aqui propomos, sob pena de colocarmos em causa o princípio da unidade da ordem jurídica[820]. De difícil compaginação com este entendimento seria, contudo, o que vai estabelecido no n.º 2 do art. 10.º da LdC, fazendo impender sobre as empresas que queiram usufruir da justificação o ónus de provar o preenchimento das condições exigidas – mas, segundo cremos, o dispositivo em causa é também já duvidoso à luz do direito contraordenacional[821].

4. Condições para uma tutela penal efetiva da concorrência

De tudo quanto consideramos ao longo deste trabalho parece resultar claro que a tutela penal de violações concorrenciais, *maxime* de cartéis (com as caraterísticas definidas), traria vantagens significativas na resposta contra este tipo de ilícitos, podendo colmatar algumas das falhas que o sistema assente no direito administrativo e no direito contraordenacional apresentam. Todavia, para que um tal modelo resulte não basta atuar no plano legislativo, criminalizando os comportamentos que se considerem mais gravemente atentatórios da liberdade de concorrência. É preciso, para lá da criação de legislação, garantir a sua efetiva operacionalidade, pois que só desse modo se pode assegurar que ela cumpra uma função preventiva e dissuasora. Como sabemos, só uma ameaça credível de deteção e punição – e não a mera existência de legislação penal[822] nem a sua particular severidade – conduz a um verdadeiro resultado preventivo, atuando sobre a capacidade de determinação e decisão dos indivíduos.

Ora, para que a ameaça com um sanção penal seja um efetivo meio de dissuasão da formação de cartéis será necessário atender a quatro condições essenciais[823]: 1) a criação de um corpo investigatório dedicado, 2) que usufrua de poderes investigativos adequados e suficientes, bem como 3) a recetividade

[820] A respeito do entendimento que deve dar-se a este princípio, de sentido puramente negativo (o direito penal não pode considerar ilícita uma ação que é permitida por uma por uma disposição jurídica), cf. JORGE DE FIGUEIREDO DIAS, *Direito Penal, Parte Geral, Tomo I: Questões Fundamentais. A Doutrina Geral do Crime*, 2.ª ed., Coimbra: Coimbra Editora, 2007, pp. 387 e ss.

[821] Sobre este aspeto cf. as considerações de MANUEL LOPES PORTO e VICTOR CALVETE, "Anotação ao artigo 10.º", in *Lei da Concorrência. Comentário Conimbricense*, Coimbra: Almedina, 2013, pp. 120.

[822] Sob pena de o direito penal se transformar, como tantas vezes se alerta, num mero direito penal simbólico.

[823] Partilhamos aqui, uma vez mais, a opinião de WOUTER P.J. WILS, "Is criminalization of EU competition law the answer?", in *Criminalization of Competition Law Enforcement. Economic and Legal Implications for the EU Member States*, Cheltenham: Edward Elgar, 2006, pp. 87 e ss.

e pré-disposição dos juízes para condenar por estes crimes, o que implica, de modo geral, 4) um consenso social e político alargado acerca da censura ao cartel e do respetivo merecimento de punição criminal. Por outro lado, uma vez que as consequências jurídico-criminais só poderão ser aplicada às mais graves violações concorrenciais, os cartéis «*hard core*», complementando outras sanções, demonstra-se absolutamente necessário 5) assegurar um adequado sistema sancionatório para todas as hipóteses de violação.

Tentemos, de modo muito sintético, apontar os principais esforços que em cada uma destas matérias necessitariam de ser envidados.

4.1. A necessidade de um corpo investigatório específico

A primeira dessas condições passa, necessariamente, pela existência de um corpo investigatório específico, dedicado às violações concorrenciais, que tem de ter ao seu dispor os meios suficientes para fazer a averiguação das suspeitas de ilícito. Nos EUA, país onde a perseguição criminal das violações *antitrust* se pode considerar uma das mais evoluídas[824], a *Divisão Antitrust do Departamento de Justiça* tem uma Secção Nacional, em Washington, e sete gabinetes (*field offices*), em Atlanta, Chicago, Cleveland, Dallas, New York, Philadelphia e San Francisco, que se dedicam a investigar e promover os processos penais.

A ausência de um corpo investigatório deste tipo, dotado de meios logísticos e humanos suficientes, pode comprometer todo o modelo assente numa resposta criminal para problemas desta ordem. Em boa verdade, esta carência pode mesmo explicar, se não em toda a linha pelo menos em grande medida, a ineficácia da tutela penal naqueles Estados europeus que, nas últimas duas décadas, têm vindo a descriminalizar os comportamentos anticoncorrenciais[825].

É claro que o modelo orgânico e processual da maioria dos Estados europeus não se compagina facilmente com uma solução semelhante à norte-americana, sobretudo no que respeito ao corpo de agentes que conduz a acusação (os *prosecutors*), que tem uma configuração muito diferente na tradição continental. Enquanto corpo público que representa o Estado e a comunidade, o Ministério Público (tal como é designado entre nós) não é agente de acusação, mas garante da legalidade democrática (assim impõe

[824] Cf. o que se disse *supra*, p. 60 e ss., a respeito dos EUA e do seu modelo de repressão à atividade *antitrust*.

[825] Será, por exemplo, o caso da Áustria e da Holanda, como já referimos.

o art. 219.º da CRP[826]), estando vinculado ao princípio da legalidade e não tendo a possibilidade, por exemplo, de negociar o desfecho dos processos[827].

Será, pois, necessário equacionar em que medida a exigência de especialização que esta matéria indubitavelmente requer conseguirá encontrar eco num sistema orgânico formal e rígido como é o nosso, permitindo a criação de um grupo, um gabinete ou uma equipa (ou vários) especialmente vocacionado para lidar com este tipo de infrações. O problema não é novo nem exclusivo da matéria concorrencial e, apesar das constrições legais, temos vindo a assistir nos últimos anos a um esforço de implementação de uma investigação, se não completamente especializada e setorizada, ao menos tematicamente dirigida[828]. O que, por isso mesmo, não parece impossível de concretizar também ao nível da concorrência (considerando, aliás, que, num momento prévio, sempre poderia o Ministério Público contar com o auxílio da AdC, sobre quem impenderia a obrigação de o informar de qualquer ato suscetível de configurar um crime e de lhe fornecer os elementos que pudessem ser validamente considerados).

4.2. A necessidade de poderes investigatórios adequados

A existência de um corpo investigatório específico, dedicado em exclusivo ou preferencialmente à deteção e análise de ilícitos penais em matéria concorrencial, de pouco servirá se não lhe forem atribuídos os poderes de investigação adequados ao cumprimento da sua função. E aqui o problema adensa-se efetivamente, uma vez que se torna difícil estabelecer o equilíbrio entre os poderes que os órgãos de investigação precisam ter de modo a cumprirem cabalmente as suas funções, detetando, investigando e recolhendo provas sobre os comportamentos criminosos, e as garantias que têm de assegurar-se aos

[826] Nos termos do n.º 1 deste preceito, "[a]o Ministério Público compete representar o Estado e defender os interesses que a lei determinar, bem como, com observância do disposto no número seguinte e nos termos da lei, participar na execução da política criminal definida pelos órgãos de soberania, exercer a ação penal orientada pelo princípio da legalidade e defender a legalidade democrática".

[827] Chamando a atenção, criticamente, para este problema, sublinhando a diferença significativa de modelo e de atuação entre o sistema anglo-saxónico (sobretudo dos EUA) e continental, Andreas P. Reindl, "How strong is the case for criminal sanctions in cartel cases?", in *Criminalization of Competition Law Enforcement. Economic and Legal Implications for the EU Member States*, Cheltenham: Edward Elgar, 2006, pp. 110-132.

[828] Veja-se aquilo que, tanto ao nível do Ministério Público como da própria Polícia Judiciária (e, em menor medida, também nas outras polícias) tem vindo a ser feito com a criação de equipas de investigação em matérias como a recuperação de ativos, a corrupção ou a cibercriminalidade.

cidadãos, de modo a que os seus direitos não sejam excessivamente limitados, como decorre, aliás, da própria ordem constitucional[829].

Sem entrarmos em detalhes sobre este ponto – que daria, por si só, um outro trabalho autónomo[830] –, sempre diremos que se colocam aqui questões particularmente acutilantes, como as que dizem respeito às meios de obtenção de prova. Pense-se, por exemplo, no poder – que já hoje é reconhecido à AdC – de levar a cabo apreensões e buscas, mesmo domiciliárias[831], ou na eventual possibilidade de utilização de escutas telefónicas, de perícias informáticas ou de agentes infiltrados.

Depois, tem-se demonstrado particularmente importante neste domínio, a existência de um adequado programa de clemência, suscetível de ser utilizado tanto pelas pessoas coletivas como pelas pessoas singulares. A possibilidade de a entidade investigadora poder assegurar a uma empresa ou indivíduo colaborante uma redução ou isenção da pena tem desempenhado um papel essencial na obtenção de informações e elementos de prova sem as quais os cartéis não seriam descobertos ou desmantelados[832]. E se é certo que um tal modelo já está implementado entre nós (quer dentro de fronteiras, quer ao nível da própria UE), sendo assegurado pela AdC, a verdade é que isso não significa que a sua existência não suscite problemas[833], sobretudo se tivermos em consideração o princípio da estrita legalidade penal.

A passagem, por isso, do ordenamento contraordenacional para o criminal trará, inevitavelmente, um conjunto de novas e velhas dúvidas, que irão desde o estímulo à delação e a premiação do infrator até à flexibilização do princípio da legalidade em prol do princípio da oportunidade e à possibilidade de, no fundo, se negociarem soluções processuais. Se é certo que existem já no nosso processo penal «concessões» ao princípio da oportunidade[834], podendo

[829] De acordo, desde logo, com o art. 18.º da CRP.

[830] Em boa verdade, a todas as questões de ordem material ou substantiva que fomos analisando ao longo da presente dissertação se sucede, necessariamente, um não mais pequeno número de problemas de ordem processual, que não cabem no âmbito deste trabalho e em relação aos quais queremos aqui apenas chamar a atenção.

[831] Cf. arts. 19.º e 20.º da LdC.

[832] Cf. *supra* o que dissemos a respeito dos programas de clemência, em diferentes locais: nos EUA, pp. 70 e ss.; na UE, pp. 128 e ss.; e em Portugal, pp. 180 e ss.

[833] Já levámos a cabo noutro ponto deste trabalho uma reflexão acerca da implementação destes programas, sobretudo quando, como entre nós, são pensados em função de contraordenações.

[834] Que levou Manuel da Costa Andrade, "Consenso e Oportunidade (Reflexões a propósito da suspensão provisória do processo e do processo sumaríssimo)", in *Jornadas de Direito Processual Penal. O Novo Código de Processo Penal*, Coimbra: Almedina, 1998, pp. 317-358, a chamar-lhe mesmo princípio da legalidade aberta (p. 352).

mesmo falar-se de uma tendência de aproximação entre o sistema continental e o anglo-saxónico[835], é preciso, repete-se, atentar no facto de não se poderem fazer transposições ou colagens do direito norte-americano para o direito português (ou, no que aqui interessa, para a generalidade dos ordenamentos jurídicos europeus), pois que presidem a cada um deles distintas conceções do direito penal, em sentido amplo, e do papel que nele desempenham os diferentes intervenientes[836].

4.3. Recetividade e predisposição dos juízes para condenar por crime concorrencial

Para que a ameaça de uma sanção criminal funcione, efetivamente, como meio de persuasão para o não cometimento destes factos – para que a pena produza, pois, as suas finalidades preventivas – é necessário que os juízes estejam consciencializados para a gravidade do problema e dispostos a punir os atos em causa com penas adequadas, ainda que estas possam mesmo corresponder a medidas privativas de liberdade. A verdade é que, como anotámos em devido tempo, há por vezes alguma resistência da parte do julgador – assente, em boa verdade, numa ultrapassada conceção criminológica dos delitos económico-financeiros – em aplicar certo tipo de penas aos delinquentes económicos (nomeadamente a pena de prisão).

É preciso, pois, fazer um esforço grande de formação e sensibilização dos magistrados, alertando para o problema do crime concorrencial e abrindo horizontes quanto às formas de lidar com este tipo de criminalidade. Sobretudo sublinhando a necessidade de, como entendemos, agir quer sobra as empresas, quer sobre os indivíduos, com medidas que têm de ser necessariamente distintas e adequadas, de modo a abranger as diversas facetas desta delinquência, complementando as diferentes perspetivas preventivas.

[835] Para uma análise desta aproximação entre o modelo europeu continental e o anglo-saxónico, que não é sequer específica desta área temática, cf, Adán Nieto Martín, "¿Americanización o europeización del Derecho penal económico?", in *Los caminos de la armonización penal*, Valencia: Tirant lo blanch, 2009, pp. 419-455; William E. Kovacic, "Competition Policy in the European Union and the United States: Convergence or Divergence?", in *Bates White Fifth Anual Antitrsut Conference*; e Mark Martyniszyn, "A Comparative Look at Foreign State Compulsion as a Defense in Antitrust Litigation", *The Competition Law Review*, 8, 2012, pp. 143-167.

[836] Sobretudo, no que aqui releva em particular, ao nível da contraposição entre poderes investigatórios, por um lado, e garantias dos direitos fundamentais, por outro.

Para que tal suceda, além do esforço de alteração da consciência social, poderia porventura ser útil a criação de *sentencing guidelines*[837], à semelhança do que acontece no Reino Unido[838] ou nos Estados Unidos da América[839] (e, em certa medida, mesmo ao nível da União Europeia, embora no âmbito das decisões da Comissão[840]), de modo a construir e sedimentar mecanismos operativos de aplicação das normas penais relativas a estas práticas. Estas orientações permitiriam, porventura, uma maior segurança ao próprio aplicador do direito, balizando a sua atuação num primeiro momento em que a sua prática neste âmbito não estará ainda consolidada.

4.4. A necessidade de consenso social e político alargado

Na base de quaisquer uma destas condições, está aquela que se afigura como sendo a exigência fundamental, pois que é a alavanca que fará mover toda a demais engrenagem: para que faça sentido a tutela penal em matéria concorrencial é necessário que haja um consenso social e político suficientemente alargado, considerando (nomeadamente) o cartel uma ofensa grave dos interesses fundamentais da comunidade, que deve ser punida com as mais graves sanções do nosso ordenamento jurídico. Estamos, pois, a falar da perceção do bem jurídico como essencial à manutenção da comunidade e da compreensão de que uma ofensa à liberdade de concorrência é suficientemente séria para justificar a intervenção penal.

[837] Problema cada vez mais discutido entre nós, país onde não existe esta tradição, dada a arreigada autonomia e independência dos juízes. As *sentencing guidelines*, todavia, não conflituam necessariamente com esses princípios, pois que constituem, em boa verdade, auxiliares de trabalho do decisor, facilitando quer a sua tomada de decisão, quer a respetiva compreensão pelos interlocutores. A propósito desta questão, tratada a propósito das sanções pecuniárias, cf. NONTHIKA WEHMHÖRNER, "Optimal pecuniary sanctions and the US sentencing and EU fining guidelines", in *Criminalization of Competition Law Enforcement. Economic and Legal Implications for the EU Member States*, Cheltenham: Edward Elgar, 2006, pp. 217-238.

[838] Onde existe mesmo um *Sentencing Council*, responsável por elaborar e monitorizar estas *sentencing guidelines*, de modo a evitar discrepâncias graves e a criar uma maior coerência e segurança do sistema. Estas diretrizes não pretendem, naturalmente, impedir o juiz de julgar de acordo com a sua consciência, escolhendo aquela que considera a melhor solução para o caso concreto, mas antes auxiliar neste trabalho. Ver, quanto ao modelo praticado no Reino Unido, http://sentencingcouncil.judiciary.gov.uk/index.htm.

[839] Nos Estados Unidos da América, por sua vez, temos uma *Sentencing Comission*, cujo papel, regras de funcionamento e orientações emitidas podem ser consultadas em http://www.ussc.gov.

[840] Cf. as *Orientações para o cálculo das coimas aplicadas por força do n.º 2, alínea a), do artigo 23.º do Regulamento (CE) n.o 1/2003*, 2006/C 210/02, que substituíram, aliás, aquelas que a Comissão havia publicado em 14 de janeiro de 1998.

Sendo, pois, esta consciencialização coletiva pressuposto da própria tutela penal – uma vez que transmite a «fundamentalidade» do valor, bem ou interesse em causa para uma dada comunidade –, ela é igualmente essencial em momentos posteriores do desenvolvimento da ação penal, quer pela atenção que os cidadãos devotarão a problemas criminais desta natureza (e que podem resultar, desde logo, no auxílio material prestado aos órgãos de investigação criminal aquando da condução dos respetivos inquéritos), quer pela consequente exigência que farão em relação ao funcionamento eficaz do aparelho penal quanto à repressão destes factos.

Vimos já que, ao contrário do que acontece nos EUA, a Europa não tem grande tradição na tutela penal da livre concorrência[841], mas isso não significa que não se justifique uma mudança nesse paradigma, nem que, em boa verdade, ela não esteja já a correr. Efetivamente, vários países europeus conheceram ao longo da sua história – e conhecem ainda – crimes relacionados com a proteção quer da liberdade, quer da lealdade da concorrência. A partir de meados do século passado, todavia, em grande medida impulsionados pela opção levada a cabo ao nível da UE, muitos desses Estados descriminalizaram tais comportamentos, adotando um sistema baseado no binómio direito administrativo-direito de mera ordenação social.

Parece, contudo, cada vez mais evidente – mesmo dentro das instituições europeias – que a solução encontrada não satisfaz as necessidades suscitadas pelos ilícitos concorrenciais em causa. Na consciência coletiva tem vindo a afirmar-se paulatinamente a importância dos valores ligados à liberdade de concorrência e ao mercado justo, compreendendo os cidadãos que as opções económicas se repercutem em todos os domínios do quotidiano. A compreensão exata da dimensão desta realidade é essencial para que uma eventual tutela penal de práticas restritivas da concorrência possa dotar-se de efetividade, sem o que, naturalmente, se colocará em crise o próprio valor subjacente.

4.5. Sanções

Como fomos já dizendo, as penas (porventura privativas de liberdade) aplicadas a indivíduos por crime de cartel só farão sentido se, concomitantemente, se previrem sanções para as pessoas coletivas, as empresas. Não o fazer implicaria desresponsabilizar tais empresas dos atos praticados pelos seus agentes em

[841] Cf. o que a este propósito dissemos no capítulo II desta obra, quer quanto à experiência norte-americana, quer no que tange ao problema da concorrência na Europa (pp. 60 e ss.).

seu benefício, o que naturalmente levantaria um problema muito sério em termos de dissuasão da prática de atos anticoncorrenciais.

De facto, se as pessoas coletivas não forem responsáveis pelos atos dos seus agentes ou representantes praticados no seu interesse (ainda que cumulativamente com a responsabilidade individual daqueles), estas poderão porventura recompensar, em termos de salário ou promoções, por exemplo, aqueles indivíduos que estejam dispostos a assumir o risco. A responsabilização das empresas ajuda a remover, deste modo, o incentivo das pessoas coletivas e dos indivíduos para cometer violações concorrenciais e, como referimos já por diversas vezes, a assegurar uma tutela plena do bem jurídico liberdade concorrencial.

Um sistema equilibrado, portanto, deverá então assentar neste modelo duplo, que conjugue penas para indivíduos – de entre as quais sobressairá a prisão – e penas (de multa) para as empresas – aceites hoje entre nós, mesmo no âmbito do direito penal primário, como uma das penas principais para pessoas coletivas[842] –, no caso das infrações mais graves à concorrência (as práticas restritivas de cartel *«hard core»*, nos termos definidos), com a continuação de aplicação das regras contraordenacionais e respetivas coimas, para todos os demais casos. Só assim se obterá uma tutela adequada do bem jurídico-penal em causa, em respeito pelos princípios da subsidiariedade e da proporcionalidade.

5. A concorrência como problema internacional: necessidade de solução não estadual?

Finalmente, numa última reflexão que é sobretudo de questionamento, de colocação de problemas, resta-nos interrogar se a proposta de intervenção penal que aqui deixamos fará sentido a nível nacional ou deveria, antes, ser equacionada num âmbito supranacional ou, talvez melhor, transnacional. De facto, a concorrência é hoje, pela natureza que assume dentro de um modelo de economia de mercado que se vem impondo um pouco por todo o mundo, um problema internacional, quer no sentido de que coloca dificuldades semelhantes aos diferentes Estados, quer no de que alguns dos seus problemas mais relevantes se suscitam hoje a propósito da concorrência internacional (interestadual).

[842] Nos termos do art. 90.º-A, n.º 1, e do art. 90.º-B do Código Penal.

5.1. Os desafios colocados pelas empresas transnacionais

Poucos temas são, hoje, como quisemos ressaltar no início deste trabalho, tão intrinsecamente transnacionais como a concorrência, uma vez que a globalização da economia fez cair barreiras físicas e potenciou a possibilidade de atuação das empresas para lá dos limites do território do Estado onde inicialmente estavam implantadas, facilitando quer a venda de produtos ou a prestação de serviços em qualquer ponto do globo, quer a própria disseminação das estruturas industriais e produtivas. Esta internacionalização económica – assente, em grande medida, na aceitação difusa do modelo de economia de mercado e correspondente liberdade de concorrência – fez com que as empresas começassem a atuar noutros territórios, estabelecendo relações comerciais com as suas congéneres de outros países e também com novos consumidores[843].

Evidentemente, este fenómeno vem colocando novos desafios ao direito da concorrência, que se vê impelido a agir sobre sujeitos que não estão dentro do território correspondente ao ordenamento jurídico em causa, mas cujas ações produzem efeitos nele, porventura mesmo em termos de restrição da liberdade concorrencial. A necessidade de agir sobre empresas estrangeiras – dificuldade que só se vê aumentada se esta for verdadeiramente transnacional, uma vez que estará sujeita a diversos ordenamentos jurídicos distintos – coloca problemas gravíssimos e limita fortemente a atuação dos Estados e das respetivas autoridades de concorrência, que só podem ser resolvidos, em boa verdade, em sede de direito internacional[844].

[843] Quanto à dimensão transnacional deste problema e principais questões suscitadas, cf., por exemplo, Ulrich Steger, *Future Management: Europaïsche Unternehmen im globalen Wettbewerb*, Frankfurt: Fischer Taschenbuch Verlag, 1992, pp. 20 e ss.; Christopher Harding, *European Community Investigations and Sanctions: The Supranational Control of Business Delinquency*, Leicester: Leicester University Press, 1993, pp. 3 e ss.; David J. Gerber, *Law and Competition in Twentieth Century Europe: Protecting Prometheus*, Oxford: Clarendon Press, 1998, pp. 434 e ss; John M. Connor, "Effectiveness of Antitrust Sanctions on Modern International Cartels", *Journal of Industry, Competition and Trade*, 2006, pp. 195-223; Ariel Ezrachi e Jiří Kindl, "Cartels as Criminal? The Long Road from Unilateral Enforcement to International Consensus", in *Criminalising Cartels: Critical Studies of an International Regulatory Movement*, Oxford: Hart Publishing, 2011, pp. 419-434; e Michael O'Kane, "International Cartels, Concurrent Criminal Prosecutions and Extradition: Law, Practice and Policy", in *Criminalising Cartels: Critical Studies of an International Regulatory Movement*, Oxford: Hart Publishing, 2011, pp. 397-418.

[844] Vejam-se os esforços de colaboração que têm vindo a ser desenvolvidos por UE e EUA, na tentativa de celebrar acordos que permitam lidar convenientemente com esta matéria. Cf. Spencer Weber Waller, "Anticartel Cooperation", in *Antitrust goes Global. What Future for Transatlantic Cooperation?*, Washington, D.C.: Brookings, 2000, pp. 98-116.

Por isso mesmo se têm multiplicado os esforços para criar grandes quadros normativos internacionais, ainda que de *soft law*, no sentido de buscar soluções mais estáveis e uniformes para estes obstáculos, aumentado a equidade no comércio internacional. Veja-se o papel fundamental que, neste âmbito, têm desempenhado um grande número de organizações transnacionais, como a OMC ou a OCDE, editando orientações ou promovendo acordos internacionais que permitam encontrar respostas conjuntas – única forma de, de facto, promover este comércio internacional e garantir a manutenção e o respeito pelas regras estabelecidas, nomeadamente, no que aqui nos interessa, em matéria de liberdade concorrencial[845].

Este problema é inquestionavelmente multiplicado quando raciocinamos em sede de atuação penal. As caraterísticas intrinsecamente estaduais do direito criminal, entendido como manifestação última da soberania de um país, levantam escolhos muito difíceis de ultrapassar quando pretendemos a tutela penal efetiva de um determinado bem jurídico. Ainda que o Estado (seja ele qual for) opte por um critério de conexão assente na territorialidade (são da competência do direito penal do país todos os atos praticados ou com efeitos dentro do seu território[846]), como aliás sucede amiúde, a verdade é que a efetivação dessa competência tornar-se-á muito complexa, quer em termos de investigação e recolha de prova (uma vez que, por exemplo, a sede da empresa em causa é noutro país, onde porventura até não vigoram regras semelhantes), quer para o eventual julgamento dos envolvidos (pois que, a não ser que estes queiram, dificilmente se conseguirá fazê-los comparecer perante as instâncias judiciais de um outro país).

5.2. Criminalização ao nível da União Europeia?

Estas questões ganham, ainda, uma especial dimensão no caso português, uma vez que temos de entrar em linha de conta com a realidade da UE e as suas repercussões tanto no nosso modelo concorrencial como na possibilidade de o efetivarmos. Já analisámos profusamente o papel da União Europeia em sede de direito concorrencial (matéria em relação à qual, aliás, assumiu desde cedo uma posição de destaque), pelo que nos limitaremos agora a colocar a questão chave: será que, a entender-se necessária a criminalização de

[845] Vejam-se, por exemplo, a *Background Note on Support for Progressive Reinforcement of Competition Institutions in Developing Countries through Capacity Building* (WT/WGTCP/W/182), ou a *Background Note on Provisions on Hardcore Cartels* (WT/WGTCP/W/191), da WTO; ou a *Recommendation on Fighting Bid Rigging in Public Procurement*, da OCDE.

[846] Aquilo que está vertido, aliás, no art. 4.º do CP português.

comportamentos atentatórios da concorrência, esta não deveria ocorrer ao nível da UE, em vez de, descentralizada e difusamente, no âmbito dos diversos Estados Membros[847]?

É sobejamente conhecido o debate acerca da (in)competência penal da União, suas razões e propostas de superação[848]. Não pretendemos, por isso, retomá-lo aqui, mas apenas chamar a atenção para (mais este) problema em sede de discussão a respeito da necessidade e oportunidade de se avançar para uma tutela penal. De facto, o âmbito económico é – foi sempre – um daqueles em que a UE desempenhou uma função mais ativa e onde se colocam mais problemas do ponto de vista criminal. A diluição das fronteiras entre os Estados Membros e a implementação progressiva das liberdades europeias trouxeram consigo, como não podia deixar de ser, um aumento da criminalidade transnacional intraeuropeia, colocando muitas e fundadas dúvidas a respeito da necessidade de intervenção penal da própria UE[849].

A questão é particularmente premente, pois, em sede de matéria concorrencial, quer pelas caraterísticas desnacionalizadas que esta manifesta e que já apontámos, quer pela especial relevância que o domínio manifesta dentro da UE. A resposta afirmativa traria seguramente vantagens, tais como as relacionadas com a recolha de provas, em particular quanto à partilha de informações entre as autoridades dos diversos Estados[850], ou a possibilidade

[847] Também colocam esta questão CHRISTOPHER HARDING, "Forging the European Cartel Offence: The Supranational Regulation of Business Conspiracy", *European Journal of Crime, Criminal Law and Criminal Justice*, 2004, pp. 275-300; WOUTER P.J. WILS, "Is criminalization of EU competition law the answer?", in *Criminalization of Competition Law Enforcement. Economic and Legal Implications for the EU Member States*, Cheltenham: Edward Elgar, 2006, pp. 90 e ss., que se questiona sobre este tema, ponderando vantagens e inconvenientes de uma tal opção; e, em Portugal, MARIA TAVARES DE PINA, "A Criminalização dos Cartéis pelo Direito da União Europeia", *RPCC*, 20, 2010, pp. 375-413.

[848] Cf., além da bibliografia que já fomos referindo a propósito desta questão, ANTÓNIO CUERDA RIEZU, "Besitzt die Europäische Gemeinschaft ein ius puniendi?", in *Bausteine des europäischen Wirtschaftsstrafrechts. Madrid-Symposium für Klaus Tiedemann*, München: Carl Heymanns Verlag KG, 1994, pp. 367-378; e MARIA TAVARES DE PINA, "A Criminalização dos Cartéis pelo Direito da União Europeia", *RPCC*, 20, 2010, pp. 375-413.

[849] Sobre as específicas questões suscitadas pelo direito penal económico dentro da União Europeia, cf. a análise de ULRICH SIEBER, "Entwicklungsstand und Perpektiven des europäischen Wirtschaftsstrafrechts", in *Bausteine des europäischen Wirtschaftsstrafrechts. Madrid-Symposium für Klaus Tiedemann*, München: Carl Heymanns Veralg KG, 1994, pp. 349-365; e , do mesmo Autor, "Limites do Direito Penal. Princípios e Desafios do Novo Programa de Pesquisa em Direito Penal no Instituto Max-Planck de Direito Penal Estrangeiro e Internacional", *Cadernos Direito GV*, 5, 2008.

[850] Cf. WOUTER P.J. WILS, "Is criminalization of EU competition law the answer?", in *Criminalization of Competition Law Enforcement. Economic and Legal Implications for the EU Member States*, Cheltenham: Edward Elgar, 2006, p. 92, chamando a atenção para o atual regime europeu que prevê que as autoridades nacionais de um Estado Membro onde exista a possibilidade de condenar criminalmente

de, por exemplo através do mandado de detenção europeu, fazer entregar certo cidadão para ser julgado por infrações anticoncorrenciais. Para já não falar, claro está, da eventualidade de se harmonizarem sanções, fazendo com que, por exemplo, uma suspensão de exercício de funções (ou a *disqualification* inglesa) pudesse ser aplicada em todo o território da UE[851]. Ou, naturalmente, dos benefícios que uma tal opção traria para a efetividade dos programas de clemência, havendo a ameaça de uma sanção penal e a referida troca de informações.

Enfim, uma solução que passasse pela harmonização das legislações europeias ou, mesmo, pela sua total integração a partir da criminalização do cartel em sede de direito europeu, traria seguramente as vantagens que são reconhecidas a esta alternativa, nomeadamente em termos de efetiva prevenção de factos criminosos futuros. E colocaria também os mesmo problemas. Em particular aqueles que passam pelas limitações resultantes do Tratado – em certa medida superadas, ou com possibilidade de superação, pelas hipóteses abertas em Lisboa[852] – e, sobretudo, pela (falta de) vontade dos Estados em inaugurar este caminho, abrindo mão de mais este pedaço da sua soberania[853].

De qualquer modo, afigura-se-nos que a questão – ainda que não possa ter uma resolução próxima – deve ser colocada, abrindo mais esta reflexão a respeito do papel que pretendemos para a União Europeia.

o agente só podem utilizar as provas recolhidas por outra autoridade nacional se o ordenamento jurídico desta última também previr a responsabilização criminal (nos termos do regulamento n.º 1/2003).

[851] Continuamos a acompanhar Wouter P.J. Wils, "Is criminalization of EU competition law the answer?", in *Criminalization of Competition Law Enforcement. Economic and Legal Implications for the EU Member States*, Cheltenham: Edward Elgar, 2006, p. 93.

[852] Analisando, em concreto, o regime anterior e os caminhos abertos pelo Tratado de Lisboa, Maria Tavares de Pina, "A Criminalização dos Cartéis pelo Direito da União Europeia", *RPCC*, 20, 2010, pp. 375-413. A Autora acaba por concluir, todavia, que o problema não se encontra ainda conveninentemente resolvido à luz dos atuais Tratados: "[o] Tratado de Lisboa, embora acabe com o silêncio quanto à competência penal da União nas áreas anteriormente comunitarizadas, acaba por não resolver todas as dúvidas quanto à extensão da competência penal da União, em especial no que respeita à política de concorrência. Assim, apesar de ter esclarecido, em definitivo, que a competência penal da União se estende a outras políticas que não só a política do ambiente, e que tal competência será exercida através de directivas, não densifica o critério da necessidade ou da indispensabilidade, nem tão pouco resolve a questão da base jurídica, isto é, a questão de saber se a consagração desta competência expressa será suficiente para legitimar o exercício da competência penal da União, não havendo necessidade de invocar simultaneamente outros artigos do TFUE".

[853] Ver Gerhard Dannecker, "Sanktionen und Grundsätze des Allgemeinen Teils im Wettbewerbsrecht der Europäischen Gemeinschaft", in *Bausteine des europäischen Wirtschaftsstrafrechts. Madrid-Symposium für Klaus Tiedemann*, München: Carl Heymanns Verlag KG, 1994, pp. 331-348.

Reflexão conclusiva

Aqui chegados, impõe-se agora levar uma cabo uma última reflexão holística, que tenha em consideração o percurso que fomos fazendo ao longo deste trabalho e espelhe, de modo sistemático, as conclusões a que fomos chegando, encare os problemas que suscitámos como um todo e procure, afinal, responder às questões que inicialmente formulámos. Por se tratar de um esforço de síntese, apresentaremos as conclusões de modo tópico.

i. Na tentativa de apurar se faria ou não sentido investir num caminho de criminalização de ofensas à liberdade de concorrência, tivemos naturalmente de começar por apurar o que podia afinal entender-se por concorrência, verificando, desde logo, se o conceito se esgotaria na sua dimensão económica ou se, pelo contrário, a sua densificação traria à colação outras perspetivas. Apurámos, nesse sentido, que antes de ser um princípio da ciência económica, ligado inexoravelmente ao sistema capitalista e à economia de mercado, a concorrência é também um princípio democrático, na medida em que exige a competição (em igualdade) de modo a possibilitar a melhor escolha – conceção que está, portanto, na base da própria ideia de eleição.

ii. A relação entre Estado e economia foi sempre tensa e conheceu diversos paradigmas ao longo da história, indo desde o controlo absoluto até diferentes modelos de intervenção, mais ou menos acentuados. A concorrência afirmou-se, neste contexto, em sede de liberalismo económico, caraterizada pela crença inabalável no mercado, capaz de auto-ajustar os mecanismos da oferta e da procura e de se autorregular. A colocação em crise deste paradigma, sobretudo assente na assimetria de informações e nas correspondentes distorções da concorrência, trouxe o Estado moderno para dentro da economia, cabendo-lhe, em última linha, assegurar os pressupostos do livre funcionamento do mercado.

iii. Esta tarefa conheceu diferentes intensidades e *nuances*, sobretudo originadas pelos movimentos pendulares de expansão e recessão económica, a que se juntaram, no século passado, as duas Guerras Mundiais. Emergiu, assim, no final do milénio, um novo paradigma relacional entre Estado e economia: a regulação. Esta regulação, exercida preferencialmente por entidades administrativas independentes com específicas atribuições e poderes, tem como um dos seus objetivos fundamentais garantir a concorrência.

iv. Na busca do ponto de interseção entre o direito e a concorrência, começamos pois por averiguar as circunstâncias do seu surgimento, nos EUA, concluindo que a necessidade de intervenção jurídica sobre a matéria surgiu no momento em que, potenciado pelo quadro de franca expansão económica e de plena concorrência, o tecido empresarial norte-americano começou a tender para os acordos ou pactos que visavam evitar a concorrência mútua.

v. Estas práticas restritivas da concorrência começaram, pois, a ser encaradas como atos intrinsecamente ilícitos, levados a cabo com o específico intuito de defraudar a lei através de um conspiração (*conspiracy* é o termo utilizado no *Sherman Act*) e merecedores, por isso, de uma sanção penal. A legislação americana consagrou o caráter criminoso destes comportamentos e previu como sanção a possibilidade de aplicação de uma pena de prisão.

vi. Muito embora a implementação do *Sherman Act* não tenha sido nem simples nem imediata, a verdade é que acabou por desenvolver-se muitíssimo, tornando-se o combate a estas práticas, sobretudo ao cartel, uma das marcas do modelo norte-americano da concorrência. Modelo esse que, necessariamente, tem vindo a ajustar-se às modernas dificuldades, sobretudo relacionadas com a globalização da economia, e que tem tentado impor-se, ao menos em certa medida, aos demais sistemas concorrenciais (foi o caso da disseminação, um pouco por todo o mundo, dos programas de clemência, bem como da internacionalização das preocupações dos EUA em relação ao cartel «*hard core*»).

vii. Procurámos, depois, analisar a questão do surgimento do problema da concorrência na Europa, centrando-nos, para tal, no estudo da evolução alemã, pois que foi aí que a matéria primeiro suscitou dificuldades. De facto, na viragem do século XIX para o século XX, o cartel começava a acentuar-se na Alemanha, sendo, todavia, olhado como um modo natural – porventura até desejável – de organização económica (o que, segundo cremos, acabou por enformar toda a conceção europeia de controlo das práticas restritivas da concorrência).

viii. Fatores de ordem diversa, relacionados, desde logo, com a conjuntura económica daquelas primeiras décadas, acabaram por impor uma alteração da imagem do cartel, tendo dado paulatinamente origem a legislação específica a propósito do tema. Aquelas práticas restritivas passaram a ser consideradas proibidas, muito embora com largas exceções, sendo o desrespeito por tais preceitos punido pelo direito administrativo (direito contraordenacional). Nasce, pois, aqui, um modelo que se opõe aos dos EUA, considerando que os ilícitos em causa não justificam a intervenção penal.

ix. Sofrendo vicissitudes várias nos anos seguintes, quer em consequências dos conflitos que assolaram a Europa, quer dos períodos pós-guerra (sobretudo a II), que foram particularmente severos para a Alemanha, a legislação germânica nesta matéria foi evoluindo em consonância com os princípios expostos, assente portanto no direito administrativo e resistindo ao «assédio» do direito penal. Não ficou, todavia, perfeitamente imune, de tal modo que, em 1997, acabaria por ser introduzido no StGB o crime de acordos em licitações destinados a restringir a concorrência (§298), considerando que o comportamento era merecedor de tutela penal.

x. Considerámos ainda essencial analisar a evolução da tutela da concorrência dentro do espaço europeu, uma vez que esta desempenhou – desempenha ainda – um papel fundamental na construção do projeto da União, sublinhado, aliás, nos próprios Tratados (constante, hoje, dos arts. 101.º e 102.º do TFUE). O seu tratamento em sede comunitária (europeia) foi importantíssimo na medida em que moldou o regime de todos os Estados Membros, que foram adaptando os seus ordenamentos jurídicos internos ao modelo de matriz administrativista implementado na UE.

xi. A Comissão, entidade com competência para investigar, instruir e sancionar as práticas restritivas da concorrência dentro da UE, fez ao longo dos anos um grande esforço de atualização e modernização do modelo europeu, desenvolvendo uma verdadeira rede de autoridades da concorrência e articulando a sua atuação com as das entidades competentes dos diversos Estados Membros. Face aos desafios colocados pela mundialização da economia e à necessidade de adequar o sistema concorrencial europeu a essa realidade, a UE foi progressivamente reforçando os poderes da Comissão, atribuindo-lhe instrumentos de feição intrinsecamente penal, que, muito embora, são exercidos dentro de um processo contraordenacional.

xii. Tais mecanismos foram complementados com um agravamento crescente das sanções correspondentes às práticas restritivas da concorrência, sobretudo ao cartel (que, também no nosso continente, começou a ser visto como um ato ilícito de alta censurabilidade), bem como pela adoção de programas de clemência, prevendo a possibilidade de isenção ou redução da coima aplicável para todos aqueles que denunciem um cartel em que estejam envolvidos, levando à Comissão informações e elementos de prova relevantes. Perguntamo-nos, por isso, face a este quadro, se a «americanização» pela qual o direito europeu da concorrência está a passar não implicará, a médio prazo, uma verdadeira viragem de paradigma, com a correspondente adesão ao modelo criminal.

xiii. No último capítulo da primeira parte, dedicamo-nos então à análise do direito da concorrência em Portugal, buscando, através da evolução legislativa, compreender o nosso modelo e as respetivas soluções. Tributário, em larguíssima medida, das regras europeias, o ordenamento jurídico português considera as práticas restritivas da concorrência contraordenações, adotando o figurino administrativista.

xiv. Sublinhámos a importância da AdC, enquanto entidade administrativa independente responsável pela defesa da concorrência e analisámos a atual LdC, concluindo que também o nosso legislador faz uma opção nominalmente clara pelo modelo sancionatório contraordenacional, mas veio depois atribuir à AdC poderes até aqui apenas reconhecidos aos órgãos de polícia criminal e respetivas autoridades judiciárias (de que será porventura expoente máximo a possibilidade de realizar buscas domiciliárias), tornado pouco claras as fronteiras entre o direito de mera ordenação social e o direito penal no que respeita à repressão das práticas restritivas da concorrência.

xv. Estas constatações adensaram, portanto, as nossas dúvidas a respeito quer da efetiva natureza dos atos anticoncorrenciais, quer da necessidade de lançar mão do direito penal para responder às ofensas à liberdade de concorrência, em particular ao cartel, dada não só a sua lesividade intrínseca, como a sua multiplicação exponencial e a dificuldade na sua deteção, investigação e punição. Tanto mais que, como constatámos, os meios que estão atualmente a ser utilizados nesta tarefa tem já uma proximidade (coincidência mesmo) muito grande com o *instrumentarium* penal, permitindo-se às autoridades concorrenciais e sua utilização sem as correspetivas garantias processuais de defesa.

xvi. Iniciámos, por isso, na segunda parte desta obra, um esforço de fundamentação criminológica e dogmático-jurídica da necessidade de intervenção penal para proteger a liberdade de concorrência. A constatação de que estamos hoje a presenciar um verdadeiro movimento internacional anticartel, com transformações profundas tanto na conceção do comportamento como ilícito, como na linguagem pública a seu respeito, conduziu-nos à compreensão do cartel como ato delinquente. Entendimento esse que, segundo cremos, apesar da relativamente baixa sensibilidade social ao problema, se tem vindo a impor aos cidadãos, sobretudo face ao peso que a economia tem vindo a assumir na vida quotidiana e na definição das políticas dos diferentes Estados.

xvii. Entendemos, por isso, ser importante analisar a criminalidade económica e buscar-lhe alguns traços distintivos que permitissem aferir se poderia ou não o cartel pertencer a tal classificação. E centramo-nos, para isso, na conceção de *«white collar criminality»* e na figura de empresa, palco onde hoje se desenvolve a esmagadora maioria daqueles crimes, tentando perceber em que medida é que a própria pessoa coletiva facilita ou promove uma cultura de desrespeito pela lei, incentivando comportamentos criminosos e dissimulando os seus vestígios, de modo a usufruir das respetivas vantagens.

xviii. Abalançámo-nos, aí, numa hipótese categorial-classificativa desta realidade (*«crime-facilitative industries» e «crime-coercive industries»*) e dos respetivos agentes, distinguindo entre criminosos de baixa frequência, criminosos intermitentes e criminosos persistentes(«*low rate offenders*», «*intermittent offenders*» e «*persistent offenders*»), e procurando, depois, verificar se o participante de um cartel partilharia de alguma destas caraterísticas. Tendo concluído que assim era, podendo o «cartelista» fazer parte de qualquer um destes grupos, dependendo de um conjunto de variáveis motivacionais e conjunturais, apresentava-se-nos o caminho da criminalização como cada vez mais premente.

xix. Passámos, portanto, à análise dogmática da questão, demonstrando a insuficiência do direito administrativo e a crise do atual paradigma regulatório, patente não só na incapacidade de diminuir significativamente a prática de cartel, como igualmente – de modo a que poderemos chamar de autoassumido – no sucessivo endurecimento dos meios de reação contraordenacional, a adentrar claramente o espaço penal e a transformá-lo num direito «*quasi-penal*». Assentámos, portanto, o pressuposto da necessidade ou carência penal.

xx. A legitimação da intervenção penal exigia, porém, que se fizesse ainda a escalpelização dos bens ou interesses em causa, procurando aferir se estaríamos perante um bem jurídico-penal. Partindo daquela conceção não estritamente económica de concorrência que trabalhámos logo no primeiro capítulo, chegámos a conclusão de que estaria aqui em causa a liberdade de concorrência, constitucionalmente assegurada e entendida enquanto liberdade de decisão e de ação no sentido de tentar obter vantagens económicas dentro do processo competitivo, de modo a permitir ao ser humano a sua realização enquanto *homo aeconomicus*, uma das suas exteriorizações fundamentais enquanto pessoa. Um bem jurídico que se configura, em nossa opinião, como bem jurídico coletivo na medida em que vai para além da mera proteção daqueles que participam no processo económico de mercado, pretendendo assegurar o funcionamento de um mecanismo de liberdade competitiva, pois que ele é garante quer do modelo económico selecionado por uma determinada comunidade, quer das refrações sociais e políticas que decorrem de uma tal eleição.

xxi. Afirmar a dignidade e a necessidade penal, todavia, não são suficientes para a concreta delimitação do crime em causa, pelo que passámos à análise da questão da fragmentariedade penal e dos comportamentos que deveriam, de facto, ser proibidos. Tornou-se importante, nesse ponto, refletir a respeito da responsabilização das pessoas coletivas, tendo em atenção tudo quanto havia ficado dito acerca do papel da empresa neste tipo de delinquência. Chegámos, por isso, à conclusão, de que uma tutela adequada da liberdade de concorrência exigiria a responsabilidade penal de pessoas singulares e coletivas, bem como a existência de outros tipos de sanções (civis e administrativas).

xxii. Por fim, no último capítulo desta dissertação, arriscámos alinhar alguns ideias quanto à construção do concreto tipo incriminador de cartel «*hard core*». Entendemos que, no atual estado do problema, a criminalização deveria abranger apenas estas práticas mais graves: os acordos, práticas concertadas ou decisões de associações de empresas que tenham por objetivo ou por efeito a restrição sensível da concorrência, através da fixação de preços, da limitação de produção, da repartição de mercado ou de licitações fraudulentas. Para todas as demais práticas continuaria a ser suficiente (ao menos para já) o direito de mera ordenação social.

xxiii. O agente deste crime poderia, naturalmente, ser tanto uma pessoa singular como uma pessoas coletiva, havendo, no primeiro caso, a possibilidade de aplicação de uma pena de prisão ou de uma pena de multa e, no segundo, a previsão de uma penal de multa. Do ponto de vista da afetação do bem jurídico, o tipo de ilícito constituiria um crime de perigo, sempre que o pacto em causa tivesse por objetivo a restrição da concorrência, e um crime de dano, nos casos em que tal restrição não resultasse do objeto do acordo mas dos seus efeitos. O que, naturalmente, nos levou ainda à ponderação da possibilidade de estarmos perante uma causa de justificação da ilicitude nos casos em que, feito o balanço económico ou concorrencial, se considerasse que a prática em causa trouxe mais vantagens do que prejuízos, concluindo nós que apenas na hipótese de acordo que tenha por efeito a limitação sensível da concorrência uma tal justificação seria admissível.

xxiv. No fecho, tivemos ainda a oportunidade de refletir quer sobre as condições para uma tutela efetiva da concorrência, chamando a atenção para a necessidade de se dotar as instâncias de controlo de efetivos meios técnicos e humanos, de se consciencializarem os diferentes operadores judiciários e a própria população e de se preverem formas de sanção adequadas e diversificadas, quer sobre alguns dos mais atuais desafios do direito (penal) da concorrência, nomeadamente o da sua internacionalização. Deixámos, aqui, uma última reflexão, ponto de partida, afinal, para futuros desenvolvimentos: deverá a criminalização do cartel ser feita, antes, ao nível da própria UE?

BIBLIOGRAFIA

Abanto Vásquez, Manuel A. "Hacia un nuevo Derecho penal de las empresas. Más allá de la solución penal y meramente administrativa del «delito económico»." *Revista Penal* 21 (enero 2008): pp. 3-23.

Abanto Vásquez, Manuel A. "Acerca de la Teoría de Bienes Jurídicos." In *Modernas Tendencias de Dogmática Penal y Política Criminal. Libro Homenage al Dr. Juan Bustos Ramírez*, de José Urquizo Olaechea (dir.), pp. 1-78. Lima: Idemsa, 2007.

Abanto Vásquez, Manuel A. "Introducción al Derecho penal de la competencia. Análisis histórico y comparativo del decreto legislativo 701." *Derecho* (Pontificia Universidad del Perú), n.º 48 (deciembre 1994): pp. 253-291.

Abanto Vásquez, Manuel A. *Derecho Penal Económico. Parte Especial.* Lima: IDEMSA, 2000.

Abanto Vásquez, Manuel A. *El Derecho de la Libre Competencia.* Perú: Editorial San Marcos, 1997.

Abreu, Jorge M. Coutinho de. "Anotação ao artigo 3.º." In *Lei da Concorrência. Comentário Conimbricense*, de Miguel Gorjão-Henriques (dir.), pp. 33-38. Coimbra: Almedina, 2013.

Achenbach, Hans. "Das Kartell - Bußgeldrecht der Europäischen Gemeinschaft." In *Handbuch Wirtschaftsstrafrecht (HWSt)*, de Hans Achenbach e Andreas Ransiek, pp. 121-134. Heidelberg: C F Müller Verlag, 2004.

Achenbach, Hans. "Delikte gegen den Wettbewerb, Abs. 1 – Überblick." In *Handbuch Wirtschaftsstrafrecht (HWSt)*, de Hans Achenbach e Andreas Ransiek, pp. 67-70. Heidelberg: C.F. Müller Verlag, 2004.

Achenbach, Hans. "Die Bußgeldtatbestände des GWB." In *Handbuch Wirtschaftsstrafrecht (HWSt)*, de Hans Achenbach e Andreas Ransiek, pp. 103-120. Heidelberg: C F Müller Verlag, 2004.

Achenbach, Hans. "Kartellstrafrecht - Strafbares Verhalten bei Ausschreibungen - Abs. 4." In *Handbuch Wirtschaftsstrafrecht (HWSt)*, de Hans Achenbach e Andreas Ransiek, pp. 95-102. Heidelberg: C F Müller Verlag, 2004.

Albertson, Kevin, e Chris Fox. *Crime and Economics: An introduction.* London and New York: Routledge, 2012.

Alessandri, Alberto. *Diritto penale e attività economiche.* Bologna: Il Mulino, 2010.

Amarelli, Giuseppe. "'Crisi' del Diritto Penale Societario e prospettive di reforma: la responsabilità (penale?) delle persone giuriche." In *Il Nuovo Sistema Sanzionatório del Diritto Penale dell'Economia: De-*

criminalizzazione e Problemi di Effetività, de Alberto de Vita (dir.), pp. 83-342. Napoli: Jovene Editore, 2002.

Amorim, João Pacheco de. "A Constituição Económica Portuguesa. Enquadramento Dogmático e Princípios Fundamentais." *Revista da Faculdade de Direito da Universidade do Porto* 8 (2011): pp. 31-106.

Anastácio, Catarina. "O dever de colaboração no âmbito dos processos de contra-ordenação por infracção às regras de defesa da concorrência e o princípio *nemo tenetur se ipsum accusare*." *Revista da Concorrência e Regulação*, ano I, n.º 1 (jan.-març. 2010): pp. 199-235.

Anastácio, Gonçalo, e Alberto Saavedra. "A Nova Lei da Concorrência Portuguesa. Notas Preliminares." *Revista da Ordem dos Advogados* 73, n.º 1 (jan.-mar. 2013): pp. 323-360.

Anastácio, Gonçalo, e Diana Alfafar. "Anotação ao artigo 27.º." In *Lei da Concorrência. Comentário Conimbricense*, de Miguel Gorjão-Henriques (dir.), pp. 303-314. Coimbra: Almedina, 2013.

Anastácio, Gonçalo, e Marta Flores da Silva. "Anotação ao artigo 22.º." In *Lei da Concorrência. Comentário Conimbricense*, de Miguel Gorjão-Henriques (dir.), pp. 244-260. Coimbra: Almedina, 2013.

Anastácio, Gonçalo. "Anotação ao artigo 11.º." In *Lei da Concorrência. Comentário Conimbricense*, de Miguel Gorjão-Henriques (dir.), pp. 123-163. Coimbra: Almedina, 2013.

Andrade, Manuel da Costa. "A «dignidade penal» e a «carência de tutela penal» como referências de uma doutrina teleológico-racional do crime." *Revista Portuguesa de Ciência Criminal* 2, n.º 2 (ab.-jun. 1992): pp. 173-205.

Andrade, Manuel da Costa. "Consenso e Oportunidade (Reflexões a propósito da suspensão provisória do processo e do processo sumaríssimo)." In *Jornadas de Direito Processual Penal. O Novo Código de Processo Penal*, de Centro de Estudos Judiciários, pp. 317-358. Coimbra: Almedina, 1998.

Andrade, Manuel da Costa. "Contributo para o Conceito de Contra-Ordenação (A Experiência Alemã)." *Revista de Direito e Economia* 6/7 (1980/81): pp. 81-121.

Andreangeli, Arianna. "Editorial – Current Competition Law Research: Developing New Themes between Continuity and Change." *The Competition Law Review* 8, n.º 2 (july 2012): pp. 123-128.

Apel, Robert, e Raymond Paternoster. "Understanding 'Criminogenic' Corporate Culture: What White-Collar Crime Researchers Can Learn from Studies of the Adolescent Employment-Crime Relationship." In *The Criminology of White-Collar Crime*, de Sally S. Simpson e David Weisburd, pp. 15-33. New York: Springer, 2009.

Ascarelli, Tullio. *Teoria della Concorrenza e dei Beni Immateriali.* Milano: Doot. A. Giuffrè Eitore, 1960.

Ascensão, José de Oliveira. *Concorrência Desleal.* Coimbra: Almedina, 2002.

Azema, Jacques. "La dépénalisation du droit de la concurrence." *Revue de Science Criminelle et Droit Pénal Comparé* 4 (oct. - déc. 1989): pp. 651-657.

Bacigalupo Zapater, Enrique. "La Protección Penal de los Derechos Industriales." *Revista Electrónica de Ciencia Penal y Criminología* 03, n.º 07 (2001): pp. 1-13.

Bacigalupo Zapater, Enrique. *Teoría y Práctica del Derecho Penal, Tomo II.* Madrid: Marcial Pons, 2009.

Baker, Donald I. "Punishment for Cartel Participants in the US: A Special Model?" In *Criminalising Cartels. Critical Studies of an International Regulatory Movement*, de Caron Beaton-Wells e Ariel

Ezrachi, pp. 27-44. Oxford: Hart Publishing, 2011.

Barro, Robert J. *Determinants of economic growth: a cross-country empirical study*. Cambridge: The MIT Press, 1997.

Baumbach, e Hefermehl. *Wettbewerbsrecht: Gesetz gegen den unlauteren Wettbewerb, Zugabeverordnung, Rabattgesetz und Nebengesetze*. 16. München: C.H. Beck'sche Verlagsbuchhandlung, 1990.

Beaton-Wells, Caron, e Ariel Ezrachi. "Criminalising Cartels: Why Critical Studies?" In *Criminalising Cartels: Critical Studies of an International Regulatory Movement*, de Caron Beaton-Wells e Ariel Ezrachi, pp. 3-23. Oxford: Hart Publishing, 2011.

Beaton-Wells, Caron, e Christine Parker. "Justifying criminal sanctions for cartel conduct: a hard case." *Journal of Antitrust Enforcement* 1, n.º 1 (2013): pp. 198-219.

Beaton-Wells, Caron. "Cartel Criminalisation and the Australian Competition and Consumer Comission: Opportunities and Challenges." In *Criminalising Cartels. Critical Studies of an International Regulatory Movement*, de Caron Beaton-Wells e Ariel Ezrachi, pp. 183-199. Oxford: Hart Publishing, 2011.

Becker, Gary S. "Crime and Punishment: An Economic Approach." In *Essays in the Economics of Crime and Punishment*, de Gary S. Becker e William M. Lades, pp. 1-54. New York: Columbia University Press, 1974.

Beesley, M. E., e S.C. Littlechild. "Privatization: principles, problems and priorities." In *Privatization, Regulation and Deregulation*, de M. E. Beesley, pp. 26-42. London: Routledge, 1995.

Benillouche, Mikäel. "La porsuite des personnes morales." In *Dépénalisation de la vie des affaires et responsabilité pénale des personnes morales*, de Morgan Daury-Fauveau e Mikäel Benillouche (dir.), pp. 17-35. Paris: Puf, 2009.

Benson, Michael L., e Sally S. Simpson. *White-Collar Crime: An Opportunity Perspective*. New York: Routledge, 2009.

Bento, Vítor. *Os Estados Nacionais e a Economia Global*. Coimbra: Almedina, 2004.

Berg, Werner. "New EC Merger Regulation: A First Assessment of Its Practical Impact, the Symposium on European Competition Law." *Northwestern Journal of International Law & Business* 24, n.º 3 (Spring 2004): pp. 683-714.

Berger, Ronald J. *White-Collar Crime: the Abuse of Corporate and Government Power*. Boulder: Lynne Rienner Publishers, 2011.

Biermann, Jörg. "Country Analysis - Germany." In *Competition Law Sanctioning in the European Union: The EU-Law Influence on the National Law System of Sanctions in the European Area*, de Gerhard Dannecker e Oswald Jansen, pp. 481-523. The Hague: Kluwer Law International, 2004.

Bobbio, Norberto. *Il futuro della democrazia*. Torino: Einaudi Tascabili, 1995.

Bonfils, Philippe. "Les frontières du droit pénal des affaires." *Revue Pénitentiaire et de Droit Pénal* 2 (avril-juin 2011): pp. 325-330.

Borges, Anselmo. "O Crime Económico na Perspectiva Filosófico-teológica." *Revista Portuguesa de Ciência Criminal* 10, n.º 1 (jan. - mar. 2000): pp. 7-35.

Borges, Gonçalo Machado. "O controlo comunitário das concentrações de empresas e os interesses legítimos dos Estados-membros." *Direito e Justiça* XVII (2003): pp. 115-170.

Bossche, Anne-Marie Van den. "Liberalization, Globalization, and Competition Law and Policy." *Yearbook of European Law* 18, n.º 1 (1998): pp. 67-123.

Bosworth-Davies, Rowan. "Deviant Legitimacy - A Theory of Financial Crime"

Journal of Financial Crime 4, no. 1 (1996): pp. 7-16.

Bottke, Wilfried. "Zur Legitimität des Wirtschaftsstrafrechts im engen Sinne und seiner spezifischen Deliktsbeschreibungen." In *Bausteine des europäischen Wirtschaftsstrafrechts. Madrid-Symposium für Klaus Tiedemann*, de Bernd Schünemann e Carlos Suárez González (Hrsg.), pp. 109-123. München: Carl Heymanns Verlag KG, 1994.

Bravo, Jorge dos Reis. *Direito Penal de Entes Colectivos. Ensaio sobre a Punibilidade de Pessoas Colectivas e Entidades Equiparadas.* Coimbra: Coimbra Editora, 2008.

Calhau, Ana Paula Alves de Sousa Silva. *A "clemência" do Direito da Concorrência em Portugal: Itinerário da lei n.º 39/2006, de 25 de agosto.* Lisboa: Verbo Jurídico, 2006.

Calvani, Terry. "Cartel penalties and damages in Ireland: criminalization and the case for custodial sentences." In *Criminalization of Competition Law Enforcement: Economic and Legal Implications for the EU Member States*, de Katalin J. Cseres, Maarten Pieter Schinkel e Floris O.W. Vogelaar, pp. 270--289. Cheltenham: Edward Elgar, 2006.

Canotilho, J. J. Gomes. *Direito Constitucional e Teoria da Constituição.* 7.ª ed. Coimbra: Almedina, 2003.

Canotilho, J. J. Gomes, e Vital Moreira. *Constituição da República Portuguesa Anotada. Vol. I. Arts. 1.º a 107.º.* Coimbra: Coimbra Editora, 2007.

Cardoso, José Luís. *História do Pensamento Económico Português - Temas e Problemas.* Lisboa: Livros Horizonte, 2001.

Carmona, Angelo. *Premesse a un Corso di Diritto Penale dell'Economia. Mercato, regole e controllo penale nella postmodernità.* Padova: CEDAM, 2002.

Catarino, Luís Guilherme. "O direito administrativo global na regulação financeira europeia: alguns problemas." *Revista do Ministério Público*, n.º 131 (ju.-set. 2012): pp. 95-153.

Cauffman, Caroline. "The Interaction of Leniency Programmes and Actions for Damages." *The Competition Law Review* 7, n.º 2 (july 2011): pp. 181-220.

Chambon, Patrick Maistre di. "Rapport Introductif sur la Dépénalisation." In *Dépénalisation de la vie des affaires et responsabilité pénale des personnes morales*, de Daury Fauveau e Mikäel Benillouche (dir.), pp. 9-15. Paris: Puf, 2009.

Chander Jr., Alfred D. *The Visible Hand. The Managerial Revolution in American Business.* Cambridge: Harvard University Press, 1977.

Chandler Jr., Alfred D. *Scale and Scope: The Dinamics of Industrial Capitalism.* Cambridge: Harvard University Press, 1994.

Chorão, Luís Bigotte. "O Conceito de Concorrência Desleal. Evolução Legislativa." In *Concorrência Desleal*, de AA. VV., pp. 165-180. Coimbra: Almedina, 1997.

Clinard, Marshall B., e Peter C. Yeager. *Corporate Crime.* New York: The Free Press, 1980.

Colliat, Rémi. "A Critical Genealogy of European Macroeconomic Governance." *European Law Journal* 18, n.º 1 (January 2012): pp. 6-23.

Connor, John M. "Effectiveness of Antitrust Sanctions on Modern International Cartels." *Journal of Industry, Competition and Trade* (Springer), n.º 6 (2006): pp. 195-223.

Connor, John M. "Price Fixing Overcharges: Revised 2nd Edition." 2010 йил 27-April. SSRN: http://ssrn.com/abstract=1610262.

Connor, John M. "Price-Fixing Overcharges: Legal and Economic Evidence." 2005. SSRN: http://ssrn.com/abstract=787924.

Corapi, Diego. "Mandatory and Non Mandatory Rules in Corporate Law." In *Con-*

vergence of legal systems in the 21st century - General Reports delivered at the XVIth International Congress of Comparative Law, by International Academy of Comparative Law, pp. 655-668. Bruxelles: Bruylant, 2006.

Cordeiro, António Menezes. "A crise planetária de 2007/2009 e o governo das sociedades." In *Direito Sancionatório das Autoridades Reguladoras*, de Maria Fernanda Palma, Augusto Silva Dias e Paulo de Sousa Mendes, pp. 13-39. Coimbra: Coimbra Editora, 2009.

Correia, Eduardo. "Direito penal e direito de mera ordenação social." *BFDUC* 49 (1973): pp. 257-281.

Correia, Eduardo. "Introdução ao direito penal económico." *Revista de Direito e Economia* 3 (1977): pp. 3-35.

Corroza, Elena Íñigo. "La relevancia del fraude en los delitos de competencia. En concreto: maquinaciones para elevar el precio de las cosas (art. 284 CP) y uso de información privilegiada (art. 285 CP)." In *¿Libertad Económica o Fraudes Punibles? Riesgos penalmente relevantes e irrelevantes en la actividad económico-empresarial*, de Jesús-María Silva Sánchez (dir.), pp. 283-305. Madrid: Marcial Pons, 2003.

Costa, António Manuel de Almeida. "A propósito do novo Código do Trabalho: bem jurídico e pluralidade de infracções no âmbito das contraordenações relativas ao «trabalho suplementar»." In *Liber Discipulorum para Jorge de Figueiredo Dias*, de Manuel da Costa Andrade, José de Faria Costa, Anabela Miranda Rodrigues e Susana Aires de Sousa, pp. 1035-1066. Coimbra: Coimbra Editora, 2003.

Costa, José de Faria. "O fenómeno da globalização e o direito penal económico" *Estudos em Homenagem ao Professor Doutor Rogério Soares – BFDUC Studia Iuridica* 61 (2001): pp. 531-550.

Costa, José de Faria. *Linhas de Direito Penal e de Filosofia: alguns cruzamentos reflexivos.* Coimbra: Coimbra Editora, 2005.

Costa, José de Faria. "O Direito Penal e a Tutela dos Direitos da Propriedade Industrial e da Concorrência (Algumas observações a partir da concorrência desleal)." em *Direito Industrial*, Vol. III, de José de Oliveira Ascensão (coord.), pp. 33-44. Coimbra: Almedina, 2003.

Costa, José de Faria. *O Perigo em Direito Penal.* Coimbra: Coimbra Editora, 2000.

Craswell, Richard. "Damage Multipliers in Market Relationships." *The Journal of Legal Studies* XXV, n.º 2 (june 1996): pp. 463-492.

Crew, Michael A., e David Parker. "Development in the theory and practice of regulatory economics." In *International Handbook on Economic Regulation*, de Michael A. Crew e David Parker (ed.), pp. 1-33. Cheltenham: Edward Elgar, 2006.

Cruz, Jocema Bittencourt da. "A Defesa da Livre Concorrência no Estado Democrático de Direito: Análise da Legislação Brasileira." *Revista de Ciências Jurídicas* 4, n.º 1 (2012): pp. 35-47.

Cseres, Katalin J. "The Impact of Regulation 1/2003 in the New Member States." *The Competition Law Review* 6, n.º 2 (july 2010): pp. 145-182.

Cseres, Katalin J., Maarten Pieter Schinkel, and Floris O.W. Vogelaar. "Law and economics of criminal antitrust enforcement: an introduction". In *Criminalization of Competition Law Enforcement. Economic and Legal Implications for the EU Member States*, de Katalin J. Cseres, Maarten Pieter Schinkel e Floris O.W. Vogelaar, pp. 1-29. Cheltenham and Northampton: Edward Elgar, 2006.

Cuerda Riezu, António. "Besitzt die Europäische Gemeinschaft ein ius puniendi?" In *Bausteine des europäischen Wirtschaftsstrafre-*

chts. Madrid-Symposium für Klaus Tiedemann, de Bernd Schünemann e Carlos Suárez González (Hrsg.), pp. 367-378. München: Carl Heymanns Verlag KG, 1994.

Cunha, Carolina. "Anotação ao artigo 36.º." In *Lei da Concorrência. Comentário Conimbricense*, de Miguel Gorjão-Henriques (dir.), pp. 398-407. Coimbra: Almedina, 2013.

Cunha, Maria da Conceição Ferreira da. *«Constituição e Crime» - Uma Perspectiva da Criminalização e da Descriminalização*. Porto: Universidade Católica Portuguesa - Editora, 1995.

Curado, José Luís Soares. "Direito Industrial e Direito Penal". Vol. II, In *Direito Industrial*, de José de Oliveira Ascensão (coord.), pp. 91-97. Coimbra: Almedina, 2002.

Dannecker, Gerhard. "Sanktionen und Grundsätze des Allgemeinen Teils im Wettbewerbsrecht der Europäischen Gemeinschaft." In *Bausteine des europäischen Wirtschaftsstrafrechts. Madrid-Symposium für Klaus Tiedemann*, de Bernd Schünemann e Carlos Suárez González (Hrsg.), pp. 331-348. München: Carl Heymanns Verlag KG, 1994.

Delmas-Marty, Mireille. "Le droit pénal des sociétés commerciales et la discipline pénale des marchés mobiliers en France." In *Penale, Comportamenti Economici e Legislazione*, de AA. VV., pp. 43-61. Milano: Dott. A. Giuffrè Editore, 1979.

Delmas-Marty, Mireille. *Globalisation économique et universalisme des droits de l'homme (7e Conférence Albert-Mayrand)*. Montréal: Éditions Thémis, 2004.

Dias, Augusto Silva. "Entre 'Comes e Bebes': Debate de algumas questções polémicas no âmbito da protecção jurídico-penal do consumidor (a propósito do Acórdão da Relação de Coimbra de 10 de julho de 1996." *RPCC* 8, n.º 4 (out.-dez. 1998): pp. 515-592.

Dias, Augusto Silva. *Ramos emergentes do Direito Penal relacionados com a protecção do futuro (ambiente, consumo e genética humana)*. Lisboa: Coimbra Editora, 2008.

Dias, Jorge de Figueiredo, e Flávia Loureiro. "Anotação ao artigo 69.º" In *Lei da Concorrência. Comentário Conimbricense*, de Miguel Gorjão-Henriques (dir.), pp. 699-706. Coimbra: Almedina, 2013.

Dias, Jorge de Figueiredo, e Flávia Loureiro. "Anotação ao artigo 68.º" In *Lei da Concorrência. Comentário Conimbricense*, de Miguel Gorjão-Henriques (dir.), pp. 684-698. Coimbra: Almedina, 2013.

Dias, Jorge de Figueiredo, e Flávia Loureiro. "Anotação ao artigo 70.º" In *Lei da Concorrência. Comentário Conimbricense*, de Miguel Gorjão-Henriques (dir.), pp. 707-711. Coimbra: Almedina, 2013.

Dias, Jorge de Figueiredo, e Flávia Loureiro. "Anotação ao artigo 71.º" In *Lei da Concorrência. Comentário Conimbricense*, de Miguel Gorjão-Henriques (dir.), pp. 712-715. Coimbra: Almedina, 2013.

Dias, Jorge de Figueiredo, e Flávia Loureiro. "Anotação ao artigo 72.º" In *Lei da Concorrência. Comentário Conimbricense*, de Miguel Gorjão-Henriques (dir.), pp. 716-722. Coimbra: Almedina, 2013.

Dias, Jorge de Figueiredo, e Flávia Loureiro. "Anotação ao artigo 75.º" In *Lei da Concorrência. Comentário Conimbricense*, de Miguel Gorjoão-Henriques (dir.), pp. 767-769. Coimbra: Almedina, 2013.

Dias, Jorge de Figueiredo, e Flávia Loureiro. "Anotação ao artigo 76.º" In *Lei da Concorrência. Comentário Conimbricense*, de Miguel Gorjão-Henriques (dir.), pp. 770-772. Coimbra: Almedina, 2013.

Dias, Jorge de Figueiredo, e Flávia Loureiro. "Anotação ao artigo 78.º" In *Lei da Concorrência. Comentário Conimbricense*, de Miguel Gorjão-Henriques (dir.), pp. 778-783. Coimbra: Almedina, 2013.

Dias, Jorge de Figueiredo, e Manuel da Costa Andrade. "Poderes de Supervisão, Direito ao Silêncio e Provas Proibidas." In *Supervisão, Direito ao Silêncio e Legalidade da Prova*, de Jorge de Figueiredo Dias, Manuel da Costa Andrade e Frederico de Lacerda da Costa Pinto, pp. 11-56. Coimbra: Almedina, 2009.

Dias, Jorge de Figueiredo, e Manuel da Costa Andrade. "Problemática geral das infracções contra a economia nacional." In *Direito Penal Económico e Europeu: Textos Doutrinários, vol. I*, de AA.VV., pp. 319--346. Coimbra: Coimbra Editora, 1998.

Dias, Jorge de Figueiredo. "Os novos rumos da política criminal e o direito penal português do futuro." *Revista da Ordem dos Advogados* 43 (1983): pp. 5-40.

Dias, Jorge de Figueiredo. "Para uma dogmática do direito penal secundário. Um contributo para a Reforma do Direito Penal Económico e Social Português." *Revista de Legislação e Jurisprudência* 116 e 117 (1983-4; 1984-5): pp. 7 e ss. e 263 e ss.

Dias, Jorge de Figueiredo. "Vom Verwaltungsstrafrecht zum Nebenstrafrecht. Eine Betrachtung im Lichte der neuen portugiesischen Rechtsordnung." In *Festschrift für Hans-Heinrich Jescheck zum 70. Geburtstag*, de Theo Vogler (coord.), pp. 79-103. Berlin: Duncker e Humblot, 1985.

Dias, Jorge de Figueiredo. *Direiro Penal Português. As Consequências Jurídicas do Crime.* Coimbra: Coimbra Editora, 2005.

Dias, Jorge de Figueiredo. *Direito Penal, Parte Geral, Tomo I: Questões Fundamentais. A Doutrina Geral do Crime.* 2.ª edição. Coimbra: Coimbra Editora, 2007.

Dias, Jorge de Figueiredo. *O Problema da Consciência da Ilicitude em Direito Penal.* 6. Coimbra: Coimbra Editora, 2009.

Donini, Massimo. "¿Una Nueva Edad Media Penal? Lo Viejo y loNuevo en la Expansión del Derecho Penal Económico." In *Temas de Derecho Penal Económico. III Encuentro Hispano-Italiano de Derecho Penal Económico*, de Juan María Terradillos Basoco and María Acale Sánchez. Trotta, 2004.

Duke, T. Walter D. "Federal Anti-Trust Laws." *The Virginia Law Register. New Series* (Virginia Law Review) 8, n.º 12 (Ap. 1923): pp. 881-896.

Ebert-Weidenfeller. "Abs. 3. Straftatbestände des UWG." In *Handbuch Wirtschaftsstrafrecht (HWSt)*, de Hans Achenbach e Andreas Ransiek, pp. 76-94. Heidelberg: C. F. Müler Verlag, 2004.

Ehlermann, Claus-Dieter. "Criminal competition law enforcement: taking stock on the debate." In *Criminalization of Competition Law Enforcement.Economic and Legal Implications for the EU Member States*, de Katalin J. Cseres, Maarten Pieter Schinkel and Floris O.W. Vogelaar, pp. 30-37. Cheltenham: Edward Elgar, 2006.

Elzinga, Kenneth G., e William Breit. *The Antitrust Penalties: A Study in Law and Economics.* New Haven and London: Yale University Press, 1976.

Emmerich, Volker. *Das Recht des unlauteren Wettbewerbs*. 5. München: Verlag C.H. Beck, 1998.

Evenett, Simon J., Alexander Lehmann, and Benn Steil. "Antitrust Policy in an Evolving Global Marketplace." In *Antitrust Goes Global, What Future for Transataantic Cooperation?*, de Simon J. Evenett, Alexander Lehmann and Benn Steil, pp. 1-28. Washington D.C.: Brookings Institution Press, 2000.

Evenett, Simon J., Margaret C. Levenstein, e Valerie Y. Suslow. *International Cartel Enforcement: Lessons from the 1990s.* The World Bank, 2001.

Ezrachi, Ariel, e Jiří Kindl. "Cartels as Criminal? The Long Road from Unilateral

Enforcement to International Consensus." In *Criminalising Cartels: Critical Studies of an International Regulatory Movement*, de Caron Beaton-Wells e Ariel Ezrachi, pp. 419-434. Oxford: Hart Publishing, 2011.

Fattori, Piero, e Mario Todino. *La disciplina della concorrenza in Italia (nuova edizione)*. Rastignano: il Mulino, 2010.

Feijoo Sánchez, Bernardo. "Sobre a 'administrativização' do direito penal na 'sociedade do risco'. Notas sobre a política criminal no início do século XXI." In *Direito Penal Económico e Financeiro: Conferências do Curso Pós-Graduado de Aperfeiçoamento*, de Maria Fernanda Palma, Augusto Silva Dias e Paulo Sousa Mendes, pp. 25-65. Coimbra: Coimbra Editora, 2012.

Fikentscher, Wolfgang, Philipp Hacker, e Rupprecht Podszun. *Faie Economy: Crises, Culture, Competition and the Role of Law*. Heidelberg: Springer, 2013.

Fischel, Daniel R., e Alan O. Sykes. "Corporate Crime" *The Journal of Legal Studies* XXV, n.º 2 (June 1996): pp. 319-349.

Fisse, Brent. "Cartel Offences and Non-Monetary Punishment: The Punitive Injunction as a Sanction against Corporations." In *Criminalising Cartels: Critical Studies of an International Regulatory Movement*, de Caron Beaton-Wells e Ariel Ezrachi, pp. 313-338. Oxford: Hart Publishing, 2011.

Fitoussi, Jean-Paul. *A Democracia e o Mercado*. Lisboa: Terramar, 2005.

Foffani, Luigi. "Escándalos económicos y reformas penales: Prevención y represión de las infracciones societarias en la era de la globalización." *Revista Penal* 23 (enero 2009): pp. 33-40.

Franco, António L. Sousa, e Guilherme D'Oliveira Martins. *A Constituição Económica Portuguesa. Ensaio interpretativo*. Coimbra: Almedina, 1993.

Franco, António L. Sousa. "A Revisão da Constituição Económica." *Revista da Ordem dos Advogados* 42 (set.-dez. 1982): pp. 601-687.

Frank, Robert H. "Why is Cost-Benefit Analysis so Controversial?" In *Cost-Benefit Analysis. Legal, Economic and Philisophical Perspectives*, de Matthew D. Adler e Eric A. Posner, pp- 77-94. Chicago: The Chicago University Press, 2011.

Frese, Michael J. "The negative interplay between national custodial sanctions and leniency." In *Criminalization of Competition Law Enforcement. Economic and Legal Implications for the EU Member States*, de Katalin J. Cseres, Maarten Pieter Schinkel e Floris O.W. Vogelaar, pp. 196-213. Cheltenham: Edward Elgar, 2006.

Freyer, Tony. *Regulating Big Business: antitrust in Great Britain and America, 1880-1990*. Cambridge: Cambridge University Press, 1992.

Froufe, Pedro Serafim Madeira. "Sinais de Mudança no Direito da Concorrência (Comunitário)? - Alguns Tópicos de Discussão." In *Estudos em Comemoração do 10.º Aniversário da Licenciatura em Direito da Universidade do Minho*, de António Cândido de Oliveira (coord.). Coimbra: Almedina, 2004.

Froufe, Serafim Pedro Madeira. *A Reforma do Direito Comunitário da Concorrência: o sentido descentralizador e/ou re-centralizador do Regulamento (CE) n.º 1/2003 (dissertação de doutoramento)*. Braga: http://repositorium.sdum.uminho.pt/bitstream/1822/11261/1/TESE.pdf, 2009.

Fukuyama, Francis. *A Construção de Estados - Governação e Ordem Mundial no Século XXI*. Lisboa: Gradiva, 2006.

Gageiro, António. "Modelos de direito estrangeiro na perspectiva do *enforcement* (E.U.A/ R.U/ Europa Continental)."

In *Direito Sancionatório das Autoridades Reguladoras*, de Maria Fernanda Palma, Augusto Silva Dias e Paulo de Sousa Mendes, pp. 41-72. Coimbra: Coimbra Editora, 2009.

Galán Juárez, Mercedes. "Incidencia del principio de libre competencia en la evolución histórica del derecho comunitario de la competencia." In *La Armonización Legislativa de la Unión Europea (III)*, de AA. VV., 381 e ss. Madrid: Dykinson, 2000.

Galanis, Michael. "Vicious Spirals in Corporate Governance: Mandatory Rules for Systemic (Re)Balancing?" *Oxford Journal of Legal Studies* 31, n.º 2 (2011): pp. 327-363.

García Rivas, Nicolás. "Globalización y justicia penal universal: Paralelismos." In *Estudios Penales en Homenaje a Enrique Gimbernat, tomo I*, de Carlos García Valdés, Antonio Cuerda Riezu, Margarita Martínez Escamilla, Rafael Alcácer Guirao e Margarita Valle Mariscal de Gante, pp. 291-308. Madrid: Edisofer, 2008.

Garnsey, Peter. *Famine and Food Supply in the Graeco-Roman World. Responses to risk and crisis.* Cambridge: Cambridge University Press, 1988.

Gerber, David J. *Law and Competition in Twentieth Century Europe: Protecting Prometheus.* Oxford: Clarendon Press, 1998.

Gilligan, George. "The Relevance of White Collar Criminlology to Financial Services Regulation." *Journal of Financial Crime* 3, n.º 1 (1995): pp. 46-48.

Gobert, James, e Maurice Punch. *Rethinking Corporate Crime.* London: Lexis Nexis Butterworths, 2003.

Gonçalves, Luís Manuel Couto. *Manual de Direito Industrial: Patentes, Desenhos ou Modelos, Marcas, Concorrência Desleal.* 2.ª ed. Coimbra: Almedina, 2008.

Gonçalves, Maria Eduarda. "A Constituição (Económica) Revista." In *A Constituição Revista*, de José A. Tavares, Miguel Poiares Maduro, Nuno Garoupa e Pedro Magalhães, pp. 43-48. Lisboa: Fundação Francisco Manuel dos Santos, 2011.

Gordon, Richard L. *Antitrust Abuse in the New Economy: The Microsoft Case.* Cheltenham/ Northampton: Edward Elgar, 2002.

Gorjão-Henriques, Miguel, e Carla Farinhas. "Anotação ao artigo 25.º" In *Lei da Concorrência. Comentário Conimbricense*, de Miguel Gorjão-Henriques (dir.), pp. 283-295. Coimbra: Almedina, 2013.

Gorjão-Henriques, Miguel, e Catarina Anastácio. "Anotação ao artigo 9.º" In *Lei da Concorrência. Comentário Conimbricense*, de Miguel Gorjão-Henriques (dir.), pp. 82-108. Coimbra: Almedina, 2013.

Gorjão-Henriques, Miguel. "O Direito Comunitário, a Concorrência e a «Distribuição Seletiva»: Enquadramento e Novos Desafios." *Direito Industrial* (Almedina) III (2003): pp. 149-200.

Gorjão-Henriques, Miguel. *Da restrição da concorrência na Comunidade Europeia: a franquia de distribuição.* Coimbra: Almedina, 1998.

Gorjão-Henriques, Miguel. *Direito Comunitário – Sumários Desenvolvidos.* 4.ª ed. Coimbra: Almedina, 2007.

Gormsen, Liza Lovdahl. *A Principled Approach to Abuse of Dominance in European Competition Law.* Cambridge: Cambridge University Press, 2010.

Gottschalk, Petter. "Stages of financial crime by business organizations." *Journal of Financial Crime* 15, n.º 1 (2008): pp. 38-48.

Goyder, D. G. *EC Competiiton Law.* 2. Oxford: Clarendon Press, 1993.

Goyder, D. G. *EC Competition Law.* 4. Oxford: Oxford University Press, 2003.

Grabosky, Peter. "Globalization and White-Collar Crime." In *The Criminology of*

White-Collar Crime, de S. Sally Simpson, David Weisburd e (eds.), pp. 129-151. New York: Springer, 2009.

Gracia Martín, Luís. "Die Strafbarkeit von Handlungen und Unterlassungen im Unternehmen nach spanischem und deutschem Recht." In *Bausteine des europäischen Wirtschaftsstrafrechts. Madrid--Symposium für Klaus Tiedemann*, de Bernd Schünemann e Carlos Suárez González (Hrsg.), pp. 13-34. München: Carls Haeymanns Verlag KG, 1994.

Greenwald, Bruce C., e Joseph E. Stiglitz. "Externalities in Economies with Imperfect Information and Incomplete Markets." *The Quarterly Journal of Economics* 101, n.º 2 (may 1986): pp. 229-264.

Groeben, Hans Von der. *Das Kartellrecht der Europäischen Wirtschaftsgemeinschaft im Lichte zweieinhalbjähriger Erfahrungen*. Vol. I, em *Kartelle und Monopole im Modern Recht*, Institut fur ausländisches und internationales Wirtschaftsrecht, pp. 47-62. Karlsruhe: Verlar C. F. Müller, 1961.

Gulati, Bhawna. "Minimum Resale Price Maintenance Agreements - and the Dilemma Continues." *The Competition Law Review* 8, n.º 2 (jul. 2012): pp. 129-142.

Guy, Diana. "The UK's experience with criminal law sanctions." In *Criminalization of Competition Law Enforcement: Economic and Legal Implications for the EU Member States*, de Katalin J. Cseres, Maarten Pieter Schinkel e Floris O.W. Vogelaar, pp. 248-256. Cheltenham: Edward Elgar, 2006.

Guyénot, Jean. *Droit Antitrust Européen*. Montréal: Les Presses de L' Université du Québec, 1973.

Guzmán Dalbora, José Luís. "Do prémio da felonia na história jurídica e no direito penal contemporâneo." *RPCC* 21, n.º 2 (ab.-jun. 2011): pp. 209-235.

Hamond, Scott D. "The Evolution of Crime Antitrust Enforcement Over the Last Two Decades." *The 24th Anual Institute of White Collar Crime*. Miami, 2010.

Harcourt, Bernard E. "Neoliberal Penalty: the birth of natural order, the illusion of free markets." *John M. Olin Program in Law & Economics Working Paper Series* (http://www.law.uchicago.edu/Lawecon/index.html), 2008.

Harding, Christopher, and Julian Joshua. *Regulating Cartels in Europe. A Study of Legal Control of Corporate Delinquency*. Oxford: Oxford University Press, 2003.

Harding, Christopher. "Business Collusion as a Criminological Phenomenon: Exploring the Global Criminalisation of Business Cartels." *Critical Criminology* (Springer) 14 (2006): pp. 181-205.

Harding, Christopher. "Forging the European Cartel Offence: The Supranational Regulation of Business Conspiracy." *European Journal of Crime, Criminal Law and Criminal Justice*, n.º 4 (2004): pp. 275-300.

Harding, Christopher. "The Anti-Cartel Enforcement Industry: Criminological Perspectives on Cartel Criminalisation." In *Criminalising Cartels: Critical Studies of an International Regulatory Movement*, de Caron Beaton-Wells e Ariel Ezrachi, pp. 359-380. Oxford: Hart Publishing, 2011.

Harding, Christopher. *Criminal Enterprise: Individuals, organisations and criminal responsability*. Devon: Willan Publishing, 2007.

Harding, Christopher. *European Community Investigations and Sanctions: The Supranational Control of Business Delinquency*. Leicester: Leicester University Press, 1993.

Hassemer, Winfried. "La autocompressión de la Ciencia del Derecho Penal frente a las exigencias de su tiempo." In *La ciencia del derecho penal ante el nuevo milenio*, de

Esser, Hassemer, Burkhardt e Muñoz Conde (coord.), pp. 21-52. Valencia: Tirant lo Blanch, 2004.

Hassemer, Winfried. "Pesperctivas del Derecho penal futuro." *Revista Penal* 1 (1998): pp. 37-41.

Hayek, F. A. *The Road of Serfdom.* London: George Routledge & Sons, Ltd., 1946.

Herlin-Karnell, Ester. "The Development of EU Precautionary Criminalisation." *EuCLR* 1, no. 2 (2011): pp. 149-169.

Hogg, Russell. "Crime, Risk and Money: The Currency of Justice: Fines and Damages in Consumer Societies and Crime and Risk, both by Pat O'Malley." *Criminal Justice* 3, no. 1 (july 2011): pp. 113-121.

Hönn, Günther. "Gesetzliche Krankenversicherung und kartelllrechtlicher Unternehmensbegriff." In *Europäische Integration und Globalisierung*, de Werner Meng, Georg Ress e Torsten Stein (Hrsg.), pp. 269-283. Baden-Baden: Nomos, 2011.

Hormazábal Malarée, Hernán. *Bien Juridico y Estado Social de Derecho. El objeto protegido por la norma penal.* Santiago do Chile: Editorial Jurídica Conosur, 1992.

Hormazábal Malarée, Hernán. *La proteción penal del mercado comptitivo: una teoria general desde el bien jurídico.* Barcelona: Facultat de Dret Universitat de Barcelona, 1984.

Horn, Laura. "Corporate Governance in Crisis? The Politics of EU Corporate Governance Regulation." *European Law Jounal* 18, n.º 1 (january 2012): pp. 83-107.

Horner, Neil. "Unilateral Effects and the EC Merger Regulation - How The Comission Had its Cake and Ate it Too." *Hanse Law Review* 2, n.º 1 (2006): pp. 23-43.

Hossenfelder, Silke. "Reform of european Competition Law: Changes in the cooperartion between competition authorities and the effects on the sactioning system." In *Competition Law Sanctioning in the European Union: The EU-Law Influence on the National Law System of Sanctions in the European Area*, de Gerhard Dannecker e Oswald Jansen, pp. 165-176. The Hague: Kluwer Law International, 2004.

Íñigo Corroza, Elena. "La relevancia del fraude en los delitos de competencia. En concreto: maquinaciones para elevar el precio de las cosas (art.284 CP) y uso de información privilegiada (art. 285.º CP)." In *¿Libertad Económica o Fraudes Punibles? Riesgos penalmente relevantes e irrelevantes en la actividad económico-empresarial*, de Jésus-Maria Silva Sánchez (dir.), pp. 283-305. Madird: Marical Pons, Ediciones Jurídicas y Sociales, S.A., 2003.

Italianer, Alexander. "Fighting cartels in Europe and the US: different systems, common goals." *Annual Conference os the International Bar Association.* Boston: Comissão Europeia, 2013.

Janow, Merit E. "Transatlantic Cooperation on Competition Policy." In *Antitrust goes global: What Future for Transtlantic Cooperation?*, de Simon J. Evenett, Alexander Lehmann e Benn Steil, pp. 29-56. Washington D.C.: Brookings Institution Press, 2000.

Jefferson, Michael. "Corporate Criminal Liability: Sanctions and Remedial Action." *Journal of Financial Crime*, 1996 йил vol. 4, n.º 2: pp. 173-176.

Jefferson, Michael. "Corporate Criminal Responsability - Ascription of Criminal Liability to Companies." *Journal of Financial Crime* 3, no. 3 (1996): pp. 275-277.

Kagan, Robert A. "Should Europe Worry About Adversarial Legalism?" *Oxford Journal of Studies* 17, n.º 2 (1997): pp. 165-183.

Kalbfleisch, Pieter. "Criminal competition law sanctions in the Netherlands." In *Criminalization of Competition Law Enforcement: Economic and Legal Implications for the EU Member States*, de Katalin J. Cseres, Maarten Pieter Schinkel e Floris O.W. Vogelaar, pp. 312-318. Cheltenham: Edward Elgar, 2006.

Kalt, Joseph P., e Mark A. Zupan. "Capture and Ideology in the Economic Theory of Politics." *American Economic Review* 74, n.º 3 (jun. 1984): pp. 279-300.

Kaserman, David L., e John W. Mayo. *Government and Business: The Economics of Antitrust and Regulation.* Forth Worth: The Dryden Press, 1995.

Kerse, Christopher, e Nicholas Khan . *EC Antitrust Procedure.* London: Sweet & Maxwell, 2006.

Keynes, John Maynard. *The General Theory of Employment Interest and Money.* New York: Harcourt, Brace and Company, 1936.

Klawiter, Donald C., e Jennifer M. Driscoll. ""Sentencing Individuals In Antitrust Cases: The Proper Balance"." *Antitrust* (Spring) 23, n.º 2 (2009): pp. 75-80.

Klees, Andreas M. "Breaking the Habits: The German Competition Law after the 7th Amendment to the Act against Restraints of Competition (GWB)." *German Law Journal* 7, n.º 4 (2006): pp. 399-419.

Kleinwächter, Friedrich. *Die Kartelle - Ein Beitrag zur Frage der Organisation der Volkswirthschaft.* Innsbruck: Verlag der Wagner'schen Universitaets-Buchhandlung, 1883.

Klip, André, *European Criminal Law. An Integrative Approach.* Antwerp: Intersentia, 2009.

Kovacic, William E. "Competition policy and cartels: the design of remedies." In *Criminalization of Competition Law Enforcement. Economic and Legal Implications for the EU Member States,* de Katalin J. Cseres, Maarten Pieter Schinkel e Floris O.W. Vogelaar, pp. 41-59. Cheltenham: Edward Elgar, 2006.

Kovacic, William E. "Competition Policy in the European Union and the United States: Convergence or Divergence?" *Bates White Fifth Anual Antitrust Conference.* Washington D.C., 2008.

Kovacic, William E. "Criminal Enforcement Norms in Competition Policy: Insights from US Experience." In *Criminalising Cartels. Critical Studies of an International Regulatory Movement,* de Caron Beatob-Wells e Ariel Ezrachi, pp. 45-73. Oxford: Hart Publishing, 2011.

Kroes, Neelie. "Tackling cartels – a never-ending task ." *Anti-Cartel Enforcement: Criminal and Administrative Policy – Panel session* . Brasília: SPEECH/09/454 , 2009.

Krugman, Paul R., Maurice Obstfeld, e Marc J. Melitz. *International Economics: Theory & Policy.* 9.ª. Essex: Pearson, 2012.

Krugman, Paul. *Globalização e globobagens: verdades e mentiras do pensamento econômico.* Rio de Janeiro: Editora Campus, 1999.

Laquerrière-Lacroix, Aude. "L'evolution des frontières du droit pénal. Jalons historiques." *Revue Pénitentiaire et de Droit Pénal,* 2011, n.º 1, janvier-mars: pp. 71-81.

Leissac, Marie-Paule Lucas de, e Alexis Mihman. *Droit Pénal des Affaires.* Paris: Economica, 2009.

Leslie, Christopher R. "Antitrust Leniency Programmes." *The Competition Law Review* 7, n.º 2 (jul. 2011): pp. 175-179.

Lewisch, Peter. "Enforcement of antitrust law: the way from criminal individual punishment to semi-penal sanctions in Austria." In *Criminalization of Competition Law Enforcement: Economic and Legal Implications for the EU Member States,* de Katalin J. Cseres, Maarten Pieter Schinkel e Floris O.W. Vogelaar, pp. 290-306. Cheltenham: Edward Elgar, 2006.

Loos, Marco B. M. "The influence of European consumer law on general contract law and the need for spontaneous harmonization. On the disturbance and reconstruction of the coherence of national contract law and consumer law under the influence of Eueopean Law." *Centre for the Study of European Contract Law - Working Paper Series* 2 (2006).

Loureiro, Flávia, e André Piton. "Comentário ao artigo 48.º." In *Carta dos Direitos Fundamentais da União Europeia Comentada*, de Alessandra Silveira e Mariana Canotilho (coord.), pp. 545-552. Coimbra: Almedina, 2013.

Loureiro, Flávia. "Os problemas económico-finaceiros transnacionais e o encurtamento dos direitos humanos - que papel para o direito penal?" In *Direitos humanos e sua efetivação na era da transnacionalidade: debate luso-brasileiro*, de Mário Ferreira Monte e Paulo de Tarso Brandão (coord.), pp. 195-205. Curitiba: Juruá, 2012.

Loureiro, Flávia. *A legitimação do direito penal do ambiente enquanto tutela de bens jurídicos colectivos - subsídio para o estudo da figura da acumulação.* Coimbra: dissertação de mestrado, 2007.

Loureiro, Flávia. *Estudo breve do art. 279.º do Código Penal - Após a revisão de setembro de 2007.* Vol. III, em *Estudos em Homenagem ao Prof. Doutor Jorge de Figueiredo Dias*, de Manuel da Costa Andrade, Maria João Antunes e Susana Aires de Sousa (org.), pp. 455-482. Coimbra: Coimbra Editora, 2010.

Low QC, D. Martin, e Casey W. Halladay. "Redesigning a Criminal Cartel Regime: The Canadian Conversion." In *Criminalising Cartels. Critical Studies of an International Regulatory Movement*, de Caron Beaton-Wells e Ariel Ezrachi, pp. 77-104. Oxford: Hart Publishing, 2011.

Luc, Irène. "La responsabilité des personnes morales en droit de la concurrence." In *Dépénalisation de la vie des affaires et responsabilité pénale des personnes morales*, de Morgan Daury-Fauveau e Mikäel Benillouche (dir.), pp. 119-132. Paris: Puf, 2009.

Machete, Rui Chancerelle de. "A nova ciência do Direito Administrativo e a Regulação." *Scientia Iuridica* (Universidade do Minho – Escola de Direito) LX, n.º 326 (Maio-Agosto 2011): pp. 277-291.

Madison, James. *Selected Writings.* Indianapolis: Hackett Publishing Company, 2006.

Maher, Imelda. "Introduction: Regulating Markets and Social Europe: New Governance in the EU." *European Law Journal* 15, no. 2 (march 2009): pp. 155-159.

Maher, Imelda. "Re-imagining the Story of European Competition Law." *Oxford Journal of Legal Studies* 20, n.º 1 (2000): pp. 155-166.

Malamud Goti, Jaime. *Derecho penal de la competencia: Abastecimiento - Monopolios.* Buenos Aires: Editorial Hammurabi, 1984.

Manna, Adelmo. *Corso di Diritto Penale dell' Impresa.* Padova: CEDAM, 2010.

Markert, Kurt E. "Recent Developments in German Antitrust Law." *Fordham Law Review* 43, n.º 5 (1975): pp. 697-718.

Marques, Maria Manuel Leitão, e Vital Moreira. *A mão visível - mercado e regulação.* Coimbra: Almedina, 2003.

Marques, Maria Manuel Leitão, João Paulo Simões de Almeida, e André Matos Forte. *Concorrência e Regulação (A relação entre a Autoridade da Concorrência e as Autoridades de Regulação Sectorial).* Coimbra: Coimbra Editora, 2005.

Marques, Maria Manuel Leitão. "A Constituição Económica Portuguesa depois da Revisão Constitucional de 1989." *Oficina do CES* 16 (março 1990).

Martínez-Buján Pérez, Carlos, Carlos Suárez-Mira Rodríguez, Patrícia Faraldo Cabana, José Angél Brandariz García, e Luz María Puente Aba. *Derecho Penal Económico.* Valencia: Tirant lo blanch, 2002.

Martínez-Buján Pérez, Carlos. "Acción, norma y libertad de acción en un nuevo sistema penal." In *Estudios Penales en Homenaje a Enrique Gimbernart, tomo I*, de Carlos García Valdés, Antonio Cuerda Riezu, Margarita Martínez Escamilla, Rafael Alcácer Guirao e Margarita Valle Mariscal de Gante, pp. 1237-1269. Madrid: Edisofer, 2008.

Martínez-Buján Pérez, Carlos. "Algunas reflexiones sobre la moderna teoria del Big Crunch en la selección de bienes jurídico-penales (especial referencia al ámbito económico)." In *La Ciencia del Derecho Penal ante el Nuevo Siglo. Libro Homenaje al Professor Doctor Don José Cerezo Mir*, de Díez Ripollés (ed.), pp. 395-431. Madrid: Tecnos, 2002.

Martins, Maria Belmira, Maria José Bicho, e Azeem Remtula Bangy. *O Direito da Concorrência em Portugal.* Lisboa, 1986.

Martyniszyn, Mark. "A Comparative Look at Foreign State Compulsion as a Defence in Antitrust Litigation." *The Competition Law Review* 8, n.º 2 (jul. 2012): pp. 143-167.

Massey, Patrick. "Criminalization and leniency: will the combination favourably affect cartel stability?" In *Criminalization of Competition Law Enforcement. Economic and Legal Implications for the EU Member States*, de Katalin J. Cseres, Maarten Pieter Schinkel e Floris O.W. Vogelaar, pp. 176-195. Cheltenham: Edward Elgar, 2006.

Mata y Martín, Ricardo M. *Bienes juridicos intermedios y delitos de peligro. Aproximación a los pressupestos de la técnica de peligro para los delitos que protegen bienes jurídicos intermedios (– tutela penal de medio ambiente, delitos económicos, seguridad del tráfico –).* Granada: Editorial Comares, 1997.

Mata, José. *Economia da Empresa.* 7.ª edição, revista e atualizada. Lisboa: Fundação Calouste Gulbenkian, 2011.

Mateus, Abel M. "Sobre os Fundamentos do Direito e Economia da Concorrência." *Seminário para Juízes de Direito, sobre Direito Comunitário e Nacional da Concorrência.* http://www.concorrencia.pt/SiteCollectionDocuments/Noticias_e_Eventos/Intervencoes_Publicas/Fundamentos_do_Direito_e_Economia_da_Concorrencia.pdf, 2006. pp. 1-21.

Matsopoulou, Haritini. "Responsabilité pénale des personnes morales et infractions du droit pénal des affaires." In *Dépénalisation de la vie des affaires et responsabilité pénale des personnes morales*, de Morgan Daury-Fauveau e Mikäel Benillouche (dir.), pp. 81-89. Paris: Puf, 2009.

Mauro, Cristina. "Dépénalisation de la vie des affaires et responsabilité pénale des personnes morales. Éléments de droit comparé." In *Dépénalisation de la vie des affaires et responsabilité pénale des personnes morales*, de Morgan Daury-Fauveau e Mikäel Benillouche (dir.), pp. 61-79. Paris: Puf, 2009.

Mazuelos Coello, Julio F. "Sobre las possibilidades de conciliar las normas de conducta y las normas de sanción desde un derecho penal funcional." In *Modernas Tendencias de Dogmática Penal y Política Criminal, Libro homenaje al Dr. Juan Bustos Ramírez*, de José Urquizo Olaechea (dir.), pp. 599-625. Lima: Idemsa, 2007.

McCubbins, Matthew D., Roger G. Noll, e Barry R. Weingast. "Structure and Process, Politics and Policy: Administrative Arrangements and the Political Control of Agencies." *Virginia Law Review* 75, n.º 2 (mar. 1989): pp. 431-482.

Mendes, Evaristo. "Direito da concorrência desleal e direito da concorrência." In *Concorrência Desleal*, de AA. VV., pp. 87-98. Coimbra: Almedina, 1997.

Mendes, Paulo de Sousa, e Fernando Xarepe Silveiro. "Algumas questões em torno da nota de ilicitude no processo contra-ordenacional por práticas restritivas da concorrência." *Revista do CEJ* 14 (2.º sem. 2010): pp. 431-448.

Mendes, Paulo de Sousa, "As garantias de defesa no processo sancionatório especial por práticas restritivas da concorrência confrontadas com a jurisprudência do Tribunal Europeu dos Direitos do Homem", *Revista da Concorrência e Regulação*, ano I, n.º 1, jan.-mar. 2010, pp. 121-144.

Mendoza Buergo, Blanca. *Limites dogmáticos y político criminales de los delitos de perigo abstracto.* Granada: Editorial Comares, 2001.

Mesquita, Maria José Rangel de. "Comentário ao artigo 47.º." In *Carta Dos Direitos Fundamentais da União Europeia Comentada*, de Alessandra Silveira e Mariana Canotilho (coord.), pp. 537-544. Coimbra: Almedina, 2013.

Mistretta, Patrick. "Les frontières du droit pénal des affaires." *Revue Penitentiaire et de Droit Pénal* 2 (avril-juin 2011): pp. 331-337.

Moens, Gabriel A. "Teaching of Comparative Law and Comparative Law Teaching." In *Convergence of legal systems in the 21st century - General Reports delivered at the XVIth International Congress of Comparative Law*, pp. 265-299. Bruxelles: Bruylant, 2006.

Molina Blásquez, Concepción. *Protección Juridica de la Lealtad en la Competencia.* Madrid: Editorial Montecorvo, S.A. , 1993.

Möllers, Thomas M. J., e Andreas Heinemann. *The Enforcement of Competition Law in Europe.* Cambridge: Cambridge University Press, 2007.

Moncada, Luís Cabral de. *Manual Elementar de Direito Público da Economia e da Regulação: Uma Perspetiva Luso-Brasileira.* Coimbra: Almedina, 2012.

Montag, Frank. "The Case for a Reform of Regulation 17/62: Problems and Possible Solutions from a Practicioner's Point of View." *Fordham International Law Journal* 22, n.º 3 (1998): pp. 819-852.

Monte, Mário Ferreira. *Da legitimação do direito penal tributário - em particular, os paradigmáticos casos de facturas falsasReflexões a partir, sobretudo, dos direitos portugês e espanhol.* Coimbra: Coimbra Editora, 2007.

Monte, Mário Ferreira. *O Direito Penal Europeu de "Roma" a "Lisboa" - Subsídios para a sua legitimaçãp.* Lisboa: Quid Iuris, 2009.

Montesquieu. *O Espírito das Leis.* São Paulo: Martins Fontes, 2005.

Monti, Giorgio. "The New Substantive Test in the EC Merger Regulation - Bridging the Gap Between Economics and Law?" *LSE Law, Society and Economy, Working Papers* 10 (2008): pp. 1-21.

Monti, Mário. "Review of the EC Merger Regulation – Roadmap for the reform Project ." Montagem por British Chamber of Commerce. *Conference on Reform of European Merger Control.* Bruxelas: http://europa.eu/rapid/press-release_SPEECH-02-252_en.htm?locale=pt, 2002.

Morais, Luís D. S. *Os Conceitos de Objecto e Efeitos Restritivos da Concorrência e a Prescrição de Infracções de Concorrência.* Coimbra: Almedina, 2009.

Morawetz, Victor. "The Sherman Anti-trust Act." *American Economic Association Quarterly* (American Economic Association) Vol. 11, n.º 1 (Dec. 1909): pp. 321-327.

Moreira, Teresa. "O Novo Instituto da Clemência - a dispensa e a atenuação especial da coima aplicável a práticas restritivas da concorrência." *Sub Judice* 40 (jul.-set. 2007): pp. 75-97.

Moreira, Vital, e Fernanda Maçãs. *Autoridades Reguladoras Independentes: Estudo e Projecto de Lei-Quadro.* Coimbra: Coimbra Editora, 2003.

Mota, Massimo. *Competition Policy: theory and practice.* Cambridge: Cambridge University Press, 2004.

Moutinho, José Lobo e Pedro Garcia Marques. "Anotação ao artigo 73.º." In *Lei da Concorrência. Comentário Conimbricense*, de Miguel Gorjão-Henriques (dir.), pp. 723-750. Coimbra: Almedina, 2013.

Moutinho, José Lobo, e Pedro Duro. "Anotação ao artigo 18.º." In *Lei da Concorrência. Comentário Conimbricense*, de Miguel Gorjão-Henriques (dir.), pp. 205-216. Coimbra: Alemdina, 2013.

Moutinho, José Lobo, e Pedro Duro. "Anotação ao artigo. 19.º." In *Lei da Concorrência. Comentário Conimbricense*, de Miguel Gorjão-Henriques (dir.), pp. 217-223. Coimbra: Almedina, 2013.

Moutinho, José Lobo, e Tito Rendas. "Anotação ao artigo 59.º." In *Lei da Concorrência. Comentário Conimbricense*, de Miguel Gorjão-Henriques (dir.), pp. 588-591. Coimbra: Almedina, 2013.

Moutinho, José Lobo, Tito Rendas, e Miguel Gorjão-Henriques. "Anotação ao artigo 13.º." In *Lei da Concorrência. Comentário Conimbricense*, de Miguel Gorjão-Henriques (dir.), pp. 169-182. Coimbra: Almendina, 2013.

Neves, João César das. *Economia*. Lisboa: Difusão Cultural, 1994.

Nieto Martín, Adán. "¿Americanización o europeización del Derecho penal económico?" In *Los caminos de la armonización penal*, de Mireille Delmas-Marty, Mark Pieth e Ulrich Sieber, pp. 419-455. Valencia: Tirant lo blanch, 2009.

Nunes, António José Avelãs. *Uma volta ao mundo das ideias económicas: será a economia uma ciência?* Coimbra: Almedina, 2008.

O'Kane, Michael. "International Cartels, Concurrent Criminal Prosecutions and Extradition: Law, Practice and Policy." In *Criminalising Cartels: Critical Studies of an International Regulatory Movement*, de Caron Beaton-Weels e Ariel Ezrachi, pp. 397-418. Oxford: Hart Publishing, 2011.

O'Kane, Michael. *The Law of Criminal Cartels: Practice and Procedure*. Oxford: Oxford University Press, 2009.

Odudu, Okeoghene. "Interpreting Article 81 (1): Demonstrating Restrictive Effect." *European Law Journal* 26 (2001): pp. 261-274.

Odudu, Okeoghene. "Interpreting Article 81 (1): Object as subjective intention." *European Law Review* 26 (feb. 2001): pp. 60-75.

Odudu, Okeoghene. "Interpreting Article 81 (1): The Object Requirement Revisited." *European Law Review* 26 (2001): pp. 379-390.

Odudu, Okeoghene. "The Wider Concerns of Competition Law." *Oxford Journal of Legal Studies* 30, no. 3 (2010): pp. 599-613.

OECD. *Regulatory Reform in Norway - The role of competition policy in regulatory reform*. 2003.

Offe, Claus. *Problemas Estrututrais do Estado Capitalista*. Rio de Janeiro: Tempo Brasileiro, 1984.

Ojo, Marianne. "The Changing Role of Central Banks and the Role of Competition in Financial Regularions during (and in the Aftermanth of) the Financial Crisis." *European Law Journal* 17, n.º 4 (july 2011): pp. 513-533.

Olavo, Carlos. *Introdução ao Direito Industrial*. Vol. IV, em *Direito Industrial*, de Associação Portuguesa de Direito Intelectual, pp. 155-198. Coimbra: Almedina, 2005.

Ortiz Blanco, Luis. *European Community Competition Procedure*. Oxford: Oxford University Press, 2006.

Pais, Sofia Oliveira. "Controlo das concentrações de empresas no direito comunitário – Algumas notas sobre as alterações introduzidas ao regulamento n.º 4064/89 de 21.12.89 pelo regulamento n.º 1310/97 de 30.6.97." *Direito e Justiça* XII, n.º 2 (1998): pp. 275-293.

Pais, Sofia Oliveira. *O controlo das concentrações de empresas do direito comunitário da concorrência.* Coimbra: Almedina, 1996.

Palma, Maria Fernanda. "Direito Penal Especial: o vértice do sistema penal." In *Direito Penal Económico e Financeiro: Conferências do Curso Pós-Graduado de Aperfeiçoamento,* de Maria Fernanda Palma, Augusto Silva Dias e Paulo Sousa Mendes, pp. 11-24. Coimbra: Coimbra Editora, 2012.

Papadopoulos, Anestis S. *The International Dimnesion of EU Competition Law and Policy.* Cambridge: Cambridge University Press, 2010.

Papp, Florian Wagner-von. "What if Bid Riggers Went to Prision and Nobody Noticed? Criminal Antitrust Law Enforcement in Germany." In *Criminalising Cartels: Critical Studies of an International Regulatory Movement,* de Caron Beaton-Wells e Ariel Ezrachi, pp. 157-182. Oxford: Hart Publishing, 2011.

Parker, Christine. "Criminal Cartel Sanctions and Compliance: The Gap between Rhetoric and Reality." In *Criminalising Cartels: Critical Studies of an International Regulatory Movement,* de Caron Beaton-Wells e Ariel Ezrachi, pp. 239-262. Oxford: Hart Publishing, 2011.

Pascal, Ana-Maria. "A legal person's conscience: philosophical underpinnings of corporate criminal liability." In *European Developments in Corporate Criminal Liability,* de James Gobert e Ana-Maria Pascal, pp. 33-52. London: Routledge, 2011.

Patrono, Paolo. *Diritto Penale dell'Impresa e Interessi Umani Fondamentali.* Padova: CEDAM, 1993.

Paúl, Jorge Fernando Castro Patrício. *Concorrência Desleal.* Coimbra: Coimbra Editora, 1965.

Payne, Brian K. *Incarcerating White-Collar Offenders.* Springfield: Charles C. Thomas, 2003.

Pedrazzi, Cesare. "Problemi di tecnica legislativa." In *Comportamenti Economici e Legislazione Penale,* de AA. VV., 17-41. Milano: Dott. A. Giuffrè Editore, 1979.

Pedrazzi, Cesare. *Diritto Penale III. Scriti di Diritto Penale dell'Economia. Probleme Generali, Diritto Penale Societario.* Milano: Dott. A. Giuffrè Editore, 2003.

Pedrazzi, Cesare. *Diritto Penale IV. Scritti di Diritto Penale dell'Economia. Disciplina Penale dei Mercati, Diritto Penale Bancario, Diritto Penale Industriale, Diritto Penale Fallimentare, Varia.* Milano: Dott. A. Giuffrè Editore, 2003.

Peltzman, Sam. "Toward a More General Theory of Regulation." *Journal of Law and Economics* 19, n.º 2 (aug. 1976): pp. 221-240.

Pera, Alberto. *Concorrenza e antitrust.* Bologna: il Mulino, 2009 (4.ª ed.).

Pereira, Miguel Mendes. *Lei da Concorrência Anotada.* Coimbra: Coimbra Editora, 2009.

Peretz, George, Tim Ward, e Ronit Kreisberger. "Enforcement and Procedure." In *European Community Law of Competition,* de Viven Rose e Peter Roth QC, pp. 1181-1370. Oxford: Oxford University Press, 2008.

Pesce, Francesca. "Alle radici di un difficile binomio: analisi economica e diritto penale." *L'Indice Penale,* Gennaio-Giugnio, ano XIV, n.º 1 2011: pp. 29-68.

Peyret, Henry. *La Stratégie des Trusts.* Paris: Presses Universitaires de France, 1966.

Pin, Xavier. "Politique criminelle et frontières du droit pénal: enjeux et perspectives." *Revue Penitentiaire et de Droit Pénal* 1 (janvier-mars 2011): pp. 83-103.

Pina, Maria Tavares de. "A Criminalização dos Cartéis pelo Direito da União Europeia." *Revista Portuguesa de Ciência Criminal* 20 (2010): pp. 375-413.

Pinto, Fredericdo de Lacerda da Costa. "A tutela dos mercados de valores mobiliários e o regime do ilícito de mera ordenação social." In *Direito dos Valores Mobiliários, I*, de Instituto dos Valores Mobiliários, pp. 285-321. Coimbra: Coimbra Editora, 1999.

Pinto, Frederico de Lacerda da Costa. "A intervenção penal na corrupção administrativa e política." In *Direito Penal Económico e Europeu: Textos Doutrinários, vol. III*, de FDUC Instituto de Direito Penal Económico e Europeu, pp. 339-348. Coimbra: Coimbra Editora, 2009.

Pinto, Frederico de Lacerda da Costa. "A supervisão no novo Código dos Valores Mobiliários." *Cadernos do Mercado de Valores Mobiliários* 7 (2000): pp. 89-103.

Pinto, Frederico de Lacerda da Costa. "Crimes e contra-ordenações no novo Código dos Valores Mobiliários." *Cadernos do Mercado de Valores Mobiliários* 7 (2000): pp. 375-413.

Pinto, Frederico de Lacerda da Costa. "O ílicito de mera ordenação social e a erosão do princípio da subsidiariedade da intervenção penal." *Revista Portuguesa de Cência Criminal* 7 (1997): pp. 7-100.

Pinto, Frederico de Lacerda da Costa. "Supervisão do Mercado, Legalidade da Prova e Direito de Defesa em Processo de Contra-Ordenação." In *Supervisão, Direito ao Silêncio e Legalidade da Prova*, de Jorge de Figueiredo Dias, Manuel da Costa Andrade e Frederico de Lacerda da Costa Pinto, pp. 57-125. Coimbra: Almedina, 2009.

Piquero, Nicole Leeper, e David Weisburd. "Developmental Trajectories of White-Collar Crime." In *The Criminology of White-Collar Crime*, de Sally S. Simpson e David Weisburd, pp. 153-171. New York: Springer, 2009.

Piton, André Paulino. *A Integração Penal Europeia: Entre o Reconhecimento Mútuo e a Harmonização*. Lisboa: Editorial Juruá, 2012.

Porto, Manuel Lopes, e Victor Calvete. "Anotação ao artigo 10.º." In *Lei da Concorrência. Comentário Conimbricense*, de Miguel Gorjão-Henriques (dir.), pp. 109-122. Coimbra: Almedina, 2013.

Posner, Richard A. "A Statistical Study of Antitrust Enforcement." *Journal of Law and Economics* (The University of Chicago Press) 13, n.º 2 (oct. 1970): pp. 365-419.

Proos, Aini. "Competition Policy in Estonia." In *Criminalization of Competition Law Enforcement: Economic and Legal Implications for the EU Member States*, de Katalin J. Cseres, Maarten Pieter Schinkel e Floris O.W. Vogelaar, pp. 307-311. Cheltenham: Edward Elgar, 2006.

Punch, Maurice. "The organizational component in corporate crime." In *European Developments in Corporate Criminal Liability*, de James Gobert e Ana-Maria Pascal, pp. 101-113. London: Routledge, 2011.

Rajabiun, Reza. "Private Enforcement and Judicial Discretion in the Evolution of Antitrsut in the United States." *Journal of Competition Law & Economics* 8, n.º 1 (2012): pp. 187-230.

Reindl, Andreas P. "How strong is the case for criminal sanctions in cartel cases?" In *Criminalization of Competition Law Enforcement. Economic and Legal Implications for the EU Member States*, de Katalin J. Cseres, Maarten Pieter Schinkel and Floris O.W. Vogelaar, pp. 110-132. Cheltenham: Edward Elgar, 2006.

Ribeiro, Gabriel Jorge de Almeida. *Defesa da Concorrência: Decreto-Lei n.º 422/83, de 3 de dezembro Anotado*. Lisboa: Rei dos Livros, 1984.

Ribeiro, João Sérgio. "Entidades Reguladoras Independentes, uma forma de regulação ou de tributação?" *Scientia Iuridica* (Universidade do Minho – Escola de Direito) LX, n.º 326 (maio-agosto 2011): pp. 235-257.

Richardson, Henry S. "The Stupidity of Cost-Benefit Analysis." In *Cost-Benefit Analysis. Legal, Economic, and Philosophical Perspectives*, de Matthew D. Adler e Eric A. Posner, pp. 135-168. Chicago: The Chicago University Press, 2011.

Ricketts, Martin. "Economic Regulation: principles, history and methods." In *International Handbook on Economic Regulation*, de Michael A. Crew e David Parker (ed.), pp. 34-62. Cheltenham: Edward Elgar, 2006.

Riesenkanmpff, Alexander. "New E.C. Merger Control Test under Article 2 of the Merger Control Regulation, The Symposium on European Competition Law." *Northwestern Journal of International Law & Business* 24, n.º 3 (Springer 2004): pp. 715-728.

Riley, Alan. "Developing Criminal Cartel Law: Dealing with the Growing Pains." *The Competition Law Review* 4, n.º 1 (october 2007): 1-6.

Rocha, Manuel António Lopes. "A Responsabilidade Penal das Pessoas Colectivas - Novas Perspectivas." In *Direito Penal Económico*, de AA. VV., pp. 107-187. Coimbra: Centro de Estudos Judiciários, 1995.

Rodrigues, Álvaro da Cunha Gomes. "As consequências jurídicas do crime nos delitos antieconómicos." *Direito e Justiça* XIII, n.º 2 (1999): pp. 217-255.

Rodrigues, Anabela Miranda, e José Luís Lopes da Mota. *Para uma Política Criminal Europeia. Quadro e instrumentos jurídicos de cooperação judiciária em matéria penal no espaço da União Europeia.* Coimbra: Coimbra Editora, 2002.

Rodrigues, Anabela Miranda. *O Direito Penal Europeu Emergente.* Coimbra: Coimbra Editora, 2008.

Rodrik, Dani. *One economics, many recipes: globalization, institutions, and economic growth.* Princeton and Oxford: Princeton University Press, 2007.

Rose, Vivien, e Peter Roth QC. "Article 81(1)." In *European Community Law of Competition*, de Vivien Rose e Peter Roth QC, pp. 91-188. Oxford: Oxford University Press, 2008.

Rose, Vivien, e Peter Roth QC. "The Treaty and its Territorial Reach." In *European Community Law of Competition*, de Vivien Rose e Peter Roth QC, pp. 1-90. Oxford: Oxford University Press, 2008.

Ross, Edward Alsworth. "The Criminaloid." *Atlantic Monthly* 99 (january 1907): pp. 44-50.

Roxin, Claus. "El concepto de bien jurídico como instrumento de crítica legislativa sometido a examen." *Revista Electrónica de Ciencia Penal y Criminología* 15, n.º 01 (2013): pp. 1-27.

Roxin, Claus. *Strafrecht. Algemeiner Teil. Band I.* 4.ª ed. München: Verlag C. H. Beck, 2006.

Samuelson, Paul A., e William D. Nordhaus. *Economics.* 18.ª ed. New York: McGraw-Hill, 2005.

Santana Vega, Dulce María. *La protección penal de los bienes jurídicos colectivos.* Madrid: Dykinson, 2000.

Sayers, Joseph D. "Anti-Trust Legislation." *The North American Review* 169, n.º 513 (aug. 1899): pp. 210-217.

Scherer, F. M. *Competition Policies for an Integrated World Economy.* Washington, D.C.: The Brookings Institution, 1994.

Scherer, F. M., e David Ross. *Industrial Market Structure and Economic Performance.* 3. Boston: Houghton Mifflin Company, 1990.

Schroeder, Dirk, e Silke Heinz. "Requests for leniency in the EU: experience and legal puzzles." In *Criminalization of Competition Law Enforcement. Economic and Legal Implications for the EU Member Sta-*

tes, de Katalin J. Cseres, Maarten Pieter Schinkel e Floris O.W. Vogelaar, pp. 161-176. Chetenham: Edward Elgar, 2006.

Schröter, Helmuth. "Wettbewerbsregeln: Meilensteine auf dem Weg zum EU-Beitritt (dargestellt am Beispiel Serbiens)." In *Europaïsche Integration und Globalisierung*, de Werner Meng, Georg Ress e Torsten Stien (Hrsg.), pp. 497-512. Baden-Baden: Nomos, 2011.

Schumpeter, Joseph A. *Capitalism, Socialism and Democracy*. New York: Harper Torchbooks, 1976.

Schweitzer, Heike. "The European Competition Law Enforcement System and the Evolution of Judicial Review." In *European Competition Law Annual 2009: Evaluation of Evidence and its Judicial REview in Competition Cases*, de Claus-Dieter Ehlermann e Mel Marquis. Oxford: Hart Publishing, 2010.

Sen, Amarthya. "The Discipline of Cost-Benefit Analysis." In *Cost-Benefit Analysis. Legal, Economic and Philosophical Perspectives*, de Matthew D. Adler e Eric A. Posner, pp. 95-116. Chicago: The University of Chicago Press, 2011.

Sen, Amartya. *A Ideia de Justiça*. Coimbra: Almedina, 2010.

Serens, Manuel Couceiro Nogueira. *A Monopolização da Concorrência a a (Re)Emergência da Tutela da Marca*. Coimbra: Almedina, 2007.

Sicilia, Ernestina. *Economia Impresa e Criminalità dei Colletti Bianchi*. Bari: Cacucci Editore, 2001.

Sieber, Ulrich, Franz-Hermann Brüner, Helmut Satzger, e Bernd v. Heintschel-Heinegg (Hrsg.). *Europäisches Strafrecht*. Baden-Baden: Nomos, 2011.

Sieber, Ulrich. "Entwicklungsstand und Perspektiven des europäischen Wirtschaftsstrafrechts." In *Bausteine des europäischen Wirtschaftsstrafrechts. Madrid-Symposium für Klaus Tiedemann*, de Bernd Schünemann e Carlos Suárez González (Hrsg.), pp. 349-365. München: Carl Heymanns Veralg KG, 1994.

Sieber, Ulrich. "Limites do Direito Penal. Princípios e Desafios do Novo Programa de Pesquisa em Direito Penal no Instituto Max-Planck de Direito Penal Estrangeiro e Internacional." *Cadernos Direito GV* (Fundação Getúlio Vargas) 5, n.º 3 (maio 2008).

Silbey, Susan S. "'Let Them Eat Cake': Globalization, Postmodern Colonialism, and the Possibilities of Justice." *Law & Society Review* 31, no. 2 (1997): pp. 207-235.

Silva Sánchez, Jesús-María. "Hacia el Derecho Penal del 'Estado de la Prevención'." In *¿Libertad Económica o Fraudes Punibles? Riesgos penalmente relevantes e irrelevantes en la actividad económico-empresarial*, de Jesús-María Silva Sánchez(dir.), pp. 307-332. Madrid: Marcial Pons, 2003.

Silva Sánchez, Jésus-María. *Tiempos de Derecho penal. Escritos breves sobre teoria y práctica, vida social y economia*. Montevideo: B de F, 2009.

Silva, Germno Marques da. *Responsabilidade Penal das Sociedades e dos seus Administradores*. Lisboa: Editorial Verbo, 2009.

Silva, João Gomes da. "O crime de manipulação do mercado." *Direito e Justiça* XIV, n.º 1 (2000): pp. 191-245.

Silva, Miguel Moura e. "Anotação ao artigo 23.º" In *Lei da Concorrência. Comentário Conimbricense*, de Miguel Gorjão-Henriques (dir.), pp. 261-272. Coimbra: Almedina, 2013.

Silva, Miguel Moura e. "Descentralização da Aplicação do Direito Comunitário da Concorrência – Uma Visão Pessoal." *Revista Jurídica da AAFDL* 24 (2001): pp. 190 e ss.

Silveira, Alessandra. "Comentário ao artigo 52.º." In *Carta dos Direitos Fundamentais da*

União Europeia Comentada, de Alessandra Silveira e Mariana Canotilho (coord.), pp. 590-605. Coimbra: Almedina, 2013.

Simon, David R. *Elite Deviance*. 6.ª ed.. Boston: Allyn and Bacon, 1999.

Simonsson, Ingeborg. "Criminalising Cartels in the EU: Is There a Case For Harmonisation?" In *Criminalising Cartels: Critical Studies of an International Movement*, de Caron Beaton-Wells e Ariel Ezrachi, pp. 203-216. Oxford: Hart Publishing, 2011.

Smith, Adam. *The Wealth of Nations*. Harmondsworth: Penguin Books, 1977.

Snider, Laureen, e Steven Bittle. "The challenges of regulating powerful economic actors." In *European Developments in Corporate Criminal Liability*, de James Gobert e Ana-Maria Pascal, pp. 53-69. London: Routledge, 2011.

Sobral, Maria do Rosário Rebordão, e João Eduardo Pinto Ferreira. *Da Livre Concorrência à Defesa da Concorrência: História e Conceitos Base da Legislação de Defesa da Concorrência*. Porto: Porto Editora, 1985.

Souto García, Eva María. "La Expansión del Derecho Penal: planteamiento del fenómeno, posiciones doctrinales y el delito económico como exponente de la expansión." *Justicia, Revista de Derecho Processal* 3-4 (2009): pp. 211-239.

Spagnolo, Giancarlo. "Criminalization of cartels and their internal organization." In *Criminalization of Competition Law Enforcement. Economic and Legal Implications for the EU Member States*, de Katalin J. Cseres, Maarten Pieter Schinkel and Floris O.W. Vogelaar, pp. 133-149. Cheltenham: Edward Elgar, 2006.

Stadler, William Andrew. *White-Collar Offenders and the Prison Experience: An Empirical Examination of the "Special Sensitivity" to Imprisonment Hypothesis*. Kansas: University of Missouri, 2010.

Steger, Ulrich. *Future Management: Europaïsche Unternehmen im globalen Wettbewerb*. Frankfurt: Fischer Taschenbuch Verlag, 1992.

Stephan, Andreas. "'The Battle for Hearts and Minds': The Role of the Media in Treating Cartels as Criminal." In *Criminalising Cartels: Critical Studies of an International Regulatory Movement*, de Caron Beaton-Wells e Ariel Ezrachi, pp. 381--394. Oxford: Hart Publishing, 2011.

Stephan, Andreas. "Editorial - Reforming EU Competition Law." *The Competition Law Review* 6, n.º 2 (july 2010): pp. 139-143.

Stiglitz, Joseph E. *Making Globalization Work*. New York: W. W. Norton & Company, 2006.

Stucke, Marice E. "Am I a Price Fixer? A Behavioural Economics Analysis os Cartels." In *Criminalising Cartels: Critical Studies of an International Regulatory Movement*, de Caron Beaton-Wells e Ariel Ezrachi, pp. 263-288. Oxford: Hart Publishing, 2011.

Sutherland, Edwin H. "White Collar--Criminality." *American Sociological Review* 5, n.º 1 (february 1940): pp. 1-12.

Swan, Edward. "Derivatives Market Manipulation by 'Wash Sales' in Violation of the US Commodity Exchange Act." *Journal of Financial Crime* 3, no. 1 (1995): pp. 53-56.

Terhechte, Jörg Philipp. *International Competition Enforcement Law Between Cooperations and Convergence*. Heidelberg: Springer, 2011.

Thépot, Florence. "Leniency and Individual Liability: Opening the Blak Box of the Cartel." *The Competition Law Review* 7, n.º 2 (jul. 2011): pp. 221-240.

Thomas, Christopher. "Article 81(3)." In *European Community Law os Competition*, de Vivien Rose e Peter Roth QC, pp. 189-238. Oxford: Oxford University Press, 2008.

Thompson, Henry. *International Economics. Global Markets and International Competition.* Singapura: World Scientific, 2001.

Thorburn, Malcolm. "The Constitution of Criminal Law: Justifications, Policing and the State's Fiduciary Duties." *Criminal Law and Philosophy* 5, no. 3 (october 2011): pp. 259-276.

Tiedemann, Klaus. "Clausole generali nel diritto penale dell' economia - sull' esempio della slealtà nel diritto penale della concorrenza." *Rivista Trimestrale di Diritto Penale dell' Economia* 1-2 (gennaio--giugno XXIV - 2011): pp. 1-31.

Tiedemann, Klaus. "La recente evoluzione del diritto penale dell'economia in Germania con particolare riferimento al diritto penale della società commerciali." In *Comportamenti Economici e Legislazione Penale*, de AA. VV., pp. 109-130. Milano: Dott. A. Giuffrè Editore, 1979.

Tiedemann, Klaus. *Derecho Penal y nuevas formas de criminalidad.* 2.ª ed. Lima: Grijley, 2007.

Tiedemann, Klaus. *Kartellrechtsverstöße und Strafrecht.* Köln: Carl Heymans Verlag KG, 1976.

Tiedemann, Klaus. *Poder Económico y Delito (Introducción al derecho penal económico y de la empresa).* Barcelona: Editorial Ariel, S.A., 1985.

Torrão, Fernando. *Societas Delinquere Potest? da Responsabilidade Individual e Colectiva nos "Crimes de Empresa".* Coimbra: Almedina, 2010.

Tullock, Gordon. "The Welfare Costs of Tariffs, Monopolies, and Theft." *Western Economic Journal* 5, n.º 3 (jun. 1967): pp. 224-232.

Vanberg, Viktor J. "The 'science- as-market' analogy: a constitutional economics perspective." *Constitutional Political Economy* 21 (2010): pp. 28-49.

Vedder, Hans. "Spontaneous Harmonisation of National (Competition) Laws in the Wake of the Modernisation of EC Competition Law." *The Competition Law Review* 1, n.º 1 (august 2004): pp. 5-21.

Vilaça, José Luís Cruz, e José Luís Caramelo Gomes. "Anotação ao artigo 2.º" In *Lei da Concorrência. Comentário Conimbricense*, de Miguel Gorjão-Henriques (dir.), pp. 20-32. Coimbra: Almedina, 2013.

Vilaça, José Luís da Cruz, e José Luís Caramelo Gomes. "Anotação ao artigo 1.º" In *Lei da Concorrência. Comentário Conimbricense*, de Miguel Gorjão-Henriques (dir.), pp. 13-19. Coimbra: Almedina, 2013.

Vilela, Alexandra. *O Direito de Mera Ordenação Social: Entre a Ideia de "Recorrência" e a de "Erosão" do Direito Penal Clássico.* Coimbra: Coimbra Editora, 2013.

Vita, Alberto de. "La 'crisi di razionalità' dell' opzione punitiva nel diritto penale dell'economia." In *Il Nuovo Sistema sanzionatorio del Diritto Penal dell'Economia: Decriminalizzazione e Porblemi di Effettività*, de G. Amarelli, M. D' Alessandro and A. de Vita, 3-80. Napoli: Jovene Editore, 2002.

Vogel, Steven K. *Freer Markets, More Rules. Regulatory Reform in Advanced Industrial Countries.* Ithaca and London: Cornell University Press, 1996.

Völcker, Sven B. "Mind the Gap: Unilateral Effects Analysis Arrives in EC Merger Control." *ECLR*, n.º 7 (2004): pp. 395--409.

Vollmer, Christof. "Experience with criminal law sanctions for competition law infringements in Germany." In *Criminalization of Competition Law Enforcement: Economic and Legal Implications for the EU Member States*, de Katalin J. Cseres, Maarten Pieter Schinkel e Floris O.W. Vogelaar, pp. 257-269. Cheltenham: Edward Elgar, 2006.

Wagner, Richard E. "Competition as a rivalrous process: Attilio da Empoli and the years of high theory that might have been." *Journal of Economic Studies* 28, n.º 4/5 (2001): pp. 337-345.

Wallenberg, Gabrielle von. *Kartellrecht.* 2. Kriftel: Luchterhand, 2002.

Waller, Spencer Weber. "Anticartel Cooperation." In *Antitrust goes global: what future for transatlantic cooperation?*, de Simon J. Evenett, Alexander Lehmann e Benn Steil, pp. 98-116. Washington D.C.: Brookings Institution Press, 2000.

Waller, Spencer Weber. "Anticartel Cooperation." In *Antitrust goes Global. What Future for Transatlantic Cooperation?*, de Simon J. Evenett, Alexander Lehmann e Benn Steil, pp. 98-116. Washington, D.C.: Brookings, 2000.

Wehmhörner, Nonthika. "Potimal pecunuiary sanctions and the US sentencing and EU fining guidelines." In *Criminalization of Competition Law Enforcement. Economic and Legal Implications for the EU Member States*, de Katalin J. Cseres, Maarten Pieter Schinkel e Floris O.W. Vogelaar, pp. 217--238. Cheltenham: Edward Elgar, 2006.

Weingast, Barry R., e Mark J. Moran. "Bureaucratic Discretion or Congressional Control? Regulatory Policymaking by the Federal Trade Comission." *Journal of Political Economy* 91, n.º 5 (oct. 1983): pp. 765-800.

Wendler, Dietrich. *Die wirtschaftliche Bedeutung der Bereichsausnahme für die Landwirtschaft im GWB.* Berlin: Duncker & Humblot, 1977.

Whelan, Peter. "Criminal Cartel Enforcement in the EU: Avoiding a Human Rights Trade-Off." In *Criminalisin Cartels: Critical Studies of an International Regulatory Movement*, de Caron Beaton-Wells e Ariel Ezrachi, pp. 217-235. Oxford: Hart Publishing, 2011.

Wilks, Stephen. "Cartel Criminalisation as Juridification: Political and Regulatory Dangers." In *Criminalising Cartels: Critical Studies of an International Regulatory Movement*, de Caron Beaton-Wells e Ariel Ezrachi, pp. 341-358. Oxford: Hart Publishing, 2011.

Williams, Rebecca. "Cartels in the Criminal Law Landscape." In *Criminalising Cartels: Critical Studies of an International Regulatory Movement*, de Caron Beaton-Wells e Ariel Ezrachi, pp. 289-312. Oxford: Hart Publishing, 2011.

Willis, Peter R. "Competition investigations: A comparison of the powers of the European Comissim and the UK authorities." In *Competition Law Sactioning in the European Union: The EU-Law Influence on the National Law System of Sanctions in the European Area*, de Gerhard Dannecker e Oswald Jansen, pp. 133-164. The Hague: Kluwer Law International, 2004.

Wils, Wouter P.J. "Is criminalization of EU competition law the answer?" In *Criminalization of Competition Law Enforcement. Economic and Legal Implications for the EU Member States*, de Katalin J. Cseres, Maarten Pieter Schinkel and Floris O.W. Vogelaar, pp. 61-109. Cheltenham: Edward Elgar, 2006.

Wils, Wouter P.J. "Ten Years of Regulation 1/2003 - A Retrospective." *Journal of European Competition Law & Practice* 4, n.º 4 (2013): pp. 293-301.

Wils, Wouter P.J. *Principles of European Antitrust Enforcement.* Oxford and Portland, Oregon: Hart Publishing, 2005.

Winerman, Marc. "The Origins of the FTC: Concentration, Cooperation, Control and Competition." *Antitrust Law Journal* 1, n.º 1 (2003): pp. 1-97.

Wise, Michael. "Droit et politique de la concurrence en Allemagne." *Revue sur le droit et la politique de la concurrence* (OCDE) 7, n.º 2 (2005): pp. 7-79.

World Bank. *Globalization, Growth and Poverty: Building an Inclusive World Economy.*

New York: World Bank/ Oxford University Press, 2002.

World Bank. *Reforming Infrastructure: Privatization, Regulation, and Competition.* Washington: World Bank/ Oxford University Press, 2004.

Wright, David McCord. "Toward Coherent Anti-Trust." *Virginia Law Review* 35, n.º 6 (1949): pp. 665-699.

Wurmnest, Wolfgang. "A New Era for Private Antitrust Litigation in Germany? A Critical Appraisal of the Modernized Law against Restraints of Competition." *German Law Journal* 6, n.º 8 (2005): pp. 1173-1189.

Yandle, Bruce. "Sir Edward Coke and the struggle for a new constitutional order." *Constitutional Political Economy* 4, n.º 2 (1993): pp. 263-285.

Zimmer, Daniel. "§ 1." In *Wettbewersrecht. Band 2. GWB. Komentar zum Deutschen Kartellrecht,* de Immenga e Mestmäcker, pp. 24 e ss. München: Verlag C.H. Beck, 2007.